중장년 노후설계 지침서

내일이 더 행복한 노후준비+

이은철

사람과 경영

머리말

인생은 산행인 것 같습니다.

인생은 오르고 내려가는 산행이라 비유할 수 있겠습니다. 태어나 '잘 살아야 한다'는 정상을 향해 땀 흘리며 앞만 보고 열심히 올라간 세월을 뒤로 하고, 잠시의 쉼도 없이 내려갈 준비를 해야 합니다. 미처 준비 없이 내려가는 사람도 있겠습니다.

그야 말로 멋모르고 숨 가쁘게 다름박질 치듯 올라갔던 그 인생의 어드메쯤 정상에서 시대만큼이나 길어지는 아무런 발자국도 없는 내리막길을 멀리 끝까지 내려다보게 됩니다. 올라갈 때는 준비를 해서 올라가라 말들 합니다. 그런데, 더 위험할 수 있는 내리막길에서는 어떻게 준비해야 한다는 말들이 없습니다. 각자가 어떻게 준비해서 내려가야 할지를 고민해야 할 때입니다.

타고난 저마다의 능력이나 환경에 맞춰 올라갔던 그 정상에서 내려갈 때가 언제인지를 알고 지혜롭게 미리미리 준비한 사람이든 그렇게 하지 못한 사람이든, 이제는 모두 어떻게 내려가야 할지를 고민해야 합니다. 그것이 인생이요, 운명이 아닌 가 생각합니다.

인생의 절반쯤을 살아왔기에 앞으로의 절반을 어떻게 살아가야 할지를 알고 있을 법한데, 실제로는 그렇지 않은 것 같습니다. 지금까지 살아오면서 갖춰 놓은 삶의 지혜와 혜안을 가지고 앞에 놓여있는 끝닿은 곳 없는 안개 낀 인생의 내리막길을 걸어가려 합니다.

기대수명이 길어지는 만큼 인생의 내리막길도 길어지고 있습니다. 산에 오를 때의 준비와 내려갈 때의 자세가 다르듯 어떻게 내려가야 할지에 대한 마음자세와 준비가 필요합니다. 한번 내려가면 다시는 되돌아 올 수 없는 인생길이기에 더욱 그러합니다. 지금까지와는 달리 급변하는 세상에서 길어진 노후를 맞이하여 어떻게 내려가야 할지를 알고 제대로 준비하여 내려가야 합니다. 그래야만 덜 후회하며 인생의 마지막 종착점에 다다를 수 있을 것입니다.

많은 분들이 노후준비를 해야 한다는 당위성은 알고 있습니다. 그러나 그 방법과 내용에 있어서는 구체적이지 않은 것 같습니다. '노후가 되면 어떻게 살아가겠지' 또는 '그 때가서 준비하지 뭐' 하는 식으로 막연하거나 '벌어놓은 돈이 있어야 노후를 준비하든 하지' 식으로의 생각을 하고 있는 것 같습니다.

20세기의 흔적을 쉬 찾아보기 힘들만큼 모든 것이 발전하고 변화하고 있습니다. 우리의 인생길도 점점 더 길어지고 있다는 얘길 것입니다. 이런 세상이 잘 실감나지 않는다 해도 주위에 어른들이 많이 계시고, 예전과 달리 오래 사신다는 것쯤은 알고 있을 것입니다. 그리고 그분들의 노후가 어떠한지, 어떻게 노후를 보내고 계신지도 직접 보기도 하였을 것입니다. 어쩌면 그분들의 모습이 우리 미래의 노후모습이고 생활이 아닐까 반추해 봅니다.

실제로 1990년 5.1%에 불과했던 65세 이상 고령인구 비율이 2060년이 되면 무려 40.1%대로 세계 최고수준에 이를 전망이라고 합니다. 그렇기에 '백세시대', 또는 '반퇴 시대'란 말이 나왔을 법합니다. 과학 및 의료기술의 발달로 인간수명이 연장되었다는 긍정적인 면과 퇴직과 은퇴 후의 삶을 미리 준비하지 않으면 큰 고통이 뒤따를 수 있다는 속뜻을 담고 있다 하겠습니다. 그렇기에 그 어느 때보다도 은퇴 이후의 삶에 대한 새로운 마인드와 체계적인 준비가 필요한 시점이 아닐 수 없습니다.

우리는 인생이란 산행을 어떻게 해야 하는지에 대해서 배운바가 없습니다. 그냥 남보다 먼저 어느 정상인지도 모를 인생의 정상에 오르려고 앞만 보고 열심히 달려갔습니다. 그렇게 달려가면서 놓친 부분도 많고, 잃어버린 부분도 많으며, 스치듯 지나친 아쉬운 부분도 많습니다. 그 중에서도 가장 소중한 우리 자신을 잊고 있었는지도 모릅니다.

지금까지는 올라가는 인생길이었다면, 이제는 내려가는 인생길입니다. 산행은 올라갈 때보다 내려갈 때가 더 위험하다 합니다. 인생길도 그럴 거라 생각합니다. 내려가는 인생길에 조기퇴직이나 명예퇴직, 창업실패, 금융사기, 중대 질병, 황혼이혼, 미혼자녀의 동거, 친구의 죽음 등 여러 위험요소들이 산재해 있습니다. 그렇기에 우리의 노후를 준비하는 것이 쉽지만은 않습니다.

그럼에도 내려가는 인생길이 가파르지 않고 길어지는 시대에 오래 산다는 것이 축복이 되어야 합니다. 그렇게 하기 위해서는 노후준비를 해야 하는 것입니다. 노후준비에는 '무엇을', '어떻게'란 정답이 없겠지만, 지금까지 살아온 자신의 능력과 환경에 맞는 노후생활 정도를 생각해서 노후를 준비해 놓아야 합니다.

내려가는 노후의 삶에서도 경제적인 것이 필요하고 중요합니다. 그렇다고 해서 돈만으로 노후를 살아갈 수 있겠습니까? 배우자와 주위 사람들과의 관계는 어떻게 할 것이며 건강은 어떻게 관리할 것인지, 그리고 길어진 노후시간에 어떻게 소일하며, 여가나 취미생활은 어떻게 해나갈 것인지 등을 생각하며, 미리 준비하고 실천하며 습관을 들이는 것이 필요합니다.

본 저서는 국민연금공단 노후준비 교육서비스를 제공하는 노후준비 4대 영역인 '재무', '대인관계', '여가', '건강' 중에서 비재무 영역을 담고 있습니다. 은퇴를 했거나, 은퇴를 앞둔 중장년들이 노후의 삶을 어떻게 준비해야 할지에 대해서 고민으로 끝나지 않고, 자신에 맞는 실제적이며 실질적 방법을 찾을 수 있도록 연습까지를 포함시켰습니다.

본 저서가 노후의 삶에 관심을 갖거나, 준비하는 분들, 은퇴 이후의 삶을 맞고 계신 분들 사이에서 노후의 행복한 노후설계를 하는 데 동기부여가 되고 준비의 첫걸음을 내딛는 데 조금이라도 도움이 되길 욕심내어 봅니다.

끝으로 어려운 여건 속에서도 책이 출판되기까지 도움과 수고를 아끼지 않으신 「도서출판 사람과 경영」 조승옥 대표님과 관계자님들께 진심으로 감사의 말씀을 드립니다.

늦가을 햇살이 따뜻한 어느 날

이은철

• CONTENTS •

PART 1
노후설계의 필요성과 준비영역

PART 2
노후생활과 소통적 대인관계

• CONTENTS •

PART 5
노후생활과 일

PART 1

노후설계의 필요성과 준비영역

1. 노후준비의 필요적 현실
2. 노후준비 영역과 이해
3. 행복한 인생2막을 여는 노후설계

1 노후준비의 필요적 현실

1.1 너무 빠른 고령화

통계청 기대수명에 따르면, 1970년대의 기대수명은 62.27세(남자 58.74세, 여자 65.81세)였다. 하지만 2018년에는 82.36세(남자 79.30세, 여자 85.41세)로 20세 이상 급격히 늘어났다. 이대로 가면 과학 · 의료기술의 발달로 '통계청 장래인구추계'에서 보듯이 120세인 '알파 에이지[1)]' 시대가 도래할 것이란 예측도 가능하다.

오래 사는 것이 축복인가? 한번뿐인 인생이라 당연히 장수는 축복이고, 축복이 되어야 한다. 그러나 노후준비가 잘 되어 있지 않은 사람에게는 오래 사는 것이 오히려 고통이 될 가능성이 높은 시대가 되었다. 고령화가 급속히 진행되면서 정년이후에도 30년~40년은 더 살아야하기 때문이다.

하지만 어떤가? 최근 들어 직장생활은 30년이 아닌 10년에서 20년 이내로 줄어들고 있고, 대기업 등에서는 평균 근속년수가 10년이 채 안 되고 있다. 지속적인 글로벌 저성장 경제 분위기를 감안해 볼 때, 은퇴 후 30년~40년 이상을 살아가야 하는 데 필요한 노후를 준비하고, 대비하기 위한 현실적 경제활동은 결코 쉬운 일은 아니다.

---

1) 어떠한 미지수가 늘어난다는 뜻의 '플러스 알파(plus alpha)'와 '에이지(age)'의 합성어로 평균기대수명이 80세를 넘어 120세가 기대수명이 되는 시대를 의미한다.

[통계청 장래인구추계]

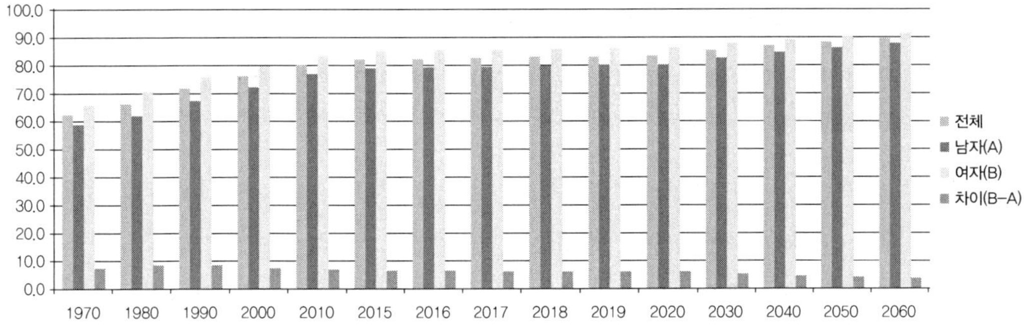

성별	1970	1980	1990	2000	2010	2015	2016	2017	2018	2019	2020	2030	2040	2050	2060
전체	62.3	66.1	71.7	76.0	80.2	82.1	82.3	82.6	82.8	83.0	83.2	85.2	86.9	88.3	89.5
남자 (A)	58.7	61.9	67.5	72.3	76.8	79.0	79.3	79.5	79.8	80.1	80.3	82.7	84.7	86.3	87.8
여자 (B)	65.8	70.4	75.9	79.7	83.6	85.2	85.4	85.6	85.8	86.0	86.2	87.8	89.1	90.2	91.2
차이 (B-A)	7.1	8.5	8.4	7.3	6.8	6.2	6.2	6.1	6.0	5.9	5.8	5.1	4.4	3.9	3.4

행복가정경제연구소가 2014년 6월부터 2015년 9월까지 대기업 임직원 2001명을 대상으로 실시한 설문 조사에 따르면, 퇴직 후 삶에 대해서 '두렵다' 및 '다소 두렵다'가 77.7%나 되었다. 그리고 노후준비에 대해서는 38%가 노후 준비를 충분히 하지 못했고, 이들 중 65.4%가 자녀 교육비, 결혼 자금 등을 그 이유로 뽑았다.

심각성은 고령화 속도는 점점 더 빠르게 진행되고 있으나, 양질의 노후를 준비할 시간은 그만큼 줄어들고 있다는 점이다. 특히 우리나라의 고령화 속도는 유례가 없을 만큼 빠르게 진행되고 있다.

퇴직 후 삶에 대한 생각

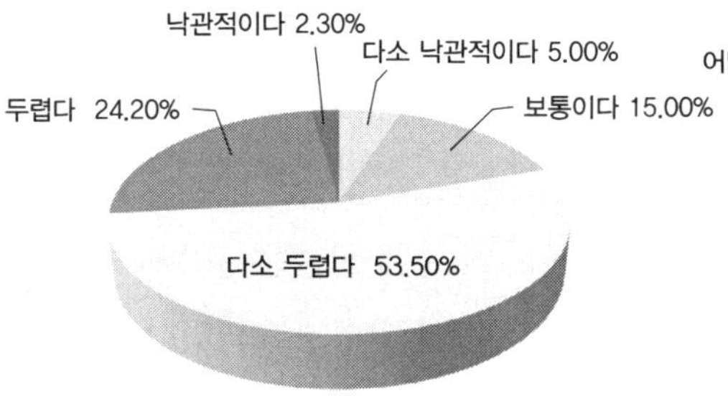

노후준비를 충분히 하지 못한 이유

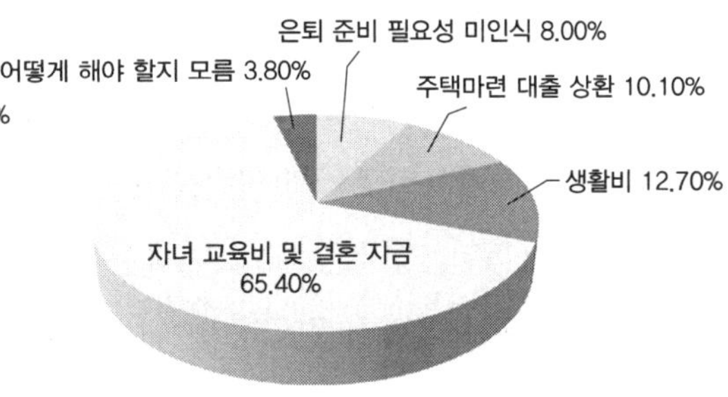

(자료 : 행복가정경제연구소(2014년 6월~2015년 9월, 대기업 임직원 2001명 대상))

UN 기준으로 노인이란 65세 이상을 말하며, '고령화 사회', '고령사회' 그리고 '초고령 사회'로 구분한다. 고령화 사회는 노인 인구가 총인구에서 차지하는 비율이 7% 이상이 되는 사회를 말하고, 고령사회는 14% 이상, 초고령 사회는 20% 이상이 되는 사회를 의미한다.

통계청의 장래인구 추계에 의하면, 우리나라는 이미 2000년에 노인 인구가 전체 인구의 7%로 고령화 사회에 진입하였으며, 2015년 13.1%였던 노인 인구 비율이 불과 2년 사이인 2018년에는 이 비율이 14.3%가 되어 고령사회에 진입하였다. 이대로 가다가는 2026년에 20.8%를 넘어 초고령 사회에 진입할 것으로 예측되며, 2060년에는 40.1%까지 꾸준히 증가할 것으로 전망되고 있다.[2)]

[65세 이상 인구 고령화 비율]

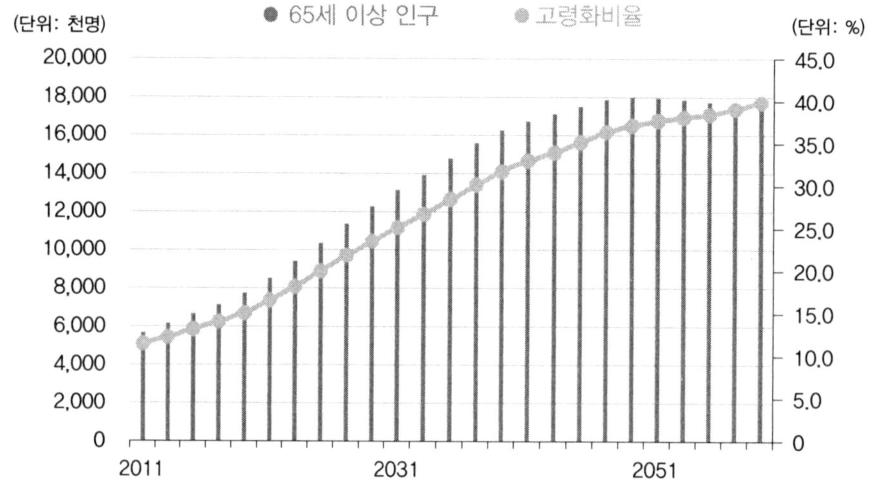

○ **선진국 고령화 속도**

다음 〈나라별 고령화 속도〉에서 알 수 있듯이, 선진국과 비교해 보면 우리나라가 고령화 사회에서 고령사회로의 진입속도가 얼마나 빠른지를 살펴볼 수 있다.

프랑스는 115년, 영국은 47년, 미국은 73년, 독일은 40년 등 선진국들은 고령화 사회에 진입해서 고령 사회까지 진입하는 데, 대략 60~115년이라는 시간이 소요되었다. 고령화

2) 장경영(2013) : 연령대별 생애설계교육의 필요성. 삼성생명 은퇴연구소. 「2013 보험관리 연합학술대회」. p. 4.

가 매우 급격하게 이루어지고 있다는 일본조차도 고령화 사회에서 고령사회로 진입하는 데 24년이 걸렸다.

[나라별 고령화 속도 비교]

구분	도달속도			증가속도	
	7%(고령화)	14%(고령)	20%(초고령)	7%→14%	14%→20%
프랑스	1864	1979	2018	115	39
영국	1929	1976	2016	47	50
미국	1942	2015	2036	73	21
독일	1932	1972	2009	40	37
이탈리아	1972	1988	2066	61	18
일본	1970	1994	2006	24	12
한국	2000	2018	2026	18	8

(자료 : 국회예산정책처(2016), 2015년도 예산안 및 국가재정운용계획 분석)

우리나라는 불과 18년밖에 걸리지 않았다. 고령사회에서 초고령 사회가 되는 데는 겨우 8년이면 된다. 그런데 우리나라의 고령화 속도는 선진국에서 볼 수 없는 다음과 같은 특징을 갖는다.

- 압축 고령화라고 할 만큼 선진국들보다 빠른 고령화가 진행되고 있다는 점
- 경제적 여건으로 볼 때 복지에 대한 재정재원이 부족하다는 점
- 사회보장제도의 미비로 인한 복지의 사각지대의 범위가 넓다는 점
- 초고령 사회를 대비할 시간과 노후준비에 대한 사회적 · 개인적 인식이 낮다는 점

1.2 저출산 절벽과 생산인구의 감소

우리나라의 인구증감속도를 보면, 1970년 총인구 32,240,827명으로 전년 대비 2.18% 인구증가율을 보이던 것이 2010년에는 49,554,112명으로 0.50%로 낮아졌으며, 2018년 11월 현재 51,637,735명으로 0.37%로 감소했다.

[연도별 인구증감추이]

연 도	1970	2000	2010	2018	2020	2030	2040
총인구(명)	32,240,827	47,008,111	49,554,112	51,635,256	51,973,817	52,941,342	52,197,882
인구성장률(%)	2.18	0.84	0.50	0.37	0.31	0.07	−0.32

(자료 : 통계청(2018), '장래인구추계' 자료에서 일부 재구성)

우리나라의 출산율은 통계청 「2017년 인구동향조사 출생 · 사망통계 잠정 결과」에 따르면, 2017년 총 출생아 수는 35만 7천 7백 명으로 전년(40만 6천 2백 명)보다 4만 8천 5백 명(-11.9%) 감소하였으며, 합계출산율[3]은 1.05명으로 전년(1.17명)보다 0.12명(-10.3%) 감소한 것으로 나타났다.

합계출산율은 2005년 1.08명 이후 12년 만에 처음으로 1.10명 이하로 감소한 것으로, 1970년에 4.53명 대비 2017년에 1.05명으로 47년 동안에 무려 3.48명(76.8%)이나 감소한 것이다. 그만큼 출산율 감소 속도가 빠르게 진행되고 있다는 것을 시사한다.

[출생아 수 및 합계출산율, 2007-2017]

		2007	2008	2009	2010	2011	2012	2013	2014	2015	2016	2017
출생아 수		493.2	465.9	444.8	470.2	471.3	484.6	436.5	435.4	438.4	406.2	357.7
전년 대비	증 감	45.0	−27.3	−21.0	25.3	1.1	13.3	−48.1	−1.0	3.0	−32.2	−48.5
	증감률	10.0	−5.5	−4.5	5.7	0.2	2.8	−9.9	−0.2	0.7	−7.3	−11.9
조출생률		10.0	9.4	9.0	9.4	9.4	9.6	8.6	8.6	8.6	7.9	7.0
합계출산율		1.25	1.19	1.15	1.23	1.24	1.30	1.19	1.21	1.24	1.17	1.05
전년 대비	증 감	0.13	−0.06	−0.04	0.08	0.02	0.05	−0.11	0.02	0.03	−0.07	−0.12
	증감률	11.3	−4.6	−3.6	6.7	1.5	4.3	−8.5	1.5	2.8	−5.4	−10.3

(단위: 천 명, %, 인구 1천 명당 명, 가임 여자 1명당 명)

이는 2015년 기준 일본이 0.68명, 독일이 0.53명, 영국이 0.63명 등 선진국에 비교해도

3) 합계출산율은 한 여자가 가임기간(15~49세)에 낳을 것으로 기대되는 평균 출생아 수를 말하며, 조출생율은 특정 인구집단의 출산수준을 나타내는 가장 기본적인 지표. 1년간 발생한 총 출생아 수를 당해연도의 주민등록 연앙인구(그 해 중앙인 7월 1일 기준 인구)로 나누어 1,000분율로 나타낸 것으로 인구 1천명당 출생아 수를 의미.

감소 속도가 매우 빠른 것이고, 2016년 기준 OECD 평균 합계출산율 1.68명에 비해 0.63명이나 낮은 것이다. OECD국가 중 합계출산율이 1.3명 미만이면 초저출산국으로 분류되는데, 우리나라의 경우 합계출산율은 2001년 1.297명을 기록한 이후 2018년 현재까지 초저출산국으로 분류되어 있다.[4)]

인구감소와 관련하여 통계청 〈생산가능인구의 변화추계〉를 보면, 2015년에 생산가능인구는 37,444천명으로 총인구 대비 73.4%였으며, 2018년에는 37,574천명으로 73.8%로 나타난다. 그리고 2060년에는 22,444천명으로 49.6%가 될 것으로 추산된다.

생산인구는 생산연령인 15~64세 사이에 있는 인구를 말한다. 〈생산가능인구의 변화추계〉에서 보듯이 총인구는 감소추세인데, 고령인구가 늘어난다는 것은 곧 생산인구가 줄어든다는 것이고, 청년층의 인력을 고령층이 담당해야 하는 상황이 된다는 것을 의미한다. 이와 같은 사회현상은 장기적으로 볼 때 국가의 잠재성장력이 낮아질 것으로 예견되는 점이기도 하다.

[생산가능인구의 변화추계]

	2015	2018	2020	2025	2030	2040	2050	2060
총인구(천명)	51,015	51,635	51,974	52,610	52,941	52,198	49,433	45,246
생산가능인구(천명)	37,444	37,574	37,266	35,757	33,878	29,431	25,905	22,444
생산가능인구 구성비(%)	73.4	72.8	71.7	68.0	64.0	56.4	52.4	49.6
전년대비생산가능인구 증감률(%)	0.5	-0.1	-0.6	-1.2	-1.1	-1.3	-1.1	-1.8
고령인구(천명)	6,541	7,381	8,134	10,508	12,955	17,120	18,813	18,536
고령인구구성비(%)	12.8	14.3	15.6	20.0	24.5	32.8	38.1	41.0
전년대비 증감률(%)	4,2	4.3	5.7	5.7	3.7	1.7	-0.0	-0.1

따라서 향후 노년기의 경제적 사정이 그만큼 악화될 수 있는 것이다. 그렇기 때문에 경제적 활동을 활발히 하고 있는 지금, 노후에 대한 설계와 준비의 필요적 시기라 할 수 있다.

4) 뉴시스(NEWSIS)인터넷 기사(2018.8.22.) : 인터넷 기사 「작년 출생아수 35.8만명 '역대 최소'...합계출산율 OECD '꼴찌'」(http://www.newsis.com)와 국민연금공단(2018) : 노후준비서비스 제공자 교육과정(노후준비총론). p. 10에서 재구성.

1.3 노후파산 및 사회적 비용의 증가

위의 〈생산가능인구의 변화추계〉에서 보듯이, 생산가능인구는 감소하는 반면 고령인구는 늘어나는 추세에 있다. 65세 이상 고령인구는 2015년에 6,541천명, 2018년에는 7,381천명, 2020년에는 8,134천명 등 계속해서 증가할 것으로 전망되며, 고령인구 비율 역시 2015년에는 12.8%, 2018년에는 14.3%로 증가하고 2020년에는 15.6%로 증가할 것으로 보이며, 머지않아 40%대를 초과할 것으로 전망된다.

이와 관련하여 노년부양비는 매년 증가하게 될 것이다. 2015년에는 5~6명이 고령자 1명을, 2018년에는 5명, 2020년에는 4.5명, 2030년에는 2.5명이 부양하게 될 것으로 예상된다.

[부양비 및 노령화 지수]

연 도	2010	2015	2018	2020	2030	2040
생산가능인구(천명)	36,209	37,444	37,574	37,266	33,878	29,431
65세 이상(천명)	5,366	6,541	7,381	8,134	12,955	17,120
노년부양비	14.8	17.5	19.6	21.8	38.2	58.2
노령화지수	67.2	93.1	110.5	123.7	212.1	303.2

더욱이 2000년대 들어 '고용 없는 성장'이라는 용어가 나왔듯이 경제성장과 비례해서 고용이 충분하게 늘어나지 못하는 상황이 지속되어 왔다. 2%대 경기하향 국면에서 나타나는 일시적 현상이 아니라 계속될 일반적인 현상일 수 있으며, 향후 수년간 우리나라의 잠재성장세는 계속 낮아져서 1%대 성장이 보편화될 가능성이 높은 편이다.

결국 노령인구의 증가와 저성장시대가 지속되면, 직 · 간접적으로 사회복지비용이 늘어나게 될 것이다. 우리나라 노인들의 어려움은 정부의 사회복지 지출과 연금 관련 지표에서도 잘 나타나고 있다. 2014년 국내총생산(GDP)중 사회복지 지출비용은 우리나라가 10.4%로 OECD평균 21.6%의 절반에도 미치지 못했으며, OECD국가 중 가장 낮은 수준이다. 또한 우리나라의 연금소득 대체율은 42.1%로 OECD 평균 연금소득 대체율인 63.6%에

[연도별 경제성장률, 한국은행경제 통계시스템]

연도	2010	2011	2012	2013	2014	2015	2016	2017
GDP 성장률	6.5	3.7	2.3	2.9	3.3	2.8	2.9	3.1
전기대비 증감	5.8	-2.8	-1.4	0.6	0.4	-0.5	0.1	0.2

비해 현저히 낮은 수준이다.[5)]

이미 초고령 사회에 접어든 일본에서는 독거노인의 수만 600만 명을 넘어섰고, 그 중 300여 만 명이 빈곤 상태에 놓여 있다. 이 가운데 200여 만 명은 의식주 모든 면에서 자립 능력을 상실한 '노후파산'의 삶을 살고 있다.

노후파산이란 NHK 프로듀서가 방송을 제작하면서 만든 신조어로써, 의식주 모든 면에서 자립능력을 상실한 노인의 삶을 일컫는 용어로, 가지고 있는 돈보다 더 오래 살게 된다는 것을 의미한다. "인생은 통행료의 게임이다."라는 말을 한 스콧 니어링(Scott Nearing)은 "고령화시대에 내가 가지고 있는 돈보다 오래 산다는 것은 통행료를 적게 가지고 먼 길을 가는 것과 마찬가지이며, 돈이 부족하면 통행료 부담이 없는 비탈길을 달려야 하는 것이 인생이다."라고 말했다. 이는 준비 안 된 노후모습이 어떠할지를 상징적으로 말해주고 있다.

1.4 행복한 노후생활을 위한 노후준비

노후설계에 대한 관심을 갖게 된 것은 불과 몇 년 전이고, 그것도 국가차원에서 국민의 행복에 대한 관심이 증가하면서 노후설계보다는 노인인구의 행복지표와 관련된 것들이었다. 우리나라의 고령화 속도가 빨라지고 있고, 사회보장제도의 발달이 늦어지면서 노인빈곤율과 노인자살률 등으로 노후문제를 개인의 문제로만 치부하기에는 어려움이 있다. 이와 같은 사회구조적 특성으로 인해 정부주도의 노후설계에 대한 지원이 필요하다. 우리나라의 노년기는 다음과 같이 4가지로 나눠볼 수 있다.

---

5) 국민연금공단(2018) : 노후준비서비스 제공자 소집교육과정(이론). p. 12에서 재구성.

[준비되지 않은 노년]

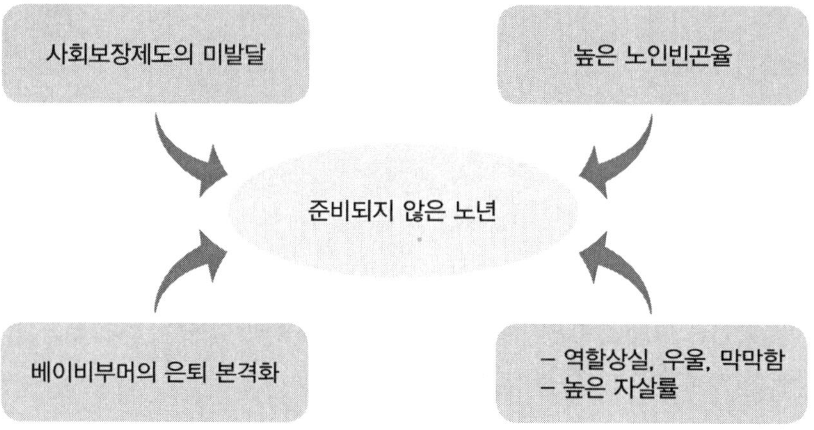

(자료 : 지은정(2013), 고령화 사회 보편적 균형적 노후설계서비스 활성화 방안, p. 37에서 재구성)

그렇다고 당면한 노후준비를 정부의 지원만을 기다리고 있기에는 막막할 수밖에 없으며, 우리가 선제적으로 노후준비를 해 나가는 것이 필요하다.

현재 노년기에 접어드는 우리는 비록 은퇴를 하였다고 해도 과학 및 의료기술의 발달로 역연령으로만 노인일 뿐, 신체연령, 마음의 연령에 있어서는 노인이 아니다. 그리고 교육 및 문화적 수준이 높아 노년기에도 꾸준히 활동을 할 수 있다. 그렇기 때문에 이와 같은 것을 충족시켜줄 기회를 갖는 노후준비를 설계하는 것이 바람직하다.

과거와 달리 은퇴기간이 전 생애에서 차지하는 비율이 길어졌기 때문에 과거의 패러다임으로 현재의 노년기를 바라보고 설계하는 것은 길어진 노후기간에 적절히 대응하기 어렵다. 따라서 노후설계의 중요성은 시간이 갈수록 부각될 것이며, 스스로 노후를 준비하지 않는다면 고령화로 인한 부정적 영향은 더 커질 것이다.

○ 저금리 시대의 투자 전환 필요

노후설계에서 가장 기본이 되는 것은 재무적 상황이다. 재무적 상황을 살펴보기 위해서는 나라의 경제사정을 알아야 한다.

한 나라의 경제상황은 '금리'로 대변한다. 금리란 빌린 돈에 대한 이자를 말한다. 이 금리는 나라의 경제가 뜨거울수록 올라가고, 차가울수록 내려간다.

세계적인 저성장 시대와 맞물려 우리나라 역시 저성장 시대에 접어들면서 금리가 낮아지고 물가상승률을 감안한 실질금리가 마이너스 시대에 접어들었다. 저성장 · 저물가 · 저금리의 이른바 '뉴노멀(new-normal)'시대에 살고 있는 것이다.

한국은행 금융통화위원회는 2016년 6월 기준금리를 연 1.5%에서 1.25%로 0.25%p내렸고, 같은 해 8월 기준금리는 1.25% 수준에서 동결하기로 결정하면서 1% 저금리 시대를 열었으며, 2017년 다시 1.5%로 올려 현재까지 유지하고 있다. 게다가 인구의 고령화가 경제성장률을 점차 하락시켜 기업들의 매출 증가세가 위축되고 그에 따라 기업들의 자금 수요가 줄어들어 저금리 현상을 더욱 부추기는 추세다.

평균수명의 증가로 은퇴 후 노후준비에 필요한 자산이 현실적으로 늘어나게 되었으나 노후준비자금을 마련하는 데는 그만큼 어려움이 가중되었다. 금리는 갈수록 낮아져서 1~2%인 반면, 평균수명은 연장되어 100세 대중보편화 시대가 되면서 노후자금의 크기는 더욱 늘어나게 되었다. 그래서 노후준비자금 마련은 젊은 시절부터 미리 대비하지 않으면 안 되는 현실이 된 것이다.

이런 상황에서 어떻게 노후준비자금을 마련하고 관리해야 할 것인가? 먼저 노후준비자산에 대한 인식이 바뀌어야 한다. '금리에 따른 자산증식 속도'에서 보듯이 금리가 연 5%일 때는 자신의 자산이 2배로 불어나는 데 14.2년이 소요되지만, 금리가 연 2%로 떨어지면 35년, 연 1%면 69.7년으로 늘어나게 된다. 노후준비에 있어서 과거보다 더 많은 노후자금이 필요로 하게 될 것이며, 노후자산 운영은 더욱 힘들어지게 될 것이다.

[금리에 따른 자산증식 속도]

금리	원금 2배가 되는 기간
8%	9년
5%	14.2년
4%	18년
3%	24년
2%	35년
1%	69.7년

(자료 : 국민연금공단(2018), 노후준비서비스 제공자 교육과정(노후준비총론), p. 14 재인용)

일본의 경우, 고령자의 비율이 20%를 넘어선 '초고령 사회'로서 은행 정기예금금리가 연 0.1% 수준까지 떨어져 있다.[6] 우리나라의 발전 패턴이 일본과 비슷하게 흘러간다는 것을 고려했을 때, 우리나라는 장기 초저금리 시대를 대비한 은퇴 전략을 마련하고 이를 적극적으로 실행해 나가는 것이 필요하다. 위험부담이 있는 투자보다는 있는 돈을 지키는 안전자산 투자패턴으로 전환해야 한다.

따라서 저금리 고령화 시대에 상대적인 고금리 금융상품을 찾아 저축을 하거나 적절한 자산배분 전략을 수립하는 것이 필요하다.

금융투자상품은 본질적으로 '투자성', 즉, '손실위험'이라는 불확실성이 내재되어 있고 상품구조 또한 복잡하기 때문에 상황에 따라 손실 금액이 매우 커질 수 있다. 그래서 이런 투자 리스크를 줄이기 위해서 투자 지향적 보다는 관리 지향적으로 자산을 마련하고 관리하는 것이 필요하다. 또 재테크 시장의 트렌드 변화를 주시하면서 돈의 흐름을 알고 틈새를 공략하는 발상의 전환이 필요하다. 기존 방식과 차별화된 새로운 재테크 전략을 통한 노후자금 마련과 관리를 해야하며, 경우에 따라서는 전문가의 도움을 받는 것도 대안이 될 수 있다.

○ 현실 빈곤은 노후생활로

우리나라의 노후준비는 공적연금 위주로 되어 있다. 우리나라의 대표적인 공적연금인 국민연금은 18세부터 60세 미만 전체 국민을 가입대상으로 하여 1988년부터 시행되고 있다.

정부가 전 국민 대상으로 국민연금을 시작한 것은 1999년으로 역사와 가입기간이 길지 않다. 우리나라의 노후소득보장제도는 국민연금과 기초연금, 국민기초생활보장, 퇴직연금, 주택연금, 농지연금, 개인연금 등이 있으며 국민연금과 기초연금은 우리나라의 대표적인 노후 소득보장제도이다.

노후소득보장 실태를 보면, 국민연금에 가입하여 실제로 보험료를 납입하는 비율은 72.7%에 불과하고, 개인연금은 20.0%, 퇴직연금은 8.9%에 불과하다. 이를 연령별로 보면, 30~39세는 공적연금 및 사적연금 가입률이 높지만, 40대부터 감소하기 시작하여 50대에 공적연금에 가입하여 보험료를 납입하는 비율이 67%에 불과하고, 개인연금도 약 15%, 퇴

6) 우재룡 · 송양민(2014) : 100세 시대 은퇴 대사전. 21세기북스. p. 33.

[우리나라의 노후소득보장제도]

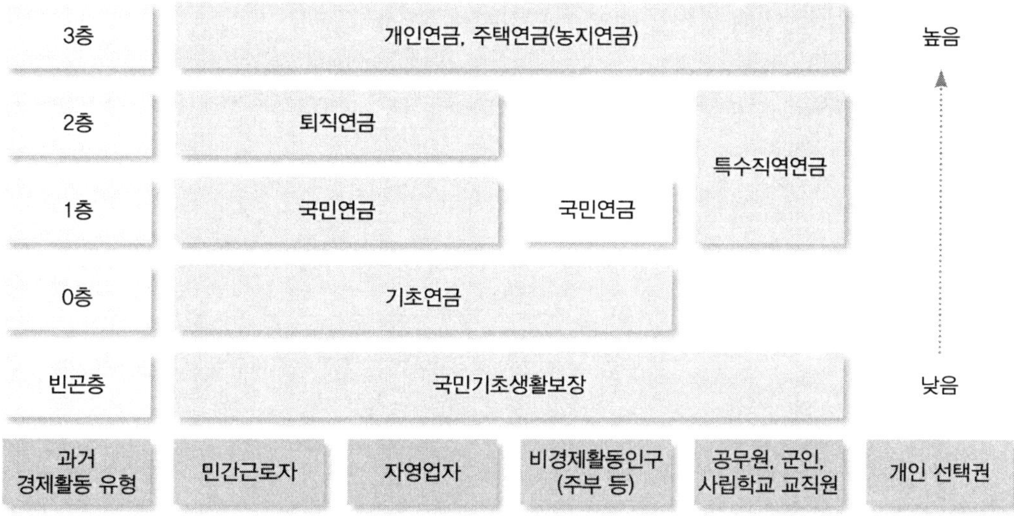

(자료 : 국회예산정책처(2017), 인구구조 변화와 사회안전망 정책 분석 II 노후소득보장대책 분석. p. 28에서 재구성)

직연금은 3.5%에 불과하다. 은퇴 후 소득원천이 다양하지 못하고 국민연금 의존율이 높으며, 은퇴 후 삶을 위한 경제적 준비수준이 낮은 것을 알 수 있다.[7)]

[노후소득보장 실태]

	공적연금 가입률	개인연금가입률	퇴직연금 가입률
전체	72.7%	20.0%	8.9%
20~29세	77.3%	17.4%	12.1%
30~39세	79.2%	23.8%	14.5%
40~49세	72.2%	21.9%	9.1%
50~59세	67.0%	14.9%	3.5%

주) 18~59세 취업가구주 2,977명. 취업자는 상용직, 임시일용직, 고용주, 자영자임. 국민연금은 국민연금 가입 후 보험료 납입자임.

(자료 : 한국복지패널 7차(2012년) 원 자료)

OECD 국가별 노인 빈곤율 비교표(2015)를 보면, 우리나라의 빈곤율은 2013년 65세 이상 고령자를 기준으로 49.6%이며, 노후준비가 가장 잘 된 프랑스의 경우 빈곤율은 3.8%이

7) 지은정(2013) : 고령화사회 보편적 · 균형적 노후설계서비스 활성화 방안. pp. 25~26에서 재구성.

다. 우리나라와 비교했을 때, 45.8%의 빈곤율 차이가 나며, OECD 평균 노인빈곤율 12.6%와 비교했을 때도 37%의 빈곤율 격차를 보인다.

[국가별 노인 빈곤율]

(단위: %)

구분	고령자(65세 이상)			전체인구
	전체	66~75세	76세 이상	
호주	35.5	30.5	37.8	14.0
캐나다	6.7	6.6	6.9	11.8
프랑스	3.8	2.7	5.0	8.1
독일	9.4	8.1	10.8	8.4
이탈리아	9.3	9.4	9.1	12.7
일본	19.4	16.6	22.8	16.0
한국	49.6	46.1	-	14.6
스웨덴	9.3	6.6	13.5	9.0
영국	13.4	10.9	16.6	10.5
미국	21.5	17.5	27.2	17.6
OECD	12.6	11.2	14.7	11.4

(자료 : 국민연금공단(2018), 노후준비서비스 제공자 교육과정(노후준비총론), p. 15에서 재인용)

이러한 노인빈곤율은 2014년 KB금융지주 경영연구소에서 발표한 '노후자산 준비조사' 결과에 따르면, 노후준비계획을 사전에 수립하지 않았다는 것을 보여준다. '아직 시작하

[노후자산 준비 여부]

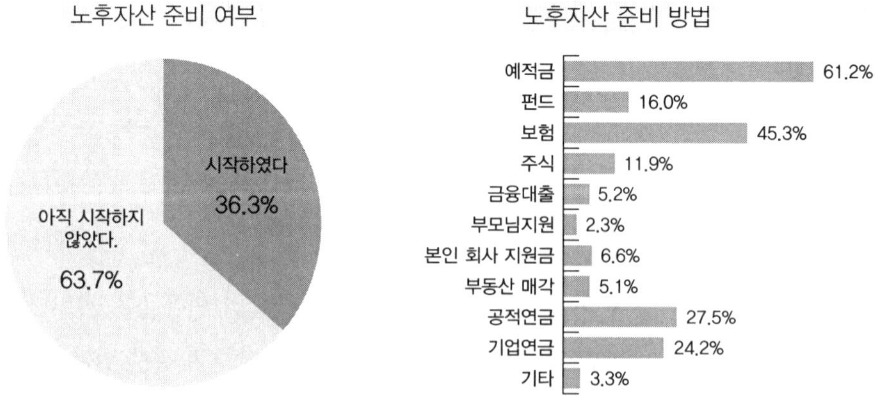

※기타에는 개인거래, 부모님·회사 지원금 등 포함

(자료 : KB금융지주 경영연구소(2014))

지도 않았다'가 63.7%, '시작하였다'가 36.3%밖에는 되지 않는 것으로 나타났다. 또한 노후자산 준비방법에 있어서도 예 · 적금 61.2%로 예금금리 위주로 운영하고 있으며, 현재의 노후자금 축적과 향후 노후자금운영에 많은 어려움을 겪고 있는 것으로 나타났다.

우리나라의 경제성장을 이끌어 온 베이비붐 세대의 노후준비상황을 살펴보자. 전경련 중소기업협력센터에서 발표한 「2014년 중장년 재취업 인식조사 보고」에 따르면 '한국 중장년의 퇴직 이후 사전 준비 상태'는 적신호 상태에 놓여 있다. 응답자의 65.3%가 '퇴직 이후 준비를 하지 않았다'는 답변을 하여 퇴직 이후 인생 설계에 대한 사전 준비가 미흡함을 알 수 있으며, 동일 기관에서 2011년 11월 베이비부머 1,000명을 대상으로 실시한 '재취업 인식조사'와 비교해 봤을 때, '준비 안 했다' 56.3%에서 65.3%로 퇴직 이후 준비 상태가 더욱 악화된 것으로 나타났다.[8]

[2011~2014년 중장년의 퇴직이후 인생 설계를 위한 사전 준비 정도]

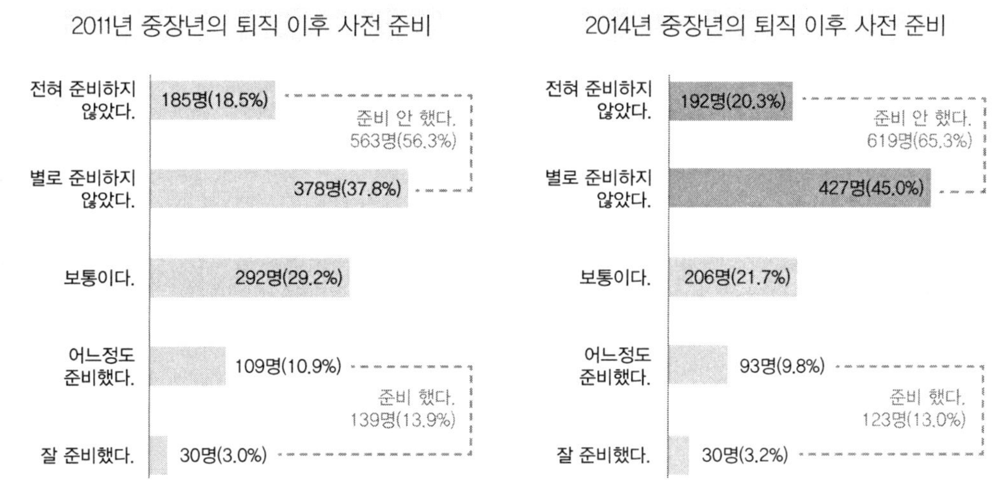

(자료 : 전경련중소기업협력센터, 2014 중장년 재취업 인식조사 보고)

또한 서울대학교 노화고령사회연구소와 메트라이프가 2012년 발표한 자료에 의하면, '재무', '건강', '심리', '사회적 관여' 등 네 가지 영역 중 은퇴 준비 정도가 가장 낮은 영역은 재무 영역으로 52.6점에 그쳐 전체 평균(62.22점)보다 9.62점 낮았으며, 가장 높은 점수를

8) 한국표준협회은퇴연구회(2017)b : 성공적인 은퇴를 위한 생애설계. p. 17.

받은 사회적 관여(68.62점)와는 16.02점이나 차이가 벌어졌다.[9]

이를 통해서 볼 때 은퇴 후 노후생활의 경제적인 여건에 대해 걱정을 하면서도 이에 대한 준비는 미흡다는 것과, 행복한 노후생활을 위해서는 은퇴 후 재무 상태에 대한 점검과 체계적인 관리가 중요하다는 것을 보여주고 있다.

[한국 베이비부머 은퇴 준비 정도]

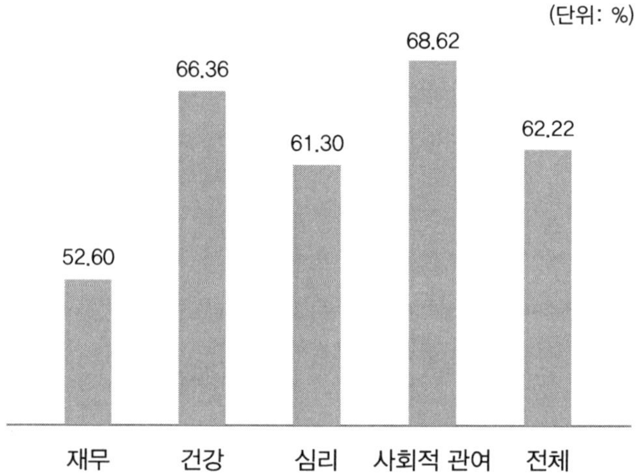

(자료 : 서울대학교 노화고령사회연구소)

노후준비영역의 재무부분에 대한 성공은 적극적인 노후준비계획을 사전에 수립하고 자산을 효과적으로 운영할 수 있는가 여부에 따라 결정된다.

삼성생명 은퇴연구소 〈2018년 은퇴준비지수〉 보고서에 따르면, 2018년 현재 우리나라 은퇴준비지수는 평균 54.5점으로 행복한 노후를 보내기 위해 많은 노력이 필요한 '주의' 수준이다. 그리고 2018년의 은퇴준비지수(54.5)는 2014년 대비 2.7점, 2016년 대비 0.7점 낮아진 수준으로 최근 3년간 은퇴준비지수는 완만한 하락세를 보이고 있다.

은퇴준비 영역별 실행점수는 재무영역이 67.8점으로 가장 높지만 여전히 '주의'수준이며, 활동영역은 44.2점으로 가장 낮을 뿐만 아니라 준비가 매우 취약한 '위험'수준이고, 건강실행점수는 59.1점, 관계실행점수는 59.8점으로 모두 '주의' 수준이다.

9) 한국표준협회(2017)b : 성공적인 은퇴를 위한 생애설계. p. 18.

[은퇴준비지수[10]]

(단위: 점)

구분	점수	은퇴준비 수준 (위험 0–50 / 주의 50–70 / 양호 70–100)
은퇴준비지수	54.5	
자기평가점수	49.6	
실행점수	59.3	
재무	67.8	
건강	59.1	
활동	44.2	
관계	59.8	

이는 고령사회 진입 및 평균수명 연장 등에 따른 노후불안감이 커졌다는 것으로 스스로 은퇴준비가 매우 미흡하다고 평가하는 사람들이 크게 늘어났음을 보여준다.

[한국 베이비부머 은퇴 준비 정도]

(단위: 점)

	'14년	'16년	'18년
은퇴준비지수	57.2	55.2	54.5
자기평가점수	57.7	53.3	49.6
실행점수	56.7	57.0	59.3
재무	53.6	61.1	67.8
건강	58.2	55.6	59.1
활동	53.5	48.4	44.2
관계	62.8	59.2	59.8

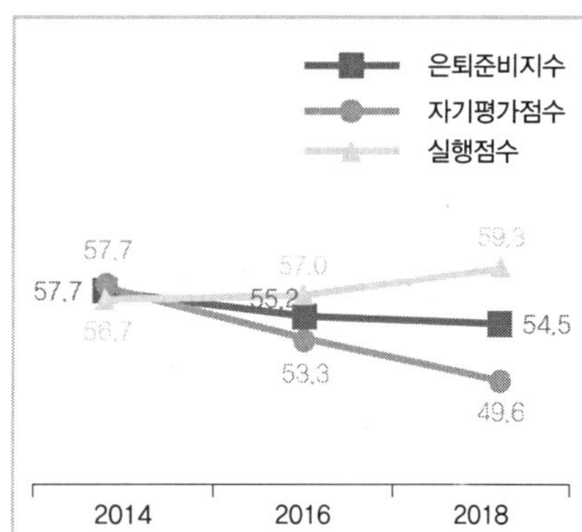

따라서 은퇴 이후 행복한 노후를 위해서는 재무뿐 아니라 건강, 활동, 관계 등 다양한 영역에 대한 노후준비 상황을 분석하고 자신의 형편에 맞게 어떻게 개선할 것인가를 고민해야 한다.

10) 삼성생명 은퇴연구소(2018) : 삼성생명 은퇴준비지수. p. 6.

2 노후준비 영역과 이해

2.1 노후설계란?

노후설계란 행복한 노후생활을 영위하기 위하여 노후에 필요한 자원들을 마련하고 행복하고 성공적인 노후생활을 유지하기 위한 과정과 계획이라 할 수 있다.

노년기 삶의 질을 향상하기 위해서는 실질적인 영향을 미치는 경제상태, 여가, 사회참여, 건강, 가족관계, 종교 등 여러 요인들이 고려되어야 한다. 따라서 안정된 노년을 준비하기 위하여 은퇴나 퇴직 후의 재무, 건강, 여가, 대인관계 등에 관하여 미리 진단하고 이에 대해 설계하는 것이 필요하다.

노년이란 인생주기는 비교적 안정된 계층뿐 아니라 취약계층에게도 찾아오는 것이고, 우리 모두의 미래이다. 빈곤이나 장애처럼 일부 사람들에게만 해당되는 위험이나 삶의 단계가 아니라, 모든 사람에게 찾아드는 것이기에 노후설계가 필요한 것이다.

노년기는 은퇴 후에 갑자기 발생하는 일회성의 사건이 아니라, 인생단계의 하나이다. 삶의 시작과 함께 진행되는 예견된 인생주기인 것이다. 기대수명이 늘어나면서 은퇴 후의 삶은 퇴임식처럼 일회적 성격을 지닌 이벤트가 아니라, 30~40년 동안 지속되는 시간이다.

생애주기관점에서 보면, 노후의 삶은 그 이전의 삶과 분절된 것이 아니라, 누적되어 나타난 결정체이다. 과거의 삶과 경험, 지식, 가치관이 모두 담긴 인생주기가 바로 노년기이다. 즉, 노년기의 삶은 과거의 삶과 밀접한 연관을 맺고 있다. 퇴직 후의 삶이 퇴직 전과 단절되어 또 다른 새로운 형태로 나타나는 것이 아니라, 연속선상에 있는 것이다.

이런 맥락에서 보면, 노후준비를 빨리 시작한 가구일수록 노후준비지수가 높고[11], 어떻게 준비하느냐에 따라 노년기가 달라지는 것은 자명하다.

따라서 노후설계는 퇴직직전에 실시하는 게 아니라, 생애주기별 인생과업, 우선순위, 주요 위험 등을 고려하여 전 생애에 걸쳐 차근차근 준비해야 한다.[12]

[생애주기 관점에서 노년기]

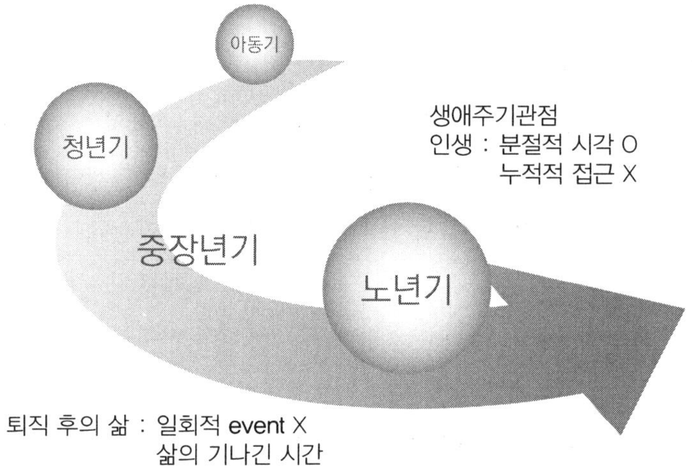

(자료 : 지은정(2013), 고령화사회 보편적 · 균형적 노후설계서비스 활성화방안. p. 8)

노후설계에 있어서는 재무와 비재무 영역, 어느 한쪽으로 치우침 없이 균형과 조화를 이루어야 한다.

100세 시대에 경제력이 없는 상태에서 기대여명이 증가하게 되는 장수위험을 대비할 필요도 있지만, 퇴직 후 삶의 대부분을 차지하는 여가시간을 고독고(孤獨苦)와 무위고(無爲苦)로 보내게 될 위험 또한 크다. 따라서 균형적 노후설계를 위해서는 삶의 질 제반 영역을 포괄하여 재무영역과 비재무영역의 조합이 필요하다.

---

11) 20대 후반 직장생활 시작과 함께 노후준비를 시작한 가구의 경우, 평균적으로 노후 필요자금의 66% 이상이 마련될 것으로 추정. 반면, 은퇴가 임박한 50대 이후 노후준비를 시작한 가구는 노후 필요자금의 50%도 충당하기 힘들 것으로 분석됨(KB금융지주 경영연구소(2012) : KB노후준비지수로 살펴본 한국인 노후준비 실태. p. 27쪽).

12) 지은정(2013) : 고령화사회 보편적 · 균형적 노후설계서비스 활성화방안. pp.8~9에서 재정리.

또한 노후설계를 통한 노년기 삶의 질을 향상시키기 위해서는 간헐적인 준비가 아니라 장기적으로 계획성 있는 실제 노후설계가 이루어져야 한다. 그러기 위해서는 현재의 노후 준비 정도와 준비 상태 등을 살피고, 부족한 부분을 보완하고, 장점을 살릴 수 있는 노후 설계가 되어야 한다.

과거에는 노후준비가 재무 설계와 같은 경제적 측면을 강조하였다. 그런데 오늘날에는 경제적 측면은 물론, 비경제적 측면 모두를 포괄하는 추세이다. 따라서 노후준비 영역에 관한 접근은 경제적 방안 및 노년기 삶의 적응력을 높이는 방안이 통합적으로 고려되어야 한다.[13]

첫째, 가족 및 대인관계

노년기 삶에 있어 중요한 것은 가족 및 대인관계로부터 주어지는 사회적 지지이다. 대부분의 경우 노년기에는 퇴직, 배우자와 친구 상실 등 사회적 관계망이 축소되고 대인관계의 폭이 줄어들고, 상실감을 갖기 쉽다. 따라서 가족 및 대인관계는 생애사건들을 극복할 수 있는 정서적 도움을 주는 중요한 역할을 할 수 있기 때문에 가족, 이웃, 사회에서의 원만한 인간관계 형성 및 유지, 긍정적 생활태도로 사회적 지지를 얻을 수 있는 부단한 노력이 필요하다.

특히, 직장생활 중심이었다가 퇴직 후 30~40년을 어떻게 보내야 할지에 대해서 막막할 수 있으므로 관심있는 모임에 적극적으로 나가 사람들과 소통하는 자세를 가져야 한다.

둘째, 재무

노년기에 실질적인 것은 경제적인 것으로 경제적 안정은 노년기의 삶의 질을 결정하는 중요한 요인이 된다. 노년기의 경제생활의 어려움을 완화하기 위한 재무관리가 필요하며, 자신의 재무상태 점검, 정확한 자산파악을 통해 노년기에 갖추어야 할 경제수준에 대한 합리적이고 실현가능한 판단을 하여야 한다.

따라서 퇴직금 관리, 과세, 금융 및 부동산 등 각종 재테크 및 관리 전략에 대한 이해가 필요하며, 노년기의 안정적 소득보장을 위한 공적연금제도, 개인연금, 주택연금 등을 통한 노후의 경제적 위험을 대비해야 한다.

---

13) 충청북도지역사회서비스지원단(2014) : 실버라이프 케어 서비스 매뉴얼 개발 연구. pp. 15~17에서 일부내용 재구성.

셋째, 건강

건강 또한 노년기 삶의 질에 있어서 중요하며, 행복한 노후생활의 밑바탕이 된다. 건강하게 오래 사는 것, 즉 건강기대수명을 늘리는데 노력을 기울여야 한다. 몸 건강뿐 아니라 마음의 건강도 매우 중요하기에 매사 긍정적으로 생각하고, 마음의 평화를 유지하도록 노력하는 생활이 필요하다.

넷째, 여가

노년기는 퇴직, 자녀 독립과 수면연장 등으로 이전의 사회적 · 가정적 역할 및 책임으로부터 벗어나 보다 많은 시간적 여유를 영위하는 시기가 된다. 노년기 여가활동은 노년기의 삶을 보람 있고, 유용하게 보낼 수 있고, 노후의 고독 및 고립감을 해소할 수 있다는 점에서 준비가 필요하다.

노년기 여가활동은 중 · 장년의 여가경험을 바탕으로 지속된다는 점을 감안하여 미리부터 자신에게 적합한 여가활동을 탐색하고, 여가 유형 등을 고려하여 여가설계를 하는 것이 필요하다. 노년기 여가활동은 소비 지향적 차원이 아닌 자아를 개발하고 삶의 의미를 찾을 수 있는 활동이 바람직하다.

다섯째, 사회참여

사회참여는 노후에 대한 적응력을 높이고 상실되었던 사회적 지위와 역할을 보충해 주며, 지역사회의 연대감 제고, 세대 간 사회통합, 그간의 경험을 활용한다는 점에서 사회적 의의가 크다고 할 수 있다.

노년기 활발한 사회참여를 위해 자신에게 적합한 사회참여 유형을 발견하고 이에 대한 지식 및 관련 정보를 알아보는 것이 필요하다. 사회참여에는 자원봉사나 사회공헌일자리(시민서비스) 활동이 대표적인데, 경제적 수단이 아니더라도 생산적 활동을 통해 사회에 공헌하고 삶에 활력을 얻을 수 있다. 특히 사회공헌일자리는 최소한의 보상이 주어지는 사회공익활동으로 노년기의 중요 사회참여 형태로 부각되고 있다.

여섯째, 인생설계

향후 삶에 대한 목표를 설계할 수 있는 정리단계로써 노년기 삶의 변화, 건강, 여가, 재무 등을 포함한 노후생활에 대한 전반적인 목표를 설정하는 내용이 되어야 한다. 노후생활을 어떻게 전개해 나갈 것인가에 대한 목표와 이를 달성하기 위한 실천의지와 방법 등이 구체적으로 담긴 인생설계를 짜야 한다.

2.2 제3기 인생론

가. 라슬렛의 제3기 인생론(The Third Age)

인구 고령화 현상이 일찍 나타난 서유럽에서 노년기를 제3기 인생으로 지칭하였다. 그러다 1973년 프랑스에서 제3기 인생대학이 처음 설립되면서 '제3기 인생'이라는 말이 프랑스어로 공식 사용되었고, 1981년 영국에서 제3기 인생대학이 설립되면서 쓰이기 시작하였다(박상철 외, 2009).

노년기의 중요성을 강조하고 노년기의 새로운 의미를 제시한 학자는 라슬렛(Peter Laslett)이다. 라슬렛은 1989년 그의 저서 『신선한 인생지도(A Fresh Map of Life)』에서 인생주기를 제1기 인생(the first age), 제2기 인생(the second age), 제3기 인생(the third age), 제4기 인생(the fourth age)으로 나누고 각 시기마다 과제를 제시하였다.

첫째, 제1기 인생(The First Age)

제1기 인생은 태어나면서부터 직업을 얻기 위해 교육을 끝내는 시기를 말한다. 연령으로는 0세에서 대학을 졸업하는 24~25세 정도까지라 할 수 있다. 제1기 인생은 부모에게 의지할 수밖에 없고 교육과 훈련을 받으며 경제적으로 독립하지 못한 시기가 된다. 이 시기의 주요 인생과업은 '의존과 교육 및 훈련'이라 할 수 있다.

둘째, 제2기 인생(The Second Age)

제2기 인생은 취업하여 경제적으로 독립하게 되며, 결혼하고 가정과 직장에 대한 의무를 다하는 퇴직할 때까지의 시기를 말한다. 연령으로는 대체로 25세부터 60~65세까지에 해당되는 시기이다. 이 시기의 과업은 '경제적 독립과 의미수행 및 성숙'이라 할 수 있다.

셋째, 제3기 인생(The Third Age)

제3기 인생은 라슬렛이 강조한 시기이다. 퇴직 후 건강하게 지내는 시기로써 퇴직 후 시기의 대부분이 이에 해당된다. 건강을 잘 유지해 온 사람들에게는 80대 나아가서는 90대까지도 해당될 수 있다. 연령과 통상적 퇴직과 연계하여 제 3기 인생의 시작시기를 구분하는 것도 의미 있지만, 라슬렛은 사실상 제 3기 인생의 시기를 구분하는 것은 나이와 크게 관계없이 개인적 선택에 의해 시작될 수 있다고 보았다.

제3기 인생은 역연령(chronological age)나 생물학적 나이(신체 기능상으로 본 나이)나 사회적 관습이나 제도적으로 정한 퇴직연령과도 무관한 순전히 개인적인 의미라는 것이다.

따라서 제3기 인생은 반드시 자기가 오랫동안 해 오던 일에서 정년퇴직 후 새로 시작하는 인생을 말하는 것은 아니다. 해 오던 일을 제2기 인생의 어느 시기에 과감하게 그만두고 새로운 계획으로 새로 시작하는 인생도 제3기 인생이 될 수 있다는 것이다. 그리고 자기가 해 오던 일이 자기 적성에 맞고 자기가 원하는 일이면 그 일을 계속하다가 정년퇴직하면서 제3기 인생은 시작될 수 있다. 대부분의 경우 제2기 인생까지 계속 직업 활동을 하다가 정년퇴직하기 때문에 정년퇴직 이후 건강하게 생활하는 인생기간을 제3기 인생이라 한다.

이 시기의 발달과업은 '자기성취'이다. 자기성취는 자신의 적성에 맞고 자기가 원하는 활동을 하면서 만족을 느끼는 것을 말한다.[14)]

유럽국가, 미국, 캐나다, 호주 등의 선진국에서는 제3기 인생을 중요하게 생각하고 노인들을 교육하는 기관을 '제3기 인생대학(University of the Third Age: U3A)'이라고 부르고, 대학교에서 제3기 인생대학을 시행하는 경우와 지역단위의 퇴직자들 자체 모임에서 시행하는 경우가 많다.[15)]

넷째, 제4기 인생(The Fourth Age)

제4기 인생은 퇴직하여 건강하게 지내다가 신체적 또는 정신적으로 쇠약해지거나 질병으로 건강이 약해져서 독립적으로 생활하기 어렵게 되는 시기를 말한다.

---

14) 지은정(2013) : 고령화사회 보편적 · 균형적 노후설계서비스 활성화방안. p.10~11에서 재구성.

15) 일반적으로 사람들은 제2기 인생을 미리 계획하여 선택하기에는 여러 가지로 어려운 점이나 장애가 많다. 긴 인생의 계획을 젊어서부터 충분히 세우기 어렵고, 자신의 적성을 정확히 발견하기도 어렵다. 또한 자기 적성이라 생각한 것이 과연 자기에게 맞는 것인지 충분히 경험해서 알 수 있는 시간도 부족하고, 많은 경우 경제적 어려움이나 부모나 주위 사람들의 권유로 자기 적성과는 무관한 직업을 택할 수도 있다. 이러한 이유로 제2기 인생은 자기 적성에도 맞고 자기가 원하는 직업 활동을 하는 인생을 만들어 나가도록 계획을 세울 수 있는 경우가 많지 않다. 오히려, 인생을 상당히 경험해 보고 자기 적성도 충분히 파악하여 자신이 원하는 인생을 계획하여 살아볼 수 있는 시기가 바로 제3기 인생이라 할 수 있다(지은정, 2013:12).

이 시기는 경제적으로 의존의 시기가 되는 것은 아니지만, 건강 면에서 다른 사람에게 의존하기 쉽다. 그렇지만 이 시기는 개인에 따라서 짧을 수도 있고, 길수도 있다. 이 시기의 발달과업은 '의존'이라 할 수 있지만, 반드시 그런 것은 아니다. 다만 의존하는 것이 일반적이고 오히려 정상적이긴 하지만, 의존의 시기인 제4기 인생은 개인적 노력으로 극단적으로 없는 기간으로 만들 수도 있다.

[라슬렛의 인생주기별 주요 과업]

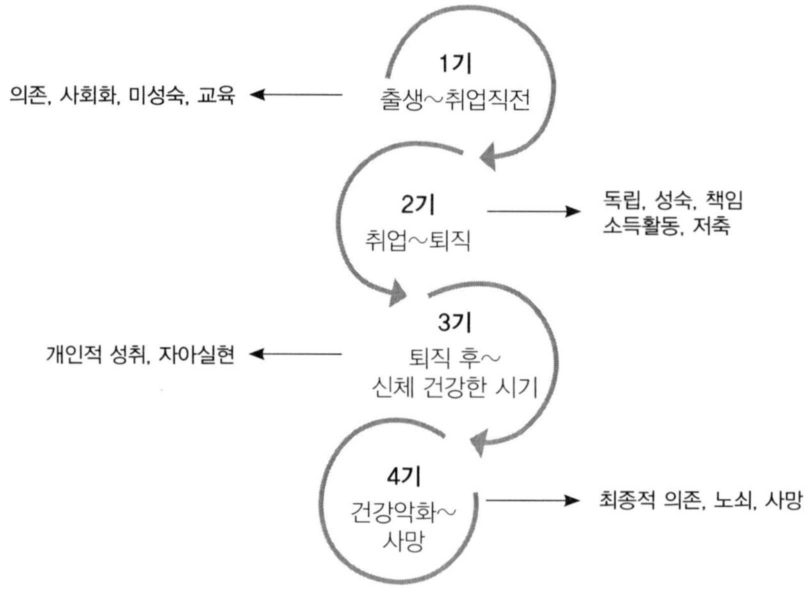

(자료 : 지은정(2013), 고령화사회 보편적 · 균형적 노후설계서비스 활성화 방안. p. 11)

나. 새들러의 제3기 인생론

미국의 사회심리학자인 새들러(William Sadler)는 그의 저서 『제3기 dsltod: 40eo 이후의 성장과 갱신을 위한 6가지 원칙(The Third Age:6 Principles for Growth and Renewal After Forty)』에서 제3기 인생을 40대 이후부터 건강하게 지내는 시기까지로 보고 있다.

새들러는 제3기 인생의 과업을 제2의 성장(The second growth)으로 보고 있다. 제2의 성장에서 중요한 것은 우리의 창의력을 활용하여 우리의 생활을 쇄신하고 새로운 방향으로 나가는 것이다.

라슬렛이 말한 제3기 인생을 주관적으로 보는 관점을 수용한 점과 중년기 위기론을 반영한 것으로 보인다. 특히 전통적 인생주기에서 인생은 40대의 어느 시기에 인생의 정점에 도달하여 점차 하향하는 것이었기 때문에 인생에서 정점이 하나만 있는 것으로 생각하였다.

새들러에 따르면 고령화 사회의 새로운 인생주기에서는 40~50대 이후에 우리가 원한다면 그리고 노력한다면 다시 한 번 혹은 그 이상 정점에 이를 수 있다. 나아가 인생은 40대 이후 30~40년의 노화과정을 겪으면서 사람들은 일반적으로 쇠퇴(decline), 질병(disease), 의존(dependence), 우울(depression), 노망(decrepitude)이 기다리고 있는 것으로 보고 있지만(5D), 우리의 노력으로 제3기 인생을 갱신(renovation), 갱생(rebirth), 쇄신(regeneration), 원기회복(revitalization), 회춘(rejuvenation)으로(5R) 대신 채울 수 있는 인생을 설계할 수 있다고 주장한다(지은정, 2013:13).

일반적으로 일생에서 40대에 인생의 정점이 한번만 있다고 생각하지만, 우리의 노력여하에 따라 40대 이후에도 인생의 정점을 하나 더 만들 수도 있다는 것이다.

[새들러의 제3기 인생]

(자료 : 지은정(2013), 고령화사회 보편적 균형적 노후설계서비스 활성화 방안. p. 14에서 재구성)

즉, 노화를 부정할 수 없지만 우리가 그 어느 때보다 활기차고 목표가 뚜렷한 삶을 살아가며 우리 속의 잠재력을 찾아내어 개발한다면, 노화의 과정을 새로운 성장의 과정으로 바꿀 수 있다.

이렇게 중년기 이후 우리의 잠재력으로 제2의 성장을 이룩할 수 있는 6가지 원칙은 ①

습관적 생활 재검토와 생활변화의 위험 감수, ② 현실적 낙관주의 태도 개발, ③ 긍정적 제3기 인생의 정체성 확립, ④ 일에 대한 재정의와 일과 여가의 조화, ⑤개인적 자유와 친밀감의 조화, ⑥ 자기와 타인에 대한 배려의 생활태도 조성이다.[16]

2.3 노후준비 4대 진단영역과 이해

우리나라는 OECD 국가 중 노인빈곤율과 자살률이 1위이며, 특히 자살률의 경우 선진국의 4~5배에 이른다. 우리사회 전체가 고령사회에 대비해야 함을 의미한다.

노후준비를 하는데 있어서 가장 큰 어려움은 언제 무엇을 어떻게 준비해야 하는가이다. 급속한 고령화 사회에 대응하기 위하여 보건복지부는 국민들이 자신의 노후준비 수준을 측정할 수 있는 노후준비지표를 개발하였다. 이를 통해 국민들이 모두 공유할 수 있는 노후준비에 관한 진단 지표를 구성하고 적절한 노후준비 점수체계 및 점수 가이드라인을 제시함으로써 모든 국민들이 자발적이고 체계적으로 노후에 대비해 나갈 수 있는 기반을 마련하고자 했다.

노후준비는 노년기 삶에 대한 준비이기 때문에, 노년기 삶의 질 향상을 목표로 한다. 노년기 삶에는 경제, 여가활동, 자원봉사를 비롯한 사회참여 활동, 건강, 가족관계, 종교 등 다양한 요인들이 영향을 미친다.

이에 보건복지부는 다양한 영향을 미치는 노년기 삶에서 '포괄성'과 '상호 배타성'의 원칙을 충족시켜주는 요인들을 '재무', '건강', '여가', '대인관계' 등 4가지 영역으로 묶어 노후준비 진단지표를 구성하게 되었다.

그 결과 노후준비 지표는 대인관계 영역 9개 지표, 건강영역 11개 지표, 재무영역 12개 지표, 여가영역 5개 지표 등 모두 37개 지표로 구성되었다.

[노후준비 진단지표의 영역 구성]

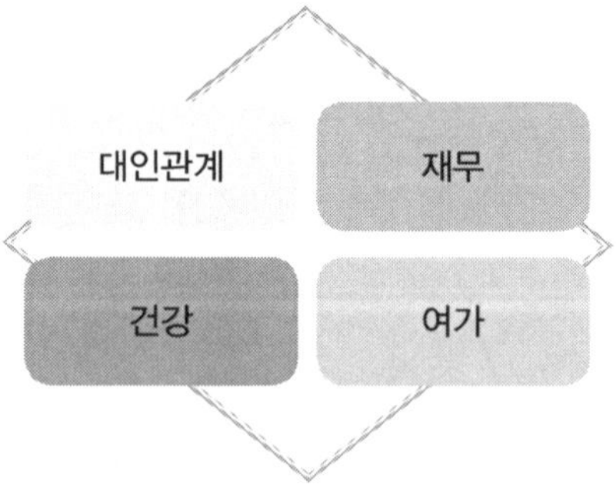

16) 지은정(2013) : 고령화사회 보편적 균형적 노후설계서비스 활성화 방안. p. 14에서 재구성.

[노후준비 진단지표의 영역 및 구성]

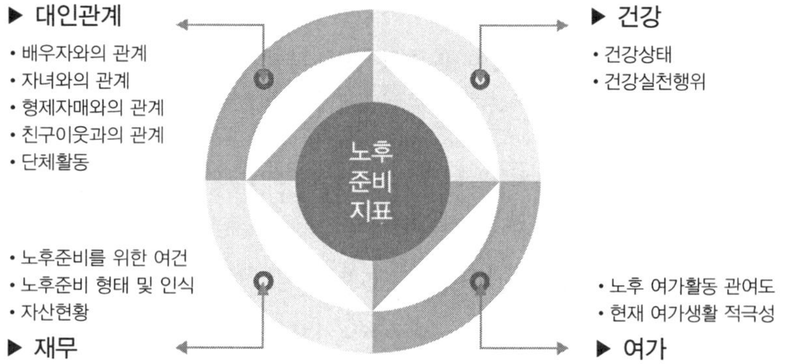

(자료 : 보건복지부, 2012년 노후준비지표 소개 및 해설. p. 2에서 재구성)

○ 노후준비 지표의 영역별 이해

국민연금공단 내연금사이트(http://csa.nps.or.kr/self)의 「노후준비종합진단」은 고령화 사회에 대응하기 위해서 보건복지부가 개발한 '노후준비종합진단'을 위한 노후준비지표이다. 노후준비지표는 4개의 영역으로 다음과 같이 구성되어 있다.

(1) 대인관계 영역

대인관계 영역의 노후준비 진단지표는 9개의 지표로 구성되어 있다. 즉, 배우자 관련 2개, 자녀 1개, 형제 · 자매 2개, 친구 · 이웃 3개, 단체 1개 지표 등이다.

지표는 대인관계의 종류별로 구성되었다. 일차적인 비공식 관계인 배우자, 자녀, 형제 · 자매, 이차적인 비공식 관계인 친구 · 이웃, 공식적인 관계인 단체활동에 대한 1개 이상의 지표가 제시되었다. 더불어 각 관계별로 관계의 친밀성과 작동가능성을 최소한의 지표로 파악할 수 있도록 구성되었다.

배우자의 경우 대화와 동반외출을 통하여 친밀성을 파악하였으며, 자녀의 경우 대화의 충분성, 형제 · 자매와 친구 · 이웃의 경우는 접촉빈도와 도구적 지원가능성이 공통적으로 파악되게 구성했고, 친구 · 이웃의 경우, 약한 유대와 강한 유대가 혼재되어 있을 수 있으므로 약한 유대와 강한 유대를 파악할 수 있는 항목을 추가 했으며, 공식적인 관계의 파악을 위해서 참여모임 수를 확인할 수 있게 구성했다. 또한 배우자, 자녀, 형제 · 자매와 친구 · 이웃이 노후생활에 중요할 것으로 생각하는 상대적 중요도를 파악도록 하였다.

[대인관계 영역 지표구성]

구분		문항	보기	
배우자	1	귀하께서는 배우자와 충분히 대화하고 계시나요?	① 전혀 그렇지 않다 ② 별로 그렇지 않다 ③ 보통이다	④ 대체로 그런 편이다 ⑤ 매우 그렇다 ⑥ 배우자 없음
	2	귀하께서는 최근 1년 동안 배우자와 동반 외출을 몇 번 하셨나요?	① 6개월에 1번 미만 ② 3개월에 1번 미만 ③ 한 달에 1번 미만	④ 격주에 1번 미만 ⑤ 격주에 1번 이상 ⑥ 배우자 없음
자녀	3	귀하께서는 자녀들과 대화를 충분히 하고 계시나요?	① 전혀 그렇지 않다 ② 별로 그렇지 않다 ③ 보통이다	④ 대체로 그런 편이다 ⑤ 매우 그렇다 ⑥ 자녀 없음
형제자매	4	귀하께서는 최근 1년 동안 본인 혹은 배우자의 형제자매와 얼마나 자주 만나거나 통화하셨나요?	① 6개월에 1번 미만 ② 3개월에 1번 미만 ③ 한 달에 1번 미만	④ 격주에 1번 미만 ⑤ 격주에 1번 이상 ⑥ 형제자매 없음
	5	귀하께서는 갑자기 도움을 요청하면 본인 혹은 배우자의 형제자매가 기꺼이 도와주나요?	① 전혀 그렇지 않다 ② 별로 그렇지 않다 ③ 보통이다	④ 대체로 그런 편이다 ⑤ 매우 그렇다 ⑥ 형제자매 없음
친구이웃	6	귀하께서는 최근 1년간 얼마나 자주 친구를 만나 대화를 하셨나요?	① 6개월에 1번 미만 ② 3개월에 1번 미만 ③ 한 달에 1번 미만	④ 격주에 1번 미만 ⑤ 격주에 1번 이상
	7	귀하께서는 마음을 털어놓을 수 있는 친구나 이웃은 몇 명인가요?	____ 명	
	8	귀하께서는 갑자기 도움을 요청하면 이웃이 기꺼이 도와줍니까?	① 전혀 그렇지 않다 ② 별로 그렇지 않다 ③ 보통이다	④ 대체로 그런 편이다 ⑤ 매우 그렇다 ⑥ 알고 지내는 이웃 없음
단체활동	9	귀하께서 1년에 1회 이상 자발적으로 참석하는 모임(단체, 동호회 및 종교모임 등)의 수는 몇 개인가요?	____ 개	

(2) 건강영역

건강 영역의 노후준비 진단지표는 11개의 지표로 구성되어 있다. 건강 영역은 '건강상태' 4개 지표와 '건강실천행위' 7개 지표로 나눠 구성되어 있다.

건강상태 분야는 4개 지표로 구성되는데, 신체적 건강수준을 측정하기 위한 지표로는 스스로 인식한 건강상태 지표, 만성질환 유무 및 만성질병 수 지표, 정신적 건강상태를 간접적으로 측정하기 위한 지표로 스트레스를 느끼는 정도 지표와 신체적 건강수준을 객관적으로 측정할 수 있도록 하기 위해 체질량(BMI)지수를 활용하였다.

건강생활실천행위는 7개 지표로 구성되는데, 생활습관인 흡연, 음주, 신체활동(운동실천), 식생활습관에 각각 1개의 지표로 구성하고, 건강유지를 위한 체중관리 지표, 피로 회복을 위한 수면의 충분성 지표, 예방적 건강관리 지표 등으로 구성되었다.

[건강 영역 지표구성]

구분		문항	보기	
건강 상태	1	귀하께서는 동년배의 다른 분들에 비하여 귀하의 건강상태는 어떻다고 생각하시나요?	① 대단히 나쁘다 ② 조금 나쁜 편이다 ③ 그저 그렇다	④ 대체로 건강한 편이다 ⑤ 매우 건강하다
	2	귀하께서는 현재 3개월 이상 앓고 있으면서 의사에게 진단받은 만성질병은 몇 개이신가요?	① 3개 이상 ② 2개	③ 1개④ 없다
	3	귀하께서는 평소에 스트레스를 어느 정도 느끼시나요?	① 대단히 많이 느낀다 ② 많이 느끼는 편이다	③ 조금 느끼는 편이다 ④ 거의 느끼지 않는다
	4	귀하의 현재 키와 몸무게를 기록해 주십시오.	키 ______cm	몸무게 ______kg
건강 생활 실천 행위	5	귀하께서는 현재 담배를 피우시나요?	① 매일 피운다 ② 가끔 피운다	③ 과거에 피웠으나 현재는 피우지 않는다 ④ 전혀 피우지 않는다
	6	귀하께서는 최근 6개월간 한 번의 술자리에서 소주 7잔(또는 맥주 5캔 정도)이상을 마신 횟수는 어느 정도 인가요?	① 거의 매일 ② 1주일에 1번 정도 ③ 한달에 1번 정도	④ 한달에 1번 미만 ⑤ 전혀 없다
	7	귀하께서는 최근 6개월간 규칙적으로 체조나 운동 등을 하셨나요?	① 전혀 그렇지 않다 ② 별로 그렇지 않다 ③ 그저 그렇다	④ 대체로 그런 편이다 ⑤ 매우 그렇다
	8	귀하께서는 곡류, 두유, 과일, 채소, 생선, 육류, 우유 등 다양한 식품을 골고루 섭취하려고 노력하는 편이신가요?	① 전혀 그렇지 않다 ② 별로 그렇지 않다 ③ 그저 그렇다	④ 대체로 그런 편이다 ⑤ 매우 그렇다
	9	귀하께서는 최근 6개월간 자신의 체격에 맞는 건강 체중을 유지하기 위해 노력하셨나요?	① 전혀 그렇지 않다 ② 별로 그렇지 않다 ③ 그저 그렇다	④ 대체로 그런 편이다 ⑤ 매우 그렇다
	10	귀하께서는 하루에 취하는 수면이 피로 회복에 충분하다고 생각하시나요?	① 대단히 불충분하다 ② 조금 불충분하다 ③ 그저 그렇다	④ 대체로 충분한 편이다 ⑤ 매우 충분하다
	11	귀하께서는 귀하의 건강을 유지·증진하고, 만성질병을 예방하거나 만성질환의 악화를 방지하기 위하여 정 기적으로 (최소한 2년에 1회 이상) 병의원, 보건기관 등에서 건강검진을 받으시나요?	① 전혀 그렇지 않다 ② 별로 그렇지 않다 ③ 그저 그렇다	④ 대체로 그런 편이다 ⑤ 매우 그렇다

(3) 재무 영역

재무영역의 진단지표는 3개 영역의 12개 지표로 구성되어 있다. 진단영역은 노후준비를 위한 여건, 행태 · 인식, 자산현황으로 구분된다. 일반적으로 소득 및 소비는 가구를 단위로 구성이 되므로 이를 반영하기 위해 재무영역에서는 본인과 배우자에 관한 정보를 함께 고려하여 활용할 수 있도록 진단지표를 구성하였으며, 준비여건은 본인과 배우자 각각의 소득활동 기간을 측정할 수 있는 은퇴연령과 향후 소득의 안정성 정도의 4개 문항으로 구성되었다.

노후준비의 행태 · 인식의 영역은 3개 문항으로 구성하였는데, 행태는 노후준비를 위하여 개인의 반복적, 지속적인 행위를 측정하는 문항이다. 또한 인식은 노후준비의 목표설정의 적절성에 대한 측정문항이다. 행태에 대한 첫 번째 문항은 은퇴 이후 제2의 일에 대한 준비정도이며, 두 번째 문항은 노후를 대비하기 위하여 지속적으로 그리고 장기적인 관점에서 저축(투자)을 얼마나 하는 가에 대한 문항이다. 인식에 대한 항목은 은퇴 후에 필요한 월 생활비 액수를 묻는 것이다. 필요생활비는 개인의 생활수준을 반영하는 동시에 재무적 측면의 노후준비 목표이기도 하다.

자산현황의 문항은 총 5개로 은퇴 후 생활비를 조달하는 원천별로 구성하였다. 노후소득의 가장 핵심적인 위치를 차지하는 본인과 배우자의 국민연금의 예상수급액과 퇴직연금, 개인연금의 규모를 측정한다. 추가적으로 노후생활비 조달에 활용할 수 있는 금융자산, 부동산의 규모를 측정하는 문항으로 구성되었다.

[재무 영역 지표구성]

구분	문항		보기	
준비 여건	1-1	귀하께서는 현재 재직하는 직장(혹은 현재 종사하고 있는 소득 및 경제활동)에서 몇 세까지 일할 수 있을 것으로 예상하십니까?	① 49세 이하 ② 50~54세 ③ 55~59세	④ 60~64세 ⑤ 65세 이상
	2-1	귀하의 배우자께서는 현재 재직하는 직장(혹은 현재 종사하고 있는 소득 및 경제활동)에서 몇 세까지 일할 수 있을 것으로 예상하십니까?	① 49세 이하 ② 50~54세 ③ 55~59세	④ 60~64세 ⑤ 65세 이상
	1-2	귀하께서 현재 종사하고 있는 직종에서의 근로 및 사업 소득은 안정적입니까?	① 매우 불안정하다 ② 비교적 불안정하다 ③ 보통이다	④ 비교적 안정적이다 ⑤ 매우 안정적이다
	2-2	귀하의 배우자께서 현재 종사하고 있는 직종에서의 근로 및 사업 소득은 안정 적입니까?	① 매우 불안정하다 ② 비교적 불안정하다 ③ 보통이다	④ 비교적 안정적이다 ⑤ 매우 안정적이다

행태 및 인식	1-3	귀하께서는 현재의 소득활동을 중단한 이후 제2의 일을 하기 위한 준비를 하고 계시나요?	① 필요성이 없어 별다른 준비를 하고 있지 않다 ② 필요성이 있다고 생각해 관심을 가지고 있다 ③ 제2의 일을 준비하기 위해 방법을 모색하고 있다 ④ 구체적으로 준비하는 단계이다 ⑤ 이미 제2의 일을 하고 있다
	5	귀하와 배우자께서는 노후 대비를 위해 수입의 얼마만큼을 개인연금이나 장기 저축(투자)에 자발적으로 저축하고 계십니까? 하고 있으시면 매월 얼마를 저축하고 있으십니까? 귀하와 귀하의 배우자께서 저축하시는 개인연금이나 장기 저축(투자) 금액을 모두 응답하여 주십시오.	① 저축을 못하고 있다 ② 저축을 하고 있다 (매월 ________만원)
	6	귀하와 배우자께서 은퇴 이후에 필요할 것으로 예상하는 생활비는 얼마인가요?	매월 총 _____만원
자산 현황	3	귀하와 귀하의 배우자는 현재 국민연금이나 특수직역연금에 가입되어 있으십니까? 향후 예상되는 수령 금액을 응답하여 주십시오.	① 매월 ______만원 ② 일시금 ______만원
	4	귀하와 귀하의 배우자는 퇴직연금 또는 퇴직금을 받으실 수 있으십니까? 그렇다면 향후 예정 수령액은 얼마입니까?	① 매월 ______만원 ② 일시금 ______만원
	7	현재 가입하신 개인연금을 기준으로 은퇴 후 귀하와 배우자의 개인연금 예상 수령액은 얼마인가요?	① 개인연금 예상 수령액 없음 ② 매월 (월 ____만원) ③ 일시금 (총 _____만원)
	8	귀하와 배우자께서 연금을 제외하고 노후자금으로 활용할 수 있는 금융자산은 어느 정도입니까?	총액 _____만원
	9	귀하와 배우자 명의의 주택을 포함한 부동산 중 노후자금으로 활용할 수 있는 금액은 어느 정도입니까?	총액 _____만원

(4) 여가 영역

여가영역 점수용 문항은 아래와 같이 총 5개 문항으로 구성되어 있는데, 문항 1에서 3까지는 노후여가활동과 관련된 문항이고, 문항 4와 5는 현재 여가생활의 적극성 정도를 파악하는 문항들이다.

문항 1은 노후의 취미여가생활에 대해 어느 정도 인식하고 있는지를 파악하는 것으로 노후설계에서 가장 기본적인 질문이다. 문항 2는 노후를 고려한 취미여가활동을 시도해 본적이 있는지를 파악하는 것인데 인식의 단계에서 한 걸음 더 나아가 실천을 시도했는지를 판단하는 질문이다. 문항 3은 현재의 여가활동이 노후에도 이어질 수 있는 여가활동 인지를 파악하는 질문이다.

이와 같이, 문항 1에서 3까지는 노후의 취미여가활동에 대한 인식 및 현재 시점에서의 준비 및 실천정도를 질문하는 것이기 때문에 이를 '노후여가활동 관여도'라고 개념 지을 수 있다. 문항 4는 여가생활의 일상성을 알 수 있으며, 문항 5는 여가생활의 지속성을 가능하게 한다. 이와 같이 현재 여가생활의 일상성과 지속성의 특성을 모두 포함하여 이를 '현재 여가생활의 적극성'으로 개념화 할 수 있도록 구성되었다.

[여가 영역 지표구성]

구분	문항		보기
노후여가생활 관여도	1	귀히께서는 노후 취미·여가 생활에 대해 생각해 본 적이 있으십니까?	① 전혀 생각해 보지 못했다 ② 거의 생각해 보지 못했다 ③ 어느 정도 생각해 본 적은 있다 ④ 비교적 구체적으로 생각해 보았다 ⑤ 매우 구체적으로 생각해 보았다
	2	귀하께서는 노후를 고려하여 취미·여가 생활을 시작해 본 적이 있습니까?	① 전혀 없다 ② 시작한 적은 있으나 현재는 하고 있지 않다 ③ 한 가지 정도를 시작하여 현재까지 하고 있다 ④ 한 가지 취미·여가 활동을 하고 있으며 새로운 취미·여가 활동을 시작했다.
	3	귀하께서는 현재 하고 계신 취미·여가 생활이 노후에도 지속될 것으로 생각하고 있습니까?	① 전혀 그렇지 않다 ② 거의 그렇지 않다 ③ 보통이다 ④ 대체로 그런 편이다 ⑤ 매우 그렇다
현재여가생활의 적극성	4	귀하께서는 현재 어떻게 취미·여가 생활을 보내고 있습니까?	① 별다른 취미·여가 활동이 없다 ② 비정기적으로 취미·여가 활동을 하고 있다 ③ 일 년에 정기적으로 하는 취미·여가 활동이 있다 ④ 한 달에 정기적으로 취미·여가 활동을 하고 있다 ⑤ 한 주에 정기적으로 취미·여가 활동을 하고 있다
	5	귀하께서 현재 꾸준히 하고 있는 취미·여가 활동이 있다면 얼마 동안 하셨나요?	① 꾸준히 하는 취미·여가 활동이 없다 ② 취미·여가 활동을 시작한 지 1년 이내 ③ 취미·여가 활동을 시작한 지 1년~ 3년 이내 ④ 취미·여가 활동을 시작한 지 3년~ 5년 이내 ⑤ 취미·여가 활동을 시작한 지 5년 이상

2.4 노후준비 종합진단

국민연금공단에서는 개발된 노후준비진단지표를 국민연금노후준비서비스 내연금 홈페이지(http://csa.nps.or.kr/self/decrepitude.do)에 탑재하여 누구나 받아볼 수 있도록 '노후준비 종합진단' 서비스를 제공하고 있다.

노후준비 종합진단은 전 국민 설문조사를 바탕으로 각 영역별 다양한 분야의 전문가들의 의견을 들어 제시된 노후준비 수준 상, 중, 하를 기준으로 다른 사람과 비교하여 현재 자신의 노후준비 여부를 객관적으로 진단해 볼 수 있는 자가진단지이다.

기본사항 외 4개 영역을 모두 체크하고 나면, 다음과 같이 영역별로 노후준비 진단 결과를 자세하게 받아볼 수 있고, 출력해서 살펴볼 수 있다. 노후준비 진단결과는 다음과 같이 각 영역별로 세부적인 결과를 보여준다.

첫째, 노후준비 진단결과에서 ① 영역별 노후준비 수준, ② 노후준비 수준 비교, ③ 나의 노후준비 유형을 보여준다.

둘째, 영역별 노후준비 가이드

영 역			
① 사회적 관계	② 건강한 생활습관	③ 소득과 자산	④ 여가활동
㉠ 부부관계 ㉡ 부모자녀 관계 ㉢ 형제자매 관계 ㉣ 친구 및 이웃관계	㉠ 건강상태 ㉡ 건강관리 ㉢ 식습관 ㉣ 흡연·음주정도 ㉤ 체질량 지수(BMI)	㉠ 노후 필요 생활비 ㉡ 노후 월 연금소득 ㉢ 노후대비금융자산 ㉣ 노후대비 부동산 ㉤ 노후대비 저축률 ㉥ 예상 퇴직 연령 ㉦ 제2의 일에 대한 준비	㉠ 현재 여가활동 ㉡ 노후대비 여가활동

진단항목을 다 체크하고, 우측 하단에 있는 결과보기를 누르면 아래와 같은 항목별 노후준비 수준과 유형 등 개략적인 것이 나온다. 다시 리포트 상세보기를 누르면, '노후준비 종합진단 리포트'라 해서 자세하게 항목별 노후준비 수준, 유형, 전략 등을 살펴볼 수 있다.

기본사항 | 사회적관계 | 건강한생활습관 | 여가활동 | 소득과자산

✔ 진단결과

구분	사회적 관계	건강한 생활습관	여가활동	소득과 자산	총괄
점수	48.40 점	67.78 점	44.80 점	48.86 점	209.84 점
노후준비수준	중	중	중	중	중
노후준비유형	친족중심형	건강주의군 실천형	낮은관심 소극적 여가유형	노후준비가 부족한 사적자산형	-

› 리포트 상세보기 › 다시진단

고객님의 행복한 제2의 인생을 위한 나침반

노후준비 종합진단 리포트

고객님이 2018.07.31. 받으신 노후준비 종합진단 결과입니다.

행복한 노후생활을 위해서는 돈 뿐만 아니라 대인관계, 건강, 여가 등 노후 삶의 질에 영향을 미칠 수 있는 다양한 영역에서의 균형 있는 준비가 필요합니다.

100세 시대의 보다 길어진 인생을 맞이할 준비가 되어있는 지 잠시 점검해 보시고 제2의 인생을 위한 재단장을 하는 계기가 되길 바랍니다.

1 노후준비 진단결과

영역별 노후준비 수준

영역	점수	수준	상중하 기준		
			하	중	상
사회적 관계	74.4	상	43.9점 이하	44.0점 ~ 70.1점	70.2점 이상
건강한 생활습관	78.2	중	61.6점 이하	61.7점 ~ 79.7점	79.8점 이상
소득과 자산	44.0	중	33.4점 이하	33.5점 ~ 60.6점	60.7점 이상
여가활동	37.6	중	26.5점 이하	26.6점 ~ 65.5점	65.6점 이상

* 노후준비수준 상,중,하는 전 국민 설문조사를 바탕으로, 각 영역별로 다양한 분야 전문가들의 의견을 들어 제시된 기준입니다.

노후준비 수준 비교

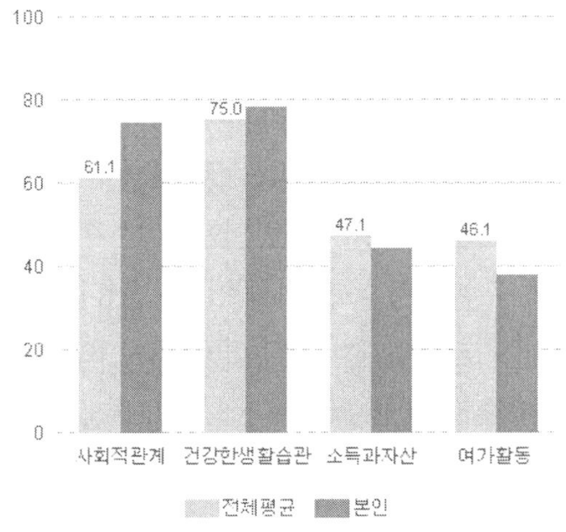

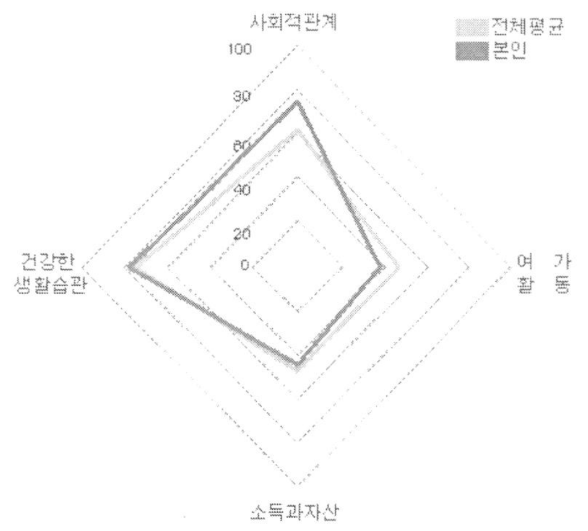

나의 노후준비 유형

사회적관계 | **친족 중심형**

친족중심형은 배우자 · 자녀 · 형제자매와의 관계는 활발하지만 친구 · 이웃과의 관계 및 모임참석 등이 활발하지 못한 유형입니다. 현재로서는 큰 문제점을 느끼지 않을 수 있습니다. 그러나 현재 관계하고 있는 친족들이 노년기에 접어들어 갑자기 축소될 위험이 있으므로 다양한 연계를 맺어가는 것이 필요합니다. 지나친 친족 중심은 관계를 맺고 있는 대상자에게 부담으로 작용될 수도 있으므로 친구, 이웃이나 동호회 활동에 참여하여 대인관계를 확대하는 것이 좋습니다. 40.4%의 사람들이 이 유형에 속합니다.

건강한생활습관 | **건강군 실천형**

건강군 실천형은 건강상태가 양호하고 만성질병이나 스트레스에 상대적으로 덜 취약하며, 일상생활에서 건강관리를 실천하는 유형입니다. 현재의 바람직한 건강생활 습관이 행복한 노후를 만들어 가는데 큰 도움이 되므로 지속적으로 건강 생활습관을 실천해 나가시기 바랍니다. 건강관리 노후설계는 신체적 건강관리, 정신적 건강관리, 만성질환 관리, 건강한 성생활, 정보 공유 등 다양한 부문에서 상호 상승효과를 가져오게 되니 지속적으로 관심을 갖고 노력하시기 바랍니다. 52.1%의 사람들이 이 유형에 속합니다.

소득과 자산 | **노후준비가 부족한 사적 자산형**

노후준비가 부족한 사적자산형은 노후필요생활비를 충당하기 부족한 자산규모를 갖고 있고 사적자산 비중이 높은 유형입니다. 노후자금 마련을 위한 체계적인 계획수립과 실천은 자산을 많이 갖고 계신 분보다 소득이 많지 않고 여유가 없는 분에게 더욱 절실합니다. 현재가 어려우면 은퇴 이후의 생활은 더 어려워지는 것입니다. 국민연금은 실질가치가 유지되고 평생 지급되므로 반드시 확보하여야 하고, 국민연금 수령액을 증가시키기 위한 노력이 필요합니다.

여가생활 | **낮은 관심 소극적 여가유형**

고객님은 노후여가생활에 대한 인식 및 준비에 대한 관여도가 낮고 현재여가생활의 일상성과 지속성에서 소극적인 성향을 가지고 있는 유형입니다. 여가에 대한 인식은 물론 실천적인 면도 부족한 상태입니다. 노년기 여가는 건강증진, 사회적 접촉기회 증가, 일상생활의 만족감 상승, 자립성 향상 등 노년기 삶의 질에 있어서 다양한 측면에서 순기능으로 작용하므로 매우 중요합니다. 우선, 여가에 대한 소극적인 인식과 실천 부족에 대한 원인을 찾고, 정기적이고 지속적으로 할 수 있는 여가활동을 찾는 것이 필요합니다. 가능하다면 주변 가족이나 동료, 또래모임 등의 참여를 통해 도움을 얻는 것이 좋습니다. 64.2%의 사람들이 이 유형에 속합니다.

2 영역별 노후준비 가이드

사회적 관계

사회적 관계는 개인이 사회적 정체감을 유지하고 정서적 지지, 물질적 보조, 서비스, 정보 및 새로운 접촉 기회 등을 제공받는 관계의 집합체를 의미합니다. 노년기에 접어들면서 개인의 사회적 관계는 갑자기 축소될 위험이 있기 때문에 배우자, 자녀, 형제자매, 친구, 이웃 등과의 긴밀하고 다양한 연계가 필요합니다.

구분	관계수준	나의 현재위치
부부관계		5.0점으로 평균보다 높은 수준
자녀관계		4.0점으로 평균보다 높은 수준
형제자매관계		4.0점으로 평균보다 높은 수준
친구이웃관계		2.0점으로 평균보다 낮은 수준

1. 부부관계

진단

고객님의 부부관계는 평균보다 높은 수준으로 부부관계를 잘 형성하고 계시는 것으로 보여집니다.

노후대비 전략

첫째, 은퇴하면 부부가 많은 시간을 집에서 같이 보내게 됩니다. 여가시간을 어떻게 보낼 것인지, 경제활동을 어떻게 할 것인지에 대해 함께 대화하고 준비해 보세요.

둘째, 은퇴로 함께하는 시간이 길어지는 것뿐 아니라 부부간 역할도 달라집니다. 따라서 공평한 가사노동과 서로 독립적인 생활이 가능하도록 노력하는 것이 중요합니다.

셋째, 배우자의 상실은 생활의 일대 전환를 가져오기도 합니다. 친밀한 부부관계를 유지하면서, 친구관계도 잘 형성해 놓는 것이 좋습니다

2. 부모자녀 관계

진단

고객님은 자녀와의 관계가 평균보다 높은 수준으로, 자녀들과 정서적 유대감을 잘 형성하고 있는 것으로 보여집니다.

노후대비 전략

첫째, 자녀가 성인이 되면 부모는 더 이상 개입하기보다 한발 뒤로 물러서야 합니다. 부모에게 기대지 않고 혼자 힘으로 설 수 있게 도와주어야 한다는 뜻입니다.

둘째, 성인이 된 자녀에 대한 조언은 요청을 해올 때 까지 기다렸다 요청하는 문제에 대해서만 조언하도록 합니다. 스스로 답을 찾아 결정에 이르도록 돕는 것이 중요합니다.

셋째, 조건없이 끝까지 격려하고 응원해 주십시오. 자녀의 선택를 존중하고 부모가 필요로 할 때 지속적인 정서적 도움과 지지를 줄 수 있는 관계를 유지합니다.

3. 형제자매 관계

진단

고객님의 형제자매관계는 평균보다 높은 수준입니다. 무슨 일이 있든 서로 도와주고, 가끔 갈등이 발생할 수도 있지만 서로 자주 연락하고 가장 좋은 친구로 여기는 것으로 보입니다.

노후대비 전략

첫째, 형제자매끼리 상호호혜적인 관계를 유지하세요. 경제적인 원조가 아닌 정서적, 심리적 지원체계로서의 관계가 바람직합니다.
둘째, 부모부양과 상속에 대한 부분에 대해 미리 형제자매끼리 서로 대화를 통해 규칙을 정해 놓으십시오.
셋째, 형재자매와 친밀한 관계를 유지하고 있다면 다른 관계와도 균형을 이루세요. 부부, 자녀 및 친구나 이웃과의 관계와도 조화를 이루려는 노력이 중요합니다.

4. 친구 및 이웃관계

진단

고객님의 친구 및 이웃관계는 평균보다 낮은 수준입니다. 친구는 걱정이 있거나 고독할 때 친밀감, 충고, 편안함을 주는 등 감정적 지원을 제공하므로 가족 다음으로 중요합니다. 친구 및 이웃을 사귀는 데 적극적으로 노력하며 풍요로운 인간관계를 형성할 필요가 있습니다.

노후대비 전략

첫째, 친구와 이웃관계의 패턴을 돌아보세요. 관심 받기를 기다리셨다면 이제 먼저 관심을 보이셔야 합니다.
둘째, 가까운 이웃에 친구를 만드세요. 지금 내 곁에 있는 이웃이 내가 위급할 때 도움을 줄 수 있는 중요한 사람입니다.
셋째, 동문이나 동호회에서 만났던 친구들의 연락처를 작성해보고 주저하지 말고 연락하세요. 오랫동안 못 만났던 친구를 만나 회포를 푸는 것도 인생의 중요한 낙입니다.

건강한 생활습관

'건강을 잃으면 모든 것을 다 잃는 것이다'라는 말도 있듯이 건강은 자립적이고 활기찬 일상생활을 영위하고 삶의 목표를 달성하는 데 필수조건입니다. 고객님의 현재 건강상태와 건강관리 방법 등을 점검해 보시고, 고객님에게 맞는 건강한 식습관과 운동 등을 찾아보십시오.

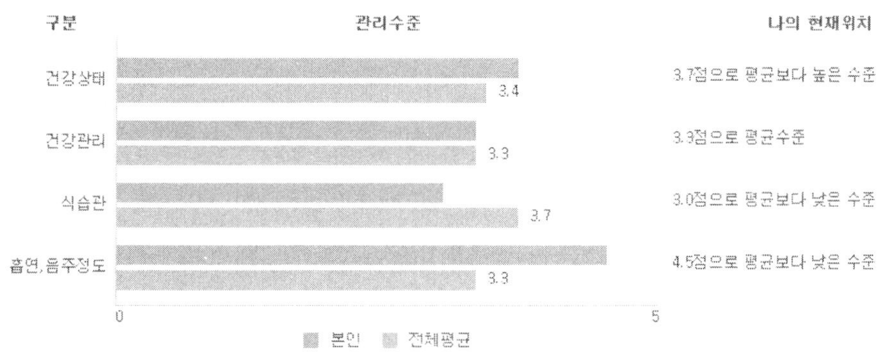

1. 건강상태

진단

고객님은 건강상태가 대체로 양호하신 것으로 보입니다. 그러나, 나이가 들면서 신체기능이 저하되고 노화현상이 나타나게 되면서 노인성 질환이 생길 확률이 높아집니다. 따라서 지속적인 건강검진과 관리가 필요합니다.

노후대비 전략

첫째, 현재의 건강상태가 좋다고 해서 안심하지 말고 꾸준한 운동, 좋은 식습관 유지 등 건강관리로 좋은 건강상태를 잘 유지하시기 바랍니다.
둘째, 노인성 질환(뇌혈관·심혈관 질환)은 병에 걸려도 증상이 나타나지 않는 것이 특징이므로 평소에 정확하게 인식하고 대비하시기 바랍니다.
셋째, 노년기에는 역할상실등으로 우울증이 찾아올 수 있으므로 예방을 위해서 주변 친구나 가족과 함께 하는 시간을 많이 가지시기 바랍니다.

2. 건강·관리

진단

고객님의 건강관리는 평균수준입니다. 현재 건강관리에 큰 문제가 있는 것은 아니지만 보다 활기있는 노년을 보내기 위해서 본인에게 적합한 운동을 찾아 꾸준히 실천하시기 바랍니다.

노후대비 전략

첫째, 정기적인 건강검진을 통해 건강위험요인을 조기에 발견하고 치료하여 건강한 생활을 유지하시기 바랍니다.
둘째, 자신의 신체나이에 적합한 운동을 찾아 규칙적으로 꾸준하게 하는 것이 중요합니다. 걷기, 등산, 자전거 타기 등 유산소 운동은 각종 성인병 예방에 효과가 있습니다.
셋째, 충분한 수면을 위해서는 낮 동안의 생활방법을 조정하고, 숙면을 취할 수 있는 환경을 조성하시는 것이 중요합니다.

3. 식습관

진단

고객님은 평소 다양한 식품을 골고루 섭취하기 위한 노력을 하지 않는 것으로 보입니다. 노년기까지 건강을 유지하기 위해서는 만성질환의 원인을 예방 할 수 있는 건강한 생활양식이 무엇보다 중요합니다. 건강한 노후를 보낼 수 있도록 식습관부터 먼저 바꿔보시기 바랍니다.

노후대비 전략

첫째,규칙적이고 균형 잡힌 식사를 유지하세요.
둘째,나트륨 섭취를 줄이기 위해 싱겁게 드시고 커피보다는 녹차를 즐겨보세요.
셋째,항산화식품인 컬러푸드와 뇌혈관질환과 심장질환 예방에 도움을 주는 수퍼푸드를 권해 드립니다.

4. 흡연·음주 정도

진단

고객님의 흡연 음주 정도는 평균보다 낮은 수준입니다. 흡연과 음주는 적은 양으로도 건강에 해가 될 수 있으므로 가능한 금주와 금연을 권합니다.

노후대비 전략

첫째, 적은 양이라도 흡연을 하고 계신다면 건강과 삶의 질 향상을 위해 금연을 해보시기 바랍니다.
둘째, 음주와 흡연을 전혀 안하신다면, 현재의 금연과 금주생활을 잘 지키면서 담배연기를 수동적으로 흡입하게 되는 간접흡연에도 주의하시기 바랍니다.

5. 체질량 지수(BMI=체중(kg)/신장(m)^2

진단

고객님의 체질량 지수는 과체중에 해당합니다.

노후대비 전략

체질량지수는 체지방 양의 지표로 비만도를 체크하는데 가장 널리 사용되는 지수입니다. 직장인들의 경우 25이상 또는 25에 근접한 경계인 분들이 많습니다. 직장을 다니다보면 운동량이 현저하게 부족해지고 회식 등으로 인해 근육이 줄고 체지방이 늘면서 체질량지수도 함께 올라가게 되는데 이렇게 되면 몸의 칼로리 소모가 제대로 이루어지지 않아 비만이 될 위험이 있습니다. 체질량 지수가 오를수록 건강위험도 증가됩니다. 균형 잡힌 식사와 적당량의 운동을 규칙적으로 하시기 권합니다.

소득과 자산

재무 영역에서 노후준비란 직장을 퇴직한 다음 별다른 소득이 없는 상황에서 생계를 유지하기 위한 재원을 마련하는 일입니다. 노후에 필요한 적절한 생활비 규모는 설정하는 것부터 시작하여 퇴직하면서부터 국민연금 등 공적연금을 수령할 때까지 소득공백기간은 없는지, 생활비 이외에 의료비에 대한 준비는 제대로 되어 있는지, 본인이 사망한 다음 배우자의 노후에 대한 준비가 제대로 되어 있는지 등을 꼼꼼히 살펴보시기 바랍니다.

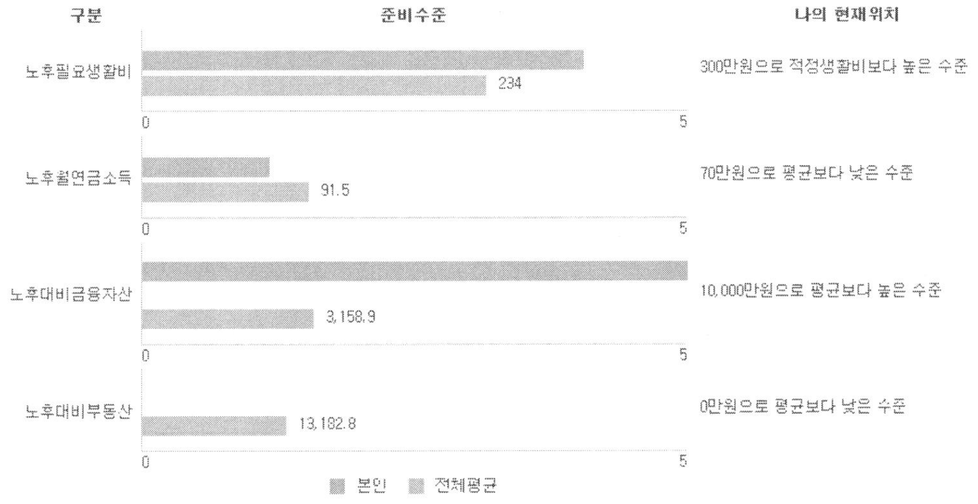

※ 평균수준은 전체평균 ±10% 범위 이내(노후필요생활비의 평균수준은 '15년 국민노후보장패널조사 결과의 노후적정생활비 기준)

1. 노후 필요 생활비

진단

고객님은 적정 노후생활비(부부기준 237만원, 개인기준 145만원)에 비해 많은 생활비를 설정하고 있습니다. 자신이 원하는 은퇴 생활을 꾸리기에 생활비 목표가 적정한 지 다시 한 번 점검하시고, 현재 가진 자산과 소득으로 해당 노후생활비 마련에 무리가 없는지 살펴보시기 바랍니다.

노후대비 전략

첫째, 적정생활을 위한 노후필요자금은 라이프스타일에 따라 다르고 또 한 사람의 삶에서도 라이프주기에 따라 달라질 수 있습니다.
둘째, 노후 월필요자금은 은퇴전 소득 수준의 70%라는 일반적 기준으로 측정하기도 하고 연간지출 수준을 나열해 구해 볼 수도 있습니다.
셋째, 이러한 필요자금의 산정 시 은퇴 후 기간을 활동기, 회상기, 간호기로 시기를 나누어 필요자금을 생각해 보는 것도 필요합니다.

2. 노후 월 연금소득

진단

고객님의 노후 월연금소득은 평균보다 낮은 수준입니다. 평균보다 적다고 해도 필요노후생활비를 충당하기에 충분하다면 별다른 문제가 되진 않겠지만, 그렇지 못할 경우 추가적인 연금소득을 확보해 두는 것이 좋습니다.

노후대비 전략

첫째, 노후 필요생활비를 다시 한번 점검해보시고, 생활비 규모를 줄이는 '다운사이징'을 실천해 보세요.
둘째, 정년까지 시간 여유가 있는 경우라면 추가적인 저축계획을 수립해 보세요. 실질가치가 보장되고 종신지급기능이 있는 공적연금을 우선 확충하는 것이 바람직합니다.
셋째, 퇴직(연)금을 활용해 보세요. 직장이직이 잦은 근로자의 경우 개인형 퇴직연금(IRP)를 관리하면서 나중에 노후생활비로 활용하는 것이 좋습니다

3. 노후대비 금융자산

진단

고객님의 노후대비 금융자산은 평균보다 높은 수준입니다. 금융자산은 생활비가 부족하거나 비상사태가 발생했을 때 별다른 비용을 들이지 않고 노후생활비 재원으로 활용할 수 있으므로, 금융자산이 많다는 것은 그 만큼 노후생활의 안정성이 높다고 할 수 있습니다.

노후대비 전략

첫째, 질병, 사고 등 갑자기 목돈이 들어가는 일에 대비하여 비상예비자금을 별도로 준비해 두십시오. 통상 생활비의 3~6개월분으로, 보통예금과 같이 필요하면 언제든지 찾아 쓸 수 있는 곳에 적립해 두는 것이 좋습니다.

둘째, 노후필요생활비에 비해 연금소득이 부족한 경우에는, 금융자산을 활용해 은퇴 전에 즉시연금 등 추가적인 연금소득을 확보할 수 있습니다.

4. 노후대비 부동산

진단

고객님의 노후대비 부동산 규모는 평균보다 낮은 수준입니다. 통상 우리나라 가구의 부동산 비중이 높다는 점을 고려할 때, 노후대비 연금소득이나 금융자산이 충분하다면 크게 우려할 필요는 없습니다.

노후대비 전략

첫째, 최근, 주택규모를 줄이는 다운사이징으로 관리 비용을 줄이고 노후자금을 확보하고자 하는 트렌드가 증가하고 있습니다.

둘째, 주거용 주택이나 농지를 보유한 경우에는 주택연금이나 농지연금을 활용하여 추가 노후소득을 창출할 수 있습니다.

5. 노후대비 저축률

진단

노후대비저축률이란 소득에서 얼마만큼 비율을 저축하고 있느냐를 나타내는 것입니다. 고객님의 노후대비 저축률은 평균보다 낮은 수준입니다. 노후자금을 충분히 마련해 두었다면 상관없겠지만, 그렇지 않은 경우라면 예산을 세우고 지출을 줄여 저축금액을 늘려가는 것이 바람직합니다.

노후대비 전략

첫째, 노후대비저축률이 왜 높고 낮은지 그 원인을 파악하는 것이 보다 중요합니다.

둘째, 노후필요자산 수준에 비해 저축 수준이 낮다면 누수지출이 있는지 확인하고 지출을 적절히 통제해야 합니다.

셋째, 가족과 함께 재무 목표와 우선 순위에 대해 논의하고 노후 대비를 위한 저축 수준을 늘리는 것이 바람직합니다.

6. 예상퇴직연령

진단

고객님의 예상퇴직연령은 평균보다 높은 수준입니다. 직장에서 퇴직한 다음 국민연금을 수령할 때까지 소득공백이 없으면 비교적 안정적으로 노후생활에 연착륙할 수 있습니다.

노후대비 전략

첫째,퇴직 시기를 고려해 생활비를 원활하게 충당할 수 있는 현금흐름 계획이 필요합니다.

둘째,부부 맞벌이의 경우는 연금수급 계획을 포함한 퇴직 시기에 대해 미리 함께 논의합니다.

셋째,국민연금은 은퇴 시점 및 고객의 자금인출 계획에 따라 수급시기를 앞당기거나 늦출 수 있습니다.

7. 제2의 일에 대한 준비

진단

고객님의 제2의 일에 대한 준비는 평균보다 높은 수준입니다. 제2의 일을 준비하고 있다면 은퇴 후 자신이 원하는 삶의 방식과 경제여건, 그리고 건강상태 등을 충분히 고려하여 자신에게 적합한 일을 골라야 합니다.

노후대비 전략

첫째, 정년 후의 새로운 일자리에서 얻는 소득이 충분하지 못하다면, 일과 연금을 함께하는 '연금겸업' 전략을 수립할 필요도 있습니다.
둘째, 자영업 창업은 신중을 기할 필요가 있습니다. 퇴직 후 자칫 실패할 경우 재기할 기회가 없을 수도 있다는 것을 명심하세요.
셋째, 은퇴 후 제2의 일자리에 종사하는 것은 소득확보뿐만 아니라 자아실현과 시간관리에도 도움이 됩니다.

여가활동

은퇴 후 많은 시간을 어떻게 보낼 지는 고객님의 현재 여가활동과 관계가 있습니다.
현재의 생산적인 여가활동은 풍요로운 노후를 보낼 수 있도록 도와줍니다.
현재 여가활동을 점검하여 은퇴 후 시간들을 보다 더 알차게 보낼 수 있도록 하십시오.

구분	활동수준	나의 현재위치
현재 여가활동		1.0점으로 평균보다 낮은 수준
노후대비여가활동		2.7점으로 평균보다 높은 수준

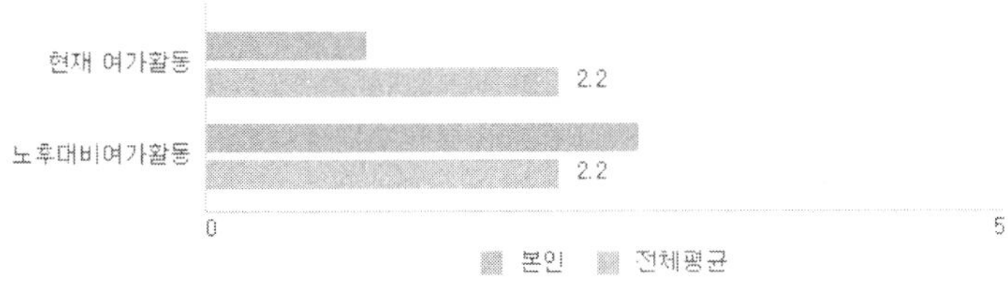

1. 현재 여가활동

진단

고객님의 현재 여가활동 수준은 평균보다 낮은 편입니다. 자신의 여가생활을 다시 한번 점검해보고 자신에게 맞는 여가유형과 새로운 사회관계형성을 시도해 보십시오.

노후대비 전략

첫째, 여가는 일상생활에서 오는 스트레스에 지친 몸과 마음을 보완하고 회복시킬 뿐만 아니라 자아실현에도 순기능을 합니다.
둘째, 고객님의 성격과 신체나이에 알맞은 여가활동을 선택하고, 무엇보다 자신이 몰입하여 할 수 있는 활동을 개발해 보시기 바랍니다.
셋째, 일과 여가를 함께 즐길 수 있는 아이템을 찾아보시는 것도 도움이 됩니다.

2. 노후대비 여가활동

진단

고객님의 노후대비 여가활동은 평균보다 높은 수준입니다. 지속적인 관리를 통해 더욱더 활발한 여가활동을 즐겨보시기 바랍니다.

노후대비 전략

첫째, 길어진 여가시간을 감안하면 한 가지 활동에 집중하기보다는 다방면의 여러 가지 여가활동에 시간과 노력을 고루 배분하는 것이 좋습니다.
둘째, 반적으로 노년기는 수입이 줄어드는 시기로 독서 ? 등산 등 비용이 적게 소요되는 여가활동을 기본적으로 고려하는 것이 좋습니다.
셋째, 단순한 즐거움이 아닌 경력에 도움이 되는 여가활동을 추구하다면 성취감과 자아실현에 도움이 될 것입니다.

3 행복한 인생2막을 여는 노후설계

3.1 노후설계의 자세와 태도

가. 노후준비는 노후설계

현대과학과 의료기술의 발달로 평균수명이 길어지면서 초고령 사회로의 진입이 눈앞에 놓여있고, 나날이 노후의 생활이 길어지고 있다.

노후생활이 길어진다는 것은 개인적 차원과 사회구조적 차원에서 문제를 갖는다. 개인적 차원에서는 기대수명의 연장으로 인해 노후생활을 영위할 충분한 준비가 되어 있지 않다면, 정신적으로나 물질적으로나 빈곤한 노후생활을 할 수밖에 없는 것이고, 사회구조적 차원에서는 경제활동인구의 감소와 사회복지비용의 증가에 따른 복지예산 마련 방안이 강구되어야 하기 때문이다.

개인적 차원에서 볼 때, 지금까지의 삶이 직업생활을 중심으로 한 '제1의 인생'이었다면, '제2의 인생'은 일과 삶에서의 균형이 있는 워라벨(Work-Life Balance)의 삶이 되어야 하고, '사회헌신과 봉사', '자기만족', '웰다잉(Well-Dying)'에 대한 준비차원의 삶이 되어야 한다. 그런 삶이 되도록 하기 위해서 생애설계의 마지막 단계인 노후준비에 대한 계획이 필요하다.

노후계획은 직업인으로서의 사회적 역할을 종료하고, 자신의 삶을 또 다른 방향으로 전환하는 생애전환기 과정에서 새로이 길어진 노후를 어떻게 맞이하고 살아갈 것인가에 대한 방도를 마련하는 것이다.

대부분의 은퇴자들이 은퇴이후에도 또 다시 노동시장으로 진출해야 하는 현실적 상황에서 개인적으로 선호하는 새로운 삶을 위해 변화를 모색하고 준비하는 과정을 밟아야 한다.

많은 사람들이 노후준비의 필요성에 대해서는 공감한다. 그렇지만 "노후에 대한 준비를 하고 있느냐?"고 물어보면 그렇지 않은 사람들이 많다. 은퇴 후 자신의 노후를 한번쯤 생각해 보지 않은 사람이 어디 있겠는가? 그런데 당장의 현실에서 자녀 교육비, 그동안에 받은 대출이자 등 여러 가지 현실적 고민으로 인해서 걱정만 앞서고 있지, 긍정적인 미래를 설계하지 못하고 있는 실정이다.

나. 노후설계의 자세와 태도

노후준비에서 가장 필요한 것은 무엇일까? 그것은 바로 노후준비에 대한 의지를 갖는 것이다. 의지가 없으면 아무것도 할 수 없다. 노후준비를 설계하고, 실행해 나간다는 것은 꿈도 꿀 수 없는 일이다. 노년기에 무엇이 더 가치 있는지를 진지하게 고민해야 한다.

○ 노후설계에 대한 자세

노후준비종합진단 결과를 통해, 현재 '재무영역'과 '비재무영역'에서의 노후준비가 어느 정도 되어있는지를 살피고, 영역별 노후준비 가이드를 참고하여 노후준비에 대한 방도를 마련하는 것이 필요하다.

노후생활에 대한 현실적 실태를 보여주고 있는 것 중의 하나가 자살률이다. 우리나라 노인 자살률은 10만 명 당 58.6명(2015년 기준)으로 전체 인구 자살률(26.5명)의 2배나 된다. OECD 회원국 평균의 3배에 달하는 수치다. 보건복지부가 발표한 '2017년 노인실태조사'에 따르면 노인 5명 중 1명은 우울증상을 겪고 있고, 이 가운데, 6.7%가 자살을 생각해 본 적이 있었고, 이중 13.2%는 자살을 시도한 경험이 있는 것으로 조사되었다. 자살을 생각해 본 이유로는 경제적 어려움이 가장 높아 27.7%, 건강문제 27.6%, 부부 · 자녀 · 친구와의 갈등 및 단절 18.6%, 외로움 12.4%, 배우자, 가족, 친구 등 가까운 사람의 사망 8.3%, 배우자 가족의 건강문제 4.9% 등으로 조사되었다.

노인의 자살률의 주요 원인이 경제적 어려움과 건강문제, 외로움, 가족 · 친구와의 갈등 및 단절, 그리고 배우자 등의 사망이었다는 것을 보면, 노후준비를 재무적인 부문에만 국한시켜서는 안 되고, 비재무적인 부문도 함께 충분히 고려되어야 한다는 것을 시사한다.

○ 노후설계에 대한 태도

노인의 자살률의 주요 원인을 통해 살펴볼 수 있는 것은 경제적 수준과 더불어 관계적 단절에 의해서 심리적 고립감과 소외감에서 오는 스트레스가 노후생활에 상당한 영향을 끼친다는 사실이다. 재무와 비재무 부문이 균형있게 충분히 고려되어야 한다. 노후준비에 대한 목표를 달성하기 위하여 제반 삶의 질을 포괄할 수 있는 재무, 건강, 여가, 대인관계 등 4가지 영역이 상호 균형있게 준비되어야 하는 것이다.

[노후준비 영역과 관계망]

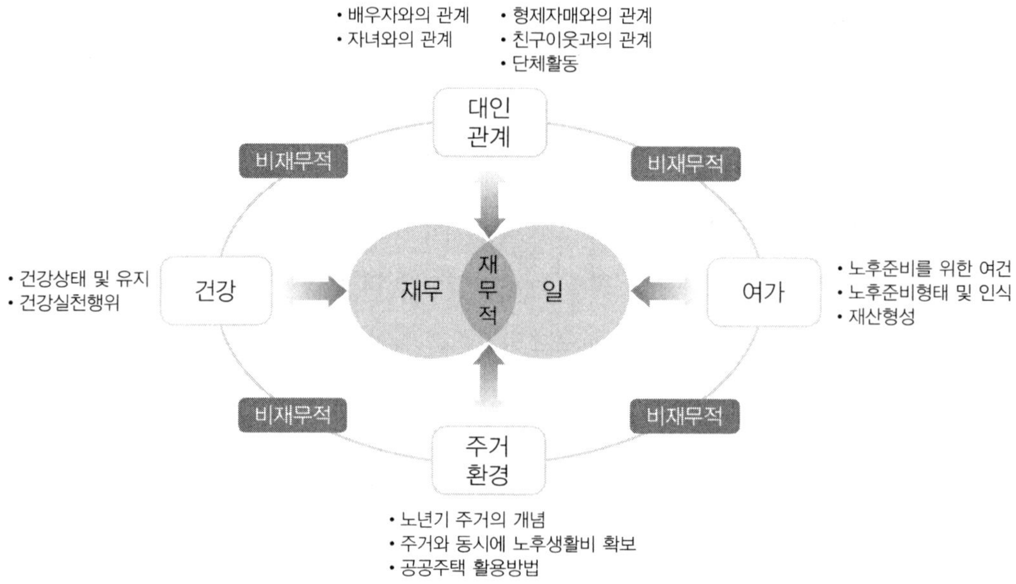

노후준비종합진단의 4개 영역에서 세부 항목별 노후준비 수준, 유형 등을 참고하여 노후준비 목표수준에 맞춰서 노후설계를 준비해야 한다.

다음과 같은 질문을 통해서 노후준비에 대한 단초를 풀어나가는 것이 바람직하다.

첫째, 노후에 무엇을 하고 싶은가? 또는 어떻게 살고 싶은가?

보건복지부(2012)가 조사한 '65세 이상 노인이 여생을 보내고 싶은 방법'에 대한 결과를 보면, 가장 많은 응답자인 52.3%가 건강유지를 하며 살고 싶다고 했지만, 자기계발을 하고 싶다는 응답은 1.1%에 불과할 정도다. 노후생활을 구체적으로 어떻게 준비하고 보낼지에 대한 진지한 고려가 부족하다는 것을 보여준다.

노후준비를 위해서는 여가, 가족, 건강, 일, 재무, 사회활동 등에 대한 여러 분야에서 자신의 생각을 먼저 파악하고 정리해야 한다. 관심분야에 맞는 적절한 준비를 해나가야 한다. 막연한 생각들은 어떠한 준비도 가능하게 할 수 없으며, 시간이 지나면서 불행한 노후를 맞이할 가능성이 높아질 뿐이다.

[65세 이상 노인이 노후를 보내고 싶은 방법]

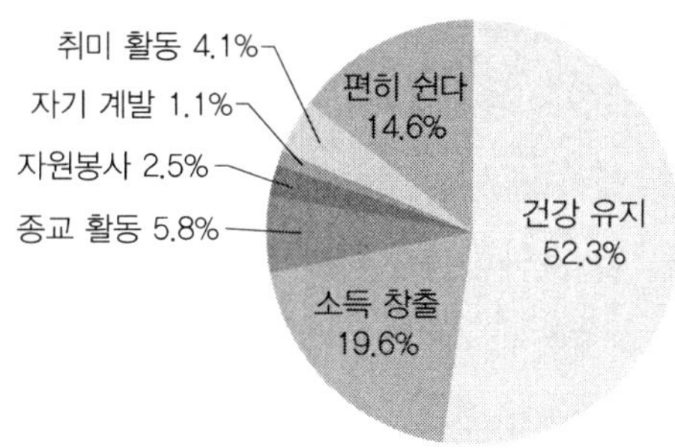

(자료 : 보건복지부(2011), 노인실태조사)

둘째, 어디에서 살 것인가?

노후에 가장 중요한 현실적 문제 중의 하나는 '어디에서 살 것인가.'하는 것이다. 우리나라의 경우 노후 자산 중 주택이 차지하는 비중이 과반수를 차지하는 만큼 주거계획에 대한 고민은 매우 중요하다.

도심생활을 영위할 것인가? 전원생활이나 귀농 · 귀촌을 원하는가? 의 문제는 단순히 어떤 환경을 선호하느냐 같은 기호의 문제가 아니라, 노후생활에서의 삶의 질을 결정하는 중요한 요소가 된다. 그렇기 때문에 어디에서 살 것인가와 더불어 문화시설, 의료시설, 편의시설, 여가생활 등과 같은 구체적인 사항들까지도 충분히 고려해야 한다.

셋째, 누구와 어떻게 소통적 관계를 맺으며 살 것인가?

은퇴는 어떤 형태로든 누구나 경험하는 필연적 생애사건이다. 은퇴란 나이가 들어 사회의 일선에서 물러나는 것이므로 어느 정도 부정적이고 쓸쓸한 느낌을 수반할 수밖에 없으며, 은퇴이후 노후생활에 대한 두려움을 갖는 것 역시 자연스럽다.

은퇴 이후 노후생활을 하는 순간부터 사회관계망 및 자신의 삶의 존재와 역할이 축소되거나 사라지게 된다. 그래서 때론 무력감에 빠지거나 우울해지기도 한다. 노후생활을 할수록 축소된 관계망을 개선하기 위한 적극적인 노력이 필요하며, 여가, 사회봉사활동, 재능기부, 자기계발 등을 주제로 활발한 사회관계망을 연결하고 왕래를 통하여 노후생활설계를 수립하는 것이 필요하다. 활발한 공동체 생활유지는 건강한 노후생활을 가능하게 하는 중요한 요인이다.

넷째, 노후생활비는 어떻게 마련할 것인가?

은퇴를 하였다 해도 경제적인 이유로 위축된다면 노후생활에 대한 만족도는 떨어질 것이고, 제대로 사회관계망을 넓혀나가지 못하거나 왕성한 활동을 하는데 제약이 따를 것이다. 노후생활을 하는데 필요한 자금마련을 예상하고 노후설계에서 가장 먼저 이루어져야 할 부문으로 자신의 노후생활 패턴과 매달 지출 고정비용 등을 고려하여 종합적으로 적정한 노후 자금을 산출하고, 마련할 방법을 수립하는 것이 필요하다.

3.2 노후설계의 원리와 사전준비

가. 노후설계의 원리

노후의 삶을 설계하는 것은 그리 쉽지만은 않다. 지금까지 살아온 삶도 충분히 고려되어야 하고, 마지막 주어진 삶을 어떻게 살아야 할지에 대해서도 충분한 고려가 되어야 한다. 또한 자신만을 위한 일방적인 노후를 설계하는 것이 아니라, 자신은 물론, 배우자, 가족과의 조화를 고려한 노후설계가 되어야 한다. 어느 한편으로 치우쳐지거나 하는 노후설계는 바람직하지 않다.

지금까지 살아온 삶에 대해서 어떻게 생각하고 있는가? 깊은 성찰을 통한 노후를 설계해야 한다. 그러기 위해서는 누군가가 세워놓음 직한 목표나 설계가 아닌 자신이 처해있는 현실적인 상황을 충분히 고려하여 자신에 맞는 노후를 설계해야 하는 것이다.

그러기 위해서는 다음과 같은 것들이 충분히 고려되어야 한다.

[노후생애설계의 원리]

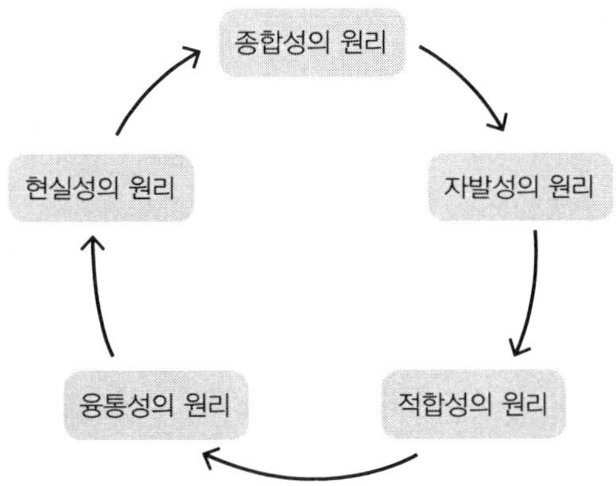

- 종합성의 원리 : 자신만의 관점에서가 아닌 자신은 물론 배우자, 가족과의 전체적인 관계를 고려하고, 어느 한편으로 치우쳐진 설계를 지양한다.
- 자발성의 원리 : 노후생애의 목표는 개인 또는 가족이 함께 세워야 한다.
- 적합성의 원리 : 노후생애의 목표는 개인 또는 가족에게 적합한 수준이어야 한다.
- 융통성의 원리 : 개인 또는 가족이 처한 상황에 따라 목표의 내용이나 방향, 시기 등을 조절할 수 있어야 한다.
- 현실성의 원리 : 노후생애설계의 내용은 구체적이고 실현할 수 있는 현실적이 되어야 한다.

나. 노후설계를 위한 사전준비

노후설계를 함에 있어 노후목표를 설정하는 것은 노후의 삶에 대한 방향을 제시하는 가장 중요한 요소이다. 이제까지 살아왔던 삶의 방식으로 살아갈 것이냐, 아니면, 다른 방식으로 살아갈 것이냐를 정하게 되는 방향성이 된다. 그야말로 남은 자신의 삶에서 하고 싶은 것이 무엇이고, 중요한 것이 무엇이며, 일생을 통해 이루어야 할 것이 무엇인지를 분명하게 설정하는 것이 중요하다.

그렇게 하기 위해서는 지금까지 살아온 삶에 대해서 간략하게나마 정리와 성찰을 해봐야 한다. 지금까지 자신이 살아온 삶에 대한 이력을 머리로 아닌 직접 작성하면서 정리해 보는 것이다.

▷ 지금까지 살아온 삶에 대한 정리

① 학력

어떤 분야에 관심이 있었으며, 대학에서 전공은 구체적으로 무엇을 하였는지 등에 대해서 정리해 본다.

② 경력 및 업적

어떤 직무 및 회사에서 일을 해왔으며, 주요 업적은 무엇이고, 어떻게 그러한 업적을 쌓았는지 등 구체적으로 정리해 본다. 지금까지 해온 일이 자신의 성격, 흥미, 적성, 가치관 등 자신과 잘 맞는지 여부도 정리해 보는 것이 좋다.

만약 지금까지 일을 해오면서 일터를 여러 곳으로 옮겼다면 그렇게 옮긴 것에 대한 동기 등도 정리해 보는 것이다.

③ 주요 활동

지금까지 살아오면서 주로 사적인 사회활동이 있었다면 사회활동 내용을 정리해 본다. 그런 활동을 하면서 보람을 느낀 점, 앞으로도 그런 활동을 계속할지 여부 등도 생각해 보는 것이 좋다.

④ 자신의 주요 강점 또는 장점

지금까지 직장 업무를 수행했던 자신의 업무적 강점을 잘 정리해 보는 것이고, 성격(인성)적인 장점에 대해서도 잘 정리해 보는 것이다. 또한 자신의 직장생활이든, 사회생활이든, 지금 까지 자신의 단점 또는 보완점이 있었다면 그 또한 정리해 보는 것이 좋다.

⑤ 지금까지와, 앞으로의 삶에 대한 성찰

그동안 어떻게 살아왔는가를 깊이 성찰해 보는 것이 필요하다. 지금까지 살아오면서 후회가 되는 것은 있는지? 있다면 무엇이며, 왜 후회하는 지에 대한 깊은 성찰의 시간을 가져보는 것이다. 앞으로 새로이 주어진 삶에서는 자신이 원하는 삶을 살아가기 위해서는 무엇을 어떻게 해야 하는지 등 노후의 삶에 대한 방향성을 찾아보는 것이 좋다.

노후의 삶이라 해서 그냥 시간의 흐름에 따라 아무 생각 없이 받아들이는 삶이 되어서는 안된다. 자신의 인생을 주도적으로 인식하고, 자신이 추구하는 가치와 요구를 실현시킬 수 있는 노후생활 목표를 수립하고, 이를 달성하기 위한 마지막 삶의 방안을 마련하는 시기가 되어야 한다.

현대사회에서는 길어진 노후만큼 개인이 자기 삶의 주체로 부각되면서 보다 적극적으로 자신의 삶을 관리하고 경영해야 한다. 자신이 원하는 바람직한 미래의 삶을 위하여 노후의 삶에 대한 목표를 세우고, 체계적으로 설계하는 것은 자기 관리의 시작이라 할 수 있으며, 노후행복을 디자인하는 출발점이 된다.

다. 노후생활 설계의 단계 및 내용

첫째, 노후의 꿈과 비전 설정

노후생활이라 해서 꿈이 없는 생은 아니다. 노후이기에 주어진 삶에 대해 더 의미 있는 삶을 살기 위한 꿈은 반드시 필요하다. 꿈(Dream)은 노후 삶의 미래를 향한 방향이다. 꿈을 좇아 '어디로(where)'라는 방향과 '어떻게(how)'라는 실행 방법을 통해 시간적으로 어느 시점에 이르러 달성해 놓고자 하는 목표점을 갖는 것이 비전(Vision)이다.[17]

노후생활에서 비전은 우리의 미래를 이끌고 준비할 동기를 부여하는데 중요한 에너지원이 된다. 인생 후반의 노후생활을 성공으로 이끌고 싶다면, 자신이 무엇을 원하는지를 명확히 하고 그에 따른 설계를 하는 것이 필요하다. 어떤 삶을 살고 싶은지 노후인생의 정체성을 찾아 줄 꿈과 미션을 찾아야 한다. 스스로 다음과 같은 꿈과 미션을 찾는 성찰질문을 해보고 생각을 정리하는 것이 필요하다.

– 남은 생애동안 해보고 싶은 것은 무엇인가?

17) 이은철(2017) : 프롤로그. p. 45에서 "방향을 찾고, 꿈을 찾아라."라고 하면서, "꿈이란 인생에 있어서 어떤 삶을 살아갈지에 대한 방향이다."라고 말한다.

– 이루고 싶은 것이 있다면 그것은 무엇인가?
– 나의 미션은 무엇인가?
– 어떠한 노후를 살고 싶은가?
– 노후 인생에서 이루고 싶은 것은 무엇인가?
– 어떤 가치로 인생을 마감하고 싶은가?
– 지금까지 어떻게 살아왔는가(성찰)!

둘째, 노후 생애목표를 설정

노후생애의 비전을 갖고 그 비전을 이루기 위한 목표를 달성하기 위해서 어떤 하위 목표를 달성해야 하는지를 결정하고, 개인생활 측면과 가족생활 측면에서 대(大)목표와 하위 목표를 설정한다. 비전에 맞는 대(大)목표와 하위목표 설정을 위한 질문과 그에 맞는 해답을 정리해 보는 것이 중요하다.

– 어느 분야에서 일을 할 것인가?
– 경제적으로 어떤 일을 준비를 할 것인가?
– 어디에서 살 것인가?
– 노후생활을 어떻게 하고 싶은가?
– 여가활동은 어떻게 하고 싶은가?
– 여가는 어떤 활동을 하고 싶은가?

셋째, 목표달성을 위한 구체적 실행방안을 설정

설정한 대목표와 하위목표에 도달하기까지의 구체적인 실행 방안을 마련한다. 다음과 같은 질문을 통해서 목표 달성을 위해서는 무엇이 필요하고, 어떤 준비를 해야 하는지, 언제 어디에서 출발해야 할지를 계획하는 것을 미뤄서는 아니 된다.

– 원하는 취업을 하려면 어떤 노력과 준비가 필요한가?
– 원하는 활동을 하기 위해서는 어떤 정보가 필요한가.
– 노후에 살고 싶은 곳을 찾기 위해서는 무엇을 어떻게 해야 하는가?
– 관련하여 필요한 돈이 들어간다면 어떻게 마련할 것인가?

- 어느 곳에서 출발할 것인가?
- 출발은 언제 할 것인가?

3.3 매일을 생의 마지막 날로 살기 실천

○ 노후생활은 실천여부에 갈린다

노후생활을 위해서 심각하게 고민해야 할 실천과제는 4대 영역과 관련된 6가지 세부사항이다. 잊지 않는 실천력이 무엇보다 중요하다.

첫째, 건강문제

노후생활을 영위하기 위해서는 기본적으로 준비해야 할 것이 '건강'이다. 세계보건기구(WHO)가 정의하는 건강은 신체적, 정신적, 사회적으로 모두 건강한 것을 뜻한다. "돈을 잃는 것은 조금 잃는 것이고, 명예를 잃는 것은 많은 것을 잃는 것이며, 건강을 잃는 것은 모든 것을 잃는 것이다."라는 말이 있다. 그만큼 건강이 소중하다는 것이다.

정년이후 노후준비에서 경제적이나 일자리 등으로 심리적 불안감이나 스트레스 등을 갖게 되어 건강이 나빠질 수 있다. 육체적 건강도 중요하지만, 심리적 건강을 지키기 위해서 생활의 지혜가 필요하다.

둘째, 노후준비 자금문제

노후생활기간이 늘어나면서 필요자금이 그만큼 늘어나게 된다. 노후생활이 길어진 만큼 돈을 알뜰하게 쓰기 위해 노후 자금 계획표를 작성할 필요가 있다. 100세 시대에 맞게 장기적으로 노후 자금 계획표를 작성해야 한다.

기본적으로 국민연금, 퇴직연금, 개인연금, 주택연금 및 근로소득, 기타 등으로 자신의 여건과 처지, 그리고 욕구에 맞는 노후 자금 마련을 위한 포트폴리오를 만들 필요가 있다. 또한 노후 자금을 위한 경제적 불안에서 벗어나기 위해서 평생 일을 하겠다는 결심이 무엇보다 필요하다. 일을 함으로써 건강을 지키고, 건강을 지킴으로써 일을 할 수 있어야만 행복한 노후생활도 가능해진다.

셋째, 가족문제

가족은 삶의 원천이고 중심이다. 개인차는 조금씩 있겠으나, 그동안 직장생활 및 사회생활을 우선시하며 가정을 소홀히 한 경향이 있었을 것이다. 가정 일은 어머니 몫이고, 가정 경제는 아버지가 책임지는 역할분담이었을 것이다.

노후생활을 맞이하게 되면서 자식에 대한 각별한 부모마음에서 노후생활을 위한 중립적 자세가 필요하며, 자녀와의 관계에서 이성적, 현실적 대응 자세가 필요할 때이다.

① 자식들에게 경제관념을 심어주고, 스스로 살아갈 수 있도록 가르쳐야 한다. 그렇지 않으면 평생 자식들은 부모에게 짐이 되고, 결국 모두가 불행해질 가능성이 크다.
② 자녀와 대화하는 습관을 가져야 한다. 그동안 자녀와 충분한 대화시간을 갖지 못하고, 각자 따로 남처럼 생활해 왔을 것이다. 서두름 없이 자녀와의 대화시간을 갖도록 노력하고, 그동안 나누지 못하였던 혈육의 정을 깊이 나누는 시간을 이어가도록 하는 것이 좋다.
③ 자녀로부터 독립하도록 노력해야 한다. 부모자식 간이라 해도 보상심리가 없을리 없다. 자녀들에게 헌신적으로 정성을 다한 만큼 노후에 되돌려 받으려는 마음에서 벗어나야 한다. 나이가 들면서 더 의존도가 높아질 것이고, 그에 따른 상처가 클 수 있다.
④ 자녀와 노후 사이에서 합리적 균형을 찾아야 한다. 다시 말해 자녀의 장래를 위한 투자와 자신의 노후를 위한 준비 사이에서 합리적인 균형을 갖도록 해야 한다.

노후생활에서 자녀와의 관계개선도 필수적이지만, 배우자와의 관계개선을 위한 노력도 매우 중요하다. 노후생활을 하게 되면서 경제적 문제, 가사분담의 문제, 대화의 단절문제, 여가생활의 문제 등 그동안에는 별문제가 되지 않았던 것들이 스트레스로 크게 다가오는 경우가 있다. 이런 문제들은 개인문제를 넘어 부부 갈등의 원인이 되기도 하며, 불행을 초래하는 단초가 되기도 한다. 부부관계에서도 이성적, 현실적 대응이 필요하다.

① 배우자와의 원만한 관계개선을 위해 노력이 필요하다.
② 부부의 역할 영역을 생각하지 말고, 서로 존중하고 존중받는 인격체로 대할 수 있는

부부관계를 위해 노력을 해야 한다.

넷째, 여가 및 취미생활 문제

노후생활 동안 여가 또는 취미생활은 필수적이다. 노후생활을 아무 일 없이 무료하게 보내려고 생각해서는 안 된다. 아무 일 없이 보내기에는 너무 긴 시간이고, 소중한 시간이 아닐 수 없다.

지금까지 생활해 오면서 못다한 꿈이나, 하고 싶은 일들을 찾아서 여가 또는 취미생활로 시작해 보는 것이다. 시간이 없어서가 아니라, 하고자 하는 마음이 없어서일 것이다. 노후생활 동안에 해보지 않으면 다시는 해볼 수 있는 기회가 도래하지 않을 것임을 깊이 새겨야 한다.

다섯째, 소통적 관계망 문제

나이가 들면서 관계망은 좁아진다. 더욱이 노후생활에 접어들면서는 관계망이 점점 더 줄어든다. 그래서 좁아지는 관계망을 어떻게 넓혀나갈 것인가에 대한 생각을 하고, 활발히 관계망을 넓혀나가기 위한 활동을 해야 한다.

기존의 친구와 더불어 현재의 생활 근거지를 중심으로 새로운 친구를 사귀는 태도가 필요하다. 종교적 만남, 동창 만남, 동호회 가입 등을 통해 늘 새로운 사람을 만나면서 생활의 활력을 잃지 않는 것이 중요하다.

여섯째, 죽음 문제

노후 생활에 접어들면서 주된 화제가 죽음이라는 것을 쉽게 알 수 있다. 그동안 열심히 살기 위해서 많은 노력을 해왔다. 죽음에 대해서도 준비와 노력이 필요하다. 나름 죽음에 대한 정리를 해야 하고, 죽음에 대한 두려움이 있다면 이를 줄이기 위해서 종교생활을 하는 것도 나쁘지 않다.

죽음에 대한 마음의 정리가 되었다면 이승에서의 모든 행적을 어떻게 정리해야 할지에 대해서 배우자와 깊이 상의하는 것이 필요하다. 특히 재무적인 것들이 모두 잘 정리 될 수 있도록 노력하는 것이 좋다. 자기의 생이 다하는 날까지 행복한 노후를 위해 노력하는 자세가 무엇보다 중요하다.

○ **행동변화가 노후생활 행복**

인생의 마지막 전환점을 맞는다. 미국의 경영 컨설턴트 데일 카네기는 "행동의 변화가 감정을 변화시킨다."라고 했다. 일반적으로 감정의 변화가 행동을 변화시킨다고 생각하겠지만, 발상의 전환이 필요한 순간이다.

"늙었으니까!" 하는 감정에 따르다보면 행동으로 옮겨지는 기회가 줄 수밖에 없다. 나이는 숫자에 불과함을 되새기며 능동적으로 행동한다면 매사에 적극적이고 활력이 넘쳐 자신감을 회복할 수 있다. 그런 자신감을 갖게 되면, 자신이 원하는 노후생활을 영위하기 위한 생각들이 실천들로 바뀌게 된다.

따라서 '변화와 전환 없는 인생은 없다.'라는 것을 상기하고, 과거의 익숙함으로부터 벗어나고, 새로운 삶에 대한 기대를 갖고 준비와 실천에 소홀함이 없도록 한다.

≪인생의 변화와 전환 유형 진단지[18]≫

다음의 각 질문에 자신에게 가장 적합한 정도의 번호를 매기세요(1~10점). 변화를 기피 또는 부정 정도가 아주 심하면 1점, 변화를 선호 또는 긍정 정도가 매우 높으면 10점을 매기는 등 정도에 따라 점수를 부여한 뒤 총점을 확인하세요.

항목	점수 (1~10점)
1. 지금까지 나는 몇 년 동안 안정된 직장에 머물렀는가? 36년 이상 (1) / 31~35년 (2) / 26~30년 (3) / 21~25년 (4) / 16~20년 (5) / 11~15년 (6) / 6~10년 (7) / 3~5년 (8) / 2~3년 (9) / 1년 (10)	
2. 나와 중요한 관계를 맺는 사람들은 변화를 지지한다.	
3. 나는 인생의 큰 변화를 우호적으로 받아들인다.	
4. 나는 미래에 대하여 낙관적이다.	
5. 나는 과거 삶에서 변화를 즐겁게 생각한다.	
6. 나는 인생에서 변화를 맞이할 때 나의 선택권이 많은 편이다.	
7. 나는 직업 정체성이나 조직 내 지위와 관련된 자부심과 자존감은 없다.	
8. 나는 다가올 변화가 나의 삶에 최소한의 영향을 미칠 것으로 생각한다.	

18) 한국표준협회(2017)a : 성공적인 은퇴를 위한 생애설계. pp. 204~205에서 재구성.

9. 나는 새로운 삶의 모든 면(삶의 방식, 재정 등)을 준비하기 위해 최선을 다할 것이다.	
10. 나는 나의 미래에 대하여 많은 것을 통제할 수 있다고 생각한다.	
10개 항목의 총점	

[진단결과]

점수	내용
-76~100점	삶의 전환에 따른 스트레스를 효과적으로 다루고 있다. 어떤 상황 변화에도 받아들이고 활용할 준비가 되어 있다. 심리적으로 안정되고 주위 사람들에게 지원받을 수 있다.
-51~75점	삶에서 어떤 상황 변화도 심리적으로 적절히 대처할 준비가 되어 있다. 주위 사람들에게 지지를 받을 수 있을 것으로 보인다. 그러나 삶의 전환에서 좀 더 잘하기 위해 노력할 부분이 몇 가지 있다.
-50점 이하	삶의 전환과 관련된 스트레스 때문에 감정적으로 어려운 시기를 보내고 있다.

Worksheet

1. 정년/은퇴는 언제쯤이고, 정년/은퇴 후 자신에게 주어진 여유시간을 계산하고, 노후 준비를 어떻게 하고 있는지를 기술해 보세요. 만약 잘 되지 않는다면 무엇 때문에 잘 되지 않는지 그 원인에 대해서 기술해 보세요.

2. 지금까지 살아온 삶에 대해서 어떻게 살아오셨는지 간략하게 정리해 보세요. 후회되는 점이 있으신가요? 어떤 점을 그렇게 생각하시는지 간략하게 적어보세요.

3. 노후의 행복한 삶을 영위하기 위해서 어떤 마인드와 전략을 갖고 계신지 간략하게 기술해보세요.

Worksheet

※ 노후생활 비전(Vision) 수립해 보세요(※앞 양식은 내용파악, 뒤 양식에 기술).

항목	질문	항목 개념과 적어야 할 내용
미션	나는 누구인가?	미션은 노후의 삶에서 '나는 누구인가?' '어떤 삶을 살고자 하는가?' 남은 삶을 통해서 무엇을 이루고 싶은가? 라는 정체성을 찾아주는 물음이며 노후 삶의 방향이다. 스스로 답을 찾아야 한다.
비전 · 목적	노후의 꿈과 비전은 무엇인가?	비전은 미래에 꼭 이루고자 하는 모습이다. 노후에 최종적으로 이루고자 하는 모습이다.
핵심 가치	나는 무엇에 대하여 가치를 높게 평가하는가?	삶에 대한 가치관은 노후 삶을 영위하면서 비전을 달성하기 위한 과정에서 중요한 기준을 말한다. 가치관은 삶의 나침반이요, 방향타가 된다. 사람은 가치관에 따라 행동하기 때문에 어떤 가치관을 갖느냐에 따라 비전달성이 결정된다.
단기 · 중기 · 장기목표	비전을 달성하기 위해서 필요한 장 · 중 · 단기목표는 무엇인가?	목표는 비전달성을 위해 정해진 기간 내에 반드시 이루어야 할 결과 또는 성과다. 달성 가능한 목표설정이 중요하다.
전략	목표를 성공적으로 달성할 수 있는 방안은 무엇인가?	전략은 목표를 성공적으로 달성하기 위한 차별화 방안이다. 어떤 차별화로 노후생활에서 목표달성을 할 수 있을까?에 대한 전략은 필수다.
추진과제	비전 또는 목표달성을 위해 필수적 해결과제는 무엇인가?	과제는 비전, 목표 달성, 전략 실행과정에서 반드시 해결해야 할 일 또는 문제, 준비 등이다.
실행계획	추진과제를 어떻게 실행할 것인가? 구체적 계획은?	육하원칙(5W1H)에 따라 구체적 실행가능성 있게 계획하고 실행해야 한다.

Worksheet

<table>
<tr><th colspan="2">항목</th><th>구체적으로 실행 가능한 내용으로</th></tr>
<tr><td colspan="2" rowspan="2">미션
(Missio5n)</td><td></td></tr>
<tr><td></td></tr>
<tr><td colspan="2" rowspan="2">비전 · 목적
(Vision)</td><td></td></tr>
<tr><td></td></tr>
<tr><td colspan="2" rowspan="3">핵심가치
(Core Value)</td><td>①</td></tr>
<tr><td>②</td></tr>
<tr><td>③</td></tr>
<tr><td rowspan="3">목표
(Goal)</td><td>단기</td><td></td></tr>
<tr><td>중기</td><td></td></tr>
<tr><td>장기</td><td></td></tr>
<tr><td colspan="2" rowspan="4">전략
(Strategy)</td><td></td></tr>
<tr><td></td></tr>
<tr><td></td></tr>
<tr><td></td></tr>
<tr><td colspan="2" rowspan="4">추진과제
(Task)</td><td></td></tr>
<tr><td></td></tr>
<tr><td></td></tr>
<tr><td></td></tr>
<tr><td colspan="2">실행계획
(Action Plan)</td><td>- 과제명 :
- 언제 :
- 어디서 :
- 어떻게 :
- 예산 :
- 기타:</td></tr>
</table>

PART 2

노후생활과 소통적 대인관계

1 노후생활을 위한 소통적 대인관계

1.1 대인관계는 소통

대인관계(human relations)란 인간과 인간사이의 관계로써 소통을 전제로 한다. 대인관계는 '비즈니스적 관계'와 '사회적 관계'로 나눠 생각해 볼 수 있다.

비즈니스적 관계는 일 또는 경제활동을 수행해 나가는데 관련되어진 인간관계를 말한다. 비즈니스적 관계에서는 어떤 사람을 통하여 또는 다른 사람들과 함께 효과적으로 일할 수 있는 기술이나 능력을 요구한다. 더 나아가 직장생활에서 협조적인 관계를 유지하고 조직구성원들에게 도움을 줄 수 있는 대화능력이나 커뮤니케이션 능력을 요구한다. 또한 조직내부 및 외부의 갈등을 원만히 해결하고 고객의 요구를 충족시켜줄 수 있는 갈등관리나 문제해결능력 등을 요구한다. 그렇기 때문에 비즈니스적 관계능력에는 리더십, 커뮤니케이션 능력, 팀워크 능력, 문제해결능력, 갈등관리능력, 협상능력, 고객서비스 능력 등의 하위능력을 포함한다.

이에 반해 사회적 관계는 사적인 사회생활을 영위해 나가는데 필요한 인관관계를 의미한다. 개인적인 상호접촉 · 상호작용을 통하여 소통과 나눔을 공유할 수 있는 관계망적 의미를 함의한다. 그렇기 때문에 노후준비에 있어서 대인관계는 노후생활을 영위하는데 필요로 하는 사적 · 친분적 · 사회적 관계망에서 서로 배려하고 이해하며 함께 공존하고, 소통하며 나눔을 지향하는 친화적인 관계쉽(relationship)을 필요로 한다.

관계쉽은 소통이 기본이다. 소통은 '막히지 않고 잘 통한다'는 뜻으로 서로의 뜻이 통하여 오해가 없는 나눔을 의미한다. 소통은 상호 존중과 이해를 기반으로 하는 상호작용 및 공감의 시각에서 인식해야 한다. 일반적으로 관계의 소통은 다음의 3가지 단계에 의해서 이루어진다.[19)]

▶ 상대방과의 차이를 인정해야 한다.

소통의 출발은 상대방이 나와 다름을 인정하는 것에서 시작된다. 상대방이 틀린(wrong) 생각을 가진 것이 아니라 다른(different)생각을 가진 존재 및 편견과 다양성을 인정하는 인식의 전환이 이루어져야 한다.

▶ 상대방의 니즈(needs)에 맞게 소통해야 한다.

사람은 저마다 고유한 특질이 있다. 그렇기에 다른 사람들과 소통하려면 상대의 특성과 원하는 니즈를 정확하게 파악토록 하고, 그에 적합한 요구에 맞게 소통할 수 있도록 해야 한다.

▶ 소통을 통해 자신을 변화시켜야 한다.

확증편향(confirmation bias)이란 말이 있다. 자신의 선입견을 확증하는 정보만을 선택적으로 탐색하려는 경향을 말하는 것으로, '사람은 보고싶은 것만 본다.'는 뜻이다. 즉, 자신의 신념이나 가치관 등에 반대되는 정보나 사람에게는 굉장히 적대적인 태도를 취하는 경향이 있다. 그렇기 때문에 사람들과의 관계에서 자신의 고정관념, 독선, 편견, 아집 등 소통이 잘 이루어지지 않게 하는 내면적 요소들을 변화시켜야 한다.

행복한 노후생활을 영위해 나가기 위해서는 외적인 대인관계능력 뿐 아니라, 내적인 대인관계능력을 함양하는 것이 필요하다. 아집, 편견, 자기중심적 사고, 일방적 단견, 오만 등에서 벗어나 상대방과 조화와 협력을 추구해 나갈 수 있는 수용적 · 소통적 관계쉽 태도와 자세를 갖추는 것이 중요하다.

---

19) 한국표준협회은퇴연구회(2017)a : '성공적인 은퇴를 위한 생애서례(A)'. p. 230에서 재구성.

1.2 소통되는 대인관계의 필요성

행복한 노후생활을 영위해 나가기 위해서는 축소되거나 단절될 수 있는 비즈니스적 대인관계를 사회 관계망적 대인관계로 넓혀나가야 한다. 노후생활에서 대인관계는 다음과 같이 정리해 볼 수 있다.

첫째, 인간답게 어울리며 살아가게 한다.

사람이 살아가면서 더욱 보람을 갖게 하는 것은 관계쉽에서 비롯된다고 하겠다. 친화력을 갖춰야 하고, 자비를 베풀며 배려심을 함양하고, 관심을 갖고 연민의 정을 느끼며, 서로 사랑하고 돌보며 공감하고 동정하면서 나누는 인간적 마음의 교류는 모두 상대방과의 원만한 소통을 하고자 하는 아름다운 태도라 할 수 있다.

둘째, 인간을 가치 있는 존재로 만든다.

인간은 홀로 살아가갈 수 없다. 홀로 살아갈 수 없다는 것은 다른 사람과 공존하며 살아간다는 것이다. 수용과 나눔의 관계속에서 함께 더불어 살아간다는 것은 공존의 아름다운 실존적 가치로 자신을 존재하게 만들어 준다.

셋째, 개인의 정체성을 발달시켜준다.

사람은 어리거나 나이가 들어서도 자아정체감에 대한 분명한 인식을 갖고자 한다. 자신의 정체감을 상실할 경우에는 존재자체를 부정하거나 심리적 외상을 겪기도 한다.

자아정체감(ego identity)이란 자신에 관해서 통합된 관념을 갖고 있느냐에 대한 개념이다. 다시 말해서 자기의 성격, 취향, 가치관, 세계관, 미래관 등을 바탕으로 현재 자신의 위치에 맞는 능력, 역할 및 책임 등에 대한 명료한 이해를 하고 있으며, 이러한 인식을 바탕으로 자신이 어떻다고 정의내릴 수 있는 마음상태라 할 수 있다.

에릭슨에 의하면 사춘기부터 청년기에 이르러 자아정체감이 결정적으로 형성된다고 보았는데, 자신감과 더불어 지속적으로 건강한 정체성의 발달은 성인기에서 노년기에 이르기까지 대인관계와 밀접한 관계가 있다. 그리고 노후생활을 영위해 나가기 위한 사회 관계망 형성에 있어서도 자신감을 갖게 하는데 상당한 영향력을 갖는다.

넷째, 성공적인 사회생활의 중요한 요인이 된다.

직장이든 아니든 은퇴를 했어도 혼자 살아가지 않는 이상 살아간다는 것은 사회성이고, 그 속에서 대인관계는 핵심적이다. 조직적으로든 사회적으로든 다른 사람들과의 관계에서 스트레스를 받고, 힘들어하고 있지만 정작 자신에게 주어진 업무나 일로써 힘들어하는 경우는 드문 것 같다. 이처럼 어디든 언제든(anywhere, anytime) 자신이 있는 곳에서 성공적인 사회생활을 영위해 나갈 수 있도록 하는 것은 탁월한 능력이나 기술, 재능만이 아닌 다른 사람과 맺어주는 대인관계 능력이라 할 수 있다.

다섯째, 신체 및 정신 건강에 지대한 영향을 미친다.

대인관계 속에서 애정 경험이 신체 발달에 중요하게 관련되어 있는 것이 정서적 왜소증(emotional dwarfish)이다. 주위 사람들의 안정되고, 따뜻한 보살핌과 감정적 소통은 대뇌의 시상하부와 뇌하수체를 차례로 자극하여 성장 호르몬의 분비를 왕성하게 함으로써 신체 발육을 촉진시켜준다. 즉 긍정적이고 효율적인 대인관계는 심리적 고민의 감소, 스트레스에 대한 효과적 대처와 회복, 자기신뢰와 자율성, 일관되고 균형 잡힌 자아정체감, 보다 큰 심리적 안정성, 보다 높은 자아 존중감, 나아가서 일반적인 행복감의 증대 등과 밀접하게 관련 되어 있다.

1.3 소통되는 관계 스타일 찾기

개인의 행동에는 경험적으로 체득된 요인뿐 아니라, 가치, 태도, 성격, 능력, 지각, 학습, 가치관, 욕구, 등과 같은 다양한 요인들이 영향을 미친다. 즉 사람들은 외부의 어떤 자극에 의해서 반응을 보인다. 그 반응은 그 사람의 기질에 따라 다양한 행동으로 나타나며, 환경이란 자극에 의해서도 상황에 따라 다르다.

원만하고, 원활한 소통을 위한 대인관계를 위해서는 자기 자신에 대한 대인관계 스타일을 탐색해야 하고, 탐색된 스타일에 바탕을 둬야 한다. 우리가 어떤 사람을 말할 때, '그 사람은 수동적이다', '공격적이다' 또는 '사교적이다'라는 식으로 말하곤 한다. 어떻게 그렇게 말할 수 있는가? 그렇게 말할 수 있는 것은 성격적인 특성에 의해서 분류한 것이다. 성격적인 특성은 개인이 갖는 고유한 내면적 기질로써 대체로 고정적이고 항구적인 행동의 원천이 된다. 그렇기 때문에 앞으로도 그 사람이 어떤 상황에서 어떻게 행동할 것인지 어느 정도 예측 가능하다. 그것이 어떻게 가능한 것인가?

누구나 소통을 잘 하고 싶어 한다. 선천적으로 타고나기도 하지만, 소통이 잘 되는 대인관계능력은 사회적 관계망에서 갖춰야 할 필요충분조건이다. 목적과 대상 그리고 상황에 맞게 적절하고 원활한 관계를 해나가기 위해서는 자신이 먼저 대인관계에 있어서 어떤 기질을 갖고 있는가를 탐색하는 것이 중요하다.

사람들은 자기 자신에 대해서 충분히 잘 알고, 이해하고 있다고 생각하지만, 그렇지 않은 경우도 많다. 나이가 들어가면서는 더욱 그러한 생각을 갖는 오류를 범한다. 단순히 세대차이가 아닌 생각의 오류와 기질적 태도가 점점 강하게 나타나며, 더욱이 나이가 들어가면서 순발력 있게 시대의 흐름에 맞춰 환경적 지식과 경험을 체득해 내기가 어려워지면서 자칫 소통과 나눔을 공유할 수 있는 사회 관계망이 축소될 수 있기 때문이다.

따라서 자신의 행동에 영향을 줄 수 있는 내적 요인들을 탐색하고, 대인관계에 있어 자신이 어떤 스타일인지, 그리고 어떤 장애요인을 갖고 있는지를 살펴서 사회 관계망을 넓혀나가는 노력이 필요하다.

몇 가지 검사도구를 활용해서 자신에 대한 내면적 기질을 심층적으로 이해하고, 대인관계에서 어떻게 역동성을 갖는지를 살피는 것이 필요하다.

[개인의 행동에 영향을 미치는 변인]

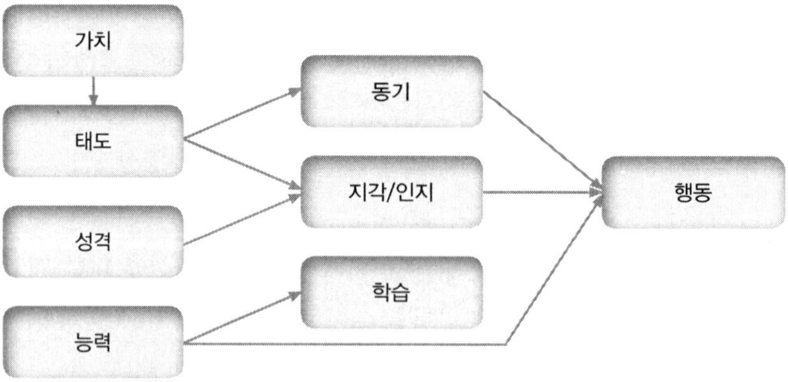

(자료 : 한국표준협회(2017)a, 성공적인 은퇴를 위한 생애설계. p. 236)

가. MBTI 성격유형 검사

MBTI(Myers-Briggs Type Indicatio, MBTI)는 1921년에 출간된 융(Jung)의 『심리유형론(Psychological Types)』을 근거로 하여 캐서린 쿡 브릭스(Katharine Cook Briggs)와 이사벨 브릭스 마이어스(Isabel Briggs Myers)가 보다 쉽고 일상에 유용하게 활용할 수 있도록 고안한 '자기보고식 성격유형지표'이다.

인간행동이 그 다양성으로 인해 종잡을 수 없는 것 같이 보여도, 사실은 아주 질서정연하고 일관된 경향이 있다는 융의 심리유형론에서 출발하였으며, 인간행동의 다양성은 개인이 인식(Perception)하고 판단(Judgement)하는 특징이 다르기 때문이라고 보았다.

MBTI의 바탕이 되는 융의 심리유형론은 외부로부터 정보를 수집하고(인식기능), 자신이 수집한 정보에 근거해서 행동을 위한 결정을 내리는데(판단기능) 있어서 각 개인이 선호하는 방법이 근본적으로 다르다는 것이다.

융의 심리유형론을 경험적으로 검증하여, 실생활에 적용하기 위해 만들어진 MBTI에서는 인식과정을 감각(S: Sensing)과 직관(N: iNtuition)으로 구분하여 사물, 사람, 사건, 생각들을 인식하게 될 때 나타나는 차이점을 이해할 수 있도록 해주며, 판단과정은 사고(T: Thinking)와 감정(F: Feeling)으로 구분하여 우리가 인식한 바에 의거해서 결론을 이끌어 내는 방법들 간의 차이점을 알 수 있도록 해준다.

그리고 이러한 기능을 사용할 때 어떤 태도를 취하는가에 따라 외향(E: Extraversion)과 내향(I: Introversion) 및 판단(J: Judging)과 인식(P: Perceiving)으로 구분하여 심리적으로 흐르는 에너지의 방향 및 생활양식을 이해할 수 있도록 해준다.[20]

MBTI 검사는 4가지 양극적 선호경향으로 구성되어 있는데, 4가지 성격차원은 개인이 어떻게 힘을 발휘하고 어떻게 정보를 지각하며 어떻게 결정을 내리는지, 그리고 라이프스타일 선호도에 관한 것으로 개인은 자신의 기질과 성향에 따라 4가지 양국지표에 따라 둘 중 하나의 범주에 속하게 된다는 것이다.

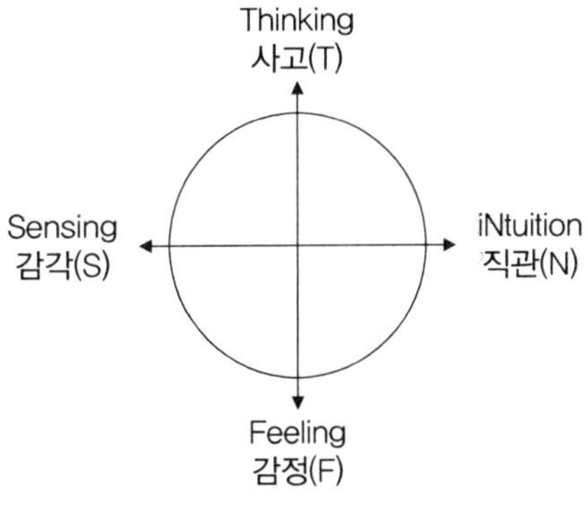

20) MBTI 연구소(http://www.mbti.co.kr)에서 'MBTI 이해' 일부 내용 재구성.

세상 사람들과 교제하는 방법, 힘과 에너지를 이끄는 곳, 자연적으로 주목하게 되는 정보의 종류와 의사결정 방법, 그리고 조직화된 방식에서 살기를 원하는가 아니면 보다 자발적인 방법으로 살기를 원하는가에 대한 결정 등인데, 성격의 이러한 면들을 영역이라 하고, 각각의 영역은 두 대립되는 극의 연속성으로 그려지고, 모든 사람의 성격은 이 네 가지 연속선상의 한 점에 놓이게 된다는 것이다.[21]

[성격 유형의 영역]

영역	←	→
• 세상 사람들과 교제하는 방법과 힘과 에너지를 발휘하는 방향	외향성(Extraversion)	내향성(Introversion)
• 자연적으로 주목하게 되는 정보의 종류	감각형(Sensing)	직관형(Intuition)
• 의사결정 방법	사고형(Thinking)	감정형(Feeling)
• 조직화된 방식에서 살기를 선호하는가 아니면 자발적인 방법으로 살기를 원하는가에 대한 결정	판단형(Judging)	인식형(Perceiving)

네 가지 영역에는 양극의 상반된 선호도가 두 개씩, 여덟 개의 선호도들이 있다. 이 문자들은 각 영역별로 하나씩 결합하여 열여섯 개의 성격유형으로 나타난다.

[열여섯 가지 성격 유형]

ISTJ	ISFJ	INFJ	INTJ
ISTP	ISFP	INFP	INTP
ESTP	ESFP	ENFP	ENTP
ESTJ	ESFJ	ENFJ	ENTJ

21) 폴 D.티거, 바바라 배런-티거/백영미, 최석순 역(2007) : 나에게 꼭 맞는 직업을 찾는 책. pp. 33~34.

▶ 외향형(Extraversion)과 내향형(Introversion)

세상 사람들과 어떤 방식으로 교제하며 무엇에 힘과 정열을 쏟아 붓는지에 대한 선호도이다. 외향적인 사람과 내향적인 사람의 특징은 대략 다음과 같다.

외향형(Extraversion)	내향형(Introversion)
• 다른 사람과 함께 있는 그 자체에 활력을 느낀다. • 시선의 집중을 받기 좋아한다. • 생각보다 행동이 앞선다. • 생각을 밖으로 드러낸다. • 자신의 신상에 대해서 자연스럽게 말한다. • 듣기보다는 말으르 많이 한다. • 열정을 갖고 이야기를 전한다. • 신속한 반응을 보이며 빠른 템포를 좋아한다. • 깊이보다는 넓이를 선호한다.	• 혼자 시간을 보낼 때 활력을 얻는다. • 시선의 집중을 피한다. • 생각을 먼저 한 뒤 행동으로 옮긴다. • 머릿속에서 골몰히 생각한다. • 자신의 신상에 관한 이야기를 몇 사람에게만 한다. • 말하기보다는 주로 듣는 편이다. • 열정을 마음속으로 간직한다. • 시간을 갖고 면밀히 검토 한 후 반응을 나타낸다. • 넓이보다는 깊이를 선호한다.

▶ 감각형(Sensing)과 직관형(iNtuition)

어떤 사람은 존재하는 것에 초점을 맞추고, 다른 이는 가능성에 초점을 맞춘다. 이처럼 정보에 대한 접근방식은 각기 근본적인 차이점이 있다. 감각형과 직관형의 특징은 대략 다음과 같다.

감각형(Sensing)	직관형(iNtuition)
• 확실하고 구체적인 것을 신뢰한다. • 실용적 가치가 있는 새로운 구상을 좋아한다. • 현실주의와 상식을 중시한다. • 기존의 기술을 사용하고 다듬기를 좋아한다. • 구체적이고 문자 그 자체에 충실하며, 자세한 설명을 제공한다. • 정보를 단계별로 제시한다. • 현재 시제에 치중한다.	• 영감과 추론을 신뢰한다. • 새롱누 구상과 개념 그 자체를 좋아한다. • 상상과 혁신성을 중시한다. • 새로운 기술을 습득하기 좋아하며, 기술을 연마한 후에는 쉽게 따분함을 느낀다. • 일반적이고 비유적이며 은유와 유추를 사용한다. • 완곡한 방식으로 비약해서 정보를 제공한다. • 미래 시제에 치중한다.

▶ 사고형(Thinking)과 감정형(Feeling)

어떤 문제에 대해 결정하고 결론에 이르는 방법에 관한 것이다. 〈사고〉는 객관적으로 결정하는 것을 의미하며, 〈감정〉은 개인적 가치에 토대를 두어 결정하는 것을 의미한다. 사고형과 감정형 사람의 특징은 대략 다음과 같다.

사고형(Thinking)	감정형(Feeling)
• 한걸음 물러서서 사무적인 분석을 문제에 적용시킨다. • 논리, 정의, 공정함을 중시하고 하나의 기준으로 모든 일에 적용하여 처리한다. • 결정을 보고 비평적이다. • 무정하고 딱딱하며 냉혹해 보인다. • 약삭빠른 행동보다는 진실정을 중요하다고 본다. • 감정의 표출이 논리적으로 타당할 때만 인정한다. • 성취 욕구에 의해 동기 부여를 받는다.	• 한걸음 나아가서 행동이 남에게 미치는 영향을 고려한다. • 동정과 조화를 중시하고 규정의 예외를 고려한다. • 남의 마음에 들기를 바라며 쉽게 감사한다. • 지나치게 감정적이며 비논리적이고 심약하게 보여질 수 있다. • 진실한 것뿐만 아니라 약삭빠른 것도 중요하다고 생각한다. • 타당 여부를 떠나 어떤 감정의 표출도 정당하다고 믿는다. • 인정받기 위한 바람으로 동기 부여를 받는다.

▶ 판단형(Judging)과 인식형(Perceiving)

조직화된 사회에서 살기를 원하는가 아니면 자발적인 분위기에서 살기를 원하는가와 관계된다. 판단하는 것을 좋아하는 사람들은 질서 정연한 삶을 살기를 원하고 삶이 구조화되어 있고 문제들이 잘 정돈되어 있을 때 만족한다. 반면, 판단보다는 인식하는 것을 선호하는 사람들은 자발적으로 살기를 원하며 융통적인 환경에서 만족해한다. 그리고 모든 가능성에 대해서 열린 마음을 갖는 경향이 있다. 판단적인 사람과 인식적인 사람의 특징은 대략 다음과 같다.

판단형(Judging)	인식형(Perceiving)
• 결정이 낼진 후에야 만족해한다. • 일을 먼저 끝내고 노는 것을 생각한다. • 목표를 설정한 뒤 제 시간에 달성하기 위해 일을 한다. • 자신들이 어디로 가고 있는지 알고 싶어 한다. • 생산 중심적이다.(업무 완결의 강조) • 프로젝트를 완결할 때 만족한다. • 시간이 한정되었음을 인식하고 마감 시간을 진지하게 받아들인다.	• 여러 대안을 생각할 때 만족해한다. • 지금 순간을 즐기고 놀며, 그 후에 일을 끝내려고 한다. • 새로운 정보가 생길 때마다 그에 따라 목표를 바꾼다. • 새로운 환경에 적응하기를 좋아한다. • 과정 중심적이다.(업무 방식의 강조) • 새로운 프로젝트를 착수할 때 만족한다. • 시간은 새롭게 바뀔 자원으로 보며 마감 시간을 탄력성 있게 받아들인다.

나. 교류분석(Transactional Analysis, TA)

교류분석은 인간관계교류를 분석하는 것으로 인간관계가 존재하는 모든 장면에 적용할 수 있는 이론이며 기법이다. 교류분석은 1957년 미국의 정신과 의사인 에릭 번(Eric Berne)에 의해 개발된 임상심리학에 기초를 둔 인간행동에 관한 분석체계 또는 이론 체계이다.

1) 자아상태

사람들은 자신들의 성격, 고유한 사고, 행동, 감정이나 교류들에 대하여 자아상태(ego state) 모델의 관점에서 「어버이 자아상태(P)」, 「어른 자아상태(A)」, 「어린이 자아상태(C)」 중 하나의 자아상태로 분석되는데 이를 구조분석(structural analysis)이라 한다. 그리고 구조분석에 의한 그 사람의 자아상태가 실제면에서 어떻게 사용되는가를 알기 위한 방법이 기능분석(functional analysis)인데 다섯가지로 분석된다. 세 가지의 자아상태와 다섯가지 기능분석은 다음과 같다.

[세가지의 자아상태와 다섯가지 기능분석]

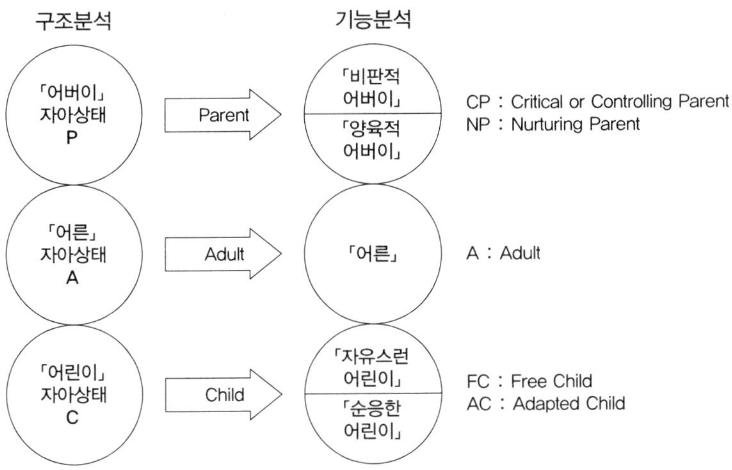

(자료 : 우재현(2006). 교류분석(TA) 프로그램. p. 62에서 재구성)

(1) 어버이 자아상태(Parent ego: P)

주로 부모나 그 외 정서적으로 중요한 연장자들의 말이나 행동을 무비판적으로 받아들여서 내면화시킨 자아상태이다.

사람들은 자신의 부모가 사용하거나 또는 현재 사용하고 있는 것과 같은 말투, 몸짓, 생각에 의해 자신을 표현한다. '어버이' 자아상태는 벌이나 제한을 가하는 작용, 또는 사람을 돌보는 것과 같은 양육적인 작용과 관계된다. 어버이 자아상태는 동적이고 보호적이며, 양육적인가 하면 때론 편견과 비판과 도덕적 경직성을 드러낸다. 어버이 자아에는 비판적 어버이 자아와 양육적 어버이 자아가 있다.

① 비판적 어버이 자아(CP)

비판적 자아는 다른 사람의 권리를 고려하지 않고 비현실적인 고집을 부리거나 다른 사람의 자존심을 말살해 버리는 것과 같은 행동을 하게 한다. 편견적, 봉건적, 비난적, 비판적 배타적인 말을 하며 단정적, 조소적, 강압적, 교훈적인 말투를 사용한다.

비판적 어버이 자아는 고집스러운 방식으로 기능하며 자기의견만 주장하고, 타인을 통제하고 비판하며 가르치려한다. 자신의 생각이나 가치관은 바르고 다른 사람의 의견은 틀렸다고 생각하며, 유머감각이 없고, 자기 자신이 제1인자라는 식으로 말하거나 행동하며 주위사람을 불안하게 한다.

② 양육적 어버이 자아(NP)

이것은 친절, 동정, 관용적인 태도를 나타내는 부분으로 자녀의 성장을 촉진하는 부모와 같은 부분이다. 양육적 어버이 자아가 잘 발달된 사람은 건강한 성격의 중요한 요소가 된다. 이 양육적 어버이 자아는 원만한 인간관계를 위해 꼭 필요하고, 자녀를 사랑하고 돌보는 등 자녀를 양육하는 말이나 행동이 그대로 내면화 되어 있다.

['어버이 P'의 기능분석]

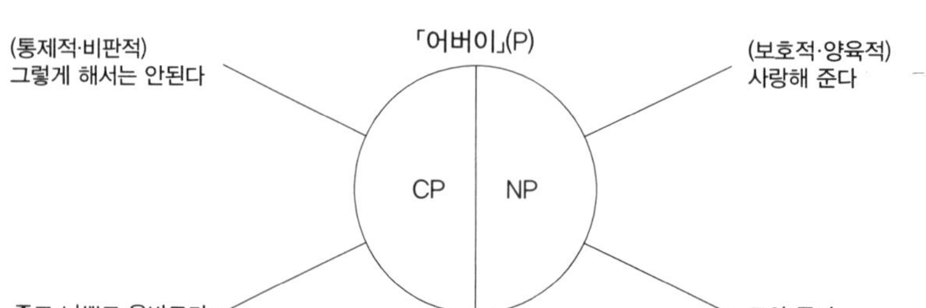

(2) 어른 자아(Adult ego: A)

어른 자아는 세 가지 자아상태 중 가장 원숙하고 바람직한 자아기능이다. 행위에 관한 정보수집, 자료처리, 현실적인 가능성을 추구하는 기능을 하는 일종의 자료처리 컴퓨터와 같이 감정과 윤리 도덕적인 면이 거의 배제된 채 냉정히 합리적으로 사물을 판단하고 처리해 나간다.

어른 자아상태는 어버이 자아상태(P)와 어린이 자아 상태(C)에서 오는 정보가 현재의 상황에 적절한지의 여부를 판단하고, 두 자아상태들 간의 긴장과 갈등을 중재하여 현재의 상황에 효율적으로 적응하는 역할을 한다.

['어른 A'의 기능분석]

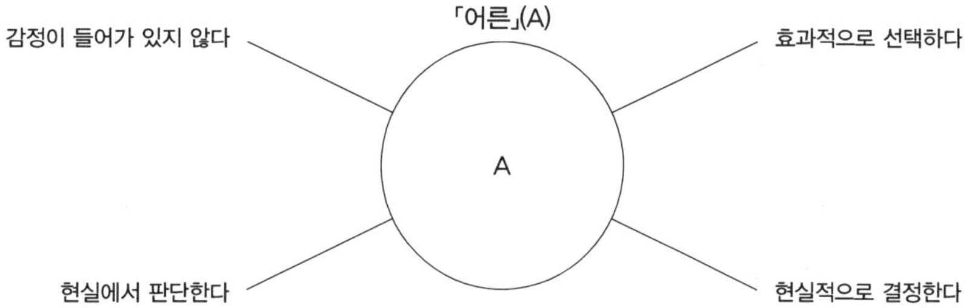

(3) 어린이 자아(Child ego: C)

어린 시절의 흔적을 내면에 저장해 놓은 것이다. 사람이 어렸을 때 한 것과 마찬가지로 지금 행동하거나 느끼거나 할 때에는 어린이 자아상태에 있다고 할 수 있다.

어린이 자아상태는 인간의 성격 속에서 실제의 아이모습을 유지하고 있으며, 주로 감정이나 행동으로부터 성립된다고 할 수 있다. 어린이 자아상태에는 세 가지 자아상태가 있다.

① 자유스런 어린이 자아상태(FC)

타인을 의식하지 않고 자유롭게 기능하는 어린이 자아로 자기중심적이거나 쾌락을 추구하며 감정을 억제하지 않고 자유로이 표출하는 반응을 보인다. 자유스런 어린이 자아상태는 자기중심적, 본능적, 적극적이고 동시에 창조성이나 호기심이 가득

차있다. 규범이라 윤리 등에 구애받지 않고 불쾌감이나 고통을 피하고 쾌감을 추구하려고 한다.

② 순응적 어린이 자아상태(AC)

순응적 어린이 자아상태는 주로 부모들에 의하여 훈련되고 영향을 받아 형성된 어린이 자아상태로 욕구나 참된 감정을 누르고 부모나 주변사람들의 기대수준에 맞추려고 지나치게 노력하고 눈치를 보는 자아상태를 말한다. 주체성이 결여된채 주위상황에 타협하므로 본래의 자기 자신을 살리지 못하며 의존적이고 주위의 동정을 기대하고, 자기비하의 경향을 나타내며, 때론 폭발적 공격적 행동을 보이기도 한다.

③ 어린이 교수 자아(little professor ego: LP)

모든 사람들의 내부에 존재하고 있는 재치있는 작은 어린아이의 모습을 나타내는 것으로써, 일종의 어른 자아의 축소판이다. 창조적, 탐구적이며 조정적인 기능을 지는 선천적 지혜라 할 수 있다. 어린이 교수 자아상태는 어린이 자아상태속에 나타나고 있는 어른 자아상태라고 할 수 있다.

['어린이 C'의 기능분석]

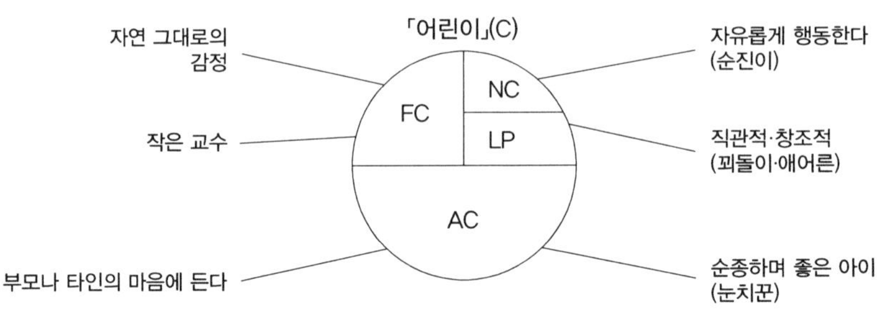

NC = Natural Child 「자연스런 어린이」, LP = Little Professor 「작은(어린) 교수」

2) 교류패턴 분석

교류패턴 분석(transactional pattern analysis, 대화분석)이란 구조분석에 의해서 명확하게 된 자아상태, 즉 어버이 자아(P), 어른 자아(A), 어린이 자아(C) 상태의 이해를 바탕으로 일상생활에서 주고 받는말, 태도, 행동 등을 기능적으로 분석하는 것이다.

인간관계는 의사소통에 의해 형성되어 발전하기도 하고 악화되기도 한다. 교류분석은 각 개인의 의사소통의 유형을 파악하여 의사소통의 문제를 발견하고 해결하며, 의사소통 기술을 발달시키는 방법이다.

의사소통을 위한 대인관계에서 어떤 대화방법을 취하고 있으며, 타인은 자기에게 어떤 관계방식으로 작용하고 있는지를 학습하여 자기 자신의 자아상태의 모습에 대해서 깊이 있게 자각하고 상황에 맞는 적절한 자아상태를 의식적으로 스스로 통제할 수 있도록 하는 것이다. 교류패턴에는 '상보적 교류', '교차적 교류', '암시적 교류' 세 가지가 있다.

① 상보적 교류

→ 의사교류의 자극과 반응이 각 자아상태로부터 평행을 이루는 의사교류로서 갈등을 일으키지 않음

② 교차적 교류

→ 의사교류의 자극과 반응이 각 자아상태로부터 서로 엇갈리거나 다른 자아상태로 나타나게 될 때 이루어지는 의사거래

③ 암시적 교류

→ 의사교류에 관계된 자아상태 중 겉으로 표현되어 나타나는 사회적 자아와 실제로 내면에서 기능하는 심리적 자아가 서로 다르면서 동시에 일어나는 의사교류 형태

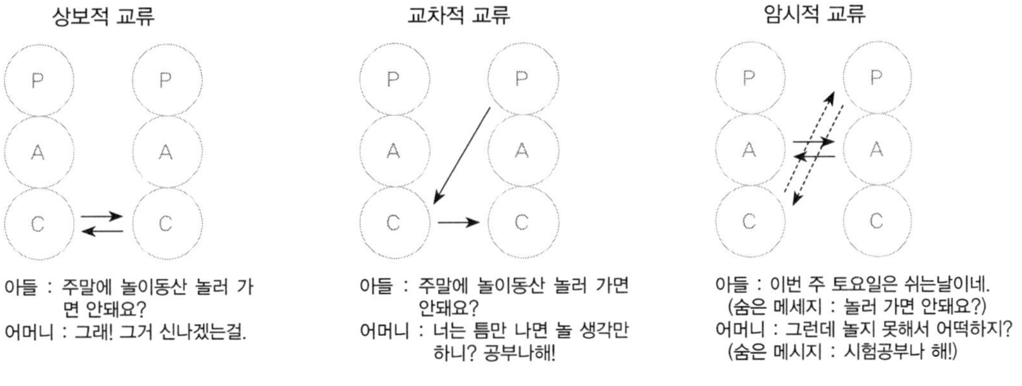

(자료 : 국민연금공단(2018). 노후준비서비스 제공자 소집교육과정(이론). p. 236에서 재구성)

3) 교류분석에서의 인생태도

인간은 자기자신에 대해서나 다른 사람에 대해서 또는 어떤 문제를 해결하는데 있어서 특수한 입장을 갖고 있는데, 교류분석에서는 빈도와 가능성이 높은 인생태도(생활태도)를 4가지 유형으로 나누고 있다.

[인생태도와 자세]

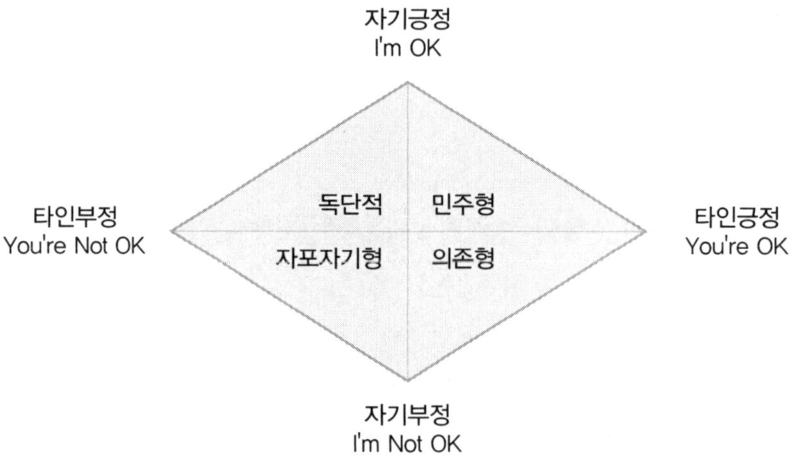

첫째, 자기긍정과 타인긍정(I'm OK, You're OK)

아동의 정서적, 신체적 욕구가 애정적이고 수용적인 방식으로 충족되면서 성장한 아동은 이러한 자세를 유지하고 승리자의 각본을 가지게 된다.

→ 건강한 인생관의 소유자

둘째, 자기긍정 타인부정(I'm OK, You're Not OK)

이러한 태도는 투사적 태도로 자신의 실수를 다른 사람에게 전가하고 희생이나 박해를 당하였다는 기분을 느낀다. 이러한 태도를 가진 사람은 세상에 대해 비난하고 불신하고 좌절과 분노로 반응한다.

→ 강박증적 경향, 독선, 배타

셋째, 자기부정, 타인긍정(I'm Not OK, You're OK)

이러한 태도는 아이가 출생하였을 때의 상황과 관련지을 수 있다. 아이들은 어릴 때 주 양육자의 무조건적인 인정 자극을 경험하면서 동시에 자기 자신은 무능하여 다른 사람의 도움 없이는 살아갈 수 없다는 좌절감을 경험할 수 있으며, 때론 우울증적 자세를 취한다. 이러한 태도를 가진 사람은 죄의식, 우울증, 부적절감 및 공포를 경험한다. 이런 인생태도가 계속 유지되면 다른 사람과 친밀한 관계를 맺기 어렵고 퇴행, 의기소침, 자살충동에 빠질 수 있다.

→ 무력감, 열등감, 자책

넷째, 자기부정, 타인부정(I'm Not OK, You're Not OK)

아동이 성장하면서 스트로크[22]가 심각하게 결핍되었거나 극도로 부정적일 경우, 그 아동은 자기부정-타인부정이라는 인생태도에 이르게 된다. 긍정적인 스트로크를 주는 사람이 없기 때문에 아동은 포기하고 희망을 잃은 것이다. 이런 태도를 가진 사람은 심한 정신적 장애를 가질 가능성이 높다.

→ 정신적 문제, 불신, 포기

다. 대인관계 CODE 검사

효과적인 대인관계를 형성하기 위해서는 자신의 욕구와 상대방의 욕구가 무엇인지 관심을 갖는 것이 필요하다.

자신의 욕구와 상대방의 욕구가 잘 충족될 수 있도록 유연성을 발휘하는 것이 필요한데, 대인관계에 있어서 자신이 어떤 유형인지를 진단하는 CODE 검사가 있다. 총 40문항으로 자가진단유형 검사지이다.

CODE 검사를 통해 '친화형(Congeniality)', '개방형(Openness)', '주도형(Domination)', '평가형(Evaluation)' 등 4가지 대인관계 유형 중, 자신이 어떤 대인관계 유형이며, 좀 더 원활하고 원만한 소통을 위해서는 어떻게 해야 하는지에 대해서 살펴볼 수 있다.

---

22) 스트로크(Stroke) : 인간은 누구나 타인으로부터 인정을 받으려는 욕구를 갖고 있다. TA에서는 타인의 존재를 인정하기 위한 행동을 인정자극이라 한다. 사람은 스킨쉽 등 몸짓에이나 눈짓, 표정, 감정, 언어 등 자신의 반응을 상대에게 알리는 인간인식의 기본단위로서 인정자극을 사용한다. 이렇게 보는 관점은 모든 사람은 자폐상태에서 태어나고, 태어난 후 부모 등 타인으로부터의 인정자극이 심리적 성장의 밑거름이 된다고 보고 있다.

첫째, 친화형(Congeniality) : 주의 깊게 생각하고 다른 사람을 배려하는 형

이 유형에 속하는 사람은 대화를 할 때 상냥하고 정이 담긴 대화나 태도를 취하기 때문에 첫인상이 좋으며, 낯가림이 적어서 처음 보는 사람이라도 쉽게 다가갈 수 있고 편안하게 느끼며 대화할 수 있는 유형이다.

또한 상대방의 이야기를 경청하고 잘 공감해 주기 때문에 관계의 폭이 넓으며, 주변에서 편안하게 이야기를 나눌 수 있거나 고민거리들을 상담할 수 있는 사람으로 인식하고 있을 가능성이 크다. 타인에게 온화하고 관대하기 때문에 의견 대립이 거의 없어 친근한 모습으로 인정을 받는다.

이런 유형의 사람들은 자신보다는 상대방의 기분 변화에 예민한 편임으로 다른 사람의 부탁 등을 제대로 거절하지 못한다. 이러한 상황 때문에 무리한 부탁을 받아들이게 되고, 결과적으로 우유부단하거나 무책임한 사람으로 비춰질 수 있다. 따라서 공적인 상황과 사적인 상황을 잘 구분하여 단호함과 온화함을 조화롭게 발휘하는 것이 중요하다.

둘째, 개방형(Openness) : 어느 곳에서나 주목받는 메이커 형

이 유형에 속하는 사람은 때와 장소, 사람의 구별 없이 언제 어느 곳에서나 누구와도 즐겁게 대화를 하면서 흥을 돋우기 때문에 다른 사람들에게 밝고 쾌활하다는 인상을 주게 되고 친구도 많은 유형이다. 또한 미래지향적인 사고를 가지고 남들이 해내지 못한 창의적인 사고를 많이 하고 주변 사람들에게 행복 에너지를 뿌려줄 수 있으며, 호기심이 많고, 자기를 다른 사람들과 공유하기를 좋아하는 유형이기도 하다.

이런 유형의 사람들이 너무 과한 에너지를 발산하게 될 경우, 자신감이 자만으로 보이거나 말실수를 할 수 있으며, 반대의 성격을 가진 사람을 만나게 될 때, 상대의 부담으로 작용하기도 하고, 호의가 반감될 수 있다. 상황과 상대에 따라 수위 조절이 필요하다.

셋째, 주도형(Domination) : 독립심이 강하며 계획적인 리더형

이 유형에 속하는 사람은 다른 사람에게 끌려가기 보다는 자신이 주도해서 이끌어 가는 편이라 어떤 모임에서 카리스마 있는 리더십을 발휘하는 유형이다.

또한 이상적인 것보다 현실적인 것을 선호하기 때문에 의사결정이 신속하고 한번 내린 결정을 추진력 있게 강하게 밀고 나가는 유형이다.

이런 유형의 사람들은 과정보다는 결과를 중시하는 성향 때문에 주변에서 냉정하고 사무적인 사람이라고 생각할 수 있다. 그렇기 때문에 다른 유형의 사람들이 답답해 보이더라도 포용하고 인정하는 마음가짐을 가지는 것이 필요하다.

넷째, 평가형(Evaluation) : 약속을 중히 여기고 잘 지키는 형

이 유형에 속하는 사람은 숫자나 정보를 이용해서 이야기를 나누는 성향으로 주변 사람들에게 신뢰를 받으며 방법이나 과정을 중시하고 늘 배우려는 자세를 보여 겸손한 사람으로 인정받는 유형이다.

정보를 분리하는 능력이 뛰어나고 현상을 관찰 · 분석하는 것을 즐기기 때문에 누구보다 객관적인 판단을 잘 할 수 있다.

이런 유형의 사람들은 과거의 경험이나 성과를 중요시 하는 경향으로 믿을 만한 정보를 얻을 때까지 결정을 하지 못하는 성향이 있다. 그렇기 때문에 주위 사람들로부터 답답하고 고지식하게 느껴질 수 있다.

≪대인관계 CODE 검사지≫

다음 문항을 읽고 자신과 가장 잘 맞는다고 생각되는 괄호 안에 체크√표 하시오.

문항	항 목	전혀 아니다	대체로 아니다	보통 이다	대체로 그렇다	매우 그렇다
1	어떤 일에 대해서 경우의 수를 많이 생각해 보고 결정하는 편이다.	①	②	③	④	⑤
2	상대방이 잘못을 했더라도 그 사람의 입장을 고려해서 행동하려고 한다.	①	②	③	④	⑤
3	감정 변화나 분위기 변화에 민감하여 내적으로 갈등을 많이 한다.	①	②	③	④	⑤
4	친구나 선배의 부탁을 거절하지 못해 일을 떠안은 적이 많다.	①	②	③	④	⑤
5	다른 사람으로부터 상냥하다는 말을 듣는 편이다.	①	②	③	④	⑤
6	기분이 나쁘면 예민해져서 말이나 행동으로 표현하는 경우가 많기 때문에 조심하는 편이다.	①	②	③	④	⑤

7	다른 사람의 의견이 다른 경우에는 다른 사람의 의견을 우선시하는 편이다.	①	②	③	④	⑤
8	다른 사람들로부터 우유부단하다는 말을 듣는 편이다.	①	②	③	④	⑤
9	말을 하다가 말끝을 흐리는 경우가 많다.	①	②	③	④	⑤
10	화가 나더라도 상대방이 상처를 받을까봐 먼저 화를 내지 않는 편이다.	①	②	③	④	⑤
1~10번 점수의 합계						
11	분위기 메이커라는 말을 많이 듣는다.	①	②	③	④	⑤
12	분위기가 가라앉을 때 분위기를 띄울 수 있는 비장의 무기가 많다.	①	②	③	④	⑤
13	갑자기 다른 사람들 앞에서 발표를 하게 되었을 때 임기응변을 발휘해서 의기를 넘긴 적이 많다.	①	②	③	④	⑤
14	다른 사람을 자주 칭찬하는 편이다.	①	②	③	④	⑤
15	다른 사람들이 생각하지 못하는 엉뚱한 상상을 많이 한다.	①	②	③	④	⑤
16	다른 사람의 한 마디 말이나 태도로 기분이 급격하게 변하는 경우가 많다.	①	②	③	④	⑤
17	내가 이야기를 하면 주변 사람들이 재미 있어 한다.	①	②	③	④	⑤
18	다른 사람들로부터 '솔직한 것같다'는 말을 많이 듣는다.	①	②	③	④	⑤
19	지금 당장 전화를 걸어서 고민을 이야기할 수 있는 친구가 5명 이상 있다.	①	②	③	④	⑤
20	기분이 나쁘다가도 칭찬이나 선물을 받으면 기분이 나아지곤 한다.	①	②	③	④	⑤
11~20번 점수의 합계						
21	일을 하다 보면 어느새 내가 주고하고 있는 경우가 많다.	①	②	③	④	⑤
22	나는 오늘, 내일, 모레 등 가까운 시일 내에 이루어야 할 목표를 갖고 있다.	①	②	③	④	⑤
23	일을 하기 전 '어디까지 해야지'를 먼저 계획하고 하는 편이고, 중도에 포기하는 일이 거의 없다.	①	②	③	④	⑤
24	다른 사람으로부터 충고를 받거나 간섭받는 것을 좋아하지 않는다.	①	②	③	④	⑤
25	내 일은 내가 가장 잘하며, 스스로의 힘으로도 충분히 할 수 있다고 생각하는 편이다.	①	②	③	④	⑤
26	일을 열심히 하고 실적이 저조한 직원보다 일을 열심히 안 했더라도 결과 좋은 직원에게 더 높은 점수를 주겠다.	①	②	③	④	⑤
27	후배들로부터 엄격하다는 말을 많이 듣는 편이다.	①	②	③	④	⑤
28	직장에서 대하는 사람들과 친구들은 구분을 두어 대하는 편이다.	①	②	③	④	⑤
29	주변 설명보다는 본론부터 이야기하는 사람을 선호한다.	①	②	③	④	⑤

30	두 가지 중에서 어느 한쪽을 선택행야 할 때 신속하게 결정을 내리는 편이다.	①	②	③	④	⑤
21~30번 점수의 합계						
31	'사람들이 많이 왔더라.'고 말하는 것보다는 '500명 왔더라.'고 말하는 편이다.	①	②	③	④	⑤
32	약속한 시간에 충분히 여유를 두어 집에서 출발하는 편이다.	①	②	③	④	⑤
33	학교를 다니면서 지각을 해 본 적이 없다.	①	②	③	④	⑤
34	과거에 한 번 사서 실망한 히사의 제품은 다시는 사지 않는다.	①	②	③	④	⑤
35	좋은 결과는 과정에서 나어기 때문에 과정이 중요하다고 생각하는 편이다.	①	②	③	④	⑤
36	신제품이 출시되면 사용한 사람들에게 물어보고 기다렸다가 구입하는 편이다.	①	②	③	④	⑤
37	여러 가지 정보를 수집하여 분석결과를 가지고 결론을 내리는 것이 좋다.	①	②	③	④	⑤
38	내가 기분이 나쁘거나 아플 때에도 다른 사람들이 잘 알아차리지 못한다.	①	②	③	④	⑤
39	구체적인 확신이 없으면 행동하지 않는다.	①	②	③	④	⑤
40	나는 아직 부족하기 때문에 더 배워야 한다고 생각한다.	①	②	③	④	⑤
31~40번 점수의 합계						

[채점 및 해석]

앞에서 획득한 점수를 다음의 표에 옮겨 적으시오. 가장 많은 점수를 받은 항목은 무엇인가요?

유형	항목	점수	나의 유형은?
Congeniality	1~10번 점수의 합계		
Openness	11~20번 점수의 합계		
Domination	21~30번 점수의 합계		
Evaluation	31~40번 점수의 합계		

(자료 : 국민연금공단(2018), 노후준비지원서비스 제공자 교육과정(건강 · 대인관계), pp. 168~171)

라. 갈등관리 유형 검사

대인관계에서 다른 사람과의 상호작용하는 과정에서 필연적으로 여러 가지 갈등과 문제가 발생하게 된다. 이러한 갈등이 제대로 잘 해결되지 않는다면 서로에 대한 부정적 감정이 초래되어 대인관계가 약화되거나 붕괴되기도 한다. 노후생활에 있어서 이런 갈등의 초래는 사회 관계망을 유지하거나 넓혀나가는데 치명적이지 아닐 수 없다.

갈등은 경쟁, 협력, 타협, 회피, 수용 등 다섯 가지 유형으로 분류하여 관리할 수 있는데, 갈등이 빚어졌을 때, 부정적인 영향을 줄이고, 긍정적인 기능을 발휘할 수 있도록 갈등을 관리하는 것이 필요하다.

자신의 갈등유형을 잘 살펴, 대인관계에서 빚어질 수 있는 갈등을 적절하게 해결할 수 있는 자신의 태도를 갖는 것이 중요하다.

첫째, 경쟁 : 강요

이 유형은 자기중심성은 높고, 타인수용성은 낮다.

▶ 이 유형의 사람은 상대방을 희생시켜서라도 자신의 이해관계를 추구하려 한다. 자신의 입장에 유리하다면, 가능한 모든 힘(논리적 설득, 지위, 경제력 등)을 사용하려 한다는 점에서 한마디로 권력지향적인 유형이다. 옳다고 생각하는 어떤 입장이나 주장을 적극적으로 지지하는 경우에도 경쟁적이라 할 수 있다.

둘째, 협력 : 문제해결

이 유형은 자기중심적이면서 협조적이다.

▶ 이 유형의 사람은 회피형과는 반대로, 당사자들의 주장 모두를 충분히 만족시킬 수 있는 해결책을 모색하기 위해 상대방과 함께 노력한다. 즉, 두 당사자들의 기본적인 이해관계가 무엇인가를 확인하고, 그것을 만족시키기 위한 대안들을 찾기 위해 당면한 문제에 깊이 파고드는 유형이다. 협력은 당사자들간의 불일치를 발견하고, 자칫 경쟁으로 갈 수 있었던 조건들을 해결하고자 협의하거나, 인간관계상의 문제를 창의적으로 해결할 수 있는 길을 찾으려고 노력하는 모습을 나타낸다.

셋째, 타협 : 배분

이 유형은 자기중심성과 타인수용성 모두에서 중간적이다.

▶ 타협형의 목적은 두 당사자들의 주장을 부분적으로 만족시켜 줄 만한, 어느 정도는 임시방편적이면서 서로가 수용할 수 있는 해결책을 찾는다. 한마디로 경쟁형과 수용형의 회색지대를 찾는 것이다. 따라서 경쟁형이나 수용형처럼 어느 편에게도 완전한 만족을 제공하지 않으며, 회피형에 비해 문제를 보다 직접적으로 해결하지 만, 협력형처럼 깊게 다루지는 않는다. 타협형은 서로간의 차이점을 줄이고, 당사자 서로가 양보하며, 신속하게 중간지대에 이른다.

넷째, 회피 : 철회

이 유형은 자기중심적이지도 않고 협조적이지도 않다.

▶ 회피형은 자신을 위해서이든 상대방을 위해서이든, 이해관계에 따른 행동을 즉각적으로 추구하지 않는다. 즉, 회피형의 사람은 갈등을 어떤 식으로든 해결하지 않는다. 회피는 문제를 멀찌감치 방관하거나, 상황이 호전될 때까지 기다리거나, 혹은 위협적인 상황을 단순히 피하는 형태로 나타나기도 한다.

다섯째, 수용 : 원만함

이 유형은 자기중심적이지 않고 협조적이다.

▶ 경쟁의 반대 유형으로서, 자신의 이해관계를 무시하고 상대방의 입장을 만족시켜준다. 자기희생적이어서 관대함이나 자애로운 모습을 띨 수 있으며, 원하지 않지만 상대방의 지시나 견해를 따르는 것처럼 보일 수 있다.

(자료 : 커네스 토마스 & 랠프 킬만, '갈등관리 유형검사/프로파일'에서 일부 재편집)

마. 사티어(Satir)의 의사소통 이론에 따른 소통 유형

인간관계에 있어서 평등성과 동등한 가치를 주장한 사티어(Satir)는 의사소통이란 정보를 주고받는 과정으로 보고 '기능적 의사소통'과 '역기능적 의사소통'으로 나누고 있다.

기능적 의사소통 유형은 일치형으로 '나', '타인', '상황' 모든 부분을 이해하며 대화를 이루어나가는 가장 이상적인 의사소통 유형으로 정의한다. 역기능적 의사소통은 스트레스가 있는 상황에서 자신을 보호하려고 상황에 맞게 대처반응을 보이는 의사소통 유형으로

‘회유형’, ‘비난형’, ‘초이성형’, ‘산만형’ 등 4가지로 구분한다.

우리 자신이 어떤 유형의 소통방식을 사용하고 있는가?를 아는 것은 의소소토에 있어서 매우 중요하다. 그렇기 때문에 자신의 의사소통 유형이 타인과의 의사소통에서 어떻게 표현되고 있으며, 또한 상대방이 어떻게 받아들이고 있는지에 대해 생각해 보는 것이 중요하다.

스스로의 마음과 감정을 잘 이해하고 그에 따른 말과 행동을 일치시키는 것이 필요하다. 더 나아가 타인이 가진 언어표현 방법에 대한 이해와 배려심을 갖는 것도 중요하다. 자기 생각과 뜻을 상대방에게 분명하게 전달하고 상대방의 이야기를 잘 듣는다면 더욱 원활하고 건강한 의사소통을 할 수 있을 것이다. 사티어의 5가지 의사소통 유형을 구체적으로 살펴보면 다음과 같다. [23]

① 일치형

일치형은 의사소통의 내용과 방법이 일치하는 것으로써, 전달하는 내용과 내면의 정서

[일치형의 반응 특성]

분류	특성과 반응	
사용언어	일치: - 말의 내용과 신체 자세, 목소리의 음조, 내면의 느낌이 모두 일치함	- 말이 감정들을 자각하고 있음을 나타냄 - 타인의 말에 귀를 기울임 - 개방적이며 모든 것을 공유함
정서	일치: - 정서의 표현과 말이 일치됨 - 자유로운 표현	- 생동하고 자신감 있음 - 창의적이고 균형이 있음
행동	일치, 조화: - 창조적이고 생동적임 - 개성이 드러남	- 유능하고 자신감 있음 - 자신의 행동에 책임을 진다.
자아개념	- 높은 자기존중감 - 스스로 유능하다고 느낌 - 자신에 대해 감사히 여김	- 자신의 독특성을 축하하기 - 가치의 동등성을 수용하기 - 생명력과 연력되기
자신, 다른 사람, 상황을 모두 중시		
심리적 영향	- 건강하고 진실함	
신체적 증상	- 좋은 건강상태	
자원	- 높은 자존감, 전인성, 자신과 타인을 돌봄	

23) 국민연금공단(2018) : 노후준비서비스 제공자 소집교육과정(이론). pp. 225~230 및 최영실(2005) : 융의 심리유형론의 관점에서 본 사티어 의사소통 유형 이론의 재고찰. pp. 14~20에서 재구성.

가 일치하는 성향을 말한다. 이때 정서란 목소리의 특징, 얼굴표정, 몸짓, 신체의 자세, 음조, 피부색, 호흡 등이 포함된다. 자아존중감이 높고 성숙하며 기능적이고 책임감이 있으며, 진실한 인간의 의사소통 방식으로 매우 생동감이 있고, 창조적이며, 독특하고 유능한 행동 양식을 보인다.

일치형의 사람들은 자기의 독특성을 인정하며 개성이 뚜렷하고 자신과 다른 사람을 신뢰한다. 모험을 두려워하지 않고 상처받는 것을 기꺼이 감수한다. 자신의 외적, 내적 자원들을 활용하며 다른 사람들을 수용하고, 변화에 대해 융통적이고 개방적이다.

따라서 일치형의 사람들은 '모든 사람들은 자신만의 가치와 생각과 느낌을 가지고 있으며, 얼마든지 자신과 다른 생각과 행동을 할 수 있다.'고 본다.

② 회유형

자신의 내적 감정이나 생각을 무시하고 타인의 생각이나 감정에 맞추려고 노력하는 성향을 말한다. 회유형은 자신의 가치를 희생하면서 자신에 대한 존중감을 갖지 못하고 다른 사람들에게 자신은 중요한 사람이 아니라는 메시지를 보낸다. 다른 사람들의 의견에 동조하고, 비굴한 자세를 취하며, 사죄와 변명을 하는 등 지나치게 착한 듯 행동을 한다.

[회유형의 반응 특성]

분류	특성과 반응	
사용언어	동의: "내 잘못이다." "네가 없으면 나는 아무것도 아니다."	"나는 너를 행복하게 하기 위해 존재한다." "나는 사람들에게 항상 친절해야 돼."
정서	구걸: "나는 어떻게 할 수가 없다." - 변명하는 표현과 목소리, - 비굴한 신체적 자세	- 지나치게 착하고 의존적인 태도
행동	의존적 순교자: - 지나치게 친절하게 행동함 - 사죄하고, 변명하고 우는 소리를 자주 함	- 구걸하고 모든 것을 주려고 함
자아개념	- 자기존중감 결핍 - 자신감의 결핍	- 자아와의 접촉 없음 - 자신에 대한 외부의 기대에 초점을 맞춤
자신, 다른 사람, 상황을 모두 중시		
심리적 영향	- 신경과민, 걱정, 자살경향, 무기력, 자멸적인 태도	
신체적 증상	- 위장장애, 소화기관의 고통, 변비, 편두통	
자원	- 돌봄, 양육적인 예민성	

따라서 회유형 사람들은 상대방과 항상 타협과 일치를 나타내야 한다고 생각하기 때문에 자신이 원하는 것을 요구하기 보다는 상대방이 원하는 것에 더 민감하다. 심지어 비판이나 질책 등에도 크게 분노하지 않으며 자기책임으로 돌리기도 한다.

③ 비난형

타인을 무시하는 성향을 보이는 비난형은 다른 사람이 자신을 힘 있고, 강한 사람으로 인식하게 하려고 노력하며 타인의 말이나 행동을 비난하고 통제하며 명령한다. 그러다 보니 자신의 생각과 다른 생각을 가지고 있다는 것에 대해 인정하지 않다. 적대적이고 독재적이며, 폭력적이다.

따라서 이러한 사람들은 '당신이 하는 것은 모두 틀렸어, 당신만 아니었다면 이렇게 되지 않았어.' 또는 '내가 약하다는 걸 인정할 수 없어.' 등 처럼 상대방의 의견을 수용하기 보다는 무시하며 그들의 생각은 틀리고 자신의 생각이 옳다고 결정 내린다.

이들이 이러한 태도를 갖는 것은 외면적으로는 공격적인 행동을 보이나 내면적으로는 자신이 소외되어 있으며, 자신이 외롭고 이해받지 못한다는 느낌을 갖고 있기 때문이다. 자신을 보호하기 위해서 다른 사람을 괴롭히거나 비난하고, 환경을 탓한다.

[비난형의 반응 특성]

분류	특성과 반응	
사용언어	논쟁, 불일치: "너는 아무것도 제대로 하지 못해."	"뭐가 문제라는 것야?" "모든 것은 네 잘못이야." "눈 똑바로 뜨고 다려?"
정서	비난: "내가 최고야."	- 분노가 치민다. - 다른 사람을 무시하고 싶다.
행동	공격: - 심판, 명령,	- 힘이 있어 보이는 자세 - 약점 발견 - 경직성
자아개념	- 자기존중감 결핍 - 성공적이지 못한 - 자아와이 접촉 없음	- 통제결핍/무기력한 - 타인에게 보이는 자신에게 초점 맞춤
자신, 다른 사람, 상황을 모두 중시		
심리적 영향	- 편집중, 이탈행동, 폭력, 반사회적인 특성, 분노, 방황	
신체적 증상	- 근육긴장과 등의 통증, 고혈압 등 혈액순환 장애, 천식	
자원	- 자기주장성, 지도력, 에너지	

④ 초이성형

초이성형은 자기와 다른 사람을 무시한다. 지나치게 이성적이며 단지 상황만을 존중하면서 대개의 경우 정보와 논리의 수준에서 기능하며 강박적인 경향이 있다. 한마디로 일에 있어 분석적이고, 비판하고 따지는 태도를 갖는 비인간적이며 지극히 객관적이다. 상대방을 논리적으로 비판하며 자기주장을 강하게 내세운다.

강박적인 성향이 강하고 타인의 실수나 잘못된 것을 허용하지 않는다. '사람은 어떤 일이 있어도 냉정하고 침착해야 하며, 어떤 감정도 표현해서는 안된다.'는 식으로, 자신뿐만 아니라 다른 사람까지도 감정에 초점을 맞추는 것을 허용하지 않는 초이성적 태도를 보이기도 한다. 규칙과 옳은 것만을 절대시하는 극단적인 객관성을 보이며, 매우 완고하고 냉담한 자세를 취하며 독재적인 행동을 보이나, '나는 상처받기 쉽고 고립된 사람이다.'라는 식으로 내면적으로는 약하고 쉽게 상처받으며, 소외감을 느끼나, 외부로는 절대로 표현하지 않는다.

[초이성형의 반응 특성]

분류	특성과 반응	
사용언어	지극히 객관적: "사람은 지적이어야 한다." - 규칙과 옳은 것에 관한 자료 사용	- 추상적인 단어 사용 - 정확하고 논리적인 설명
정서	완고, 냉담: "사람은 어떤 희생이 있어도 냉정하고 조용하고 침착해야 한다." - 경직된 자세 - 다른 사람에 대한 고자세	-
행동	권위적: - 경직, 원칙론적 행위 - 행동을 합리화	- 조작적, 의도적 - 강제적
자아개념	- 자기존중감 결핍 - 자신감의 결핍 - 자아와의 접촉없음	- 통제결핍 느낌 - 감정을 느낄 수 없음
자신, 다른 사람, 상황을 모두 중시		
심리적 영향	- 강박증, 우울증, 반사회적, 사회적으로 위축, 지나친 긴장	
신체적 증상	- 건조성 질병, 피부병, 점액, 임파조직의 질병, 암, 심장마비 등의 통증	
자원	- 지식, 문제해결, 세부사항에 주의 집중	

⑤ 산만형

일반적으로 재미있거나 익살스러운 모습과 혼동될 수 있다. 산만형은 초이성형과 대조적으로 자신, 타인, 상황 모두를 무시한다. '내가 튀는 행동을 해야 사람들이 나에게 관심을 보일거야.'식으로 행동하기 때문에 사람들이 산만형을 자연스럽고 쾌활하게 여기기도 하며, 지루하고 침체된 분위기를 재미있게 바꾸어 주기 때문에 좋아 하기도 한다.

산만형의 사람들은 주제에 초점을 맞추지 못하며 신체적으로도 관심을 집중하지 못하고 계속 몸의 일부를 움직이거나 혼란스러운 상태를 보인다. 그렇기 때문에 의논하려는 어떤 상황이 있을 때, 이에 집중하지 못하고, 상황과 맞지 않는 말을 하거나 상황 자체를 가볍게 여기기도 한다.

산만형은 내면적으로는 아무도 나를 걱정해주지 않으며 나를 받아주는 곳이 없다고 생각하여 고독감과 자신의 무가치함을 느낀다. 이들의 자세는 무의미하다.[24]

[산만형의 반응 특성과 반응]

분류	특성과 반응	
사용언어	상관없는 단어: - 의미가 통하지 않는다.	- 이야기에 요점이 없다. - 계속해서 "그냥 놔 둬라."고 말함.
정서	혼란스러움: "나는 실제로 여기에 있는 것이 아니다."	- 계속해서 움직인다. - 비스듬히 앉는다.
행동	산만함: - 부적절한 행동	- 지나치게 활동적임 - 다른 사람의 이야기에 끼어들어 중단시킴
자아개념	- 자기존중감 결핍 - 자신감의 결핍 - 자아와의 접촉없음	- 통제결핍 느낌 - 진짜 감정을 보일 수 없음 - 아무도 개의치 않음 - 소속감이 없음
자신, 다른 사람, 상황을 모두 중시		
심리적 영향	- 혼돈됨, 부적절함, 우울증 - 학습불능, 타인의 권리 침해	
신체적 증상	- 중추신경계 장애, 위장장애, 어지러움, 당뇨, 편두통	
자원	- 창조성, 자발성, 융통성, 유머	

24) 박은초(2005) : 사티어의 성장 의사소통 이론과 그 적용에 관한 연구. 이화여자대학교 대학원 석사학위논문. pp.14~22에서 내용 재구성.

[대인관계 역동성 정리하기]

	검사결과(내용)	대인관계 장점/단점
항목		
MBTI		
교류분석		
대인관계 CODE		
갈등관리		
사티어 의사소통능력		
주위의 평가		
자가평가 및 기타		
대인관계 종합정리		

2 소통적 관계망 넓히기

2.1 대인관계의 호감유발과 관계의 심화요인

○ 대인관계의 5분류와 호감유발 요인

대인관계는 '형성요인에 따른 분류', '동등성 여부에 따른 분류', '상호작용의 우호성 여부에 따른 분류', '형성과 유지조건에 따른 분류', '호혜성과 형평에 따른 분류' 등 5가지로 분류된다. 각각의 의미는 다음과 같다.

첫째, 형성요인에 따른 분류

▶ 일차적 대인관계

혈연, 지연, 학연 등에 의해 형성되는 대인관계, 부모, 형제자매, 친척, 동문, 동향사람들과의 관계가 속한다. 본인의 의사와 무관하게 부여되고 가입과 탈퇴가 자유롭지 않다.

▶ 이차적 대인관계

개인적 매력, 직업적 이해관계, 가치(또는 이념, 사상, 신념, 추미, 종교)의 공유에 이해 형성되는 관계. 직장동료, 애인, 친구, 친목단체의 구성원 등이 이에 해당된다. 본인의 의상에 따라 자유롭게 선택. 가입과 탈퇴가 비교적 자유로우며 일차적 대인관계보다는 일시적일 수 있다.

둘째, 동등성 여부에 따른 분류

▶ 수직적 대인관계

상급자와 하급자 간의 불평등 관계. 가정에서의 부모-자녀관계, 학교에서의 스승-제자관계, 또는 선배-후배 관계, 직장에서의 상사-부하관계 등이 이에 속한다. 서양 문화권과 달리 동양 문화권에서 이러한 수직적 대인관계가 잘 발달되어 있으며, 상급자와 하급자의 행동규범인 '예의'가 잘 체계화되어 있다.

▶ 수평적 대인관계

서로 동등한 위치에 있는 사람들 간의 평등한 관계로서 교유관계, 연인관계, 부부관계 등이 속한다. 시대적 흐름에 따른 개인중심의 가치관이 확산되면서 수직적인 대인관계를 중시하는 기성세대의 가치관과 갈등을 빚는 경우가 많다.

셋째, 상호작용의 우호성 여부에 따른 분류

▶ 우호적 대인관계

서로에 대해서 우호적인 호감을 지니고 서로를 도우며, 공동의 목표를 향해 함께 일하는 협동적인 상호작용이 일어나는 관계

▶ 적대적 대인관계

서로를 경쟁상대로 인식하여 적대감정을 갖고 상대가 하는 일을 방해하거나 비협조적인 태도를 나타내는 관계

넷째, 형성과 유지요건에 따른 분류

▶ 애정 중심적 대인관계

상대방에 대한 매력이나 호감에 의해서 관계가 형성되며, 상대방과 사랑이나 우정을 주고 받는 것이 관계유지에 중요한 요인이 되며 목적인 관계. 애정교환의 만족도에 의해 관계가 유지되며, 사람 자체가 중요하게 여겨지는 관계

▶ 업무 중심적 대인관계

어떤 사람이든 상관없이 그와 함께 하는 작업이나 업무의 연결고리 때문에 관계가 형성되고 유지되는 대인관계. 상대방과의 상호작용을 통해 얻게 되는 이득과 성과가 주요한 목적이 되는 관계.

다섯째, 호혜성과 형평에 따른 분류

▶ 공유적 대인관계

상대방이 자신의 이기적 목적에 이용되는 수단적인 존재가 아니라 만족스러운 친교의 경험을 함께 나누는 관계. 두 사람의 내면적 특성이 공유되어 상호의존성이 높고 강한 친밀감을 느끼게 되는 관계. 타인의 행복이 자신의 행복이며, 타인의 고통이 자신의 고통으로 경험. 가족과 연인 또는 매우 친밀한 친구들 사이에서 나타난다.

▶ 교환적 대인관계

자신의 행복을 타인에게 의존하지 않으며 타인의 행복에 특별한 책임감을 느끼지 않는 관계로 필요한 것을 주고받는 거래적이고 교환적인 성격을 지니게 된다. 아울러 거래와 교환의 공정성, 즉 이득과 손실의 균형이 무엇보다 중요하며, 주는 만큼 받고 받는 만큼 주는 호혜성의 원칙 투자한 만큼 보답이 되돌려져야 유지되는 관계.

○ 대인관계의 호감유발 요인

① 근접성

물리적으로 가깝게 사는 사람들과 친해지는 경향이 있어, 친한 친구라 해도 물리적으로 먼 곳에 떨어져 살게 되면 멀어지는 경향이 있다. 이렇듯 물리적 거리는 대인관계에 중요한 역할을 한다.

근접성은 만날 기회가 많고, 접촉이 용이하며, 만남의 부담이 적다. 그리고 서로 유사한 경우가 많고, 친밀한 관계를 형성하고자 하는 인지적 압력이 있기 때문이다.

② 친숙성

자주 접촉하는 것을 좋아하는 경향이 있기에 대인관계에서도 유효하다. 자주 접하는 사람들에게 호감을 느끼게 되어 친한 관계로 발전하는 경향이 있다.

친숙성에서는 단순접촉효과와 과잉노출효과가 있다. 단순접촉효과는 단순한 접촉의 증가에 의해서 호감이 증가하는 현상을 말하며, 과잉노출효과는 긍정적인 대상이라 해도 접촉의 빈도가 어느 정도 수준을 넘어서면 오히려 호감도가 감소하는 현상을 말한다.

③ 유사성

자신과 비슷한 사람을 좋아하는 경향이 있기에 서로 비슷한 사람끼리 친구가 되며, 친한 사람들 간에는 태도나 취미의 유사성이 높다.

유사성은 심리적 부담을 감소시켜 접촉을 용이하게 하고, 긍정적 기대가 친교행동을 촉진시킬 수 있으며, 서로의 태도나 의견에 대해서 공감과 강화를 많이 주고받게 된다. 함께 할 수 있는 공통적인 활동이 많아져 접촉의 기회가 증대되기 때문이다.

④ 보상성

자신을 좋아하고, 자신에게 즐거운 체험을 제공하며 도움을 주는 보상적인 사람들을 좋아한다. 보상성은 사람 사이를 가깝게 만드는 중요한 요인이 된다. 보상성은 자신을 인정해주고, 즐거운 체험을 함께 나누는 사람과 친해지며, 정신적 또는 물질적 도움을 주고받는 관계가 되기 때문이다.

⑤ 보완성

사람은 자신과 보완적인 사람을 좋아하는 경향이 있다. 자신이 지니지 못한 속성을 지니고 있는 보완적인 상대방으로부터 더 많은 보상을 받을 수 있다는 심리적 의존관계 때문이다. 자신이 지니지 못해 부러워하는 속성을 지닌 사람은 더욱 높이 평가되어 호감이 증가되는 경향이 있다.

○ 대인관계의 심화 요인

대인관계를 심화시켜 나가기 위해서는 다음과 같이 대인관계에 대한 자신의 태도를 개방적이고, 수용적인 자세로 공감하며 나누는 자세를 갖는 것이 필요하다.

첫째, 자기개방(Self-disclosure)

자기개방이란 대인관계에서 자신에 관한 정보를 타인에게 알리는 것을 의미한다. 자기 개방을 많이 할수록 친밀해지며, 친한 사이일수록 자기개방이 증가한다. 또한 친밀도에 따라서 자기개방의 수준도 깊어진다.

초기의 대인관계에서는 이름, 나이, 학력, 직업, 출생지 등을 알리는 피상적인 자기개방이 이루어지나, 점차 친밀도가 높아짐에 따라 사적인 취향이나 태도, 예들 들어 취미, 관심사, 사회적 이슈에 대한 의견 또는 입장, 더 나아가 사적이고 비밀스러운 정보 등을 개방하게 된다.

따라서 자기개방의 수준은 친밀감이 증가할수록 점진적으로 깊어지며, 이러한 공개 수준 역시 상호적이어서 자신의 개방정도에 따라 상대방도 그에 준하는 수준의 자기개방이 이루어지는 경향이 있다.

또한 자기개방의 정도에 따라서 갈등의 요인도 감소할 뿐 아니라 편안함을 느끼게 되며, 친밀감이 증진되고, 상호 신뢰가 깊어지게 된다.

[마음의 창(조해리, Johari의 창)을 구성하는 네 가지 스타일][25)]

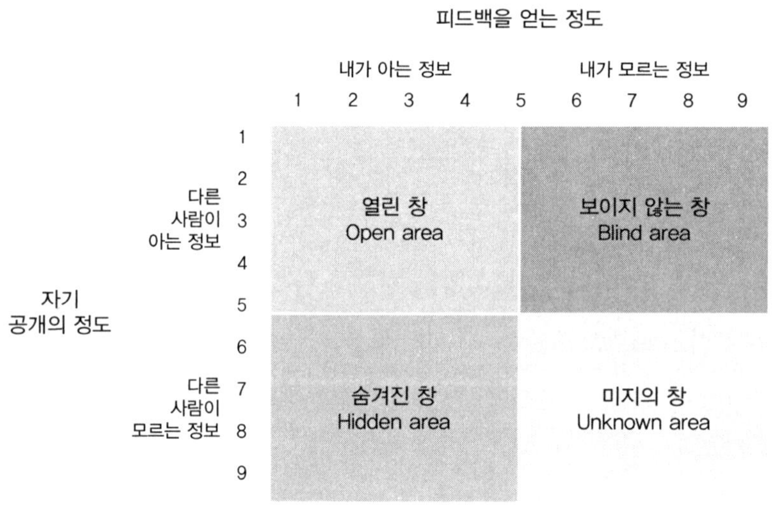

둘째, 정서적 지지와 공감(emotional support & empathy)

자신을 잘 이해하고 지지해 주는 사람에게 편안함과 신뢰감을 느끼는 것은 당연하다.

---

25) 조해리의 창은 다음과 같이 4가지 영역으로 나눠져 있다.
1. 열린 창: 자신과 타인 모두 공통적으로 알고 있는 영역
2. 보이지 않는 창: 자신은 모르나 타인이 알고 있는 정보 영역
3. 숨겨진 창: 자신은 알고 있으나 타인은 모르고 있는 영역

'힘들 때 힘이 되어 주는 친구'가 좋은 친구 듯이 어려움에 처했을 때 정서적 위로와 지지를 보내주는 사람에게 신뢰의 정을 느끼는 것은 인지상정이다. 정서적 지지와 더불어 공감은 상대방이 느끼고 있는 감정을 함께 나누는 것으로 상대방에 대한 깊은 이해를 반영한다. 이러한 정서적 지지와 공감은 대인관계를 유지하고 심화시키는 중요한 요인이 된다.

자기공개와 더불어 정서적 지지와 공감은 상호촉진적인 인간관계를 지니면서 대인관계를 더욱 심화시킨다.

셋째, 현실적 도움의 교환

현실적으로 도움을 주고받는 관계는 대인관계를 심화시키는 경향이 있다. "풍요로울 때는 벗들이 우리를 알아보고, 역경에 처했을 때는 우리가 벗들을 알아본다."는 말이 있다. 어려움에 처했을 때 정서적 지지뿐 아니라 재정적 또는 물질적 도움을 주고, 관련 정보의 제공과 교환을 포함한 현실적 도움을 주는 사람에게는 당연 고마움을 느끼게 되며 대인관계의 촉진을 심화시킨다.

대인관계는 대부분 교환적인 속성을 지닌다. 그렇기 때문에 현실적 도움 역시 주고받는 균형적인 관계가 중요하며, 일방적으로 주거나 받기만 하는 관계를 지양하고, 서로 균형 있게 도움을 주고받는 관계가 되어야 한다. 그래야만 상호의존성이 깊어지고 대인관계는 더욱 공고해 진다.

넷째, 즐거운 체험의 공유

즐거움과 유쾌함을 함께 나눌 수 있는 사람은 자꾸 만나게 된다. 취미나 관심사가 같은 사람들끼리 서로 나누는 재미와 즐거움은 대인관계를 촉진 · 유지시켜 나가는 주요한 원천이 된다. 가치관, 인생관, 종교관 등이 같은 사람들끼리 모여 대화를 통해서 서로의 생각에 대한 공감과 지지를 주고받기 때문에 자신의 사고방식과 신념에 대한 확인을 받게 되면서 만남이 즐거울 수 있다.

취미나 여가활동, 운동, 식사, 음주, 등과 같은 즐거움을 나누며 대화를 할 수 있는 만남이 활발히 이루어지고, 그러한 과정에서 서로를 알아가며, 정서적 지지와 공감을 나눌 수 있는 매개체가 있는 관계는 지속적으로 발전되고, 심화될 가능이 더욱 높다.

---

4. 미지의 창: 자신도 모르고 타인도 모르는 영역

2.2 상대 유형에 따른 대인관계 전략

○ 다양한 성격 유형의 사람들과 대인관계

사람들은 저마다의 기질에 따라서 대인관계에서 다양한 행동을 표출한다. 그렇기에 다른 사람들의 기질을 이해하고, 원만하고 효과적인 관계를 유지 · 발전시키기 위해서는 그만큼 어렵고 힘들다.

그러나 사람들이 보여주는 기질적 성격 유형을 이해하고 상호작용을 통해서 나타나는 다양한 정보를 바탕으로 대인관계에 임한다면 관계적 소통이 그리 어려운 것만도 아니다.

먼저 자신의 대인관계 유형을 심층적으로 탐색하고, 자기 자신의 이해를 바탕으로 상대방의 성격 유형과 특질을 파악하고 진단하면 상대의 기질에 적절한 대응을 할 수 있을뿐더러 상대의 특이한 기질에 적합한 상호작용을 할 수도 있다.

로빈슨(Robbins)에 따르면 사람은 '외향적', '내향적', 그리고 '걱정이 많음', '걱정이 적음' 등 4가지 성격유형을 갖는다.[26]

[로빈슨의 4가지 성격 유형]

외향적	긴장되어 있고 흥분하기 쉬우며, 불안정하나, 따뜻하며, 사교적이고 의존적이다.	침착하여 믿음직하고, 신뢰성이 있으며 적응성이 높고, 따뜻하며, 사교적이고 의존적이다.
내향적	긴장돼 있고, 흥분하기 쉬우며, 불안정하고 차가우며, 부끄러움을 잘 탄다.	침착하며 믿음직하고, 신뢰성이 있으며 적응성이 높고, 냉정하고 차가우며 부끄러움을 잘 탄다.
	걱정이 많음	걱정이 적음

사람은 겉모습만 봐서는 그 사람의 본 모습을 알 수 없으나 주의 깊게 관찰하고 살펴보면 내면의 모습을 탐색할 수 있다. 그 사람이 사용하는 말투, 단어, 행동, 친구 등을 통해 그 사람만의 성격과 인격 등 기질적인 것이 밖으로 드러나게 된다. 그러한 기질적 특징은 장점과 단점을 갖는다. 따라서 좋은 점만을 보기보다는 장점과 단점 모두를 잘 판단하여 상황에 따라 대인관계에 임하는 것이 중요하다.

---

26) S.P. Robbins(1983) : 「Organizational Behavior」, Englewood. N. J. : Prentice-Hall. 한국표준협회 은퇴연구회(2017)a : 성공적인 은퇴를 위한 생애설계. p. 243에서 재인용.

[다양한 성격 유형의 사람을 상대하는 방법][27)]

성격유형	상대하는 방법
걱정과 긴장의 증후들을 가진 신경질적인 사람 상대하기	당신 자신의 불안과 두려움을 드러내지 않고, 차분히 느긋하게 대해 안심시키도록 한다. 상대방의 이익에 대한 관심과 걱정을 표현한다. 되도록 마감 시간 미준수나 과제 실패로 인한 부정적인 결과에 대한 언급을 최소화한다.
외향적인 사람 상대하기	친근감과 따뜻함을 지니고 있으며, 수다스러운 편이므로 일, 결과, 성취에 대한 관심보다는 사람들에 관한 이야기를 많이 하는 것이 좋다. 지속되는 좋은 관계에 대한 관심을 표시한다.
내성적인 사람 상대하기	편안한 관계로 발전하는 데 많은 시간이 걸린다. 말이 적은 것이 무관심을 의미하는 것이 아니므로 이들이 침묵을 하는 경우 인내를 가지고 기다려야 한다. 사람들과의 관계보다는 일에 대한 관심이 더 많다는 것을 알아야 한다.
경험에 개방적인 사람 상대하기	문제의 해결에 대한 정보를 고유하고, 아이디어와 창의적 접근들을 강조하고 좋아한다. 일상적 잡담과 뒷공론보다는 실질적 주제들을 이야기함으로써 지적 호기심을 자극시킨다.
경험에 폐쇄적인 사람 상대하기	자신이 경험했던 상황들만 사실로 받아들인다. 자기보다는 상대방이 적게 생각하는 것을 좋아하고 당면한 문제 해결에 초점을 맞추는 것을 선호한다.
유순한 사람 상대하기	마음이 느슨하고 결단력이 부족하며, 일이 뜻대로 되지 않아도 크게 신경 쓰지 않는다. 자기주장을 내세우는 것을 남에게 상처 주는 행위로 생각한다. 상대와 원만한 관계를 유지시키기 위해 친절로 대한다.
비(非)유순한 사람 상대하기	화를 내거나 잘 흥분하기 때문에 이런 사람은 참을성을 가지고 너그럽게 대응해야 한다. 이 성격 유형을 지닌 사람들은 마음속으로 타인들이 자신의 과격한 행동에 제동을 걸어주기를 바란다.
성실한 사람 상대하기	이들은 주변 사람들이 필요로 하는 것들을 먼저 나서 챙겨 주려고 노력하는 사람들로, 인간관계를 잘 하는 사람의 특징이라고 볼 수 있다. 본인 중심이 아닌 성실하게 상대방을 배려하는 마음으로 사람을 대한다면 상대방의 신뢰를 얻게 된다.
비(非)성실한 사람 상대하기	당신의 일에 대해 이러한 유형의 사람과 함께 일할 경우 독촉이 필요하다. 당신의 요구들이 이행되는지를 점검하고, 당신이 권위를 지키려면 마감 시간을 부여해야 한다. 이 사람이 약속을 지킬 때에는 깊은 감사를 표시하면 좋다.
자기 성찰이 강한 사람 상대하기	이런 사람이 당신의 입장을 진심으로 지지한다고 생각하면 안된다. 이 사람들은 단지 타인을 기분 좋게 만드는 것처럼 보이려는 자신의 자연적 성향에 따를 뿐이다. 그러나 실제로는 자신이 표현한 말처럼 느끼지는 않고 있다.
모험과 스릴 추구의 성향이 높은 사람 상대하기	당신이 잘 알고 있는 활동들의 모험성과 대담성을 강조한다. 예컨대 매우 경쟁적인 시장에서의 새로운 제품, 주식 매입 선택권(스톡옵션), 하이테크의 상장 회사들에 투자하기, 번지점프 및 경주차 운전에 대한 소재들이 좋다.
모험과 스릴 추구의 성향이 낮은 사람 상대하기	당신이 잘 알고 있는 활동들의 안전성을 강조한다. 예컨대 안정된 시장에 있는 기성 제품에 관해 이야기하고, 국채 투자, 생명 보험 가입, 캠핑 및 정원 가꾸기에 관한 소재들이 좋다.
감각형의 사람 상대하기	감각형의 사람을 설득하기 위해서는 정서적 호소보다는 논리를 강조해야 한다. 또 전체적인 프레임보다 세부 사항들에 초점을 맞춘다.
직관형의 사람 상대하기	느낌, 판단, 아이디어, 상상 및 창의성을 강조한다. 세부 사항들보다는 전체적인 플레임에 더 많은 초점을 두는 것이 좋다.

27) 한국표준협회(2017)a : 성공적인 은퇴를 위한 생애설계. pp. 244~245에서 재구성.

○ 다루기 힘든 유형과 대처 전략

대인관계는 그야말로 사람과 이루어지는 행위이다. 좋든 싫든 여러 유형의 사람들과 어울리면서 적절하게 대응해나가야 조화로운 인관관계를 맺을 수 있다. 특히 새로운 사람을 만나게 될 때, 순조롭게 소통이 이루어지고 공감을 나눌 수 있는 사람들을 만나기보다는 받아들이기 어려운 사람들을 만날 가능성이 더 많다.

따라서 세상에는 다양한 유형의 기질을 소유한 사람들이 많이 존재한다고 생각하고, 그 한 사람이 자기 자신일수도 있다는 사실을 생각하면서 상대하기 어려운 사람들의 특질이 무엇인지 잘 살피고, 상황에 따라 적절하게 대처할 수 있는 전략을 갖추는 것이 필요하다.

[다루기 힘든 사람 유형과 대처 방법][28]

사람유형	특징	대처 방법
스나이퍼형 or 비굴형	상대방의 약점이나 흠을 발견하게 되면 다른 사람들에게 소문을 퍼트리며, 많은 사람들 앞에서 상대방의 약점을 정곡으로 찌르거나 민망한 것을 거리낌없이 말하는 비열한 유형.	말 중간에 흐름을 끊고 당신을 주목하게 한 뒤 "당신이 말하는 진짜 문제가 무엇인지 정확하게 설명해 주겠습니까?"라고 물어본다. 만일 오해할 만한 근거가 있으면 미안하다고 사과하고 근거가 전혀 없으면 정확한 설명으로 상황을 이해시킨다. 또한 관심을 가져 준 것에 대해 고맙다고 한다.
만물 박사형	세상에서 자기가 가장 유식한 사람이라고 믿는 유형. 모든 일과 주제에 대한 답이 자신의 것이 최고여서, 다른 사람들이 다른 답이나 의견을 제시하면 무시해 버리고 자신의 주장만 내세운다.	상대방의 대답이나 주장을 인정해 준다. 즉, 상대방에게 공격적으로 대하기보다는 정확한 근거를 확보한 뒤 "이러한 근거가 있는 주장도 있는데, 어떻게 생각하세요?"라고 하면서 새로운 것이 있다면 배운다는 자세로 나간다.
불평형	세상의 모든 짐을 자신이 다 지고 다니는 것처럼 항상 불만투성이다. 무슨 일을 시도하려고 해도 불만부터 제기하는 식으로, 가능성보다는 불가능을 먼저 떠올리는 부정적인 경향이 높다.	일단 들어 주고 불평하는 점들의 요점을 적어 간다. 불평이 계속되면 멈추게 한 뒤 정확한 불만의 요점을 말하게 하고 가능한 해결점을 찾는다. 그래도 계속 불평을 늘어놓으면서 불가능한 쪽으로 몰고 가면 그냥 자리를 뜨면서 해결책을 찾을 준비가 되면 그때 얘기하자고 말한다. 불평형들은 과거에 해결되지 않는 문제를 경험하면서 생긴 판단 습관으로 인해 해결해 보려는 노력도 하기 전에 미리 안된다고 판단해 버리는 습관이 형성된 것이다.
제어 불가형	한번 터지면 멈추는 것이 불가능. 시간이 지난 후 조금 안정이 되는 듯하다가 다시 뒤집어지는 사이클이 반복된다. 성격이 급하고 다른 사람의 말에 귀기울일 수 있는 여유가 전혀 없다. 자기감정에 복받쳐 상대방의 기분을 잘 배려하지 못한다.	상대방의 이름을 크게 반복적으로 불러 상대방의 주의를 압도한다. 그리고 상대방이 터트린 첫 번째 말을 반복해서 물어 본다. 그리고 감정을 진정시키게 한 후 천천히 감정 변화의 원인이 무엇인지 차곡차곡 짚어간다. 이후 상대의 감정이 진정되고 가라앉으면 그 다음에 토를 달지 않으면서 이야기를 들어준다.
예스형	예스형은 매사에 쉽게 동의하지만 약속을 쉽게 깨고 그 책임을 회피한다. 즉, 대답과 약속은 잘 하나 거의 지키지 않는 유형이다.	전한 말에 대답한 듣지 말고 자신이 한 말을 풀어서 다시 한번 상기시킨다. 중요한 약속이나 업무의 내용은 받아쓰게 하고 만기일이나 약속시간을 분명히 알려 준다. 그리고 지키지 않을 경우에는 어떠한 결과가 주어질 거라고 확실하게 알려준다.

28) 한국표준협회(2017)a : 성공적인 은퇴를 위한 생애설계'. pp. 245~246에서 재구성.

표에 제시된 다루기 힘든 사람 유형을 참고하여 자신만의 대처 전략을 마련하는 것 또한 대인관계를 원활하고 원만하게 맺을 수 있으며, 그에 따른 스트레스를 덜 받게 되는 지략이 된다.

2.3 노후생활 관계망과 인간관계

퇴직 또는 은퇴를 맞이한 노후생활자는 인간관계의 중심이 직장에서 가정 · 이웃으로 전환되면서 관계의 축소 또는 단절이란 '관계의 법칙'에 직면한다. 노후생활을 하는데 있어서 이런 관계의 법칙을 준비 없이 맞이할 경우 노후생활 당사자는 배우자와 잠재된 갈등이 겉으로 표출되거나 폭발하는 등 여러 가지 스트레스에 시달리게 될 것이다.

조지 베일런트(2010)가 '행복의 조건'에서 '인간관계를 잘 맺고 가꾼 사람이 행복한 노후생활을 누린다.'라고 했듯이, 행복한 노후생활을 영위하기 위해서는 관계의 변화에 적응해야 한다. 그 중에서도 노후생활자를 둘러싼 부부, 자녀, 친구, 사회라는 '4대 사회 관계망'을 충실히 맺어나가야 한다.

[은퇴 후 '4대 사회 관계망' 모형]

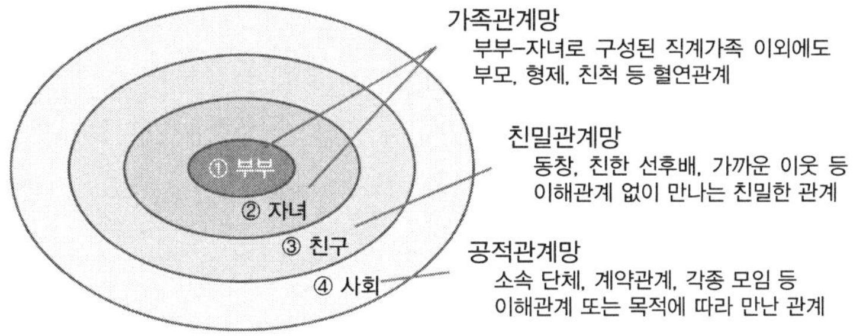

(자료 : 미래에셋 은퇴연구소(2016), 4대 관계망을 통해 본 은퇴 후 인간관계의 특징. p. 2에서 재구성.)

미래에셋은퇴연구소의 '2016년 은퇴리포트'에 따르면, 다음과 같은 특징을 갖는다.[29]

29) 미래에셋은퇴연구소는 은퇴 후 인간관계에 대한 인식 및 실태파악을 위해, 서울 · 수도권에 거주하는 만 59세~74세 은퇴자 600명을 대상으로 2015년 10월 대면면접 설문조사를 실시, '4대 관계망'에 대해 실태를 조사.

[은퇴 후 4대 관계망]

부부관계	자녀관계	친구관계	사회관계
4시간 10분 하루에 배우자와 함께하는 시간	**5명 중 2명(42.2%)** 자녀와 동거하는 은퇴자	**10명** 연 1회 이상 연락을 나누는 친구	**1.5개** 평균적으로 참여하는 사회활동
TV시청(77.6%) 배우자와 함께하는 활동 1위	**외식(82.2%)** 자녀와 함께하는 활동 1위	**4명** 그 중 마음을 터놓는 친구	**주 1회** 사회활동 참여 빈도
4명 중 1명(23.6%) 배우자와 취미를 공유하는 은퇴자	**10명 중 1명(9.8%)** 주 3회 이상 손주를 돌보는 은퇴자	**남성은 연고중심(72%)** 고향, 직장, 학교 친구가 72%	**2만 4천원** 사회활동에 1회 참여할때 드는 비용
산책, 등산 등 스포츠활동(95.0%) 배우자와 함께하는 취미	**3명 중 1명(33.3%)** 손주를 돌보는 은퇴자 中, "사회활동과 인간관계에 지장을 느낀다"	**여성은 생활중심(69%)** 취미, 종교, 자녀로 만난 친구가 69%	**사회기여활동(6.2%)** 보다 **친목·취미활동(80.6%)** 에 주로 참여

(1) 노후의 행복한 부부관계

가정이란 부부를 중심으로 그 부모나 자녀를 포함한 집단과 그들이 살아가는 물리적 공간 등 생활 공동체를 통틀어 이르는 말이다. 가족이란 부부를 중심으로 하여 그로부터 생겨난 자녀, 더 나아가 손자, 손녀 등 가까운 혈육들로 구성되는 집단이다.

그동안 충실한 가장으로서의 역할을 수행하고 은퇴를 한 뒤 평생 일궈 온 자신의 가정으로 돌아올 때, 많은 가장들은 가족들이 그간의 수고함에 대한 휴식처로 환영해 줄 것이라는 기대를 갖고 있지만 그것이 환상이었다는 것을 깨닫는 데에는 그리 많은 시간이 필요치 않다. 오히려 귀찮은 존재의 귀환이란 모습으로까지 전락하게 되는 현실이다. 가족들 역시 힘들고 괴롭기는 마찬가지일 것이다.

왜 이런 현상이 일어날까? 직장생활을 하던 시기에는 가족들과 함께 할 시간이 부족했기에 소통할 기회가 적었기 때문이다. 평소 가족들과 소통할 기회가 적었고, 직장생활로 집안일에 무관심했으며, 그런 생활이 당연한 것으로 몸에 밴 태도와 노후생활을 아무런 준비 없이 맞이한 것 등이 원인이 된다. 또한 가정에 돌아와서 스스로 챙겨야할 것들에 익숙해져야 하는데 그렇지 못한 부분도 원인이 된다.

자기 집에서 자기 자리가 없다는 것은 노후생활에 있어서 매우 심각한 것이다. 자기 집과 가족은 세상에서 가장 중요한 보금자리이다. 은퇴 후 준비 없이 노후생활을 맞게 되면, 본인은 물론 가족까지도 상대적 소외를 겪게 되며 나아가 더 큰 가정문제로 확대될 수도 있다.

가족과의 관계도 인간관계다. 그렇기 때문에 대인관계의 관점에서 소통과 공감의 나눔이 필요하다. 노후생활에서 부부관계의 중요성이 증가하고, 그간의 어색한 관계를 회복하기 위해서는 많은 시간을 투자해야 하며, 인내심을 갖고 지혜롭게 대처해 나가야 한다.

○ 부부관계의 중요성

은퇴를 하고 노후생활에 접어들 때면, 그동안 맺었던 비즈니스적 관계지수는 감소되는 반면, 배우자간의 접촉은 그만큼 증가된다. 또한 평균수명이 증가하면서 부부가 함께 오래 살 연수가 증가하기 때문에 부부관계는 그만큼 중요하다.

노후생활에 있어 부부간의 친밀도나 재결속을 시도하여 그간의 서먹했고 어색한 집안생활에 적응하도록 노력해야 한다. 그 출발점이 소통과 공감을 나누는 대화인데, 대화는 이 시기에 발생하는 역할전환이나 역할변환에 서로 잘 적응하도록 하기 위해서도 필요하다. 이와 같은 대화의 노력은 부부관계를 안정시키는데 중요한 역할을 한다.

직장생활 할 때처럼 안과 밖의 분리된 일상적 역할을 유지하기 보다는 서로 도와주며, 친근하게 애정을 나누는 새로운 역할분담 구조를 만드는 것이 필요하다. 이 때 부부 유형은 세 가지로 분류된다.

▶ 부부중심형

친밀감을 강조하고 관계의 특성을 공유하며, 부부의 역할에 초점을 둔 것으로써, 배우자와의 친밀감을 느끼는 것에 큰 비중을 둔 부부유형

▶ 부모-자녀형

부부관계의 친밀감을 유지하고, 보호와 양육, 의존과 같은 보호자로서의 특성을 갖는 부부로써 배우자의 한쪽이 건강을 상실했을 경우 이러한 관계가 이루어지는 부부유형

▶ 동료형

친구나 동료같이 대하고, 행동하는 부부로서 부부관계의 친밀감과 부모역할의 만족감이 종합된 관계를 형성하는 부부유형

○ 노후의 부부관계 특징

미래에셋은퇴연구소(2016)의 '4대 관계망을 통해 본 은퇴 후 인간관계 특징'에 따르면 노후생활에서 배우자와 함께 보내는 시간은 수면시간을 제외하고, 하루 평균 4시간 10분. 함께 보내고 싶은 시간은 3시간 29분으로 나타났다.

① 함께 보내는 시간

자세히 살펴보면, 하루 중 배우자와 함께 보내는 시간은 3~4시간이 44%로 가장 많았으며, 이어 1~2시간(26.9%), 5~6시간(18.4%), 7시간 이상(8.7%) 순으로 나타났다.

그러나 함께 보내고 싶은 시간은 1~2시간이 39%로 가장 많았으며, 이어 3~4시간(37%), 5~6시간(12.3%), 1시간 미안(6.3%) 순으로 나타났다.

반면 배우자와 함께 하는 시간을 '줄이고 싶다'고 응답한 은퇴자는 34.9%로 '늘리고 싶다'고 답한 은퇴자(5.9%)보다 6배나 많은 것으로 나타났다. 이를 자세히 보면 배우자와 보내는 시간이 길수록 함께 보내는 시간을 줄이고 싶어 하는 경향이 강하게 나타났으며, 배우자와 하루 5시간 이상 함께 있는 은퇴자는 절반 이상(56.2%)이 시간을 줄이고 싶어 하는 것으로 나타났다.

배우자와 함께 대화를 나누는 시간은 하루 평균 52분으로 나타났으며, '30분미만'이 33.3%, '30분~1시간'이 39.2%, '1시간~2시간미만'이 21.4%로 나타났다.

[배우자와 함께 보내는 시간 및 변화 희망]

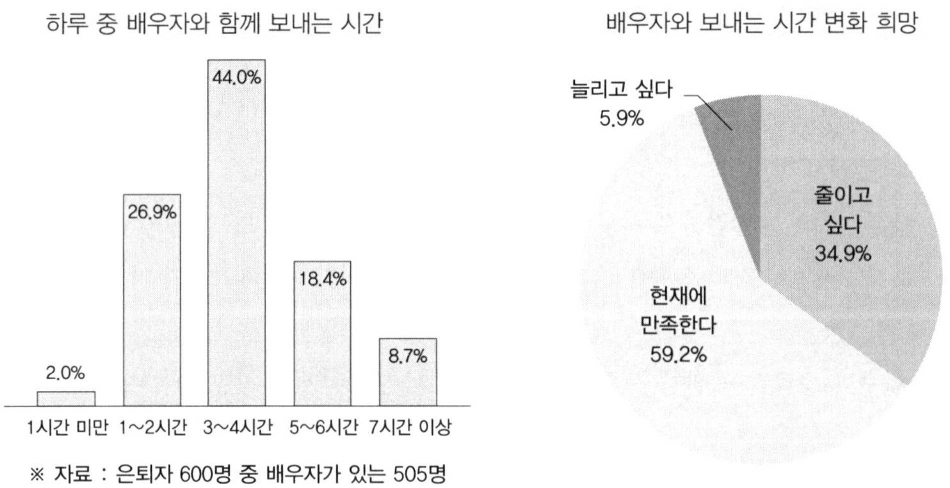

(자료 : 미래에셋은퇴연구소(2016). 4대 관계망을 통해 본 은퇴 후 인간관계의 특징. p. 3에서 재구성)

② 배우자와 함께 있을 때 하는 일

배우자와 함께 있을 때 주로 하는 일은 TV시청(77.6%)이며, 2순위는 '집안일'(8.7%, 3순위는 '대화'(7.9%)로 나타났다.

부부동반 외출 빈도는 평균 주 1회로, 5명 중 1명(21.2%)은 외출을 '늘리고 싶다'고 답했으며, 줄이고 싶다는 답변은 4.8%에 그쳤다. 세부적으로 보면 '주 1회'는 29.7%, '월 2~3회'는 23.6%, '주 2~3회'는 22.6%로 나타났다.

부부가 함께 하는 시간은 '줄이고 싶다'는 의견이 우세한 반면 동반 외출은 '늘리고 싶다'는 의견이 우세한 것으로 봐서, 부부가 함께 보내는 시간의 양보다는 질을 높이고 싶은 경향이 반영된 것으로 보인다.

[배우자와 함께 보내는 시간 및 변화 희망]

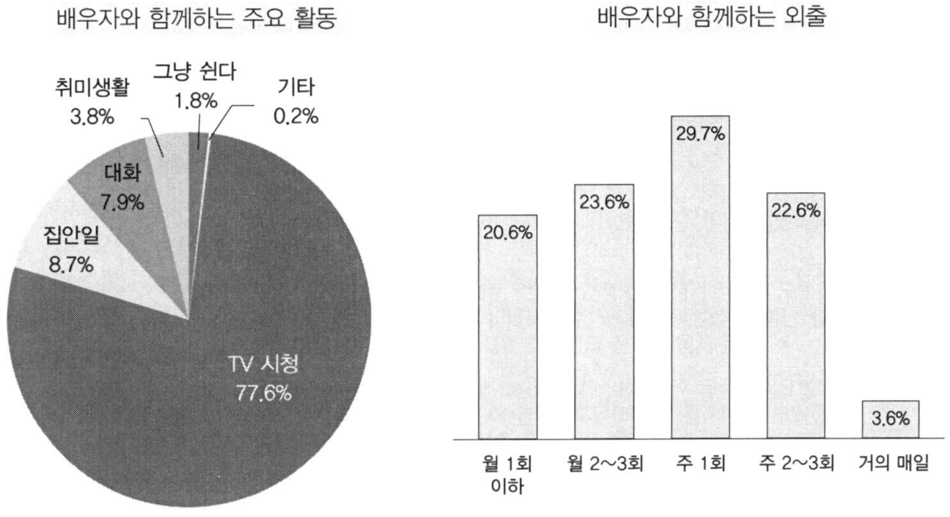

(자료 : 미래에셋은퇴연구소(2016), 4대 관계망을 통해 본 은퇴 후 인간관계의 특징, p. 3에서 재구성)

③ 배우자와 취미생활

배우자와 취미생활을 공유하는 은퇴자는 4명 중 1명(23.6%)이며, 함께 즐기는 취미는 산책, 등산 등 스포츠 활동 위주(95.0%)인 것으로 나타났다. 상세히 보면, 함께 하는 취미생활 1위는 산책, 등산 등 스포츠 활동이 압도적이었으며, 2위는 문화센터 등 배움교실(3.4%), 기타(1.6%) 순으로 조사되었으며, 취미생활을 공유하지 않는 은퇴자 중에서는 3명 중 1명(33.4%)이 앞으로 취미생활을 함께 하길 희망하는 것으로 나타났다.

○ 노후 행복한 부부관계 만들기

부부의 호칭 '여보(如寶)'라는 말은 '보배와 같다'는 말이고, 당신(當身)은 '내 몸과 같다'는 뜻이다. 마누라는 '마주 보고 누워라'의 준말이고, 여편네는 '옆에 있네'에서 왔다고 한다.

통계청 '2016년 고령자 통계'자료에 따르면 가족관계 만족도에서 전반적인 가족관계에 대한 고령자의 만족도는 「만족」과 「보통」 정도가 2008년 이후 각각 46%~48% 내외의 비슷한 비율을 나타났으며, 가족 중에서 '배우자와의 관계'에 대해서는 남자와 여자 모두 「만족」하는 정도가 「보통」보다 높으며 남자의 만족 비율은 여자보다 약 8%~12%p 정도 더 높게 나타났으나, 여전히 서로 노력할 필요성이 있다.

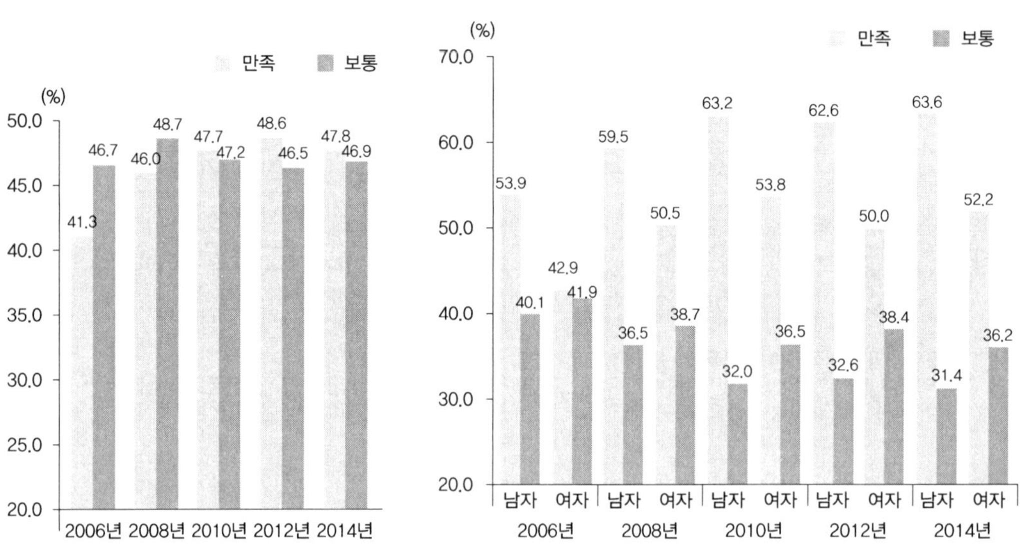

(자료 : 통계청, 2016년 고령자 통계)

노후생활에서 행복의 근원은 경제적인 부분도 있겠지만, 부부간에 어떤 관계가 형성되느냐에 따라 행복의 여부가 달려있다.

○ 노후의 부부관계를 잘 형성하기 위한 팁

첫째, 상대방에게 기대하는 역할의 차이 인정하기

부부관계에서 불만족이 발생하는 원인은 배우자에게 기대되는 역할을 배우자가 제대로 수행하지 못할 때이다. 많은 부부갈등은 부부가 서로에게 기대하는 역할의 차이에서 발생한다는 사실을 기억하고, 배우자가 자신에게 어떤 역할을 기대하는지를 잘 생각하는 일이 중요하며, 지각이 잘 되지 않을 때에는 서로에게 희망하는 바를 진지하게 이야기를 나누는 것도 바람직하다.

둘째, 상대방에게 기대하는 역할의 수행결과를 평가하지 않기

배우자는 상대방의 역할을 얼마나 잘 수행했는지를 평가하게 된다. 부부관계의 불만족은 배우자가 서로에게 기대하는 만큼 자신의 역할을 수행하지 못했을 때 부부갈등을 빚어내게 되는 것이다. 따라서 역할수행결과에 대하여 충분히 대화를 나누고 갈등을 빚을 수 있는 소지를 사전에 없애도록 노력하는 것이 필요하다.

셋째, 심층적 대화를 통한 기대역할 나누기

만족스런 부부관계를 위해서는 서로에게 기대되는 역할을 자유롭게 논의하고, 서로에 대한 역할과 희망하는 정도를 합의하고, 충실히 수행하는 일이 중요하다. 서로의 기대역할에 만족할 수 있도록 평소 대화하는 노력과 실천하는 자세가 선행되어야 한다.

(2) 노후의 원만한 자녀관계

인생 후반을 좌우하는 5대 리스크에는 '은퇴', '창업실패', '금융사기', '중대 질병', '황혼이혼', '성인 미혼자녀 동거'가 있다고 한다. 특히 자녀 리스크는 은퇴 후 노후 설계의 발목을 잡는 가장 큰 원인이 된다. 은퇴이후에는 자식에 대한 전적인 경제적 지원을 지양하고, 자식으로부터 일정부분 독립자세를 갖는 것이 필요하다.

직장에서 은퇴를 하고, 노후생활에 접어들게 되면, 가족은 몇 가지 현실적 변화를 겪는다. 그 중 하나가 부모-자식의 경제적 지원관계일 것이다.

행복한 노후생활을 위해서는 자식에 대한 투자를 줄이고, 자신의 노후에 투자하는 사람이 되어야 한다. 자식에게 과도하게 투자하다 노후를 준비하지 못하여 경제적 빈곤에 시달리고 결국에는 자식에게 짐이 되는 것보다는 나은 방법이라 할 수 있다.

서양에는 "부모와 자식은 수프가 식지 않을 정도의 거리에 사는 것이 좋다."는 속담이 있다. 부모와 자식은 적당히 떨어져 살아야 한다는 의미만이 아니라, 경제적 관계도 거리를 둬야 한다는 것을 내포한다.

경제학자 베이커는 "자녀에 대한 투자는 이타적인 행위이지만, 이러한 이타적 행위가 자신의 복지와 노후에 대한 위협이 된다면 자녀에 대한 투자를 줄여야 한다."고 했다. 자녀의 장래를 위한 투자도 필요하지만, 자신의 노후를 위한 투자에도 합리적인 균형을 맞춰야 한다는 뜻이다. 평균수명은 길어지고 활용할 수 있는 자원은 한정돼 있고, 준비할 시간이 부족하다면 자식을 위한 무조건적 희생보다는 자신의 노후와 자녀에 대한 투자 사이에서 경제적 균형을 찾아야 한다.

은퇴자의 노후생활에서 자녀관계가 어떠한지를 보자. 미래에셋은퇴연구소의 '2016년 은퇴리포트'에 따르면, 은퇴자는 독립한 자녀와 일주일에 두 번 정도 연락하고, 한 달에 세 번 정도 만나며, 주로 함께 외식을 한다. 손주가 있는 은퇴자의 경우 10명 중 1명은 일주일에 세 번 이상 손주를 돌보며, 그 중 일부는 손주로 인해 사회활동에 제약을 느낀다고 했다.

① 자녀와의 동거

은퇴자의 42.2%가 자녀와 동거하고 있으며, 이 가운데 64%는 미혼 자녀와 함께 거주하고 있는 것으로 조사되었다. 자녀와의 동거비율을 보면 60~64세(56.5%), 65~69세(41.0%), 70~74세(29.0%)로 나타났고, 자녀와 동거하는 은퇴자 가운데 64%는 미혼 자녀와 동거하고 있으며, 이 비율은 연령대가 증가할수록 낮아진다. 동거 자녀가 미혼인 비율을 보면, 60~64세(79.6%), 65~69세(62.2%), 70~74세(36.2%)로 나타났다.

② 자녀와의 갈등

손주를 꾸준히 돌보는 은퇴자 3명 중 1명(33.3%)은 사회활동 및 인간관계에 지장을 느꼈는데, 세부적으로 보면 남성(23.5%)에 비해 여성(38.7%)이 더 높았다. 손주와 관련해 자녀와 갈등을 경험했다고 응답한 사람은 8.3%였는데, 갈등을 경험한 비율은 남성(11.8%)이 여성(6.5%)에 비해 소폭 높았다.

(3) 노년기의 다정한 친구관계

친구란 한평생을 살면서 수용, 신의, 존중의 바탕 위에서 인생의 즐거움을 공유하고 도움을 나누는 동반자이다.

2008년 영국 노팅엄 대학(1,700명 남녀 대상)이 실시한 연구 결과에 의하면, '마음을 터놓고 이야기를 할 수 있는 친구 수는 행복도에 비례한다.'고 한다. 친구가 많을수록 스트레스가 낮고 인생 만족도는 높다는 것이다.

▷ 노년기의 친구관계의 특성

① 친구관계의 중요성이 증가

노후생활에 있어서 정서적 지원, 실제적 안내, 위안의 제공, 이야기 상대 등으로 친구를 찾게 된다. 친구관계의 상실은 사회적 고립을 의미하며 노후생활의 즐거움을 감소시키는 요인이 된다. 친구들을 통해 가족보다 더 중요한 활동과 정서적 지원을 제공받는다. 또한 배우자가 사별한 경우, 배우자의 부재를 보상해주는 역할을 제공한다.

② 친구관계의 역동

연령이 증가하면서 더 가까워지는 경향이 있으며, 배우자와의 사별 등으로 인해 친구에게 의존하게 될 수도 있고, 주거지를 이동함으로써 친구와 접촉이 감소할 수 있으며, 건강이 악화되면 친구와 교류할만한 에너지가 부족해질 수 있다. 또한 노령기에도 친구들을 새로이 사귀고 우정을 쌓을 수 있으며, 이웃 등 이전에 알고 지내던 지인들이 친구가 될 수도 있다.

은퇴자들의 상황을 살펴보자. 미래에셋은퇴연구소 '2016년 은퇴보고서'에 따르면, 은퇴

[친구의 수 및 만남 · 연락 빈도]

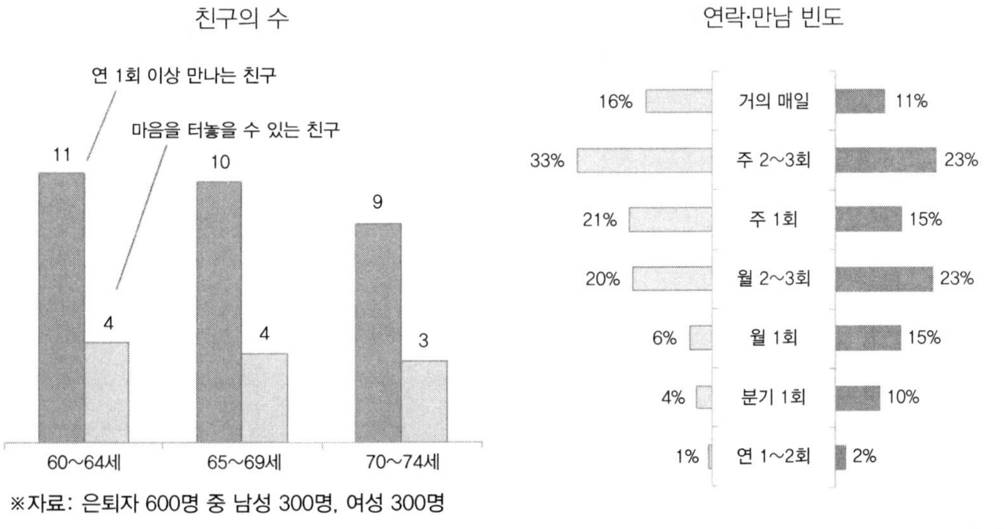

※자료: 은퇴자 600명 중 남성 300명, 여성 300명

자가 마음을 터놓는 가까운 친구는 4명 정도로, 일주일에 2회 정도 만난다. 남성은 동창이나 예전 직장 동료 등 '연고중심', 친구(72%)가 많지만, 여성은 이웃이나 취미가 같은 '생활중심' 친구(69%)가 많다는 것이다. 은퇴자의 37.7%는 친구와 더 자주 만나고 싶어 하지만, 경제적인 이유(43.8%) 및 거리가 멀어(23.5%) 자주 만날 수 없는 것으로 나타났다.

노후생활에 접어들어서면서 새로운 친구를 사귀는 것은 쉽지 않으므로 다양한 방법으로 친구사귀길 노력해야 한다.

- 산악회 등 동호회에 가입하라.

  산악회에 가입하면 적은 비용으로 산의 경치를 감상하는 것은 물론 건강도 좋아진다. 더불어 다양한 사람들을 만날 수 있어 노후의 다양한 사람들의 삶의 모습을 볼 기회도 된다.

- 동네 체육관을 다녀라.

  집근처 동네 체육관을 다니면 동네 친구들을 많이 사귈 수 있다. 그곳에는 작은 모임이 있기 마련이고, 새로운 친구를 만나 운동도 함께 하고, 시간을 보낼 기회를 마련함으로써 삶의 활력소를 얻을 수 있다.

- 지자체 문화센터에 다녀라.

  문화센터에 다니면서 취미활동이나 취미생활을 배우면서 새로운 친구도 사귀고 다양한 생활정보를 얻을 수 있는 기회를 갖는다.

- 자기계발을 위한 교육기관을 다녀라

  관심 있는 분야의 교육 프로그램에 참여하고, 관련 정보도 얻으면서 교육에 참여하는 다양한 사람들과 교류를 통해 살아있는 정보를 얻음으로써 삶의 새로운 지혜를 체득하고, 새로운 인생을 개척할 수도 있다.

- 노후 인맥만들기 10계명

  - 계명 1. 변화 트렌드를 읽어라.
  - 계명 2. 자주 만나라
  - 계명 3. 말로 받으면 되로 주어라
  - 계명 4. 이익부터 따지지 마라
  - 계명 5. 상대편이 되어라

- 계명 6. 이미지 연출을 하라
- 계명 7. 투자를 아끼지 마라
- 계명 8. 즉효를 기대하지 마라
- 계명 9. 만남의 즐거움을 주어라
- 계명 10. 공통의 공감대를 만들어라

노후생활에 있어도 관계망을 넓히는 것이 매우 중요하다. 사교활동과 장수와의 관계를 입증하는 논문들을 보더라도 친구가 많으면 그만큼 노후생활도 즐겁게 영위해 나갈 수 있다. 중국 속담에 '친구가 많으면 살길도 많다.'라고 했다. 그런데 친구에는 여러 부류가 있다. 목에 칼이 들어와도 우정이 변치 않을 친구가 있고, 아무 조건 없이 진심으로 대할 수 있는 친구, 큰일을 상의할 수 있는 친구, 술친구 하기에 좋은 친구가 있다. 그리고 그저 즐기기 위해 만나는 친구 등 여러 부류의 친구가 있다.

따라서 사귀는 사람이 어떤 사람인지를 볼 줄 아는 안목이 있어야 하며, 자신은 또 누군가에 어떤 친구가 되는지도 생각해야 한다.

노후생활에서 많은 친구도 중요하지만, 더 중요한 것은 깊이 있는 친구, 다시 말해 땅과 같고 산과 같은 진정한 친구를 갖는 것이라 할 수 있다.

(4) 노후에 필요한 사회적 관계

노후 생활에 접어들면서 사회 관계망은 어떻게 될까? 그동안 관계를 맺어왔던 비즈니스적 관계망보다는 개인적, 사적인 사회적 관계망에 더 비중이 커진다.

[사회관계의 콘보이 모델(Convoy Model)]

칸과 안토너시(Kahn & Antonucci, 1980)가 주장한 사회관계의 콘보이 모델(Convoy Model)에서는 '친밀한 가족이나 매우 절친한 이웃, 친구 등과 같은 사회관계망을 구성하는 핵심적인 사람들은 생애 과정을 통해 계속 유지되는 경향이 있다.'고 설명한다.

은퇴를 하고 노후생활을 해나가면서 동료나 그간에 관계해왔던 가벼운 친구들은 떨어져나가고, 노년기에는 안정된 내부 반경에서 사회적 관계를 유지하기 때문이다. 이 내부 반경에 있는 사회적 관계의 사람들은 좋은 일이건 나쁜 일이건 그들의 삶의 안녕에 강한 영향을 미치는 사람들로 구성되어져 있다.

노후생활에 접어드는 사람들의 사회적 관계는 형제자매와 가까운 친척, 친한 친구 및 이웃 그리고 친목과 사교를 지향하는 관계에 집중되어 있다. '65세 인구의 사회관계'에서 보듯이 실용적 목적이나 비즈니스적 관계 중심으로 활동을 공유하는 모임에는 참가빈도가 낮다.

[65세 인구의 사회관계]

구분	존재한다 또는 참여한다(%)
부모	5.0
배우자	7.4
가까운 친인척	54.4
형제자매	82.2
친한 친구 및 이웃	75.2
친목단체	37.4
정치사회단체	0.7
취미활동모임	3.8

* 부모, 배우자부모, 가까운 친인척, 형제자매, 친한 친구 및 이웃 : N=10,674
* 친목단체, 정치사회단체, 취미활동모임 : N=10,544

(자료 : 한국보건사회연구원(2011), 노인실태조사)

그러나 혈연이나 지연에 의한 정서적 관계지향적 만족을 추구하는 관계에는 의존도가 높으며, 친구 및 이웃관계, 친족 관계, 사교모임에 편중된다고 전망된다.

[한국 예비노인(58~64세)들의 사회관계]

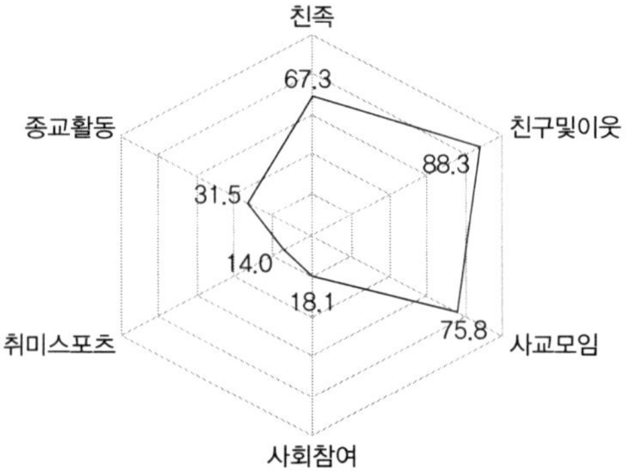

※그래프의 수치는 %임(N=1, 407)

(자료 : 메트라이프(2013), 2차년도 베이비부머 및 예비노인 연구보고서)

○ 사회적 관계의 긍정적 · 부정적 기능

노후생활에서 사회적 관계의 기능은 긍정적 기능과 부정적 기능이 있다. 긍정적인 기능은 다른 생애단계보다 사회적 관계로부터 얻는 즐거움과 정서적 지지에 훨씬 더 의존하게 되고, 노후생활 안정에 중요한 의미를 지닌다. 부정적 기능은 불쾌감이나 정서적 스트레스를 받게 되어 노후생활에 좋지 않은 영향을 미칠 수 있는 것을 의미한다.

▷ 사회적 관계의 긍정적 기능

첫째, 노후생활 대상자들의 사회적 관계망에 있는 다양한 사람들은 서로에게 매일의 과업을 지속하고 독립성을 유지할 수 있도록 도움을 제공하는 중요한 역할자이다. 이들의 비공식적 사회적 관계는 서로에게 공적인 서비스 기관보다 더 개별화되고 더 많은 지원을 제공하며 위기 시에 즉각적인 반응을 보인다.

둘째, 장기간에 걸쳐 관계를 맺어온 사람들과의 교류는 노후생활자들에게 삶에 만족감을 부여하며 특히 이들이 위기에 처했을 때, 적절한 도움을 제공함으로써 서로에게 긍정적인 영향을 미친다.

▷ 사회적 관계의 부정적 기능

첫째, 사회적 관계망의 구성원들이 노후생활자들에게 과도하게 요구적이거나 비판적일 때 이러한 바람직하지 않은 상호작용으로 인해 노후생활자들이 불쾌감을 느끼거나 스트레스를 받을 수 있다.

둘째, 사회적 관계망의 구성원들이 제공하는 지원이 사실상 비효과적이거나 과도할 때 오히려 역효과가 날 수 있다. 필요이상의 과도한 도움은 노후생활자로 하여금 기본적인 활동을 스스로 수행할 수 있는 기회를 감소시키고 노후생활의 의존적 행동을 강화함으로써 노후생활자들이 오히려 독립적이고 자율적으로 자기 생활을 할 기회를 박탈할 가능성이 있다.

○ 사회적 관계망에 변화를 가져오는 상황적 요인들

- 자녀의 독립
- 은퇴
- 배우자와의 사별
- 신체적 의존성의 증가
- 주거의 변화

2.4 사회적 관계망의 개념과 넓히기

사회적 관계망의 개념은 사적인 관계가 조금 더 넓혀진 사람들과의 친밀감을 갖는 단체나 사람들과의 상호접촉에서 물질과 정서 및 정보를 상호교환하고, 동시에 상호행위를 규제하는 사람들 간의 지속적인 유대관계를 말한다.

사회적 관계망은 노후생활을 영위해 나가면서 접촉하는 가족 이외의 친척, 친구, 이웃, 성직자와 교우, 동호회 그리고 지역사회단체 실무자들과의 교류 등 개인적 · 사회적 활동 영역이다.

사회적 관계망은 퇴직 또는 은퇴, 배우자와 친구의 상실 등으로 인하여 줄어드는 것이 일반적이다. 가족, 친구, 이웃 등과 같은 1차 집단과의 관계가 되는 사회적 관계가 중심이 되며, 그 중에서도 가족이나 자녀와의 관계가 핵심관계축이 된다.

그럼에도 노년기의 관심과 활동을 공유하는 모임을 통해 사회적 관계를 유지하거나 새로이 확장할 수도 있다.

- 종교를 기반으로 한 사회적 관계
- 자원봉사 활동을 기반으로 한 사회적 관계
- 사회적 관계망으로서의 SNS
- 관심사 중심의 SNS
- 동호회 중심의 사회적 관계
- 기타 관심이나 활동을 위한 사회적 관계

○ 대화기회 포착하기

소통과 나눔의 관계망적 대인관계를 업그레이드시키기 위해서는 자신의 대인관계 유형과 타입을 정확히 탐색하고, 대인관계를 긍정적으로 변화시키기 위한 꾸준한 노력을 기울여야 한다.

효과적인 대인관계를 개선하기 위한 실질적 필수요소는 새로운 대인관계 상황에 놓였을 때 먼저 다가가는 것이다. 그런데 실제로는 마음처럼 잘 되지 않는다. 그동안 익숙해져 있는 행동방식을 고수하려는 경향 때문에 그리 쉽지만은 않다. 몸에 밴 익숙한 방식이 쉽고 편할 뿐만 아니라 안전하게 느껴지고, 새롭게 시도하는 행동의 결과가 어색하고 부자연스럽게 느껴질 수 있으며, 미숙한 상태로 실행되기 때문에 그 결과에 실망스러울 때가 많기 때문이다.

새로운 시도로 대인관계를 넓혀나가고자 하는 노력과 더불어 기존의 만남을 형식적이거나 피상적인 관계에서 한 단계 더 발전된 상태로 나아가기 위한 잦은 만남이 선행되어야 한다. 그런 만남을 통해 주변사람들과 자연스럽게 대화할 수 있는 기회를 가지려 하고, 처음이라 어색할 수 있겠지만, '상대방도 자신과 같이 어색할 것'이란 생각을 갖고 먼저 다가가는 적극적인 자세를 갖고, 대인관계를 넓혀나가는 노력을 기울여야 한다.

▶ 대인관계에서 대화기회의 포착과 조성 팁

- 먼저 상대방에게 다가가서 관심태도를 보인다.
- 우연한 만남이라도 상대방에 대한 관심을 표현한다.
- 우연한 만남이라도 대화를 나누기 위한 적절한 기회를 조성한다.
- 대화를 나눌 적절한 장소를 많이 알아둔다.
- 편안한 대화를 위해서 자연스럽고 부담 없는 화제를 준비한다.
- 친밀한 관계로 발전할 수 있는 대화기회의 차단 요인에 대한 지각이 필요하다.

○ 효과적 대인관계를 위한 표현하기

대인관계에서 자기표현은 매우 중요하며 자신의 감정, 사고, 욕구, 바람 등을 상대방에게 효과적으로 전달하는 것은 더욱 중요한 대인기술이다. 대인관계에서 자신의 긍정적인 감정과 부정적인 감정 또는 부탁을 하거나 요청을 하는 일, 들어주기 어려운 타인의 요청을 거절하는 일, 그리고 대화를 원하는 때에 시작하고, 원하는 때에 종결하는 일 등은 대인관계의 매우 중요한 자기표현기술을 요한다.

▶ 긍정적 감정의 효과적 전달 자세

① 상대방에게 진실 된 마음을 갖는 것이 필요하다. 그리고 자신의 감정을 진솔하게 자각하는 일이 매우 중요하다.

② 긍정적인 감정을 표현하는 것은 자연스럽고 성숙한 행동이라는 생각을 갖고 솔직하

게 표현하는 것이 중요하다.

▶ 긍정적 감정의 효과적 표현

① 모호한 어휘가 아닌 명료하고 구체적인 어휘를 사용한다.

예) "홍길동씨가 좋게 느껴집니다." 보다는 "홍길동씨가 믿음직스럽게 느껴집니다."

② 상대에 대한 판단을 전달하지 말고 자신의 느낌을 표현한다.

예) "홍길동씨는 따뜻한 사람인 것 같아요." 보다는 "홍길동씨는 나에게 따뜻한 사람으로 느껴집니다."

③ 긍정적인 감정을 느낀 이유나 근거를 함께 전달한다.

예) "홍길동씨는 믿음직스럽게 느껴집니다." 보다는 "홍길동씨가 일을 열심히 하시면서 노후생활을 즐겁게 하시는 모습을 뵈니 존경스럽게 느껴집니다."

▶ 부정적 감정의 효과적 표현

① 상대방의 마음을 상하게 하지 않으면서 비공격적인 방식으로 불쾌한 감정을 전달한다. 너 대화법을 지양하고, 일인칭 표현법(I-message)을 사용하여 자신의 감정을 전달하는 것이 효과적이다.

예) "그렇게 말씀하지 마세요?"

"나는 당신이 그렇게 말씀하시니, 내 마음과는 달라서 마음이 몹시 아팠습니다."

② 상대방의 행동을 규제하는 방식보다는 자신의 바람을 전달하는 표현을 쓴다. "...하지 말라."보다는 "...해주기를 바란다."는 식의 긍정적 표현을 사용하는 것이다.

예) "앞으로 날 무시하는 말을 하지 마세요."보다는 "앞으로 나를 좀 존중하는 말을 해 주시길 바랍니다."라는 식의 표현이 훨씬 부드러우며 상대방에게 수용되기 쉽다.

Worksheet

[사회적 관계진단]

항목	지표(배점)	☑
√ 배우자와 충분히 대화하고 계십니까?	- 배우자 없음(0점)	☐
	- 전혀 그렇지 않다(3.7점)	☐
	- 별로 그렇지 않다(7.4점)	☐
	- 보통이다(11.1점)	☐
	- 대체로 그런 편이다(14.8점)	☐
	- 매우 그렇다(18.5점)	☐
√ 최근 1년 동안 배우자와 동반 외출을 몇 번 하셨습니까?	- 배우자 없음(0점)	☐
	- 6개월에 1번 미만(3.7점)	☐
	- 3개월에 1번 미만(7.4점)	☐
	- 한 달에 1번 미만(11.1점)	☐
	- 격주에 1번 미만(14.8점)	☐
	- 격주에 1번 이상(18.5점)	☐
√ 자녀들과 충분히 대화하고 계십니까?	- 자녀 없음(0점)	☐
	- 전혀 그렇지 않다(4.6점)	☐
	- 별로 그렇지 않다(9.2점)	☐
	- 보통이다(13.8점)	☐
	- 대체로 그런 편이다(18.4점)	☐
	- 매우 그렇다(23점)	☐
√ 최근 1년 동안 본인이나 배우자의 형제자매와 얼마나 자주 만나거나 통화하셨습니까?	- 형제자매 없음(0점)	☐
	- 6개월에 1번 미만(3점)	☐
	- 3개월에 1번 미만(6점)	☐
	- 한 달에 1번 미만(9점)	☐
	- 격주에 1번 미만(12점)	☐
	- 격주에 1번 이상(15점)	☐
√ 최근 1년간 얼마나 자주 친구를 만나 대화하셨습니까? (업무 관계나 이웃 제외, 직장 동료는 업무 이외 목적으로 친밀하면 친구에 포함)	- 6개월에 1번 미만(3점)	☐
	- 3개월에 1번 미만(6점)	☐
	- 한 달에 1번 미만(9점)	☐
	- 격주에 1번 미만(12점)	☐
	- 격주에 1번 이상(15점)	☐
√ 1년에 1회 이상 자발적으로 참석하는 모임의 수는?	- 1개 이상(0점)	☐
	- 2개(2점)	☐
	- 3개(4점)	☐
	- 4개(6점)	☐
	- 5개(8점)	☐
	- 6개 이상(10점)	☐
합계(100점)	본인점수 (점)	
노후의 사회적 관계	상 : 70점 이상 중 : 44~70점 미만 하 : 44점 미만	

(자료 : 메트라이프(2013), 2차년도 베이비부머 및 예비노인 연구보고서)

Worksheet

[소통지수 자가진단][30]

다음의 질문에 대해 '항상 그렇다(5점), 대체로 그렇다(4점), 보통이다(3점), 대체로 그렇지 않다(2점), 전혀 그렇지 않다(1점)'에 표시한 뒤 나의 소통지수를 진단해 보세요.

내 용	점 수				
	5점	4점	3점	2점	1점
1. 다른 사람을 만날 때, 상대방과의 차이를 인정한다.					
2. 상대방에 대해 알고자 노력한다.					
3. 상대방의 심정과 생각을 이해하고자 노력한다.					
4. 자기에 대해서 상대방에게 격의 없이 질문하는 편이다.					
5. 말하기 보다는 상대방의 이야기를 듣는 편이다.					
6. 상대방의 이야기를 진지하게 듣는 편이다.					
7. 사람을 만날 때 의상과 외모에 신경을 쓴다.					
8. 말할 때 상대방을 설득하기 위해 제스처를 쓴다.					
9. 이야기를 할 때 가급적 상대방과 눈을 마주친다.					
10. 상대방에게 부드러운 표현을 쓴다.					
11. 상대방에게 막힘없이 많은 이야기를 할 수 있다.					
12. 다른 사람의 이야기를 사례로 많이 인용한다.					
13. 말할 때 조리있고 짜임새 있게 이야기 한다.					
14. 말할 때 이야기 주제가 명료하다.					
15. 말할 때 주제가 논리적이고 근거 있는 이야기를 한다.					
16. 자기주장을 반복해서 상대를 설득한다.					
17. 상대방에게 자기만의 매력을 보이려고 노력한다.					
18. 사람을 만날 때 타인을 배려하는 매너가 있다.					
19. 누군가를 만났을 대 상대방에게 집중한다.					
20. 상대방에게 하고 있는 자신의 말과 행동이 일치한다.					

점수	평가	평가내용
90점 이상	소통의 달인	어떤 상황에서도 상대방과의 차이를 인정하고 소통한다. 상대방의 의견을 경청하고 상대방을 최우선으로 하여 소통한다.
80~89점	원활한 소통	친화력이 있고, 타인에게 좋은 사람으로 인정받으며, 매사에 소통을 하고자 노력한다.
70~79점	평범한 소통	소통의 중요성을 인식하고 있다. 그러나 자신의 이익과 결부되면 일방적으로 상대를 설득한다.
50~69점	일방적 소통	소통을 자신의 주장이 관철되는 것으로 이해한다. 그것이 소통이라고 생각하고 상대에게 잘 집중하지 않는다.
50점 미만	불통	타인과의 차이를 인정하지 못하며, 자신의 의견도 전달하지 못하고, 인간관계도 잘 맺지 못한다.

30) 한국표준협회은퇴연구회(2017)a : 성공적인 은퇴를 위한 생애설계. p. 249에서 재구성.

Worksheet

1. 지금까지 살아오면서 본인의 인간관계/대인관계는 어떠했는지 간략하게 정리해 보세요.

2. 자신의 인간관계/대인관계 스타일에서 보완할 것은 없는지, 있다면 어떤 것들인지에 대해서 간략하게 기술해 보세요.

3. 지금까지의 인간관계/대인관계가 원만하지 않았다면, 어째서 원만 또는 원활하지 않았는지에 대해서 간략하게 기술해 보세요.

4. 노후생활에서 소통적 관계망을 어떻게 유지하고, 발전시켜 나가려고 하는지 방법을 간략하게 기술해 보세요.

PART 3

노후생활과 여가

1. 노후의 멋진 여가활동
2. 행복한 노후생활을 위한 여가설계

1 노후의 멋진 여가활동

1.1 노후 여가활동의 필요성

가. 여가의 개념과 정의

여가는 직업에 관한 일이나 가사 등의 일상생활에 소요되는 시간을 뺀 나머지의 자유시간을 말한다. 노후생활에 접어들면서 그간의 비즈니스적 · 사회적 분위기에 길들여져 여가활동이 익숙하지 않다.

지금까지 열심히 살아만 왔지, 여가에 대한 개념이 없었다. 한가한 틈에 잠시 쉬는 정도로 생각했던 것이 전부라 할 수 있다. 그러다 보니 노후생활에 접어들면서 발생하게 되는 여유시간에 무엇을 하며 어떻게 보내야 할지에 대해서 구체적으로 생각하지도 못하고 뚜렷하게 준비하는 것도 없는 실정이다.

삼성생명 은퇴연구소에서는 서울 · 수도권 및 5대 광역시(부산, 대구, 인천, 광주, 대전)에 거주하는 25~74세 남녀 비은퇴자 1,953명을 대상으로 '2018 은퇴준비지수'를 발표했다. 2018년 현재 우리나라 국민의 은퇴준비지수는 평균 54.5점으로, 행복한 노후를 보내기 위해 많은 노력이 필요한 '주의' 수준이었다.

은퇴 준비 영역별 실행점수는 재무영역이 67.8점으로 가장 높았지만, 여전히 '주의' 수준이었으며, 건강실행점수는 59.1점, 관계실행점수는 59.8점으로 모두 '주의'수준이었다.

활동영역은 44.2점으로 가장 낮을 뿐만 아니라 준비가 매우 취약한 '위험'수준이었다.

[연도별 은퇴준비지수(2014~2018년)]

(단위: 점)

	'14년	'16년	'18년
은퇴준비지수	57.2	55.2	**54.5**
자기평가점수	57.7	53.3	**49.6**
실행점수	56.7	57.0	**59.3**
재무	53.6	61.1	**67.8**
건강	58.2	55.6	**59.1**
활동	53.5	48.4	**44.2**
관계	62.8	59.2	**59.8**

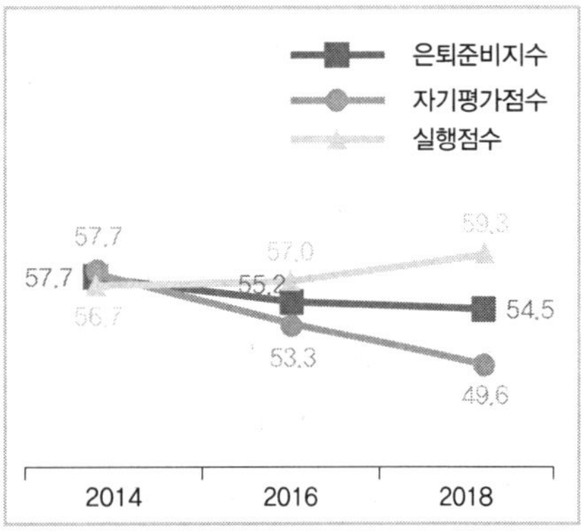

항목별 실행점수는 조금씩 증가추세에 있지만, 그 하위영역간의 편차는 더욱 커져서, 균형있는 은퇴준비 노력이 필요한 것으로 나타났다. 특히, 재무실행점수는 큰 폭으로 상승하는 추세인데, 활동지수점수는 지속적인 하락세를 보이고 있다. 이는 여가에 할애하는 시간이 감소, 은퇴 후 여가를 함께 할 인적 네트워크 축소 등으로 나타났다.

우리나라 국민은 활동영역에 대한 관심 및 중요성 인식이 상대적으로 부족한 편이었으며, 이러한 인식 부족이 미흡한 준비로 이어진 것으로 분석된다. 인적 네트워크 역량 또한 최근으로 올수록 약화되는 추세로, 은퇴 후 시간을 보낼 때 외로움을 경험하거나 사회적 관계로부터 얻는 즐거움이 줄어들 가능성이 높다.

문화체육관광부는 국민의 자유로운 여가 활동 기반을 조성하고 다양한 여가 활동을 통하여 삶의 질을 향상시키는 데 목적을 두고 「국민여가활성화기본법(2015.11.19. 법률 제13301호)」을 제정했다. 이는 여가의 중요성을 인식하고 일과 여가의 조화를 추구함으로써 인간다운 생활을 보장받을 수 있도록 하기 위함이다.

기대수명의 연장으로 노후생활시간이 늘어나면서 건강하고 행복한 여가 활동의 중요성이 더욱 부각될 것이다.

○ 여가의 어원

여가(leisure)는 그리스어 '스콜레(scole)'와 라틴어 '리세레(licere)'에서 유래하였다. 스콜레는 조용함, 평화, 여유시간, 자유 시간 등을 뜻하는데, 여유시간과 자유시간은 의무로부터 해방된 구속이 없는 상태를 의미하기도 하며, 학문적인 토론이 행하여진 장소를 가리키는 말로서도 사용되었다. 영어의 학교(school) 또는 학자(scholar)가 바로 여기에서 유래하였다는 것으로 봐서 여가는 교육과 무관하지 않음을 알 수 있다.

리세레는 허가받은 것(to be permitted) 혹은 자유로운 것(to be free)라는 뜻을 가지고 있으며, 여가를 뜻하는 불어인 르와지르(loisir)나 면허, 허가를 의미하는 영어의 라이센스(licence)가 파생되었다. 로마어 오티엄(otium)도 여가를 뜻하는데, 이는 아무 것도 하지 않는 것으로 소극적인 무위활동 상태를 의미한다.

스콜레와 리세레, 그리고 오티엄 모두 정지상태와 평화상태를 내포하며, 시간적 의미가 부여된 남은 시간에서 자기를 위한 시간이란 의미로 발전하였다. 스콜레와 오티엄은 생산과 소비관계로 정리할 수 있고, 진정한 의미에서 여가는 생산적이며, 창조적 · 문화적 의미를 담는다고 할 수 있다.

[스콜레와 오티엄의 특징]

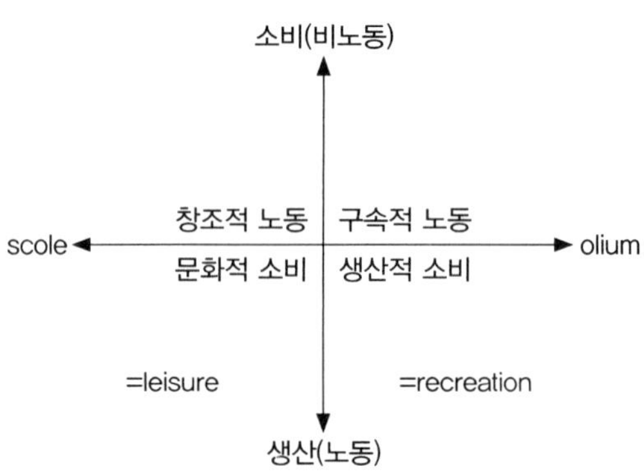

이와 같은 어원적 의미에 근거하여 여가는 단지 '남는 시간', '무료한 시간'을 뜻하는 것이 아닌 '강제성 없이', '자발적인', '의무가 없는' 등의 의미가 포함되어 있기에 한가하고 할 일이 없는 시간이 아닌 시간을 어떻게 보낼 것인가의 시간활용과 그 과정 및 방법이 중요한 의미가 되는 것이다. 또한 Scole와 Otium은 정지(停止)와 평화롭다는 상태적 의미를 함유하고 있지만, 여분의 시간에 자기 자신을 위한 시간, 곧 자신의 계발시간으로 발전 시켰으므로 이를 생산과 소비의 시각에서 보면 Scole는 창조적 노동과 문화적 소비를, Otium은 구속적 노동과 생산적 소비를 특징으로 한 자기 자신의 수양과 생산을 위한 시간으로서 발전시켰던 것이다.[31)]

31) 김준(2018) : 노인여가력(餘暇歷)이 여가생활만족도에 미치는 영향. 강릉원주대학교 대학원 박사학위논문. p. 6에서 재구성

[여가의 어원에 따른 '여가개념']

단어	어원	뜻	내포된 의미	특징
scole	그리스어	학문과 토론	- 정신적으로 아무런 구속이 없는 상태 (교육적 의미 강조)	창조적 직업과 문화적 소비 강조
licere	라틴어	자유롭게 되다 (to be free) 허락되다 (to be permitted)	- 의미와 직업으로부터의 자유 - 정신적 자유 강조	
otium	로마어	아무것도 하지 않는 것/소극적 여가 (doing nothing)	- 자기 개발이나 창조적 활동보다는 쾌락과 소비 중심	쾌락 및 향락추구의 소비적 여가 문화
여가(餘暇)	한국어	겨를, 틈	- 일을 하는 가운데 잠시 생기는 여유로운 시간	노동 시간과 대비되는 시간적 개념 해석

(자료 : 김미향(2007), 고령화 사회 여가 패러다임 변화에 따른 스포츠의 역할. p. 184 및 국민연금공단(2018), 노후준비서비스 제공자 교육과정(여가 · 경력관리 · 주거설계). p. 9에서 재구성)

○ 여가의 정의

여가는 현대적 개념으로 정리하면, '시간적 차원'의 여가, '상태적 · 경험적 차원'의 여가, '활동적 차원'의 여가, '포괄적 차원'의 여가 등으로 대변된다.

▶ 시간적 차원

여가를 생활에 있어 필수적인 활동에 종사한 시간을 뺀 남은 시간을 의미한다. 하루 24시간 가운데 노동, 가족, 사회의 의무감 등 필요한 시간을 제외한 나머지 시간을 의미한다. 인생 후반의 여가는 시간적 개념을 갖게 된다.

재단법인 교직원생애복지재단의 'Second Life Map'에 따르면 사람이 80세까지 산다고 가정했을 때 주어진 여가시간은 대략 28만 시간(32년)이라고 한다.

[생애시간]

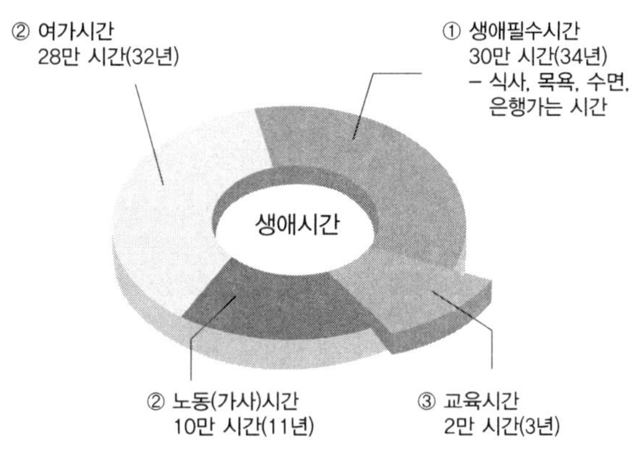

(자료 : 재단법인 교직원생애복지재단(2005), 'Second Life Map')

그러나 우리의 인생시계는 달라지고 있다. 오랫동안 '60세 은퇴, 80세 사망'이란 틀에 짜여 있던 라이프사이클이 이제는 '55세 은퇴, 100세 사망'이라는 새로운 틀에 맞춰 변화하고 있으며, 그에 맞춰 제2의 삶을 설계해야 할 때이다. 인간수명 100세로 본 우리의 인생시계는 하루 24시간으로 비교해 보면, 저녁때쯤 되지 않겠는가? 아직은 뭔가 해볼 수 있는 시간이 충분하다.

[100세로 본 우리의 인생시계]

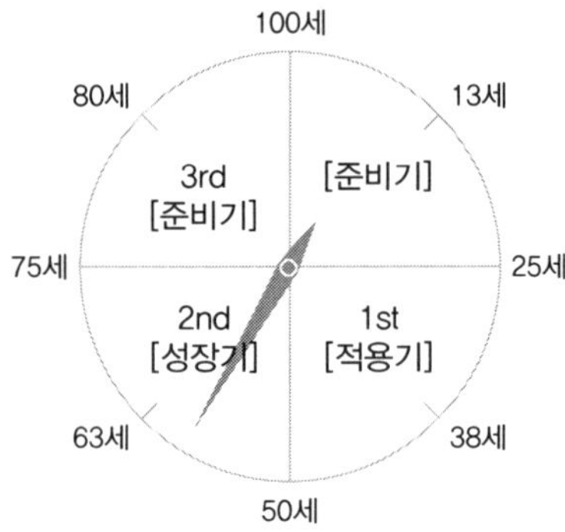

▶ 상태적 · 경험적 차원

여가를 단순히 시간적 관점에서 정의하는 것이 아니라 참여하는 활동과 참여자의 주관적 · 심리적 마음과 정신상태에 의해 정의한다. 주로 주관적인 정의로서 철학자나 심리학자, 그리고 종교학자들에 의해서 내려지고 있다. 여가는 시간도 아니고 활동도 아닌 마음의 상태인 동시에 자유의지인 것으로써 심리적 안정을 의미한다.

파이퍼(Pieper, 1952)는 정신적 · 영적인 태도이고 외적 요인에 따른 불가피한 결과가 아니라 마음의 자세이며, 영적상황인 것으로 여겼다. 노일링거(Neulinger, 1981)는 마음의 상태로 정의하고, 이의 본질을 지각된 자유와 동기로 설명하고 있다.

▶ 활동적 차원

시간과 활동이라는 양쪽 측면에 모두 관련된 것으로 두마즈디에(Dumazedier, 1967)는 여가를 개인의 주관적 가치에 의해서 사회적 통제에서 벗어나 행해지는 비의무적 자유시간이라고 정의하고 있으며, 노동, 가족 그리고 사회의 의무로부터 벗어나 휴식, 기분전환, 사회적 성취, 개인적 발전, 창조적 능력의 자유로운 표현을 위하여 스스로 참여하는 활동을 의미한다. 이와 같이 여가는 삶의 만족을 추구하기 위한 질적 향상을 위해 자유로이 선택하는 활동으로서 수면 · 식사 · 노동과 같이 일상화된 활동이 아닌 것을 의미하므로, 만약 활동만으로 여가에 대한 정의를 내리게 한다면 활동은 항상 여가라고 여겨지게 된다(조재숙, 2005).

▶ 제도적 차원

여가의 본질을 노동, 결혼, 교육, 정치, 경제 등 사회제도의 상태나 가치 등과의 관련성을 검토하여 그 의미를 규정하고자 한다. 베블렌(Veblen, 1953)에 의하면, 여가는 단지 상류계급의 상징으로 규정되어지며, 그들의 여가는 시간의 비생산적인 소비와 과시적 소비, 금전의 과시적 소비라고 주장한다. 노동으로부터 해방되어 여가를 향유한다는 것이 바로 부의 증거이며 높은 사회계급을 의미하는 것으로 인식한다(곽한병 외, 2005; 성현출,2006).

미국의 유명한 여가학자인 카플란(Kaplan)은 원칙적으로 경제적 기능과 반대되며, 즐거운 기대와 일로서 회상할 수 있는 것, 사회적 역할을 수행하기 위하여 최대한 자발적이되 의무성은 최소화한 것, 심리적 자유를 느낄 수 있는 것, 자신이 속한 시대의 사회문화적 가치에 위배되지 않는 것, 관심의 정도와 중요성이 다양한 것, 가끔은 놀이의 요소를 어느 정도 포함하고 있는 것 등으로 정의하였다(김상욱, 2010).

▶ 총체적 차원

현대 사회에 적합한 여가의 개념은 시간적 차원과 상태적 · 경험적 차원, 그리고 활동적 차원, 제도적 차원에서의 통합적 이해가 필요하다. 여가란 어떤 맥락 속에서 발생하거나 일어날 수 있는 생활의 표현적 영역인 것이다. 예를 들어 꽉 들어찬 일정으로부터 짧은 시간의 휴식을 취하거나, 혹은 악기를 배우거나 장거리 여행과 같은 긴 시간을 취하는 것 등은 여가시간의 양에 따라 결정될 수 있기 때문이다. 따라서 총체적 차원에서 정의는 다원화된 현대사회의 여가를 이해하는데 매우 유용하다.

크라우스(Kraus, 1990)는 여가의 포괄적인 관점은 전체적인 생활의 형태에 근거한다며 개인생활전반이 여러 가지 단면들인 가정생활, 종교생활, 일, 자유시간 등으로 분리되어 있는 것이 아니라 생활에 연관된 모든 부분들은 전체적인 상태로서 관련되는 것이라 제시하였다. 총체적인 여가의 정의는 시간적 · 활동적 · 상태적 · 제도적 등의 요소가 적절히 섞인 복합적 속성을 갖는 것이다. 따라서 현대사회에 있어서 복잡성을 갖고 있는 여가개념이나 속성 등을 보다 명확하게 규명키 위해서는 여가의 다양한 요소를 모두 아우를 수 있는 개념 정의가 이루어져야한다.

어쨌든, 노후준비를 함에 있어 제2의 삶인 노후생활을 창조적이며, 생산적인 시간이 되도록 하기 위해서는 여가가 필수적이다. 단순히 양적인 자유시간을 누리는 것이 아니라, 즐거움뿐만 아닌 일상의 기쁨을 느낄 수 있는 여가가 되어야 한다. 남은 시간, 쉬는 시간의 개념이 아니라 교육, 문화, 예술 등 전 영역에서 신체적 · 정신적 자유로움을 통한 풍성하고 행복한 노후생활을 영위해 나갈 수 있는 즐거운 활동이 되어야 한다.

나. 여가의 기본적 특징

여가는 기본적으로 '해방성', '자유선택성', '가치표현성', '가치창조성', '노동관계성'. '생활양식성'으로 자유, 선택, 표현, 창조, 노동과 생활이 함축되어진 것을 의미한다.

[여가의 기본적 특징]

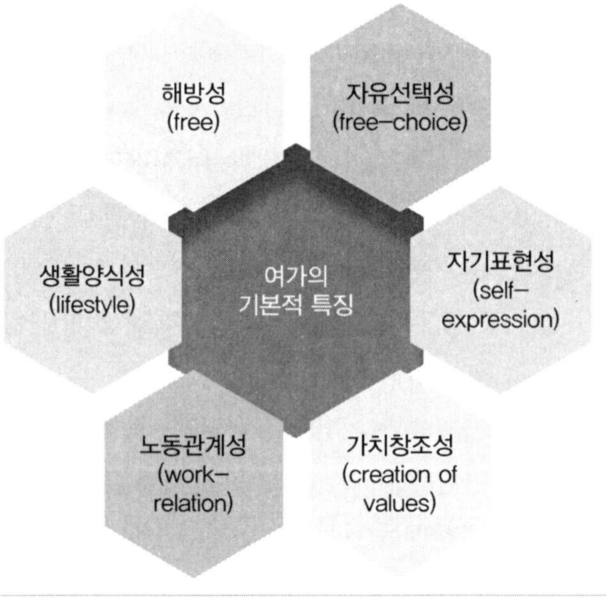

▷ 해방성(free)

일상의 의무나 구속에서 해방이라는 속성을 지니고 있으며, 시간적 의미로는 생계유지나 기타의 타율적 제약, 거기서 오는 심리적 압박에서 해방된다는 것을 의미한다. 이로써 어떤 활동을 할 수 있는 기회를 갖게 되며, 그것이 활발한 활동이든 아니든 간에 일상생활에서 해야 할 것들에 의해서 여가할동을 제약받아서는 안된다.

해방성에 착안하여 모우(Maw)는 여가의 모형을 구속성의 정도에 따라 "완전 구속적인 것으로부터 부분 구속적인 것"까지 네 가지로 나누고 있다.

[모우의 여가모형]

완전구속적	⟷		부분 구속적
필수적 생활	고도적 생활	임의적 생활	여가생활
필수수면	수면	-	휴식
건강 · 위생	자기관리	-	스포츠, 놀이
주식사	식사	-	외식, 음주
필수쇼핑	쇼핑	임의쇼핑	-
주된 일	일	잔업, 부업	-
필수가사 · 요리	가사	집수리, 차 관리	만들기, 정원
학업	교육	추가교육, 숙제	-
-	문화, 통신	-	TV, 라디오, 독서
-	사회활동	정치, 종교, 양육	한담, 파티
통근 · 통학	여행	-	산책, 드라이브

▷ 자유선택성(free-choice)

생활 속의 여러 의무나 제약에서 벗어나게 되면서 갖게 되는 시간은 전적으로 자발적인 상황 하에 놓이게 된다. 그렇게 갖게 되는 시간을 활용해서 자신이 좋아하는 여러 활동에 즐겁게 참여할 수 있다.

자신이 좋아서 참여하고 즐겁게 활동한다 해도 나름의 그 집단이 갖는 사회적 제약의 영향을 받게 되며, 그 집단에서 요구하는 규율을 지켜야 한다. 그러한 점에서 여가는 선택의 자유(freedom of choice)가 필수적이다.

이와 관련하여 켈리(Kelly)는 여가의 자유선택성을 '자유재량성(freedom discretion)'과 '노동관련성(work-relation)' 간의 함수관계에 따라 네 가지의 여가형태를 제시하였다.

[켈리의 여가 패러다임]

노동관련성 (work-relation)	자유재량성 (free discretion): 선택(chosen)	자유재량성 (free discretion): 결정(determined)
독립성 (independent)	**순수여가(31%)** 행위자의 자유로운 선택 노동과 독립적	**보충적 여가(30%)** 노동행위자의 자유로운 선택은 아님 과는 독립적
종속성 (dependent)	**조정적 여가(22%)** 행위자의 자유로운 선택 노동과 관련	**준·비회복적 여가(17%)** 선택의 자유는 없음 노동과 관련

(자료: John R. Kelly(1972), Work and Leisure: A Simplified Paradigm)

▷ 자기표현성(self-expression)

여가는 삶에 있어서 자기표현, 자기해방, 자기만족을 달성하기 위한 수단이기도 하며, 자유스러운 심성(free mind)을 배양시켜 주고, 비공식적 속성(non-utilitarian)을 지니며 가치표현을 향상시켜준다.

산업사회의 발달과 급속한 변화 속에서 진실한 자기표현의 가능성이 그만큼 축소되고 있다. 여가를 통한 자기표현은 육체적, 정신적으로 성숙한 인간으로 진화시킨다는 점에서 중요한 의미를 갖는다.

▷ 가치창조성(creation of values)

여가는 사회적 · 일상적 기본적인 의무나 제약에서 벗어나 순수한 즐거움을 얻기 위해서 영위되는 가치 창조적 활동이다. 순수한 즐거움이란 즐거움 그 자체가 행위의 목적으로써, 자기가 추구하는 욕구가 충족될 때 만족을 느끼게 해주는 것이고, 가치창조적이라 함은 여가활동을 통해서 삶의 보람과 의의를 한결 더 새롭고 힘차게 느끼게 해주며, 더욱 풍요롭고 밝고 명랑한 정신적 충족감을 느끼게 해주는 것을 말한다.

여가에 있어서 가치의 창조성이 중요시 되는 것은 개인의 삶의 질을 측정하는 수단으로서 여가의 역할이 증대하고 있기 때문이다.

▷ 노동관계성(work-relation)

여가는 노동과 긴밀한 상호작용을 한다. 노동과 여가의 관계에 대해서 피커(Parker)와 스미스(Smith)는 아래 표와 같이 확대관계, 대립관계, 중립관계로 나눠 설명하고 있다.

[노동과 여가의 상관모형]

구분	확대관계	중립관계	대립관계
노동 · 여가의 내용(Content)	유사함	어느 정도 상이함	아주 상이함
노동 · 여가의 구분(Demarcation)	약	보통	강
주생활관심사(Central life interest)	노동	여가	비노동
여가에 대한 노동의 각인(Imprint)	분명	불분명	분명
노동자율화(Autonomy)	고	중	저
도덕적 가치(Moral value)	노동중시	노동회피	노동경시

첫째, 확대관계(extension)

- 노동과 여가의 구분이 불분명하거나 대체로 노동을 중시하는 형태
- 노동환경에 고도의 자율성이 존재하며, 노동을 통하여 자신의 능력발휘를 추구하며 진정한 만족감을 얻게 되는 형태
- 대표적 계층: 사업가, 의사, 교사, 가술자 등

둘째, 대립관계(opposition)

- 노동과 여가의 구분이 뚜렷하며, 생활의 주 관심은 비노동 분야이고, 그 결과 노동에 있어서 자율성이 낮고 능력의 발휘가 소극적
- 노동 외적 활동을 통하여 생활의 만족을 얻고자 하며, 노동에 대한 보상을 여가에서 얻으려는 경향이 있음
- 대표적 계층: 육체노동자, 선원, 광부 등

셋째, 중립관계(neutrality)

- 노동과 여가의 구분이 보통수준이며, 생활중심을 여가에 두기 때문에 노동에 대한 자율성이 부족하고, 능력발휘의 정도가 낮음
- 대표적 계층: 반숙련 육체노동자, 성직자, 소수의 전문가 등

▷ 생활양식성(lifestyle)

여가는 인간생활에서 보편적 현상으로 정착되어 가고 있다. 인간다운 생활의 출현과 더불어 지속되어 온 현상임으로 삶의 중요한 영역이다.

쇼우(Show) 의 분석은 생활양식으로서 여가의 중요성을 잘 보여주고 있다. 그의 분석결과를 보면, 자유시간 부문이 86%로 가장 많으며, 개인적인 부문이 59.7%, 자녀양육부문이 42.5%순을 차지하고 있으며 여가속성은 겨우 35%를 차지하고 있다.[32)]

[노동과 여가의 상관모형]

순위	생활부문	여가속도의 빈도(%)
1	자유시간 부문	86.0
2	개인적 일 부문	57.7
3	자녀양육 부문	42.5
4	노동 부문	23.9
5	가정 부문	18.9
평균	전체생활	35.0

다. 여가의 긍정적 · 부정적 기능

여가는 개인적 · 사회적 측면에서 노동과 함께 문화의 창조 및 계승을 위한 중요한 기능을 하고 있고, 인간이 성장과 발전을 위해 매우 유용한 영향을 미치고 있다. 그리고 우리의 삶에 대한 특정 가치를 부여하는데 촉진제 역할을 할 뿐만 아니라 크게는 사회 전체에 매우 의미 있는 영향을 끼치기도 한다(김성수. 2008).

그러나 여가는 다양한 긍정적 기능을 가지고 있지만, 반대로 부정적 기능도 가지고 있다. 여가시간을 어떻게 사용하느냐에 따라서 긍정적이며 자기발전적일수도 있고, 반대로 일탈적이며 자기 파괴적일수도 있다.

○ 여가의 긍정적 기능

① 신체적 기능

육체적 피로를 풀어주고, 생명력을 순화시켜 다시 일할 수 있는 힘을 회복시켜준다. 여가를 통해 질병을 사전에 예방할 수 있으며, 생체리듬을 되찾고, 피로회복과 생

32) 국민연금공단(2018) : 노후준비서비스 제공자 교육과정(여가 · 경력관리 · 주거설계). pp. 16~17에서 재구성.

리의 원활한 작용을 추구할 수 있다.

② 심리적 기능

사회적 책임의 일상적 압력을 내려놓고 해방감과 기분전환을 꾀할 수 있게 해주며, 전문화되고 반복적인 노동에서 오는 권태감 또는 지루함을 해소시켜 준다. 에딩턴(Edington) 등은 여가의 심리적 기능으로 개인적 발전, 사회적 연대, 심리적 치료, 신체적 안녕, 자극 추구, 자유와 독립, 향수 등 일곱 가지를 제시하고 있다.

③ 교육적 기능

여가는 개인의 지적 능력을 향상시킬 수 있는 여건조성 기능을 갖고 있으며, 재능이나 흥미 또는 평생교육의 기회를 갖는다. 여가와 교육은 인간의 삶을 풍요롭게 만드는 데 기여하는 공통의 목표를 갖는다. 파커(Parker)는 사회적 · 집단적 목표를 달성하도록 도와주고, 사회적 결속을 유지시키는 기능을 담당하고 있다고 주장하였다.

④ 사회적 기능

자연스런 사회관계 속에서 각자의 위치를 인식하게 하고, 사회적 역할을 배우게 하며, 인간관계의 올바른 태도와 기술을 익히게 하는 사회적 기능을 갖는다. 여가는 인간의 삶 속에서 문화를 창조하고 전승하며, 발전시키는 기본토양의 구실을 한다.

⑤ 문화적 기능

개인적 · 사회적으로 문화를 창조하는 일차적 의미를 지닌다. 시인 타고르(Tagor)는 문명은 여가가 깊이 자라난 곳에서 수확되는 산물이다."라고 하였다. 현대사회에서 여가는 개인이 시간적, 정신적으로 자유로운 상태에서 재창조와 자아발견을 하는 것으로 볼 때, 여가시간에서 이루어지는 음악, 미술, 연극, 영화 등과 같은 예술 활동은 문화를 건전하게 발전시키는 수단이 되기도 한다.

⑥ 자아실현 기능

상실된 인간성과 자신의 에너지를 회복시키기 위한 중요한 바탕이 된다. 인간의 주체성과 인간성을 회복하는 기능을 갖는다. 현대인들은 행동반경의 확대 등으로 활동영역이 넓어짐으로써 정신적 가치를 추구하기 위해서 전보다 새로운 것을 찾고 만들어가며 자신에게 잠재되어 있는 어떤 가능성을 발휘하고 계발해 나가는 추세이다.

○ 여가의 부정적 기능

① 획일화 기능

개성적이고 특수한 여가를 즐기는 것은 무가치한 것으로 간주, 반면, 다수가 즐기는 여가활동이 값지고 보람 있는 것으로 간주되는 경향이 있다. 각종 매스미디어를 통한 특정 여가가 직 · 간접적으로 강요되면서 대중의 선택은 획일적인 여가를 선택할 수밖에 없는 분위기도 있다.

② 모방적 기능

유행 심리에 따른 모방성으로 인해 지성적인 사고보다는 정서적이고 맹목적인 행동을 유발하여 사회적으로 모방심리가 파급되고 있는데, 여가에 있어서도 사회적 환경과 여건에 의해 모방되기도 한다.

③ 가식성 기능

사회의 유행심리 풍조로 인해 자기의 행위를 실제보다 가식하거나 위장시켜 다른 사람에게 잘 보이고 인기를 차지해 보려는 심리가 작용할 수 있다. 여가를 자기실현의 수단으로 생각하기 보다는 타인에게 보이기 위해 분수에 맞지 않는 사치와 낭비를 가져오게 하고, 소비성향을 자극할 위험이 내포되어 있다.

④ 무감각화 기능

맹목적 추구로 인해 정치적, 사회적 문제에 대해 무감각해지고, 건전한 여가발전을 저해 할 수 있다.

⑤ 향락적 기능

향락적인 것을 추구하면서 도덕관, 윤리관, 세계관, 역사관 등을 상실하게 되고 쾌락이 최고라는 향락제일주의가 만연하게 될 우려가 있다.

1.2 노년기 여가활동 실태

○ 개인적 여가활동과 사회적 여가활동

① 개인적 여가활동

타인과의 관계를 맺지 않고, 개인적으로 여가를 즐기는 것이며, TV시청, 낮잠, 산책, 등산, 예술창작활동, 운동 등

② 사회적 여가활동

단체나 기관, 클럽, 모임 등을 통한 공식적 혹은 비공식적인 관계에서 비롯되는 여가활동

[여가활동 유형 분류]

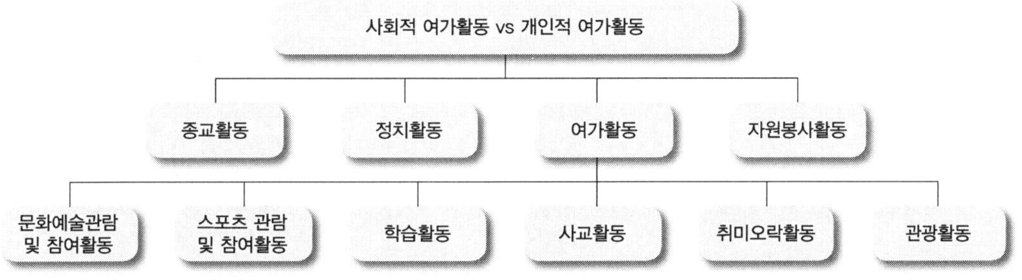

○ 노후 여가활동 실태

현대의 여가활동 유형은 경제적 수준과 개인의 활동성향에 따라서 다양화되고 있으며, 일반적으로 '코쿤형', '활동형', '실속형'으로 나뉜다.

첫째, 코쿤형은 누에고치 모양을 일컫는 말로서 집안에 웅크리고 앉자 시간을 소비하는 모습을 상징적으로 나타낸 것으로, 많은 시간을 집에서 취미생활을 하거나 텔레비전을 보면서 소일하는 유형으로 이들은 비교적 소극적인 성격을 가지고 있으며, 방송, 비디오, DVD, 음악 게임 등 홈 엔터테인먼트를 즐기는 계층이다.

둘째, 활동형은 늘어난 여유 시간을 집 밖에서 적극적으로 여가활동을 위해서 소비하는 유형이다. 이들은 고소득이면서 적극적인 성격을 가진 계층으로 야외, 오락, 체험을 중시하고 여행, 관광, 레저, 극장, 공연, 연극 등 야외에서 여가 생활을 즐기는 소비 형태를 즐기는 계층이다.

셋째, 실속형은 여유시간 증가를 소득 향상을 위한 기회로 활용하는 유형이다. 주로 저소득층, 전문직, 프리랜서 등이 속하며, 미래의 더 좋은 직장이나 자신의 자산 가치를 증가시키기 위해 일이나 교육에 투자하는 계층이면서 복수 직업과 학습을 중시 여기는 계층이다.

[켈리의 여가 패러다임]

	코쿤형	활동형	실속형
특징	- 저소득 경향 - 가정 내 여가 향유 - 옥내 취미활동 - 비디오, TV시청, 음악, 영화감상 등	- 고소득 경향성 - 야외 활동 향유 - 적극적 성격 및 참여 - 여행, 관광, 관람, 레저 스포츠 등	- 소득 기회로 활용 - 자기가치 증대 활동 - 저소득층, 프리랜서 등 - 자기 계발, 학원 수강 등 재투자형

(자료 : John R. Kelly(1972), Work and Leisure: A Simplified Paradigm)

노후의 여가활동은 노년기의 경제적 수준과 관련있다 보니 주로 코쿤형이거나 실속형으로 활동하고 있다. 문화체육관광부 '2016년 국민여가활동조사'에 따르면, 우리나라 국민들의 여가활동은 다음과 같다.

○ 여가활동 실태 및 변화

① 한번 이상 참여한 여가활동실태

우리나라 국민들이 가장 많이 경험한 여가활동은 TV시청으로 나타났으며, 1년 평균 여가활동은 17.2개를 하고, 가구소득이 높을수록 더 많은 여가활동을 하고 있었다.

10순위 안에 든 여가활동은 휴식활동과 사회 및 기타 활동이 가장 많은 것으로 나타났다.

[한 번 이상 참여한 여가활동 10순위(복수능답)]

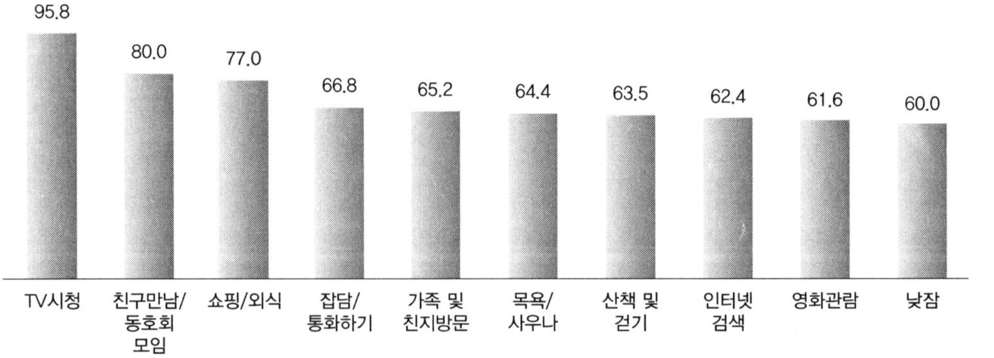

지난 한 해 동안 한번이상 참여한 여가활동의 평균 개수가 가장 많은 연령대는 20.1개

의 여가활동을 참여한 20대이며, 그 뒤로는 30대 19.1개, 40대 18.1개로 나타났다. 특히, 한번 이상 참여한 여가활동의 개수는 학력이 높을수록, 소득이 많을수록 참여 개수가 증가하였으며, 미혼자가 기혼자나 사별/이혼자에 비해 참여 개수가 많은 것으로 나타났다. 지역규모별로는 대도시의 평균참여 개수가 가장 높고, 권역별로는 수도권의 참여개수가 타 권역에 비해 높은 것으로 나타났다.

[한 번 이상 참여한 여가활동 개수]

구분		평균 개수(개)
전체		17.2
성별	남성	17.5
	여성	16.8
연령대	15-19세	17.8
	20대	20.1
	30대	19.1
	40대	18.2
	50대	16.6
	60대	14.3
	70세 이상	11.6
학력	초졸 이하	12.5
	중졸	14.9
	고졸	17.0
	대졸 이상	19.1
결혼여부	미혼	19.5
	기혼	16.6
	사별/이혼	12.2
가구소득	100만원 미만	11.0
	100-200만원	13.3
	200-300만원	16.0
	300-400만원	17.0
	400-500만원	18.0
	500-600만원	18.6
	600만원 이상	19.6

② 여가활동 유형별 참여실태의 변화

2014년도와 비교했을 때, 2016년도의 가장 많이 참여한 유형별 여가활동에서의 변화는 휴식활동 과 기타 및 사회활동, 문화예술 관람활동은 감소하였고, 문화예술 참여활동, 스포츠 관람 및 참여활동, 관광활동, 취미오락활동이 증가하였다. 특히 취미오락활동은 지난 2014년에 비해 가장 큰 폭으로 증가한 것으로 나타났다.

[가장 많이 참여한 유형별 여가활동 변화 추이]

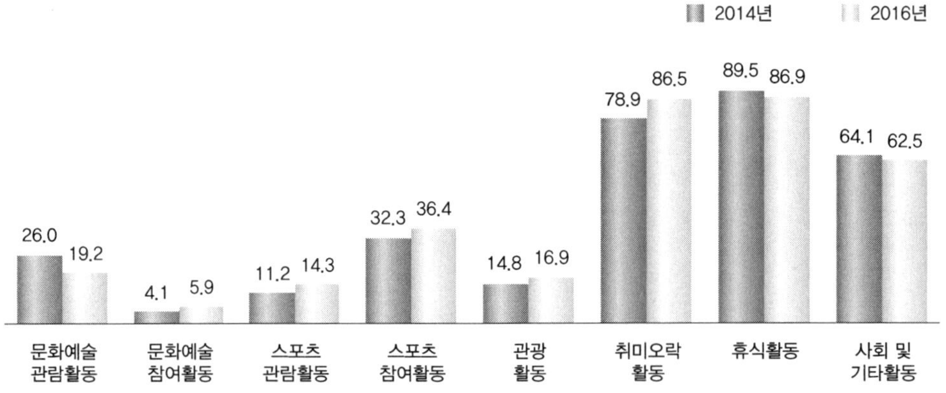

③ 여가활동 상위 10순위별 참여실태의 변화

2014년 대비 '인터넷 검색', '쇼핑/외식', '잡담/통화하기', '게임', '음악감상'을 더 자주 한 것으로 나타났다.

1순위 기준, 2016년 우리나라 국민의 주 여가활동으로는 'TV시청(46.4%)'이 가장 많았으며, 그 다음으로 '인터넷 검색(14.4%)', '게임(4.9%)','산책(4.3%)'순으로 나타났다. 복수응답 기준으로는 'TV시청(72.7%)'이 가장 많았고, '인터넷 검색(39.1%)', '산책(29.9%)', '잡담/통화(26.7%)', '게임(15.1%)' 순으로 나타났다.

[주 여가활동(개별) 상위 10개]

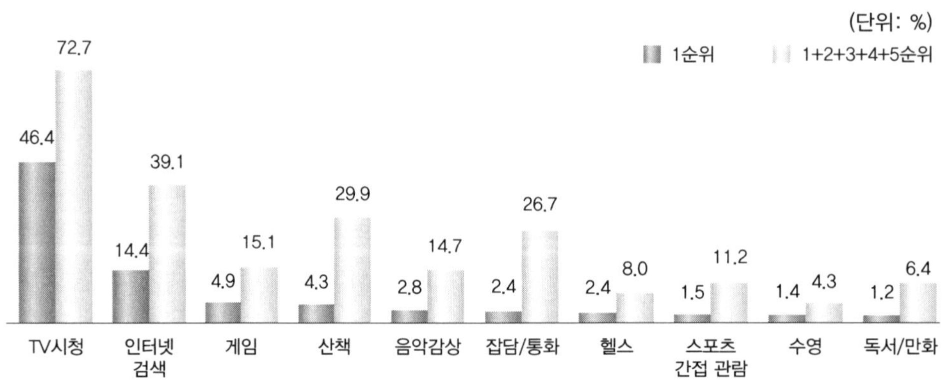

[지난 1년 동안 가장 많이 참여한 여가활동(복수응답) 상위 10개:1+2+3+4+5순위]

(단위: %)

		TV 시청 (DMB/ IPTV 포함	인터넷 검색/ 채팅	산책 및 걷기	쇼핑/ 외식	친구 만남/ 동호회 모임	잡담/ 통화 하기/ 문자 보내기	음주	영화 관람	게임 (인터넷, 닌텐도, PSP, PS3 등	음악 감상
전체		72.7	39.1	29.9	28.6	27.0	26.7	20.3	16.5	15.1	14.7
성별	남성	70.3	40.3	23.6	18.3	27.4	19.0	35.4	15.3	22.7	12.2
	여성	75.1	38.0	36.1	38.7	26.6	34.2	5.3	17.8	7.6	17.1
연령대	15-19세	56.6	68.5	5.2	15.1	36.5	35.6	1.7	27.7	47.9	44.4
	20대	52.5	60.7	8.0	23.5	29.6	25.8	18.5	32.5	32.2	32.3
	30대	70.4	53.6	21.0	33.7	23.7	23.6	24.5	21.9	19.0	17.9
	40대	75.6	45.3	25.2	33.8	21.7	26.5	24.9	17.1	10.6	8.0
	50대	78.4	28.6	36.0	30.7	25.8	24.9	24.8	9.8	6.0	5.7
	60대	82.8	11.9	51.5	29.0	28.7	26.1	17.5	4.8	2.2	4.3
	70세 이상	90.7	2.2	66.6	22.9	32.3	31.3	14.9	0.9	0.6	3.3

④ 가장 만족스런 여가활동

1순위 기준 가장 만족스러운 여가활동은 'TV시청(10.1%)'으로 나타났다. 그 외 '산책(6.2%)', '등산(5.2%)', '인터넷 검색(5.1%)', '친구만남/동호회 모임(4.7%)', '영화관람(4.3%)', '쇼핑/외식(4.0%)'순으로 만족하는 것으로 나타났다.

1~3순위 기준 가장 만족스러운 여가활동은 'TV시청(26.5%)'으로 나타났으며, '친구만남/동호회모임(18.1%)', '산책(17.9%)', '쇼핑/외식(17.0%)', '인터넷 검색(15.9%)' 순으로 만족하는 것으로 나타났다.

[가장 만족스러운 여가활동(개별) 상위 10개]

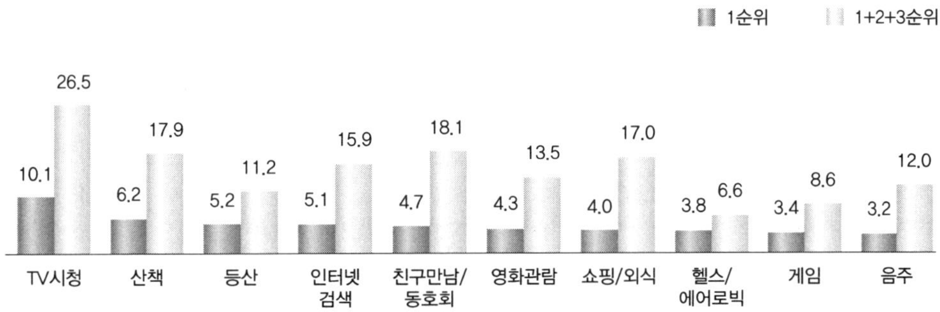

[가장 만족스러운 여가활동(복수응답) 상위 10개]

구분	2014년	2016년
1	TV시청(33.0)	TV시청(26.5)
2	친구만남/동호회(20.0)	친구만남/동호회(18.1)
3	영화보기(18.7)	산책 및 걷기(17.9)
4	신책(16.4)	쇼핑/외식(17.0)
5	인터넷 검색(16.0)	인터넷 검색(15.9)
6	등산(13.8)	영화관람(13.5)
7	쇼핑/외식(13.2)	음주(12.0)
8	음주(12.2)	등산(11.2)
9	목욕(10.9)	잡담/통화하기/문자보내기(9.1)
10	잡담/통화(10.3)	목욕/사우나/찜질방(8.6)

⑤ 평일과 휴일의 여가활동

평일 여가활동 중 가장 많이 응답한 활동은 TV시청(64.8%), 스포츠 경기 간접관람(42.5%), 잡담/통화하기(35.9%)인 것으로 나타났으며, 평일에 참여한 여가활동 상위 10순위를 살펴보면, 휴식활동과 스포츠 관람활동, 취미오락 활동, 문화예술 관람활동, 관광활동, 사회 및 기타활동 등이 골고루 분포되어 있다.

[평일에 참여한 여가활동(복수응답) 상위 10개]

(단위: %)

		TV 시청	스포츠 경기 간접 관람	잡담/ 통화 하기	인터넷 검색/ 채팅	영화 관람	친구 만남/ 동호회 모임	산책 및 걷기	쇼핑/ 외식	자동차 드라이 브	사진 촬영 (디지털 카메라 포함)
전체		64.8	42.5	38.9	31.4	29.5	28.4	13.8	13.0	10.2	10.0
성별	남성	67.3	57.5	32.9	31.7	26.5	33.4	11.8	6.8	11.8	10.3
	여성	62.4	27.6	44.9	31.2	32.4	23.6	15.7	19.1	8.6	9.8
연령대	15-19세	53.7	39.2	49.2	46.0	35.7	30.2	5.4	2.5	1.3	11.8
	20대	56.0	45.1	37.7	46.4	52.8	28.9	7.1	5.5	13.1	16.1
	30대	68.7	47.5	41.8	43.9	36.6	27.8	10.1	10.2	14.8	13.3
	40대	69.2	48.0	42.5	37.6	31.8	28.0	13.6	12.1	14.0	11.5
	50대	66.2	44.7	36.8	25.4	22.2	30.2	16.7	15.7	10.7	7.7
	60대	64.9	36.7	31.7	11.0	14.4	27.8	21.7	19.6	5.0	4.7
	70세 이상	68.5	25.2	34.8	1.9	5.1	26.0	21.3	25.3	2.5	2.0

휴일 여가활동 중 가장 많이 응답한 활동은 영화관람(47.6%), TV시청(43.1%), 친구만남/동호회모임(34.1%)인 것으로 나타났으며, 휴일에 참여한 여가활동 상위 10순위를 유형별로 살펴보면, 사회 및 기타활동과 휴식활동과 취미오락활동 문화예술 및 스포츠 관람활동 등으로 분포되어 있다.

[휴일에 참여한 여가활동(복수응답) 상위 10개]

		영화 관람	TV 시청	친구 만남/ 동호회 모임	스포츠 경기 간접 관람	쇼핑/ 외식	가족 및 친지 방문	목욕/ 사우나/ 찜질방	산책 및 걷기	종교 활동	(단위: %) 등산
전체		47.6	43.1	34.1	33.8	30.0	17.6	16.7	15.9	14.9	13.8
성별	남성	47.7	44.8	38.4	44.8	20.1	18.0	13.6	14.7	10.5	18.1
	여성	47.5	41.3	29.9	22.9	39.8	17.1	19.8	17.1	19.2	9.6
연령대	15-19세	69.9	43.1	49.7	32.8	17.5	7.6	9.4	5.2	7.5	1.1
	20대	67.4	39.8	42.1	33.4	25.6	7.0	14.2	7.8	6.7	3.1
	30대	60.8	41.7	34.4	35.9	37.2	22.0	16.8	14.7	11.3	8.3
	40대	57.6	42.3	31.7	38.0	32.7	25.0	20.3	16.3	14.4	17.2
	50대	41.4	44.6	31.8	35.7	27.6	19.8	18.6	19.3	18.3	26.7
	60대	19.8	43.7	27.0	32.1	28.3	15.8	16.5	21.3	24.0	21.5
	70세 이상	6.0	47.7	28.2	22.6	34.8	17.1	15.8	24.2	22.4	9.5

⑥ 지속적 여가활동[33]

휴식활동을 제외한 지속적으로 하는 여가활동이 있는 경우는 47.2%로 남성이 여성에 비해 더 많았고, 연령별로는 20대(51.8%), 50대(51.3%), 40대(50.9%) 순으로, 지속적으로 하는 여가활동이 있는 것으로 나타났다.

[성별 · 연령별 지속적 여가활동 비율]

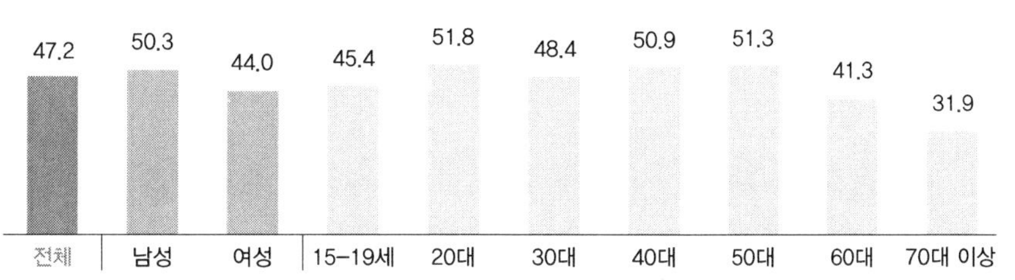

33) 지속적 여가활동이란 휴식활동을 제외한 여가활동 중 일/주/월/년 단위로 지속적(정기적)으로 참여하는 여가활동을 의미함.

[지속적으로 하는 여가활동의 유형 상위 10개(복수응답)] (사례수=4,621, 단위: %)

		문화예술 관람활동	문화예술 참여활동	스포츠 관람활동	스포츠 참여활동	관광활동	취미오락 활동	사회 및 기타활동
전체		4.0	5.0	1.3	44.9	1.3	30.2	13.4
성별	남성	3.1	2.5	2.3	46.6	1.3	34.7	9.5
	여성	5.0	7.8	0.2	43.1	1.3	25.0	17.7
연령대	15-19세	8.4	9.2	0.8	29.8	0.5	46.8	4.6
	20대	10.3	5.0	2.0	43.4	0.3	28.9	10.2
	30대	4.0	3.9	0.8	53.6	2.1	26.5	9.1
	40대	2.9	2.0	1.6	53.1	1.9	26.7	11.9
	50대	1.0	3.7	1.8	44.4	1.3	31.8	16.0
	60대	1.2	7.9	0.6	38.7	1.1	31.9	18.6
	70세 이상	0.7	11.2	0.3	28.8	1.2	29.2	28.6

⑦ 동호회 활동

만 15세 이상 국민의 13.4%가 지난 1년간 동호회 활동을 하였으며, 2014년 대비 1.7%p 증가하였고, 20대를 제외한 전 연령대에서 동호회 활동 비율이 증가한 것으로 나타났다.

동호회 활동 상위 10개 중 '등산(12.3%)'이나 '농구, 배구, 야구, 축구, 족구(10.0%)'등의 스포츠관련 활동에 참여율이 높은 것으로 조사됨

[동호회 활동 경험]

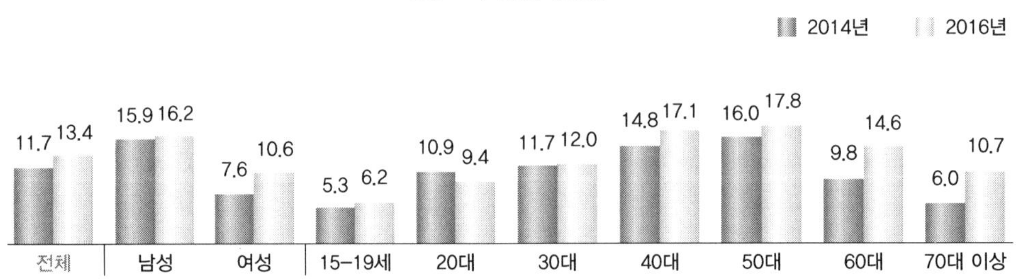

⑧ 사회성 여가활동[34]

만 15세 이상 국민의 10.4%가 지난 1년간 자원봉사활동에 참여한 경험이 있으며, 2014년 11.3% 보다 자원봉사활동 경험이 줄어든 것으로 나타났다.

34) 자원봉사활동은 사회 공헌적 가치와 자기만족을 추구하는 여가활동으로, 자신의 삶을 보다 의미 있고 보람되게 만드는데 주어진 여가시간을 할애하는 것을 의미함.

여성이 남성에 비해 자원봉사활동을 경험한 경우가 더 많았으며, 연령별로는 15-19세의 26.9%가 자원봉사 활동 경험이 있어 다른 연령대에 비해 참여 경험률이 가장 높은 것으로 나타났다.

[동호회 활동 경험]

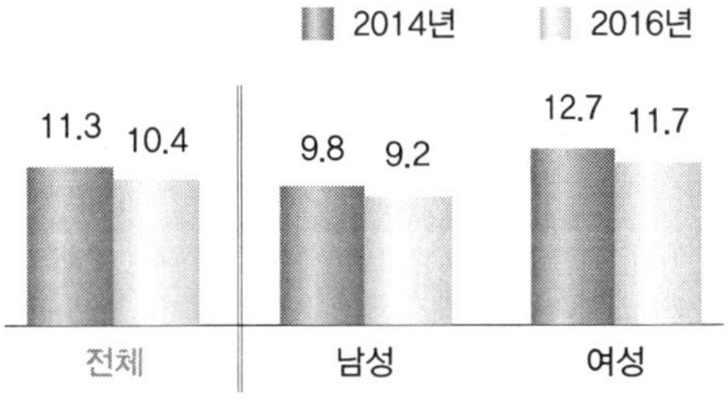

자원봉사활동은 주로 '아동, 청소년, 노인, 장애인, 재소자 등과 관련'해서 주로 참여하고 있는 것으로 나타났으며, 그 외, '환경보전, 범죄예방 관련(17.8%)', '국가 및 지역 행사 관련(14.2%)', '일반인을 위한 봉사 관련(9.4%)' 등의 순으로 활동하는 것으로 나타났다.

[자원봉사활동 참여 분야-자원봉사활동 참여자]

(사례수=1,153, 단위: %)

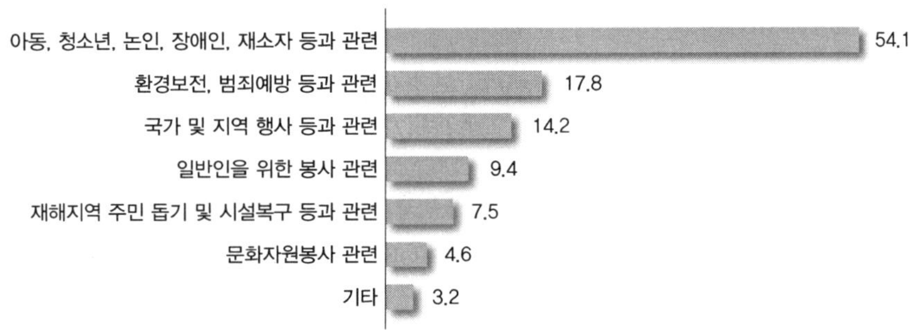

○ 여가자원실태 및 변화

① 여가시간

2016년 만 15세 우리나라 국민들의 하루 평균 여가시간은 평일3.1시간, 휴일 5.0시간으

[여가시간 변화추이]

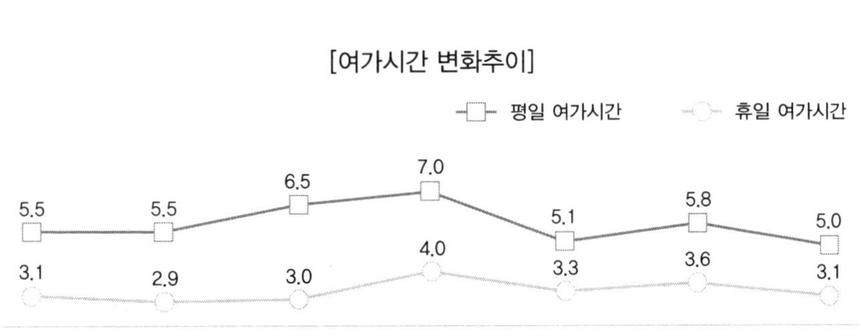

로 2014년 보다 각각 0.5시간, 0.8시간 감소한 것으로 나타났다.

평일 희망하는 여가시간은 평균 4.0시간으로 현재 활용하고 있는 여가시간 3.1시간 보다 0.9시간정도 더 활용하길 희망하는 것으로 나타났으며, 휴일 희망하는 여가시간은 평균 6.0시간으로 현재 활용하고 있는 여가시간 5.0시간 보다 1.0시간정도 더 활용하길 희망하는 것으로 나타났다.

[평일-휴일 희망하는 여가시간]

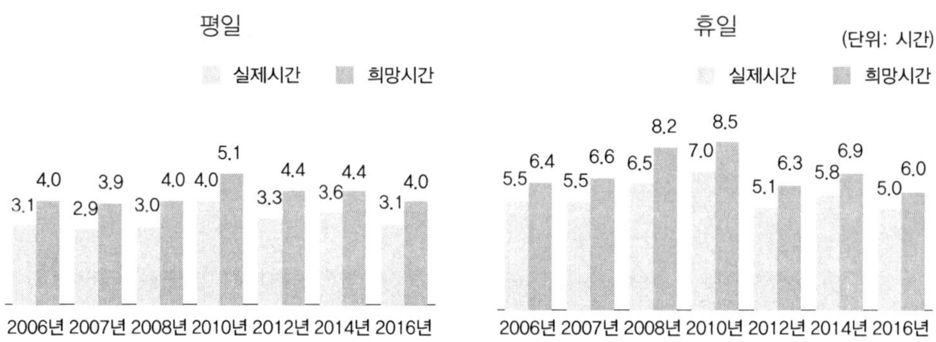

평일 평균 여가시간이 3~5시간인 경우가 42.0%로 가장 많았고, 3시간 미만 41.4%, 5~7시간 12.4%로 여가시간을 보내는 것으로 나타났으며, 휴일에는 3~5시간 38.2%, 5~7시간인 경우가 31.9%, 7~9시간 12.4%, 3시간 미만 9.7%, 9시간 이상 7.8% 등으로 나타났다.

[평일/휴일 여가시간]

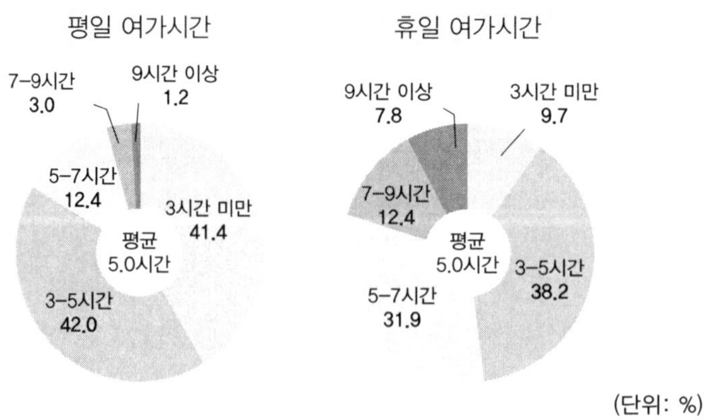

② 여가시간 충분도

평일 여가시간에 대해 충분하다고 응답한 경우는 53.3%이며 여가시간이 부족하다고 응답한 경우도 18.1%로 나타났다. 휴일 여가시간에 대해 충분하다고 응답한 경우는 66.9%이며 여가시간이 부족하다고 응답한 경우도 10.4%로 나타났다.

[평일/휴일 충분도]

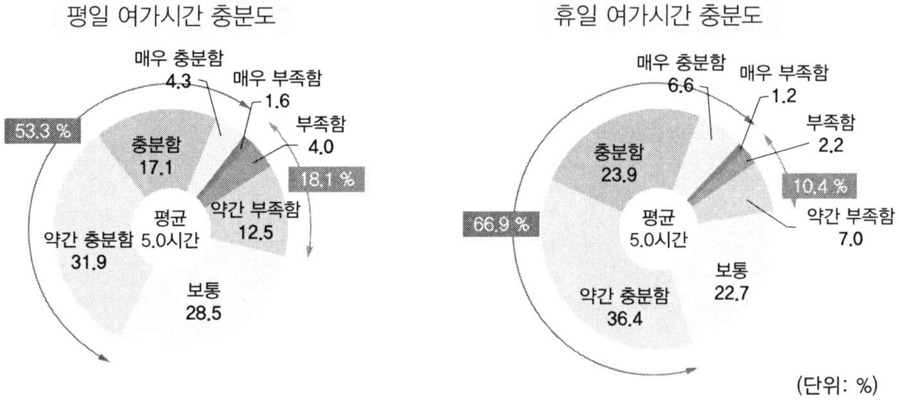

③ 여가비용

2016년 월평균 여가비용은 13만 6천원으로 2014년 13만원에 비해 6천원 정도 증가한 것으로 나타났으며, 2016년 월평균 희망하는 여가비용은 18만 8천원으로 2014년 대비 1천원 감소한 것으로 나타났다. 2008년 이후 실제비용과 희망 비용 간 격차가 줄어들고 있으며, 2016년에는 그 차이가 53천원 정도로 차이가 가장적은 것으로 나타났다.

[월 평균 여가비용 추이]

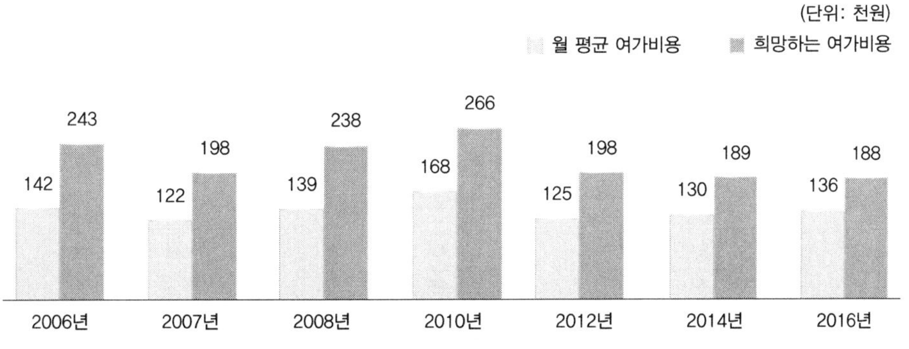

월 평균 여가비용은 '15만원 이상' 지출하는 경우가 37.5%로 가장 많고, '9-15만원' 24.7%, '5-7만원' 16.1%, '3-5만원' 8.9%, 7-9만원인 경우는 6.9%로 나타났다.

[월 평균 여가비용]

(단위: %)

구분		3만원 미만	3-5만원	5-7만원	7-9만원	9-15만원	15만원 이상	평균
전체		5.9	8.9	16.1	6.9	24.7	37.5	136
성별	남성	4.9	7.8	14.0	6.4	24.4	42.6	154
	여성	6.9	10.0	18.2	7.4	24.9	32.6	118
연령대	15-19세	18.7	25.5	23.6	7.5	11.5	13.2	74
	20대	3.1	7.1	13.2	7.7	27.1	41.7	143
	30대	2.2	4.7	12.7	5.6	27.4	47.4	159
	40대	2.6	4.6	12.9	8.3	23.5	48.0	159
	50대	3.0	6.1	15.6	6.6	28.3	40.4	147
	60대	6.9	11.0	17.8	7.6	24.8	31.9	124
	70세 이상	17.7	17.5	25.5	4.6	20.9	13.8	78

○ 여가활동 참여실태

① 한번 이상 참여한 여가활동

지난 1년간 우리나라 국민의 주 여가활동으로는 'TV시청(95.8%)'이 가장 많았으며, 그 다음으로 '친구만남(80.0%)', '쇼핑/외식(77.0%)', '잡담/통화하기(66.8%)', '가족 및 친지방문(65.2%)', '목욕/사우나(64.4%)' 등의 순으로 나타났다.

남성이 여성보다 '친구만남', '인터넷 검색'을, 여성은 남성보다 '쇼핑/외식', '잡담/통화하기', '목욕/사우나', '산책 및 걷기'를 더 많이 한 것으로 나타났으며, 연령대가 높을수록 '산책 및 걷기'를, 연령대가 낮을수록 '인터넷 검색'을 더 많이 하는 것으로 나타났다.

[한 번 이상 참여한 여가활동 10순위(복수응답)]

(단위: %)

		TV 시청	친구 만남/ 동호회 모임	쇼핑/ 외식	잡담/통화하기/ 문자 보내기	가족 및 친지 방문	목욕/ 사우나/ 찜질방	산책 및 걷기	인터넷 검색/ 채팅/ UCC제작/SNS	영화 관람	낮잠
전체		95.8	80.0	77.0	66.8	65.2	64.4	63.5	62.4	61.6	60.0
성별	남성	95.6	82.0	70.3	60.3	64.1	57.5	58.4	65.4	60.1	59.2
	여성	95.9	78.0	83.5	73.3	66.2	71.2	68.7	59.5	63.2	60.8

연령대	15-19세	92.5	84.6	68.4	78.2	52.0	46.8	36.5	86.6	85.4	54.8
	20대	92.3	86.0	79.6	73.4	52.1	56.3	45.3	86.0	90.9	57.6
	30대	96.6	83.0	83.2	68.6	71.1	64.0	59.6	80.6	80.0	59.5
	40대	96.1	81.0	82.5	68.5	73.0	68.9	65.9	73.6	71.9	59.8
	50대	96.2	79.8	77.6	62.3	69.6	69.2	70.5	57.0	51.5	57.8
	60대	97.0	74.9	70.7	58.9	66.1	68.4	77.8	30.4	28.4	62.1
	70세 이상	98.9	67.3	64.6	60.6	60.7	67.2	82.3	7.6	9.4	69.8

② 많이 하는 여가활동 유형

1순위 기준, 2016년 우리나라 국민의 주 여가활동으로는 'TV시청(46.4%)'이 가장 많았으며, 그 다음으로 '인터넷 검색(14.4%)', '게임(4.9%)', '산책(4.3%)'순으로 나타났다.

복수응답 기준으로는 'TV시청(72.7%)'이 가장 많았고, '인터넷 검색(39.1%)', '산책(29.9%)', '잡담/통화(26.7%)', '게임(15.1%)' 순이다.

1순위 기준으로 'TV시청'은 여성이 남성보다 8.1%p 더 많았고, 남성은 여성에 비해 '인터넷 검색', '게임'을 더 많이 하는 것으로 나타났으며, 연령대가 높을수록 'TV시청', '산책 및 걷기'를 하는 경우가 많았고, 연령대가 낮을수록 '인터넷 검색'과 '게임', '독서/만화책보기'를 하는 비율이 높게 나타났다.

2014년 대비 '문화예술참여활동'이나 '스포츠관람활동', '스포츠참여활동', '관광활동', '취미오락활동'을 하는 경우는 증가하였고, '문화예술 관람활동', '휴식활동', '사회 및 기타 활동'을 하는 경우는 감소하였다.

[가장 많이 하는 여가활동(개별) 상위 10개]

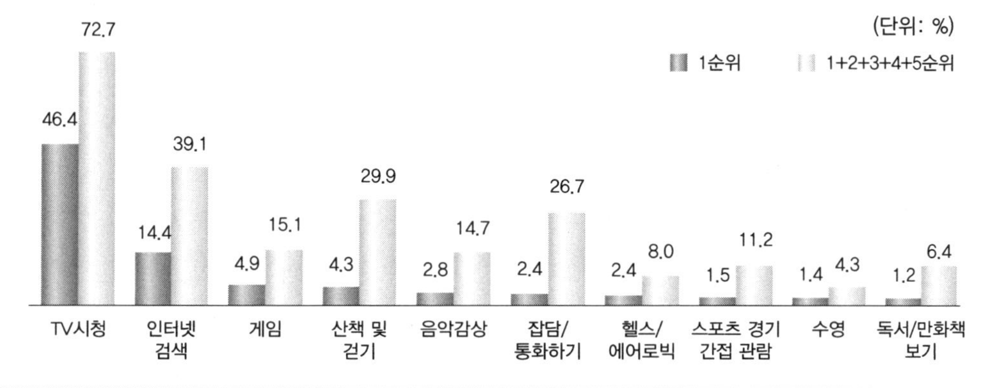

③ 여가활동 동반자

1순위 여가활동은 주로 '혼자서'하고 있으며, 그 외 '가족과 함께(29.7%)', '친구와 함께(8.8%)'하는 것으로 나타났으며, 2014년 대비 여가활동을 '혼자서'하는 비율은 늘고 '가족과 함께', '직장동료와 함께', '동호회회원과 함께'하는 비율은 소폭 감소한 것으로 나타났다.

[여가활동 동반자: 1순위]

(단위: %)

구분		혼자서	가족과 함께	친구와 함께	직장 동료	동호회 회원과 함께	평균
전체		59.8	29.7	8.8	0.8	1.0	0.0
성별	남성	59.4	29.3	8.8	1.2	1.3	-
	여성	60.1	30.0	8.8	0.4	0.7	0.0
연령대	15-19세	76.2	8.0	15.5	0.1	0.2	-
	20대	74.7	10.4	13.7	0.3	0.9	-
	30대	61.5	30.0	5.9	1.5	1.1	-
	40대	53.1	37.9	6.4	1.2	1.4	0.0
	50대	52.9	36.4	8.6	0.9	1.2	0.0
	60대	51.4	40.6	7.1	0.3	0.7	-
	70세 이상	57.5	33.1	8.5	0.2	0.7	0.0

④ 여가활동 목적

여가활동의 주목적은 '개인의 즐거움을 위해(37.1%)'인 것으로 나타났으며, 그 외, '마음의 안정과 휴식을 위해(16.9%)', '스트레스 해소를 위해(14.0%)', '건강을 위해(10.3%)' 여가활동을 하는 것으로 나타났다.

1순위 기준 가장 만족스러운 여가활동은 'TV'시청이었고, 그 외 '산책 및 걷기(6.2%)', '등산(5.2%)', '인터넷 검색(5.1%)', '친구만남(4.7%)', '영화관람(4.3%)'의 순으로 만족하는 것으로 나타났다.

문화체육관광부 '2016년 국민여가활동조사'를 통해서 알 수 있는 것은 연령대가 높을수록 가장 만족스러운 여가 활동으로 'TV 시청'을 응답한 경우가 많았다는 것이며, 연령대가 낮을수록 '인터넷 검색', '게임'을 응답한 경우가 많았다는 점이다. 이로써 보면 여가를 자기계발, 발달과업의 성취를 위한 역할로 정의한 학자들의 여가 개념과는 차이를 보이고 있으며, 주로 TV시청, 인터넷 검색, 영화보기, 친구만남 등의 내용으로 활동할 것으로 보인다.

또한 이들의 여가 목적은 스트레스 해소나 휴식의 수단 또는 즐거움이나 건강 추구, 대

[여가활동 목적]

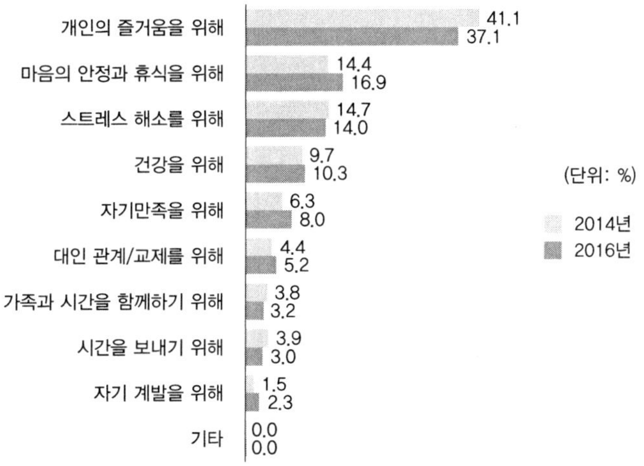

인관계, 자기계발 등을 위한 것이고, 여가 생활에 불만족스러운 것은 시간 부족, 여가를 위한 비용, 여가를 함께 할 동반자가 없거나, 자기설계의 부족 및 건강악화와 관련된 것으로 조사되었다.

문화체육관광부의 2011년 '국민여가활동조사'에서 50대 이상을 대상으로 한 여가활동 자료를 살펴보면 베이비붐 세대와 예비노인세대, 그리고 노인세대의 현재 여가활동은 거의 유사하며, 희망 여가활동도 비슷하다는 것이다.

[고령자 세대별 현재 여가활동 현황]

여가활동 유형	베이비붐 세대 (47세~55세) 현재 여가활동	예비노인세대 (56세~64세) 현재 여가활동	노인세대 (65세 이상) 현재 여가활동
문화예술관람 및 참여활동	• 영화관람	• 영화관람	-
스포츠관람 및 참여활동	• 스포츠 관람 • 구기종목 운동 • 헬스 • 육상/조깅/속보	• 스포츠 관람 • 구기종목 운동 • 헬스 • 육상/조깅/속보	• 육상/조깅/속보
관광활동	-	-	• 온천/해수욕
취미오락활동	• 등산 • 낚시 • 쇼핑/외식 • 독서/만화책 • 미용 • 인터넷 검색/채팅	• 등산 • 낚시 • 쇼핑/외식 • 음주 • 독서/만화책 • 미용	• 쇼핑/외식 • 등산 • 음주 • 미용 • 독서/만화책 • 겜블링(예, 화투)

휴식활동	• TV시청 • 낮잠 • 산책 • 목욕/사우나 • 신문잡지 보기 • 라디오 청취	• TV시청 • 낚시 • 쇼핑/외식 • 독서/만화책 • 미용	• TV시청 • 낮잠 • 산책 • 목욕/사우나 • 신문잡지 보기 • 라디오 청취
사회 및 기타 활동	• 친구만남/동호회 • 종교활동 • 계모임/동창회 • 사교모임 • 가족 및 친지방문 • 잡담/통화/문자 등	• 친구만남/동호회 • 종교활동 • 계모임/동창회 • 사교모임 • 가족 및 친지방문 • 잡담/통화/문자 등	• 친구만남/동호회 • 종교활동 • 계모임/동창회 • 사교모임 • 가족 및 친지방문 • 잡담/통화/문자 등

[고령자 세대별 희망 여가활동 현황]

여가활동 유형	베이비붐 세대 (47세~55세) 현재 여가활동	예비노인세대 (56세~64세) 현재 여가활동	노인세대 (65세 이상) 현재 여가활동
문화예술관람 및 참여활동	• 영화관람 • 연예공연관람 • 연극관람 • 전시회관람 • 음악연주회관람 • 악기연주/노래 • 사진촬영	• 영화관람 • 연예공연관람 • 전통예술관람 • 연극공연관람 • 전시회관람 • 악기연주/노래 • 사진촬영 • 서예	• 전통예술관람 • 연예공연관람 • 영화관람 • 박물관 관람 • 악기연주/노래
스포츠관람 및 참여활동	• 스포츠관람 • 구기종목 운동 • 헬스 • 요가/태보 • 댄스스포츠 • 배드민턴/맨손체조	• 스포츠관람 • 구기종목 운동 • 헬스 • 요가/태보 • 배드민턴/맨손체조 • 수상운동 • 육상/조깅/속보	• 스포츠관람 • 배드민턴/맨손체조 • 수상운동 • 육상/조깅/속보 • 요가/태보 • 구기종목 운동 • 댄스스포츠
관광활동	• 해외여행 • 온천/해수욕 • 삼림욕 • 국내캠핑 • 문화유적지방문 • 자연명승지/풍경방문	• 해외여행 • 온천/해수욕 • 삼림욕 • 국내캠핑 • 문화유적지방문 • 자연명승지/풍경방문 • 지역축제	• 온천/해수욕 • 해외여행 • 자연명승지/풍경방문 • 삼림욕 • 유람선
취미오락활동	• 등산 • 낚시 • 쇼핑/외식 • 미용 • 어학/공부/학원	• 등산 • 낚시 • 쇼핑/외식	• 등산 • 쇼핑/외식
휴식활동	-	-	• 산책 • 목욕/사우나
사회 및 기타 활동	• 친구만남/동호회 • 종교활동 • 사회봉사	• 친구만남/동호회 • 종교활동 • 사회봉사	• 친구만남/동호회 • 종교활동 • 사회봉사 • 가족 및 친지방문

1.3 노후의 라이프스타일

가. 라이프스타일의 개념

라이프스타일이란 어떤 행동이나 활동 속에서 표현되는 고정화되고 일정한 패턴을 갖춘 생활양식으로써 삶을 살아가는 방식이다. 과거에는 주로 여러 사람들이 함께 어울리는 서민생활적 라이프스타일이었다면, 현재는 개성화, 즐거움, 웰빙을 추구하는 개인주의적 라이프스타일로 변화되고 있다.

현대인들은 획일화된 생활양식에서 벗어나 자신만의 주관적인 성향을 중심으로 자신을 연출하면서 살아가는 간섭받지 않는 자유로운 생활양식을 선호하고 있다.

○ 노년층의 라이프스타일

핵가족화는 물론 여성의 사회활동, 개인주의적 생활양식의 선호 등으로 인해 고령사회에서의 노인들은 부양기능이 약화된 가족개념에 의지하기 보다는 독립된 생활을 즐길 수 있는 노후 라이프스타일에 맞춰진 생활을 하게 될 것이다. 또한 노후생활을 대비한 노후소득의 보장과 생활수준의 향상, 개인주의적 가치관이 확산되면서 능동적인 소비가 증가할 것으로 예측된다.

[노년층의 라이프스타일]

구분	과거의 노년층	새로운 노년층
라이프스타일	보수, 비관적 인생관	합리적, 미래지향적
노년기 의식	인생의 종말기	자기실현의 기회, 제3의 인생
삶의 태도	검약, 소박, 무취미	여유, 즐김, 다양한 취미
독립성	자녀에게 의지, 의존적	강한 독립심, 배우자 및 사회시스템에 의지
노후설계	자녀세대에 의존	계획적인 노후설계
가치관	노인은 노인답게	나이와 젊음은 별개
여가관	일하는 재미, 여가는 수단	여가는 목적
자산처분	자녀에게 상속	자기를 위한 처분
여행형태	친목단체 등 단체 여행	여유로운 부부여행
취미활동	노인끼리의 교류	다양한 취미, 다른 세대와의 교류

(자료 : 국민연금공단(2018). 노후준비서비스 제공자 소집 교육과정(이론). p. 199)

노년기에 대한 인식, 라이프스타일, 여가에 대한 가치관 등의 변화로 인해서 여행, 문화생활, 스포츠 활동, 클럽활동, 자기계발 등 다양한 여가활동이 이루어질 것이고, 자신의 취미와 여건에 맞는 여가활동에 참여하게 될 것이다.

○ 생활양식별 여가활동 스타일

사람마다 라이프스타일이 있듯이, 각자의 생활양식에 따라 여가 활동유형도 다양할 것이다. 아래 12가지 생활양식별 여가 라이프스타일을 참고하여 자신이 어떤 여가 유형인지를 탐색하는 것도 필요하다.

[생활양식별 여가 라이프스타일]

유형	여가 라이프스타일
자기우월표현형	대체로 여가활동 전반에 관하여 많은 관심을 가지고 있으며, 특히 사교활동과 스포츠 활동에 높은 관심을 기울임
보수주의형	별다른 취미가 없으며 여가활동에 무관심한 편, 굳이 즐긴다면 소풍이나 박물관 관람, 연극관람 정도
욕구불만형	사교활동에 속해 있는 여가활동을 대단히 싫어하며, 전반적인 여가활동에 대해 여가활동 부정적인 반응을 보임
소극형	비사교적이며 취임를 가지고 있지 못함. 대체로 일반적인 여가활동에 대해 거의 무관심한 편
자기만족형	대체로 무관심한 반응을 보이고 있으며, 특히 사교활동에 부정적임. 여가활동 중에서 골동품 수집이나 낚시, 사냥 등에 관심을 보임
가족지향형	비사교적이고 무취미적인 활동에 대해 부정적인 면을 가지고 있음. 여가활동으로는 스포츠활동, 예술활동에 다소 약하지만 선호
사회지향형	대체로 전반적인 여가활동에 대한 관심이 많으며, 주로 스포츠 활동, 시청각 여가활동, 야외활동 등을 아주 선호
감정지향형	주로 시청각 여가활동과 야외활동, 비사교적 활동과 예술활동 등에 관심을 강하게 가짐
내향형	여가활동에 대한 관심이 중간 정도. 사교활동과 비사교적 활동, 예술활동에는 부정적인 반응을 보임
진취형	비사교적 활동과 예술활동을 제외하고는 대체로 선호하고, 정도는 비록 약하지만 여가활동에 대한 긍정적인 반응을 보임
현실지향형	여가활동에 대하여 대체로 강한 선호경향을 보임. 단, 취미, 교양활동에 속하는 바둑이나 장기를 제외하고는 긍정적임
모범지향형	전반적인 여가활동에 긍정적인 반응을 보임. 특히 사교활동과 예술활동에 강한 반응을 보임

○ 여가유형과 활동

이 세상에서 즐길 수 있는 여가가 무려 2만 가지 이상이 존재한다고 한다. 그 중에서 한 사람이 제대로 즐길 수 있는 여가는 약 15가지 정도밖에 되지 않는다. 평생동안 5가지 정도의 여가를 제대로 참여하며 즐긴다면 행복한 인생이라 할 수 있다.

사람들이 가장 많이 하는 여가 활동은 TV 시청을 포함한 '휴식 활동'이다. 주요 여가활동 유형별은 다음과 같다.

[유형별 여가활동]

유형	여가활동
행락 · 관광활동	야유회, 산업시설 관람, 유원지, 해수욕, 고향방문, 하이킹, 등산, 캠핑, 피크닉, 드라이브, 국내관광, 해외여행 등
봉사활동	주요행사 진행 · 보조, 안내업무 참여, 교통정리, 생활상담, 육아원 교육, 병원환자 돌보기, 양로원 봉사활동, 각종 환경보존활동 등
스포츠 · 건강활동	축구, 배구, 야구, 탁구, 테니스, 배드민턴, 볼링, 골프, 사이클링, 헬스클럽, 사냥, 사격, 궁도, 승마, 스케이팅, 스키, 윈드서핑, 스킨스쿠버, 수영, 요트, 보트 등
사교활동	클럽활동, 친목회 활동, 친선체육대회, 댄스, 계모임, 이성교제, 파티, 연회, 축제, 수련회, 음주 · 유흥, 친구 · 친지 방문 등
유흥 · 오락활동	카지노, 경마, 경륜, 트럼프, 마작, 화투, 바둑, 장기, 사우나, 전자오락, 노래방, 디스코, 음주 등
문화 · 예술 관람활동	영화 · 연극 관람, 스포츠 관람, 유적지 답사, 박물관 관람, 전승공예지 방문, 동 · 식물원 방문, 미술 · 음악 · 무용 감상, 비디오 시청, 라디오 청취 등
취미 · 교양활동	사색, 독서, 그림, 합창단 활동, 수집활동, 도예, 서예, 문화활동, 교양강좌, 꽃꽂이, 판소리, 탈춤, 수공예, 요리, 쇼핑, 사진촬영, 정원 가꾸기, 가사돕기 등
사이버 활동	인터넷서핑, 컴퓨터게임, 채팅, 화상전화, 온라인동호회 활동, 홈페이지 제작, 웹디자인, 정보검색, 영화감상 등
기타	에코형 여가 활동, 호모루덴스 활동, 자아실현형, 고급형 여가활동 등

나. 노년층 여가활동의 영향요인

노년기 여가활동에 영향을 미치는 요인은 퇴직, 경제적 요인, 건강상태, 교육수준, 주변의 생활환경 등, 개인마다 다양한 요인이 있다. 요인별로 보면 다음과 같다.

[노년층 여가활동의 영향 요인]

요인	세부내용
성별	남성노인에 비해 여성노인은 가족 중심적 생활 형태를 보이는 경향이 있음
연령	노인의 연령이 낮을수록 여가활동의 범위가 넓고 참여도가 높게 나타남
교육수준	교육수준이 높은 노인이 여가시간에 창조적이며, 적극적인 여가활동에 참여함
자녀들의 성장 또는 독립	자녀들을 다 독립시킨 후 새로운 역할이나 활동에 관심을 갖게 되고, 지금까지 여유가 없어 못했던 활동에 관심을 갖고 적극적으로 참여함
퇴직	자유시간이 증가하면서 새로운 활동이나 역할에 많은 관심을 갖게 되며, 그동안 참여하지 못했던 다양한 여가활동에 참가하게 됨
경제적 요인	소득상실, 미흡한 소득보장제도나 사회보장제도로 경제적 형편이 어려워짐에 따라 다양한 여가활동 참여에 제약을 받게 됨
건강상태	건강상태가 양호한 경우 다양한 여가활동에 참여할 수 있고, 참여빈도도 높음
여가활동에 대한 사회화 정도	여가활동에 대한 사회화는 여가활동의 능력을 향상시켜 노년기에도 중년기와 마찬가지로 다양한 여가활동을 유지할 수 있게 함
개인생활목표의 다양성	개인이 추구하는 목표가 다양하고 많을수록 활동이 많아짐. 여가활동을 통해 개인의 다양한 욕구를 충족시키고, 삶의 보람을 찾는 노인일수록 보다 적극적으로 여가활동에 참여하게 됨
주변의 생활환경	가까운 곳에 친척이 있거나, 이웃에 노인이 많거나, 노인복지시설이 잘 갖추어져 있으면 노인들의 여가활동 참여빈도와 활동범위의 폭이 넓어질 가능성이 큼

다. 여가인식 유형

인생의 중요한 생애전환기를 맞게 되는 중고령자들은 어떠한 자세로 노후생활을 맞이하느냐에 따라 여가에 대한 인식과 여가활동의 양상이 달라지며, 그에 따른 삶의 만족도도 큰 차이가 난다.

은퇴를 수용하고 긍정적으로 생각하는 유형은 노후생활의 행복을 추구하는 차원에서 여가를 생각할 것이지만, 은퇴를 상실로 받아들이고 부정적으로 생각하는 유형은 상실의 문제를 극복하기 위한 노력의 일환으로 여가를 받아들일 것이다.

이와 같은 여가에 대한 중고령자의 심리적 태도는 여가에 대한 인식을 결정하는 네 가지 핵심 요인(사회 역할, 경제력, 부부 관계 중심의 가족 관계, 소속감)들에 의해 다음과 같이 여덟 가지 여가 인식 유형으로 구분된다.

상위 유형인 '행복 추구형'은 여유를 가지고 즐겁게 할 수 있는 활동을 중심으로 여가 시간을 보내는 것에 초점을 맞출 것이다. 새로운 활동도 기꺼이 배우려는 적극적인 태도를 가지며, 재미가 있다면 오랫동안 몰입할 것이고, 취미가 같은 사람과 친밀감을 형성하며 일상의 감사와 행복을 누릴 것이다.

[중고령자의 여가 인식 유형][35)]

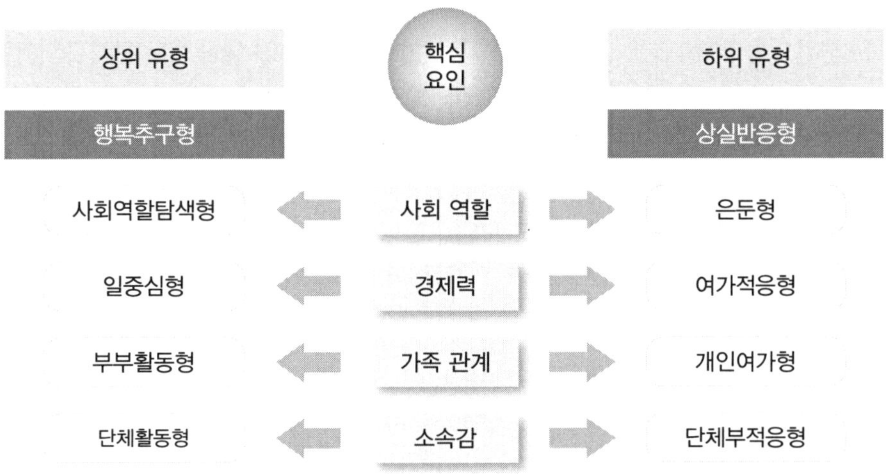

하위 유형인 '상실 반응형'은 여가 생활을 누릴 만한 심리적 · 경제적 여유가 없고, 갑자기 남아도는 시간에 대해 스트레스를 받으며, 무료한 시간을 메우기 위하여 여가 생활을 시작하게 될 것이다. 이들은 명함이 없거나 무직상태에서 다른 사람들 앞에 나서는 것을 꺼리며 소외감을 느끼기 때문에 주로 혼자 할 수 있는 활동들을 소일 삼아 해나간다.

첫째, 사회 역할에 따른 여가 인식 유형별 특성[36)]

사회역할탐색형	은둔형
• 사회적으로 의미 있는 활동을 추구 • 관련 교육프로그램에 적극적 참여 • 관심 있는 단체 활동에 적극적 • 사교적인 경향 • 생산적인 활동을 선호(자원봉사, 공익형 일자리 등)	• 선호하는 활동이 명확 • 활동에 대한 기준이 명확하지 않음 • 여가를 통한 역할탐색의 어려움을 가짐 • 기호에 맞는 활동에 대해 선택적으로 집중 • 주로 혼자 할 수 있는 활동을 선호

35) 한국표준협회(2017)b : 성공적인 은퇴를 위한 생애설계. p. 282.
36) 강은나 외(2015) : 은퇴전환기 중고령자의 일 · 여가 현황과 여가증진방안 연구. 한국보건사회연구원. p. 143~181. 성공적인 은퇴를 위한 생애설계에서 재구성. p. 283~284에서 재인용.

둘째, 경제력에 따른 여가 인식 유형별 특성

일중심형	여가적응형
• 경제활동을 중심으로 활동 • 경제활동을 위해서는 여가활동의 불필요 하다고 생각 • 여가활동에 대한 지출 부담 • 돈을 들이지 않고 할 수 있는 활동으로 여가 활동을 제한 • 업무상 혹은 친구와의 술자리나 친교 모임에 참여하는 경향	• 여가 활동을 통해 자신의 가치와 존재감을 확인 • 다양한 분야에 대한 높은 관심 • 신상품을 쇼핑하듯 자신의 가치를 높일 수 있는 여가 활동에 관심 • 각종 토론 모임, 운동 등 다채로운 단체 활동에 참여하나 존재감 상실 시 소외감을 느낄 때 이탈할 가능성 있음

셋째, 가족관계에 따른 여가 인식 유형별 특성

부부활동형	개인여가형
• 못 이룬 꿈에 대한 막연한 동경이 있으나, 여가를 통한 실제로 꿈을 실현하기 위한 실천은 하지 못함 • 배우자와의 질 좋은 관계 형성에 중심 • 배우자와 함께 할 수 있는 여가 활동에 주력	• 가족 중심의 삶에서 탈피 • 자신만을 위한 자유로운 여가 활동 추구 • 탐험가적 자세로 새로운 여가 활동을 찾고, 즐기는 편 • 단체 활동에서의 관계보다는 관심이 있는 새로운 활동에 적극적 참여 • 다채로운 여가 경험을 갖고 있음

넷째, 소속감에 따른 여가 인식 유형별 특성

단체활동형	단체부적응형
• 자신의 기호에 맞는 여가 활동 • 집단에 소속되어 참여하는 것을 선호 • 일상생활에서 여가 활동을 반복적 · 규칙적 활동으로 고정시켜 소속된 단체를 중심으로 새로운 활동으로 확장해 나감	• 남아도는 시간과 일상의 무료함을 견디기 어려워 함 • 좋아하는 것을 하기 보다는 시간을 보낼 수 있는 활동이라면 참여 • 새로 시작한 활동에 익숙해지면 싫증을 잘 느끼고 즐거움을 줄 수 있는 새로운 활동으로 전향

2 행복한 노후생활을 위한 여가설계

여가 설계를 위해서는 우선 자신의 여가 생활을 점검해야 한다. 일과 가정생활, 경제적 여건 등 전반에 대한 점검이 필요하며, 생활 전체를 되돌아보고 그 특징과 문제점을 찾아보는 것이 필요하다.

2.1 여가 태도와 동기 탐색

가. 나는 어떤 여가 태도를 갖고 있는가.

여가 태도검사를 통해 자신이 여가에 대하여 어떤 사고를 가지고 여가를 바라보고 있고 체험하고 있는가에 대한 자기인식이 필요하다.

○ 여가태도 검사(LAS) 실시[37)]

여가태도 검사를 통해 여가에 대한 신념 혹은 지식 등에 대한 '인지적 태도'와 감성, 선호

37) 본 검사지는 Jacob G. Beard & Mounir G. Ragheb(1982)가 개발한 여가태도검사(Leisure Attitude Scale, LAS)에 근간을 두고 있다. 본 검사지는 김경태(1996)의 사용 내용을 노용구(1999)가 한국실정에 적합하게 번안한 자료와 비교한 후 재구성한 12문항을 중심으로 작성되었다. 국민연금공단(2018) : 노후준비서비스 제공자 교육과정(여가 · 경력관리 · 주거관리). p. 59에서 재인용.

도 등의 '정서적 태도', 그리고 여가활동의 경험적 행동에 대한 '행동적 태도'를 탐색한다.

[여가태도 검사(LAS)지]

각 문항에 대하여 해당하는 답을 각 칸에 체크(√)하고, 체크(√)한 숫자를 합하시오.

(5점 척도: 매우 그렇다 5점, 그렇다 4점, 그저 그렇다 3점, 그렇지 않다 2점, 전혀 그렇지 않다 1점)

문항	질문	5점	4점	3점	2점	1점
1	여가활동에 참여하는 것은 건전한 시간활용이다.					
2	여가활동은 행복과 직접적인 관련이 있다.					
3	여가활동은 자기발전의 수단이다.					
4	여가활동은 중요한 것이다.					
5	여가활동을 하는 동안에는 시간가는 줄 모른다.					
6	나는 나의 여가활동이 가치 있다고 생각한다.					
7	여가활동은 내게 즐거운 경험들을 제공한다.					
8	여가활동은 상쾌함을 느끼게 한다.					
9	여가활동을 자주 한다.					
10	시간과 돈이 많으면 새로운 여가활동을 더 많이 배우고 싶다.					
11	바쁘더라도 여가활동에 참여한다.					
12	나의 여가활동을 배우고 준비하는데 시간을 보내고 싶다.					
소계						
합계						

[검사 해석]

점수	내용
22점 이하	여가에 대하여 부정적인 생각을 가지고 있다. 여가에 대한 올바른 이해와 긍정적인 가치관을 확립한 후에 자신에게 맞는 여가 활동을 찾아보기 바란다.
23~49점	여가에 대한 긍정적인 자세를 가지고는 있지만 실행력이 약하다. 여가장애물을 제거하려면 어떻게 해야 하는지, 여가활동과 자원에는 어떤 것들이 있는지 자세하게 살펴보기 바란다.
50점 이상	여가에 대하여 긍정적인 가치관을 가지고 있으며, 여가 참여를 위한 실행력도 있다. 다만, 자신의 여가 활동 중에서 단순히 쉬거나, 기분 전환에 머무르지 않고 자기계발에 힘쓰고 있는 여가 활동이 있는지 점검해 보자. 만약, 없다면 자기계발이 가능한 구체적인 여가설계 전략을 세운다.

나. 나는 어떤 스타일의 여가 활동이 어울릴까?

직업을 선택할 때 적성과 흥미 등을 살펴서 선택하는 것처럼 여가 활동도 자신의 성향을 알면 평생을 즐길 수 있는 취미와 여가 활동을 찾을 수 있다. 다음 검사지를 통해 자신에게 맞는 여가 스타일을 찾는다.

[여가 스타일 검사지]

항목	내용	배점
만약 지금 공원에 있다면, 무엇을 하며 시간을 보내겠는가?	a. 다른 사람들과 어울려 피크닉을 하겠다.	1
	b. 운동 삼아 공원을 달리겠다.	2
	c. 조용히 책을 읽겠다.	3
	d. 돗자리를 깔고 누워 눈을 감고 음악을 듣겠다.	4
길을 걸을 때 주로 무엇을 하는가?	a. 친구 또는 가족과 핸드폰으로 통화하며 걷는다.	1
	b. 다름 목적지에 더 빨리 도착하기 위해 빠른 걸음으로 걷는다.	2
	c. 방금 나눴던 대화를 곱씹으며 걷는다.	3
	d. 늘 주위를 두리번거리며 한눈을 팔면서 걷는다.	4
비 오는 날 방 안에 있을 대 무엇을 하며 시간을 보내는가?	a. 가족들과 TV를 보거나 밀린 담소를 나눈다.	1
	b. 세탁기를 돌리는 등 손에 잡히는 밀린 일거리를 한다.	2
	c. 방에 혼자 들어가 책이나 잡지를 본다.	3
	d. 창문 밖으로 떨어지는 비를 보며 여유롭게 휴식을 즐긴다.	4
점심 식사 후 30분 정도 여유 시간이 생겼다면 무엇을 하겠는가?	a. 직장 동료들과 커피 한잔 하며 즐겁게 담소를 나누겠다.	1
	b. 개인 이메일이나 페이스북, 블로그 등을 체크한다.	2
	c. 책상에 앉아 뭔가 끄적거리며 낙서를 하거나 책을 읽겠다.	3
	d. 회사 밖으로 나가 맑은 공기를 쐬고 들어오겠다.	4
회사에 안 나가는 날, 주로 무엇을 하며 하루를 보내는가?	a. 가족들과 함께 시간을 보내거나 친구를 만나러 나간다.	1
	b. 집에서 이런저런 소일거리를 하다 헬스장에 들른다.	2
	c. 편안한 의자에 앉아 차를 마시며 푹 쉰다.	3
	d. 쉬는 날 무엇을 할지 미리 계획을 세우지 않는 편이다.	4
합계		( )점

※a=1, b=2, c=3, d=4점으로 계산

(자료 : 한국표준협회(2017)a, 성공적인 은퇴를 위한 생애설계. p. 299)

[검사 해석]

체크리스트의 각 항목별 점수를 합산하여 총 점수로 자신의 여가 유형을 알아 볼 수 있다.

점수	내용
관계지향형 (4~7점)	–인간관계를 가장 중요하게 생각하는 유형 사람들과 어울릴 때 가장 즐거워하며, 관계를 쌓아 나가는 과정 속에서 삶의 에너지를 얻는다. 어떤 사람과도 금방 친해지며, 남을 도울 줄 아는 따뜻한 마음도 가지고 있다. 이 유형은 자원봉사, 각종 스포츠 및 동호회 활동과 같이 따양한 사람들과 함께 시간을 보낼 수 있는 여가 활동이 어울린다.
목표지향형 (8~12점)	– 원하는 것을 이룰 때까지 꾸준히 노력하는 모습을 보이는 유형 지금하고 있는 것을 이룰 때까지 꾸준히 노력하며, 다음 단계로 넘어가기 전까지 결과물을 얻어 내려고 한다. 그 과정에서 다소 개인적인 성향을 보이기도 한다. 이 유형에게는 자격증 공부, 이색 스포츠와 같이 무언가 계속 성취해 나갈 수 있는 건설적인 여가 활동이 어울린다.
자아실현형 (13~16점)	–자기 성찰적이며, 늘 내면의 감성에 귀를 기울이는 유형 늘 자기 성찰을 하는 편이고, 자신의 내면의 감성에 귀를 기울인다. 그리고 이런 내면의 감성들이 자신을 둘러싼 바깥세상과 조화를 이룰 때, 큰 만족감을 느낀다. 무엇보다 나와 세상을 깊이 있게 통찰하는 눈을 가졌으며, 새로운 것을 배우는 것을 좋아한다. 이 유형에게는 미술 작품 관람, 글쓰기, 블로그 운영과 같이 꾸준히 자기 계발을 할 수 있는 여가 활동이 어울린다.
몽상가형 (17~20점)	–몽상가적 기질을 갖고 있는 유형 몽상가적 기질을 갖고 있는 유형으로, 늘 열린 태도로 세상의 흐름을 따라간다. 어떤 상황에도 적응해 나가는 것이 큰 장점이지만, 다소 즉흥적인 성향은 여가 생활을 즐기는데 방해가 될 수 있다. 따라서 이 유형은 그때그때 호기심과 흥미에 이끌려 여가 활동을 선택하기보다는 한 가지라도 꾸준히 즐기는 자세가 필요하다.

다. 동기 탐색하기

어떤 일을 계획 할 때 동기란 매우 지대한 영향을 끼친다. 동기는 행동을 유발하게 하는 심리적 에너지가 된다. 동기에 의해 유발된 행동은 그렇지 않은 경우보다 더 지속적이고 활발하게 행동한다. 여가 활동을 하려는 동기도 마찬가지다. 여가 활동은 여러 가지가 중복되어 작용하기 때문에 주요 동기에 맞춰 여가 활동 계획을 세우는 것이 바람직하다.

크렌달(Crandall)은 실증적 연구결과를 통해 여가 동기를 다음과 같이 분석하였다. 자신에게 맞는 동기에 체크(√) 하면 된다.

[동기 탐색 검사지]

구분	동기	세부내용	체크
1	휴식	-육체적으로 쉬기 위하여 -마음을 잠시 동안 느긋하게 하려고	
2	시간 소비	-바쁘게 지내고 싶어서 -무료함에서 벗어나고 싶어서	
3	일상생활에서의 자유	-나의 일상생활로부터 변화 -일상생활에서 오는 책임으로부터 탈피	
4	운동	-체력단련을 위하여 -몸매관리 위하여	
5	자연추구	-문명으로부터 잠시 회피하기 위하여	
6	사회적 만남	-다른 사람과 어떠한 일을 같이 하기 위하여 -다른 사람들로부터 회피하려고	
7	가족과의 만남	-가족 간의 화합을 도모하려고 -가족들로부터 잠시 회피하려고	
8	이성과의 만남	-이성과 같이 있고 싶어서 -이성교제를 위하여	
9	새로운 사람들과의 교유	-새롭고 다양한 사람들과 대화하기 위하여 -새로운 사람들과 우정을 형성하기 위하여	
10	인정 추구	-할 수 있다는 것을 남에게 보이려고 -남이 나의 능력을 인정하게 하려고	
11	사회적 권한 과시	-다른 사람을 조정하려고 -권력의 위치에 서기 위하여	
12	자극 추구	-환희를 맛보려고 -스릴을 맛보기 위하여	
13	자아실현	-내가 노력한 결과를 보려고 -다양한 기술과 재능을 발휘하려고	
14	성취 · 도전 · 경쟁	-내가 할 수 있는 것을 배우고 싶어서 -나의 기술과 능력개발 또는 경쟁심을 위하여	
15	창조	-창조력을 키우기 위하여 -지성수준을 높이기 위하여	
16	봉사	-남을 돕기 위하여 -남에게 보이기 위하여	
17	지적 심리주의	-감수성을 위하여 -나의 개인적 가치를 위하여	

라. 여가 활동 장애물 탐색하기

'여가 장애물'은 자신의 여가 활동에 대한 욕구를 충족하지 못하게하는 걸림돌을 말한다. 대표적인 여가 장애물은 돈, 시간, 파트너 부족, 정보부족 등이 될 수 있다. 여가 설계를 하기 위해서는 여가 장애물을 명확화 하고, 그 장애물에 대한 구체적인 문제해결을 하는 것이 필요하다.

다음 활동지를 바탕으로 자신이 선호하는 여가 활동을 3가지 적고 그에 해당하는 여가 활동에 대한 장애물을 해당 난에 체크√한다.

하고싶은 여가 활동	여가 장애물					
	건강	돈	시간	파트너	정보	기타
1.						
2.						
3.						

2.2 여가 설계의 원칙과 기준

○ 여가설계의 원칙과 선택기준

▶ 여가 설계의 원칙

- 가치성: 자신의 가치관을 중심으로 설계하라
- 적합성: 자신의 건강과 경제적인 여건을 고려하여 설계하라
- 정기성: 정기적으로 즐길 수 있는 여가활동을 설계하라
- 독창성: 남들과 다른 여가활동을 설계하라

예를 들어 같은 여가 활동이라도 구체적 세부사항으로 접근한다.

여가활동	세부사항
글쓰기	편지쓰기, 갤리그라피(손글씨), 책 만들기, 블로그에 서평쓰기
독서	낭독회 참여하기, 오디오북 자원봉사, 독서 지도사 과정 수강 및 활동하기

화초재배	숲 생태해설사 과정 수강 및 활동하기. 식물원 나들이
영화	영화제 나들이, 영화평평쓰기, 외국문화원 탐방
여행	아무추어 사진가, 테마 여행, 동굴탐험, 여행(테마별)가이드하기

- 영속성: 노후생활 끝까지 즐길 수 있는 여가활동을 설계하라
- 전문성과 다양성: 취미의 여가를 전문여가로 확장하라
- 구체성: 여가활동 계획서를 작성하라
- 피드백: 주기적 검토나 피드백을 하라

▶ 여가 선택의 기준

- 일상에서 즐거움을 찾아라
- 자신의 생활 여건과 여가 동기가 무엇인지 파악하라
- 정부 및 지방자치단체에서 지원하는 정보를 파악하라
- 실천할 수 있는 여가 설계를 하라
- 적극적으로 실천하라
- 다양한 여가 활동을 하라

○ 여가 설계 시 고려사항

첫째, 육하원칙에 따른 사항들을 우선 고려한다.

고려사항	세부사항
누구와	혼자, 친구, 연인, 부부, 자녀동반(가족)
언제(기간포함)	평상시, 공휴일, 주말, 장기 휴가,
어디서	해외, 시외, 클럽, 휴양시설, 경기장, 유원지, 집, 교외
무엇을	행락, 관광활동, 봉사활동, 스포츠, 건강활동, 사교활동, 유흥, 오락활동 감상, 관람활동, 취미, 교양활동, 사이버활동 기타
어떻게	예산, 이동방법, 교통수단, 숙박시설
얼마동안	기간(연간, 월간, 주간, 일 단위로 계획)

둘째, 여가를 위한 효율적 시간 관리를 한다.

시간은 되돌릴 수 없기 때문에 누수 없이 시간을 잘 활용할 수 있도록 해야만 더 많은 가치를 창조해 낼 수 있다. 여가는 시간 개념과 활동 개념으로 나눠 볼 수 있다.

▶ 시간 개념

24시간 중에서 생활에 필요 되는 활동으로부터 벗어난 자유 시간

▶ 활동 개념

휴식과 기분 전환 또는 자기완성을 위한 지식이나 능력의 양성, 사회 참여, 자유로운 창조력의 발휘를 위한 오직 자발적으로 행하는 활동의 총체

그렇게 활동할 수 있는 여가를 위해서 시간관리는 중요하다. 그리스에서는 시간의 개념을 '아이온', '크로니쿠스', '카이로스'로 구분한다.

▶ 아이온(Aion)

누구에게나 똑같이 주어지는 동시적이고 수평적인 개념의 시간이며, 모든 사람이 24시간씩 활용할 수 있는 시간

▶ 크로니쿠스(Chronocus)

수직적 개념의 시간으로 과거에서 현재, 미래로 이어지는 역사적 시간

▶ 카이로스(Kairos)

'상황적 시간', '혼돈의 시간'을 뜻하는 철학적 개념의 시간으로, 알맞은 시간, 옳은 시간, 바른 때를 지향하도록 요구하는 개념의 시간

○ 효율적 시간관리의 기본

시간관리 체크리스트를 바탕으로 하루 활동 내용을 평가하는 것이다.

[나의 활동 평가서]

시간	활동내용	활동시간 (H)	중요도			
			A	B	C	D
(예시) 09:00~12:00	TV 시청	3H				√
12:00~13:00	점심	1H		√		√
13:00~15:00	독서하기	2H				

※ A : 긴급하고 중요한 활동
B : 긴급하지 않지만 중요한 활동
C : 긴급하지만 중요하지 않은 활동
D : 긴급하지도 않고 중요하지도 않은 활동

'나의 활동 평가서'를 작성하였다면, A~D까지 체크된 활동 내용을 다음 '시간관리 체크 리스트'에 옮겨 적는다.

[시간관리 체크 리스트]

	긴급함	긴급하지 않음
중요함	A 긴급하고 중요함 - 급박한 위기 - 당면한 문제 - 마감 시한이 임박한 일 - 긴급한 모임	B 긴급하지 않지만 중요함 - 준비, 예방, 가치 명료화 - 계획, 자기계발 및 학습 - 인간관계 구축, 필요한 휴식
중요하지 않음	C 긴급하지만 중요하지 않음 - 불필요한 방해물 - 불필요한 보고서 - 중요하지 않은 회의 - 중요하지 않은 전화, 우편 등 사소하지만 바쁜 일	D 긴급하지 않고 중요하지 않음 - 다른 사람을 사소한 일 - 별 용무 없는 수다성 전화 - 시간을 낭비하는 일들 - 관련 없는 편지나 메일 - 지나친 TV시청이나 휴식

'시간관리 체크 리스트'에 옮겨 적은 내용 중에서 D항목 '긴급하지 않고 중요하지 않음' 항목에 해당하는 내용을 정리하고, 정리된 남은 시간을 B항목 '긴급하지 않지만 중요함'에 할애하고, 점차 늘려나가도록 한다.

60세에 은퇴하여 기대수명을 80세까지로 가정하면 총 8만 시간의 자유 시간이 있고, 100세 시대를 고려하면, 자유시간은 16만 시간으로 대폭 늘어난다. 노후생활에서 늘어난 여가 시간을 즐겁게 보내려면 소극적인 여가 시간을 줄이고, 일과 적극적인 여가시간을 늘려야 한다.

서두름 없이 우선 잘 할 수 있는 것부터 시작하고 목표를 세우고 실천하는 것이 중요하다.

Worksheet

[노후생활 행복한 삶을 위한 자기 점검]

항목	지표(배점)	☑
노후의 취미 · 여가 생활에 대해 생각해 본 적이 있는가?	전혀 생각해 보지 못했다.(5점)	□
	거의 생각해 보지 못했다.(10점)	□
	어느 정도 생각해 본 적은 있다.(15점)	□
	비교적 구체적으로 생각해 봤다.(20점)	□
	매우 구체적으로 생각해봤다.(25점)	□
노후생활을 고려해 취미 · 여가 생활을 시작해 본 적이 있는가?	전혀 없다.(6.3점)	□
	시작한 적은 있지만 현재는 하고 있지 않다.(12.5점)	□
	한 가지 정도 하고 있다.(18.8점)	□
	한 가지 정도 하고 있고 새로운 활동을 시작했다.(25점)	□
현재 어떻게 취미 · 여가 생활을 보내고 있는가?	별다른 활동이 없다.(5점)	□
	비정기적을 활동한다.(10점)	□
	1년에 정기적으로 하는 활동이 있다.(15점)	□
	한 달에 정기적으로 하는 활동이 있다.(20점)	□
	한 주에 정기적으로 하는 활동이 있다.(25점)	□
꾸준히 하고 있는 활동이 있다면 얼마나 하였는가?	꾸준히 하는 활동이 없다.(5점)	□
	1년 이내(10점)	□
	1년~3년 이내(15점)	□
	3년~5년 이내(20점)	□
	5년 이상(25점)	□
합계(100점 만점)	본인 점수 (점)	
여가에 대한 노후준비	상 : 65점 이상 중 : 27~65점 미만 하 : 27점 미만	

(자료 : 황은희(2015). 중장년 퇴직 이후 재취업 길라잡이. p. 41에서 재구성)

Worksheet

1. 자신에게 '여가'란 어떤 의미가 있는가? 그리고 노후생활 또는 자신의 라이프스타일과 잘 맞는 여가 활동은 어떤 것인지 생각해 보자.

2. 노후생활을 즐겁고 행복하게 보내려면 어떻게 여가 활동을 해야 할지 생각해 보자.
-여가활동 종류(문화, 예술, 관람, 여행, 스포츠 활동, 취미 오락, 기타 활동 등)
-주(　　　　회), 비용은 어느 정도(　　　　　　원)
-월(　　　　회), 비용은 어느 정도(　　　　　　원)
-년(　　　　회), 비용은 어느 정도(　　　　　　원)

3. 자신이 거주하고 있는 지역의 주요 여가 시설에는 어떤 것이 있는지 생각하는 대로 적어보자.

4. 노후생활에서 여가가 주는 유익은 무엇인가?

[여가활동 선택해 보기]

경매 참가하기	조깅	시 · 소설쓰기	스크린 골프	배낭여행
국내여행	춤(dance)	포커	사진촬영	그림 그리기
기계수리	도자기 취미	탁구	배드민턴	모터보트 타기
낚시	테니스	자연보호	조직	동호회활동
미용	계/동창/사교모임	어학공부	스포츠 관람	달리기
볼링	동전/지폐수집	우표수집	애완동물 기르기	해외여행
사격	낮잠	등산	자전거타기	모델 만들기
서예	맨손체조	골동품 수집	다도(茶道)	복싱
스키타기	옷 제작	텃밭 가꾸기	집안 꾸미기	수영
승마	자동차 경주	모터사이클	카드놀이	스케이트
신문잡지보기	오페라/발레	책 제본하기	영화감상	목욕/사우나
실뜨기	역도	골프	토크쇼 보기	음악감상
야구/소프트볼	나이트클럽	바둑	유도/태권도	사냥
연극/강좌	자수	일광욕	시민단체 활동	롤러스케이팅
연기/연극	오디오 듣기	볼링	파티하기	콘서트 참석
연날리기	농구	축구	TV보기	라디오 듣기
외식	스쿼시/핸드볼	경마	궁술/활쏘기	자서전 쓰기
요리/빵 굽기	보트 타기	책 서명	낱말 맞추기	꽃꽂이
운전(드라이브)	스카이다이빙	다츠(darts)	명승지 관광	구기운동
전화하기(상담)	보석만들기	자동차 수리	펜싱	박물관 방문
지역공동체 활동	종교단체활동	쇼핑	스쿠버다이빙	정원 가꾸기
책 읽기	장기(체스)	악기연주/배우기	컴퓨터게임	돗자리 만들기
캠핑	소풍	토론	노래하기	카지노
커피숍 가기	그림 감상하기	정치활동	당구	바느질
테이블게임	헬스	자원봉사	글라이딩	친구만나기
하이킹/산책	배구/발리볼	게이트볼	명승지 관광	목공예
성지순례	묵상/기도	테마여행	탐험(동굴 등)	기타

PART 4

노후 건강과 노인복지제도

1. 노후 건강은 기본
2. 사회보장제도 및 노인장기요양제도
3. 노인복지시설과 노인인권

1 노후 건강은 기본

1.1 주요 사망원인

100세 시대, 건강하고 행복한 노후를 위해서는 미리미리 예방적 차원에서 건강관리를 해야 한다. 노화 관련 학자들은 성장이 끝나자마자 노화가 시작된다고 본다.

노화는 개인마다 차이가 있겠지만, 20대 초반부터 시작된다고 본다. 20~30대에는 노화의 속도가 느려서 노화의 증상을 느끼지 못하는 경우가 많다. 그러나 30대에는 신체의 구조적 변화로 본격적으로 노화에 대비해야 하는 시기가 된다.

일반적으로 30대까지는 건강 상태가 양호하여 잘못된 생활습관이 생기기 쉽다. 그렇지만 이때부터 건강을 제대로 관리하지 못하면 노화를 촉진하고 건강을 해치게 되므로 조기에 노화방지를 위한 건강관리는 매우 중요하다.

○ 주요 사망원인

2017년 통계청 발표 '2016년 대한민국 사망원인의 순위'를 보면 10대 사망원인은 악성신생물(암), 심장 질환, 뇌혈관 질환, 폐렴, 고의적 자해(자살), 당뇨병, 만성하기도 질환, 간 질환, 운수 사고 순으로 나타났다. 10대 사인은 전체 사망원인의 69.5%를 차지하였고, 3대 사인(암, 심장 질환, 뇌혈관 질환)은 전체 사인의 46.8%를 차지, 전년보다 0.2%p 감소한 것으로 나타났다.

[2016년 대한민국 사망원인]

10대 사망원인 순위 및 사망률, 2016년

(인구 10만 명당 명)

순위	사망원인	사망률	'15년 순위대비
1	악성신생물	153.0	–
2	심장 질환	58.2	–
3	뇌혈관 질환	45.8	–
4	폐렴	32.2	–
5	고의적 자해(자살)	25.6	–
6	당뇨병	19.2	–
7	만성 하기도 질환	13.7	–
8	간 질환	13.3	–
9	고혈압성 질환	10.6	↑ (+1)
10	운수사고	10.1	↓ (–1)

5대 사망원인 사망률 추이, 2006–2016년

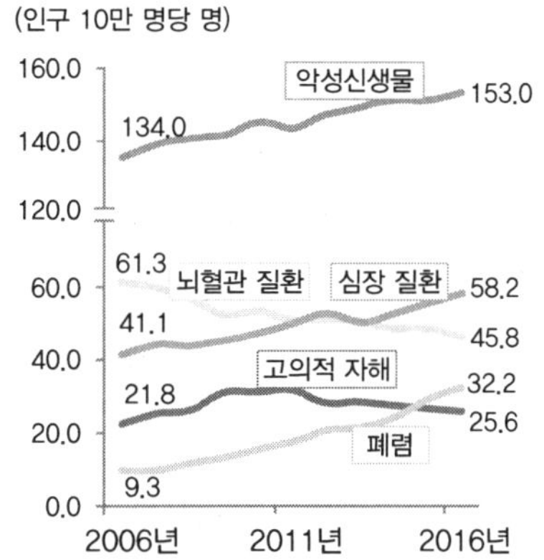

또한 10년 전에 비해 사망원인 순위가 상승한 사인은 심장 질환(3위→2위), 폐렴(10위→4위), 만성하기도 질환(8위→7위)이고, 하락한 사인은 뇌혈관 질환(2위→3위), 당뇨병(4위→6위), 운수 사고(6위→10위), 간 질환(7위→8위)로 나타났다.

[사망원인 순위 추이, 2006~2016]

(단위: 인구 10만 명당 명, 명, %)

순위	2006년		2015년		2016년					
	사망원인	사망률	사망원인	사망률	사망원인	사망자수	구성비	사망률	'06 순위 대비	'15 순위 대비
1	악성신생물	134.0	악성신생물	150.8	악성신생물	78,194	27.8	153.0	–	–
2	뇌혈관 질환	61.3	심장 질환	55.6	심장 질환	29,735	10.6	58.2	↑ +1	–
3	심장 질환	41.1	뇌혈관 질환	48.0	뇌혈관 질환	23,415	8.3	45.8	↓ -1	–
4	당뇨병	23.7	폐렴	28.9	폐렴	16,476	5.9	32.2	↑ +6	–
5	고의적 자해 (자살)	21.8	고의적 자해 (자살)	26.5	고의적 자해 (자살)	13,092	4.7	25.6	–	–
6	운수 사고	15.9	당뇨병	20.7	당뇨병	9,807	3.5	19.2	↓ -2	–
7	간질환	15.5	만성 하기도 질환	14.8	만성 하기도 질환	6,992	2.5	13.7	↑ +1	–
8	만성 하기도 질환	14.4	간 질환	13.4	간 질환	6,798	2.4	13.3	↓ -1	–
9	고혈압성 질환	9.4	운수 사고	10.9	고혈압성 질환	5,416	1.9	10.6	–	↑ +1
10	폐렴	9.3	고혈압성 질환	9.9	운수 사고	5,150	1.8	10.1	↓ -4	↓ -1

○ **남녀 및 연령대별 사망원인**

▷ 남녀 성별 사망원인

남자의 10대 사인은 악성신생물(암), 심장 질환, 뇌혈관 질환, 고의적 자해(자살), 폐렴, 간 질환, 당뇨병, 만성 하기도 질환, 운수사고, 추락 순이고, 여자의 10대 사인은 악성신생물(암), 심장 질환, 뇌혈관 질환, 폐렴, 당뇨병, 고의적 자해(자살), 고혈압성 질환, 알츠하이머병, 만성 하기도 질환, 패혈증 순으로 나타난다.

남녀 모두 악성신생물(암)의 순위가 가장 높았고, 남자의 악성신생물 사망률이 여자보다 1.6배 높으며, 남자가 여자보다 순위가 높은 사인은 고의적 자해, 간 질환, 만성 하기도 질환, 운수사고, 추락 순이고, 여자가 남자보다 순위가 높은 사인은 폐렴, 당뇨병, 고혈압성 질환, 알츠하이머병, 패혈증 순으로 조사되었다. 자는 전년 대비 간 질환(7위→6위), 여자는 고혈압성 질환(8위→7위)의 순위가 상승한 것으로 나타난다.

[성별 사망원인 순위, 2016]

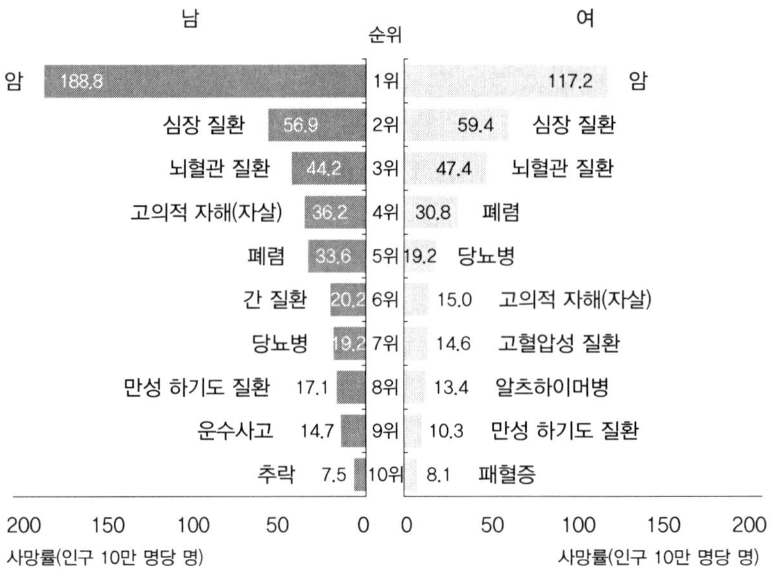

▷ 연령대별 사망원인

10대부터 30대까지 사망원인 1위는 자살, 40세부터는 암이 사망원인 1위를 차지한다.

악성신생물(암)은 1-9세 및 40세 이상에서 1위이고, 30대에서 2위이며, 10대, 20대에서 3위이며, 고의적 자해(자살)는 10대, 20대, 30대에서 1위이고, 40대, 50대에서 2위로 나타난다.

[연령별 3대 사망원인 구성비 및 사망률, 2016]

연령(세)	1위			2위			3위		
	사망원인	구성비	사망률	사망원인	구성비	사망률	사망원인	구성비	사망률
0	출생전후기에 기원한특정 병태	52.9	149.1	선천 기형, 변형 및 염색체 이상	19.9	56.2	영아 돌연사 증후군	7.4	20.8
1-19	악성신생물	19.3	2.2	운수 사고	12.6	1.5	선천 기형, 변형 및 염색체 이상	9.5	1.1
10-19	고의적 자해자살	30.0	4.9	운수 사고	18.1	3.0	악성신생물	16.0	2.6
20-29	고의적 자해자살	43.8	16.4	운수 사고	15.1	5.7	악성신생물	11.3	4.2
30-39	고의적 자해자살	35.8	24.6	악성신생물	20.3	14.0	운수 사고	6.9	4.8
40-49	악성신생물	29.8	45.7	고의적 자해자살	19.3	29.6	간 질환	7.9	12.2
50-59	악성신생물	38.3	133.0	고의적 자해자살	9.4	32.5	심장 질환	8.3	28.9
60-69	악성신생물	43.1	319.7	심장 질환	8.8	65.3	뇌혈관 질환	6.9	51.4
70-79	악성신생물	34.5	771.7	심장 질환	10.6	236.5	뇌혈관 질환	9.1	204.4
80 이상	악성신생물	17.3	1455.2	심장 질환	12.5	1051.2	뇌혈관 질환	9.6	808.8

[연령별 주요 사망원인 구성비, 2016]

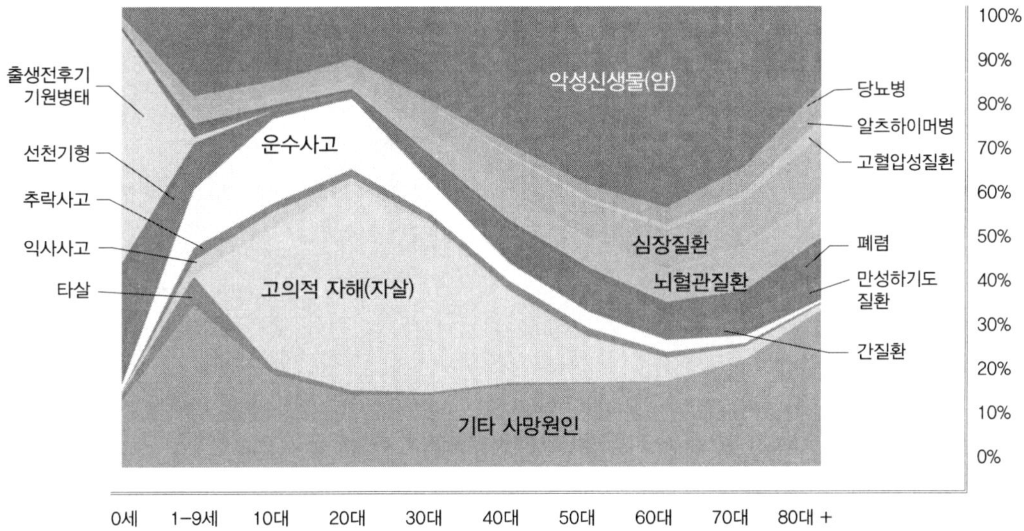

연령별 사망원인 구성비 = (해당 연령의 사망원인별 사망자 수 / 해당 연령의 총 사망자 수) X 100

▷ 사망원인별 사망률

폐렴 · 고혈압성 질환 사망률 증가, 만성하기도 질환 · 당뇨병 사망률 감소를 보인다. 전년 대비 사망률(인구 10만 명당 명)이 증가한 사망원인은 폐렴(3.3명, 11.6%), 고혈압성 질환(0.7명, 6.9%), 심장 질환(2.6명, 4.6%), 폐암(1.0명, 2.9%) 등 이다.

사망률이 감소한 사망원인은 만성하기도 질환(-1.1명, -7.5%), 당뇨병(-1.5명, -7.4%), 운수 사고(-0.8명, -7.3%), 뇌혈관 질환(-2.2명, -4.6%), 고의적 자해(-0.9명, -3.4%), 위암(-0.6명, -3.4%) 등 이다.

▶ 10년 전에 비해 사망률이 크게 증가한 사망원인은 폐렴(22.9명, 246.8%), 심장 질환(17.1명, 41.5%), 폐암(6.5명, 22.5%) 등 이다. 그리고 사망률이 감소한 사망원인은 운수사고(-5.8명, -36.7%), 위암(-5.8명, -26.2%), 뇌혈관 질환(-15.5명, -25.2%), 호흡기 결핵(-1.2명, -23.8%) 등 이다.

[주요 사망원인별 사망률 추이, 2006-2016]

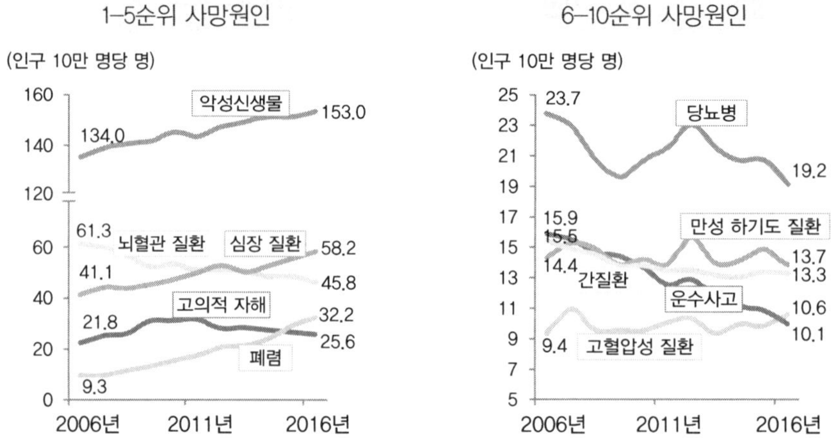

▷ 악성신생물(암) 사망률

악성신생물(암) 사망률 폐암, 간암, 대장암 순으로 높고, 통계작성 이래('83) 처음으로 대장암 사망률이 위암보다 높아진 것으로 나타난다.

- 악성신생물(암)에 의한 사망률(인구 10만 명당 명)은 153.0명으로 전년 대비 2.1명 (1.4%) 증가함.
- 암 사망률은 폐암(35.1명), 간암(21.5명), 대장암(16.5명), 위암(16.2명), 췌장암(11.0명) 순으로 높음.
  * 전년 대비 간암(-3.0%), 위암(-3.4%), 자궁암(-5.7%) 등의 사망률은 감소했으며, 폐암(2.9%), 췌장암(2.9%), 백혈병(6.8%) 등의 사망률은 증가함.
- 남자의 암 사망률(188.8명)은 여자(117.2명)보다 1.6배 높음.
  * 남자는 폐암(52.2명), 간암(31.5명), 위암(20.8명) 순으로 사망률 높음.
  * 여자는 폐암(18.1명), 대장암(14.6명), 간암(11.6명) 순으로 사망률 높음.
  * 남녀 간 차이는 식도암(9.5배)이 가장 높고, 폐암(2.9배), 간암(2.7배) 순임.
- 전년 대비 남 자의 암 사망률은 1.6명(0.8%), 여자는 2.8명(2.4%) 증가함.
- 10년 전에 비해 폐암, 대장암, 췌장암 사망률은 증가, 위암 사망률은 감소함.

[악성신생물(암) 사망률 추이, 20076–2016]

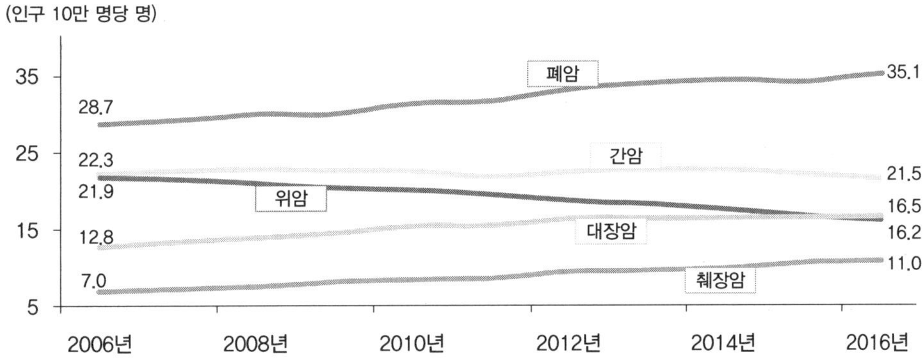

- 30대는 위암, 40~50대는 간암, 60세 이상은 폐암으로 인한 사망률이 가장 높음.
- 연령별 사망률(인구 10만 명당 명)이 높은 암은 다음과 같음.

10대	백혈병(0.9명), 뇌암(0.4명), 간암(0.1명)	50대	간암(28.1명), 폐암(21.1명), 위암(14.5명)
20대	백혈병(1.1명), 뇌암(0.5명), 위암(0.3명)	60대	폐암(77.4명), 간암(52.3명), 위암(30.3명)
30대	위암(2.3명), 유방암(1.7명), 간암(1.6명)	70대	폐암(216.5명), 간암(97.8명), 대장남(78.8명)
40대	간암(9.6명), 위암(6.1명), 유방암(5.5명)	80세 이상	폐암(345.9명), 대장암(202.1명), 위암(175.6명)

▷ 기타

순환계통 질환 사망률 118.1명, 여자가 남자보다 사망률이 높으며, 70세 이후부터는 순환계통 질환 사망률이 급증

1.2 신체 노화와 예방

나이가 들어감에 따라 신체의 노화는 더욱 촉진된다. 각 신체기관의 노화증상과 예방법을 익혀 노화를 대처하기 위한 건강관리를 생활화 하는 것이 중요하다.

1) 심혈관계(심장 & 혈관)

20세 때 심장의 출력을 100이라고 하면, 나이가 들면서 점점 떨어져 80세가 되면 심장 출력이 70이 되고, 최대 호흡량은 40미만으로 낮아진다.

노화에 따라서 심장은 운동 시 최대 심박량과 최대 수행능력도 감소하게 되어 동맥에 지방이 축적되고 칼슘이 침전되는 동맥경화증에 의해 동맥벽을 두껍고 딱딱하게 만든다. 또 혈압이 상승되고, 말초혈관의 탄력성이 감소한다. 이런 심혈관의 노화는 비만, 고혈압, 고혈당, 과지방혈증, 감염, 오염물질, 좋지 못한 생활습관 등에 의해 더욱 가속화된다.

▶ 노화로 인한 심혈관계의 증상

- 신체활동 감소와 신진대사 저하로 몸의 열 생산이 감소, 체온이 내려가고, 맥박수 등이 감소한다.
- 심장 근육의 강도와 효율성이 감소하여 심박출량이 감소한다.
- 동맥경화로 혈압의 조절능력이 저하되어 고혈압이 온다.
- 혈관 경색 및 심장기능 저하로 순환장애가 온다. 손발이 차고, 저릿저릿한 느낌이 들기도 한다.

심혈관계 노화는 인체의 모든 장기에 산소와 영양소를 가져다주지 못해 인체의 노화를 가속화한다. 심혈관질환은 갑자기 발생하여 사망에 까지 이르게 하며, 사망하지 않더라도

후유증과 치료비부담이 큰 무서운 질환으로 예방이 필요하다.

▶ 심혈관질환의 예방

- 심혈관질환을 예방하기 위해서는 규칙적 운동을 통하여 심장근육을 강화한다.
- 혈관의 탄력성을 유지
- 적정체중 유지, 금연 및 금주, 저염식이와 저지방식이, 기저질환으로 고혈압, 당뇨, 고지혈증 등이 생기면 적절한 치료와 관리를 해야 한다.

2) 호흡기계(호흡기의 노화)

노년기에 이르면 폐에는 여러 가지 구조적, 생리적인 변화가 나타난다. 호흡기 근육 위축과 호흡기 근육의 근력 감소, 폐 순환량 감소, 폐기능 저하, 기도저항 증가, 기침 반사 저하, 섬모운동 저하 등이 나타난다.

▶ 노화로 인한 증상

- 폐포의 탄력성 저하로 폐활량이 줄어들어 쉽게 숨이 참
- 호흡근육의 약화로 호흡증가 시 피로해지기 쉬움
- 기관지 내 분비물이 증가되어 호흡기계 감염이 되기 쉬움

▶ 호흡기질환의 예방

- 규칙적인 운영을 통항여 폐기능을 강화
- 혈관의 탄력성을 유지
- 금연 및 절주, 적정 체중 유지 등

3) 소화기계(소화기의 노화)

소화기계의 분비, 흡수, 운동성의 감소와 타액의 감소로 인한 구강 건조증이 생기는 등의 소화기계와 관련한 많은 불편감이 나타난다.

노인에게 영양소의 흡수 및 소화기능과 관련된 변화는 소화기계 자체의 문제라기 보다는 심혈관계 및 신경계의 변화에 기인 할 수 있기 때문에 다른 부위의 질병, 식이습관, 환

경적 요인 및 약물의 효과도 고려해야 한다.

▶ 노화로 인한 소화기계의 증상

- 맛을 느끼는 세포수의 감소와 후각기능의 저하로 미각이 둔화. 짠맛이 둔해지고 쓴 맛은 잘 느끼게 됨
- 충치, 치아의 탈락, 잘 맞지 않는 의치로 인한 불편감 등으로 음식을 씹기 어려움
- 타액과 위액분비 저하 및 위액의 산도 저하로 소화능력이 저하
- 씹는 것이 어려워 영양상태의 악화와 섬유식이의 섭취 부족으로 변비가 생기기 쉬움
- 소화능력 저하로 배에 가스가 차고, 변비, 설사, 구토증상 등이 생김
- 췌장에서의 소화효소 생산이 감소하여 지방의 흡수력이 떨어짐
- 췌장에서의 호르몬 분비 감소로 당내성이 떨어져 당뇨병에 걸리기 쉬움
- 간 기능의 감소로 약물의 대사와 제거 능력이 저하됨
- 직장 벽의 탄력성이 감소되고 항문 괄약근의 긴장도가 감소되어 변실금이 발생가능

▶ 소화기질환의 예방

- 규칙적인 운동을 통한 위장운동을 촉진
- 아침식사를 포함한 규칙적인 식습관을 유지
- 금연 및 절주, 저염식이와 저지방식이, 고섬유식이 등을 통하여 변비를 예방하고, 소화기계 건강을 유지

4) 근골격계(근골격의 노화)

뼈의 질량 감소는 30~40대에서 시작되며 전신의 골격에서 다양한 비율로 일어난다. 뼈가 손실되면 뼈의 강도가 낮아지기 때문에 낙상으로 인한 골절도 쉽게 일어난다. 하악골의 쇠약으로 이가 빠지기도 한다.

노년기에는 자세, 기능, 걸음걸이의 이상이 오며, 외모의 변화가 일어난다. 전형적으로 척추간판의 협착으로 허리가 굽고, 그 결과 신장이 줄어든다. 근육의 소실로 팔과 다리가 가늘어지며, 다리를 넓게 벌리고 비틀거리는 걸음을 걷는다. 근골결계의 노화는 이와 같은 외모의 변화는 물론 일상생활 기능에 크게 영향을 미칠 수 있다.

▶ 노화로 인한 근골격계의 증상

- 척추추간판의 수축과 골량 감소로 신장이 줄어든다.
- 등이 앞으로 굽으며 자세의 변화가 온다.
- 골조직의 변화로 작은 충격에도 골절되기 쉽다.
- 근력의 저하로 운동능력이 감소된다.
- 어깨가 좁아지고 골반이 커진다.
- 근섬유의 수와 크기가 감소하여 근육의 양이 줄어든다.
- 관절의 활막이 탄력성을 잃고 관절면이 마모되어 염증, 통증, 기형이 초래된다.
- 팔, 다리의 지방은 감소하고, 엉덩이와 허리, 어깨의 피하지방은 증가하여 노인 특유의 체형을 보인다.

▶ 근골격질환의 예방

- 규칙적인 운동은 피로 감소, 신체적 기능을 향상.
- 운동을 시작하기 전에 먼저 건강력과 신체검진을 실시하여, 운동의 형태, 강도, 빈도, 시간을 고려한 개별적인 적정 수준에 맞는 운동을 실시
- 유연성 신장운동, 근력증진 운동, 걷기, 지구력 운동, 수중운동, 타이치, 고무 밴드를 이용한 운동 등을 함

▶ 골다공증의 예방

- 칼슘과 비타민 D가 충분한 균형 있는 음식 섭취(유제품, 해조류, 멸치, 콩, 깻잎, 기타 뼈째 먹는 생선, 사골 등)
- 무게를 싣는 운동: 체조, 걷기, 빨리 걷기, 등산, 에어로빅, 자전거, 배드민턴 등
- 금연과 알콜 섭취의 제한
- 노년기 골밀도 검사와 약물이 필요할 때 적절한 치료
- 노련기 골절을 예방하기 위해서는 다음 안전수칙 준수
  - 시력 저하를 초래하는 안과 질환을 예방, 치료
  - 집안을 항상 밝게 조명하는 것이 좋다.
  - 걸려 넘어질 수 있는 물건을 바닥에 두지 않는다.

- 화장실과 욕실은 물이 젖어 미끄럽지 않도록 청결하게 유지
- 계단을 이용할 때는 천천히 조심해서 난간을 붙잡고 걷는다.
- 편안하고 발에 맞는 신발을 신는다.
- 겨울철에 눈이 오거나 빙판이 된 거리는 다니지 않는다.
- 무거운 물건을 들고 일어설 때 특히 바른 자세를 유지한다.
- 자리에 앉거나 보행 시에는 올바른 자세를 유지하고 부자연스럽고 무리한 동작을 하지 않도록 한다.

5) 피부계(피부의 노화)

나이가 들어가면서 주름이 생기고 늘어진다. 노인의 주름은 피하의 지방층이 줄고 수분이 소실되어 건조해지면서 생기는 것이다. 손톱과 발톱이 두꺼워지고 잘 부서지며, 검버섯이라 불리는 노인성 갈색 반점이 생긴다.

머리카락은 전반적으로 가늘어지고 탈색되는 반면, 여성은 얼굴에 털이 증가하며 손톱이 누렇게 되고 두꺼워지며 세로로 융기된 줄이 생긴다. 모근의 멜라닌생성 세포가 소실되어 흰머리가 생길뿐 아니라 성장속도도 줄고 굵기도 가늘어지며 머리가 벗겨지기 시작한다.

65세 이후 여성은 머리, 겨드랑이, 음부의 털은 줄지만 입가와 뺨에서는 오히려 증가. 남성의 경우 머리털과 수염이 줄고 입가나 뺨에서는 많아진다. 노인에게도 피부는 미적 가치로서 중요. 개인의 자존감 및 자아개념에 많은 영향을 미친다.

▶ 노화로 인한 피부계의 증상

- 피하지방의 감소로 기온에 민감해진다.
- 피부가 건조하고, 표피가 얇아져서 탄력성이 감소한다.
- 주름살이 생기며 눈꺼풀이 늘어지고 이중 턱이 된다.
- 발톱이나 손톱이 견고하고 두꺼워진다.
- 상처회복이 지연되고 궤양이 생기기 쉽다.
- 피부가 회색으로 변하고 검버섯 등이 생긴다.
- 노화로 인하여 피부가 얇아져 쉽게 손상되는 경향이 있으며, 피하조직의 감소로 인하여 저체온이나 오한, 압박에 대한 손상 등의 위험 또한 높다. 피부장애를 일으키는

원인은 대부분 햇볕에 장기간 노출되어 나타나는 경우가 많으며, 각화증, 피부암, 진균감염, 피부염, 착색 등이 흔하게 발생

▶ 피부질환 예방

- 피부문제는 소양증, 통증, 지각이상은 피부질환과 관련된 가장 흔한 증상이며, 특히 노인에게 특별한 원인없이 지속적으로 나타난다.
- 가습기를 사용하여 습도를 높여주고, 가벼운 샤워를 하고 타올로 과도하게 문지르든가 오래 목욕하는 것을 피하고, 오일이나 로션 등을 발라주며 항히스타민제 등의 약물을 처방 받아 투여

6) 비뇨생식계(비뇨생식기의 노화)

노화에 따라 신장기능은 전체적으로 감소하는 가운데 외상이나 질환이 발생하면 변화가 가중되어 취약성이 증가된다. 소변을 보고도 시원하지 않은 느낌이 늘어나고, 방광용적이 250ml 정도로 감소되어 자주 소변을 보게 된다. 또한 방광근력을 저하시켜 방광이 완전히 비워지지 않게 하고 요류의 힘을 감소시킨다.

요실금은 노인에게 매우 중요한 문제로 신체적 문제뿐 아니라 심리적, 사회적, 재정적으로 어려움을 겪게 한다. 요실금은 남성보다 여성 노인에게 더 흔하다. 여성 노인의 경우 요실금의 원인은 감소된 방광근육강도와 방광능력, 자궁탈출 등이 있다. 남자 노인의 요실금은 해부학적 변화로서 방광능력의 감소, 전립선의 비대, 방광긴장력 증가 때문이다. 요실금은 노화의 정상적인 과정이 아니므로 주의 깊게 관리한다.

▶ 비뇨생식기의 증상

- 방광기능과 대뇌기능의 저하 등으로 빈뇨증, 요실금, 야뇨증이 생긴다.
- 여성의 경우 유방의 위축과 질의 수축 및 분비물 저하로 질염이 발생하기 쉽다.
- 남성의 경우 전립선 비대로 배뇨곤란과 배뇨 시 통증을 경험한다.

▶ 비뇨생식기 질환의 예방

- 요실금이 가장 흔한 비뇨기계 질환. 여성 요실금은 크게 절박성 요실금과 긴장성 요

실금으로 나뉜다.

- 요실금의 치료는 그 정도와 종류에 따라서 다르다. 개개인에 따라 치료 역시 다르다. 대체로 심하면 수술을 해야 된다고 생각하면 되고, 그 정도가 경하고 젊은 여성인 경우에는 방광훈련이나 바이오피드백, 전기자극치료 같은 것을 권할 수 있다. 수술 이외의 치료법으로 가장 대표적인 것은 골반근육운동이 있다.
- 여성은 질 분비물 감소로 성교시 통증이 유발될 수 있으므로 수용성 젤을 적절히 사용한다.

7) 신경계(신경계의 노화)

노화와 더불어 신경계는 노인에게 경미한 기억력 손상, 인지능력 감퇴를 초래하고, 수면 양상, 시각, 청각, 걸음걸이, 자세의 변화를 일으킨다.

뇌조직은 대사 혹은 산소공급의 변화에 민감하고 뇌와 같은 신경계의 기능 손상은 질병과 환경 변화에 의한 대사 혹은 산소공급의 변화로 인해 촉발된다. 신경계 변화는 주로 연령에 따른 뉴런의 퇴화에 의한 것이며, 주로 신경계의 외상, 허혈, 기타 병리적 상태의 축적 결과이다.

▶ 증상

- 신경세포의 기능이 저하된다.
- 근육의 긴장과 자극 반응성의 저하로 신체활동이 감소된다.
- 감각이 둔화된다.
- 정서조절이 불안정해진다.
- 신체적인 운동부족으로 불면증이나 수면장애를 갖는다.
- 단기기억은 감퇴되나 장기기억은 대체로 유지된다.
- 앞으로 구부린 자세와 느리고 발을 끄는 걸음걸이가 나타난다.
- 균형을 유지하는 능력과 신체를 바르게 유지하는 능력이 감소한다.

▶ 신경계 질환 예방과 관리

- 전반적인 건강관리를 잘 하면 신경계의 노화속도를 늦출 수 있다.

8) 내분비계(내분비계의 노화)

노인에게 갑상선 질환과 당뇨병과 같은 내분비계 질환은 흔하게 발병하지만 증상이 확실하지 않으므로 진단을 내리는 것은 어려운 경우가 많다.

일반적으로 뇌하수체, 부신 등의 내분비관은 노화에 의해 크게 변화가 없지만 당대사 및 갑상선 분비호르몬, 에스트로겐 분비에는 노화에 따른 변화가 크다. 또한 노인의 기초대사율은 감소할 수 있는데, 젊은 사람과 비교하여 볼 때 노화와 관련되어 근육질량이 감소되기 때문에 기초대사율이 감소된다.

▶ 증상

- 포도당 대사능력이 감소되고, 인슐린에 대한 민감성 감소로 쉽게 고혈당이 된다.
- 인슐린의 분비가 느리고 양이 불충분하여 당뇨병이 발생한다.
- 공복 시 혈당이 증가한다.
- 갑상선 크기가 줄어들고 갑상선 호르몬의 분비량도 약간 감소된다.

▶ 내분비계 질환 예방과 관리

- 폐경과 같은 호르몬 분비량 감소는 개인차가 있기는 하지만, 적지 않은 신체증상으로 힘들 수 있다. 이때는 에스트로겐을 복용하는 등 호르몬대체요법을 할 수 있다.
- 여성호르몬의 복용은 유방암이나 자궁암 같은 여성암 발병을 증가시키는 경향이 있으므로 가족 중에 여성암 이력이 있는 경우, 복용에 주의
- 당뇨병이 발생한 경우에도 노인성 당뇨는 식이조절과 운동만으로도 관리가 될 수 있기 때문에 체계적인 생활습관 실천이 필요

(자료 : 국민연금공단(2018), 노후준비서비스 제공자 교육과정(건강 · 대인관계). p. 15~24에서 재구성)

1.3 건강관리는 빠를수록

가. 건강관리법 : 청장년기

청장년기는 한창 성장하는 시기로 충분한 열량을 공급해야 하며 특히 칼슘과 철분공급에 유의해야 한다. 신체적 발달속도에 비해 정신적, 심리적, 사회적 발달은 성장속도가 늦어져 방황을 하기도 한다. 흡연 및 음주를 시작하기도 하고, 순간에 잘못된 생각으로 자살을 선택하기도 하는 시기이다.

금연, 절주, 규칙적 운동 등 평생의 건강습관을 형성하고, 우울증이나 스트레스를 잘 관리해야 한다. 아동 청소년기에는 매년 체중과 키를 측정하여 적절한 성장이 이루어지고 있는지를 평가해야 하며, 소아 비만은 적극적으로 조절하는 것이 성인이 되었을 때 각종 생활습관병으로 진행되는 것을 예방할 수 있다.

비만으로 판명된 경우, 혈청 지질치, 혈당, 간기능 검사 등의 혈액 검사를 시행하여 적극적으로 치료해야 한다.

1) 금연

▶ 흡연으로 인한 건강 문제

- 전신 건강상태가 악화될 가능성이 높음
- 암발생률이 높음(30~40%)
- 폐, 기관지 질환
- 심혈관계 질환
- 구강(구강암으로 사망할 확률이 13배 높음)

금연을 해야 하는 이유는 '금연 후 시간 경과에 따른 이득'에서 보는 바와 같이 건강상의 이득이 있다.

[금연 후 시간 경과에 따른 이득]

20분	혈압과 맥박이 정상으로 떨어지고, 손발의 체온이 정상으로 증가한다.
12시간	혈액 속의 산소량이 정상으로 올라가고 일산화탄소 양도 정상으로 떨어진다.
2주~3개월	혈액순환이 좋아 지고 폐기능이 향상된다.
1~9개월	기침이 줄어들고 숨쉬기가 편안해지며, 폐의 섬모가 정상 기능을 찾아 여러 가지 감염 위험이 줄어든다.
1년	관상동맥질환(심장병)에 걸릴 위험이 흡연자의 절반으로 감소한다.

5년	구강함, 후두암, 식도암, 방광암 위험이 절반으로 감소한다. 자궁경부암 발병위험은 비흡연자 수준으로 감소한다. 2~5년이 지나면 뇌졸중에 걸릴 위험이 비흡연자와 같아진다.
10년	폐암 사망률이 흡연자의 절반수준이 되며, 구강함, 후두암, 식도암, 방광암, 신장암, 췌장암의 발생 위험도 감소한다.
15년	관상동맥질환(심장병)에 걸릴 위험이 비흡연자와 같아진다.

[흡연으로 인해 발생할 수 있는 암]

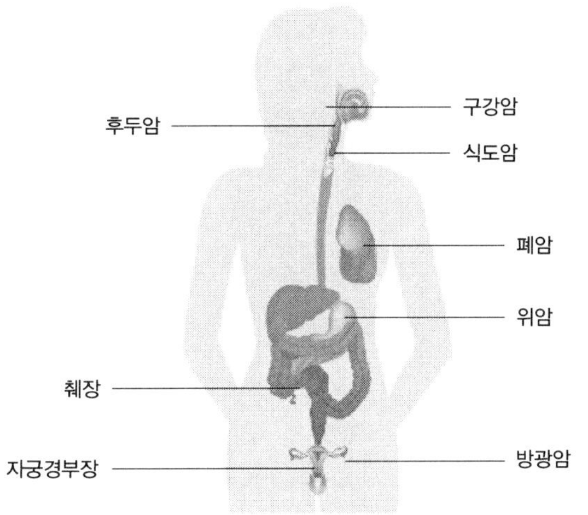

(자료 : 국가암정보센터(http://www.cancer.go.kr))

2) 음주

과도한 음주는 건강을 해치는 나쁜 습관이며 폭력이나 음주운전과 같은 사회문제로 이어질 수 있다. 알코올은 하루 약 30g 이하(맥주 한 병 반, 소주 2잔)에서는 문제가 되지 않는다. 이정도 음주를 하면 심혈관 질환으로 인한 사망률과 동맥경화가 오히려 감소한다는 연구보고도 있다. 그런데 2018년 8월 20일 영국 의학지 '랜싯(Lancet)[38]'에 실린 논문에 따르면 술은 아무리 적은 양이라도 건강을 해친다는 것으로 봐 음주를 권장하기는 어렵다.

현재까지 60가지 이상의 질병이 음주와 직, 간접적으로 연관되어 있는 것으로 보고되고 있다. 여러 급, 만성 질환(췌장염, 알코올성 간염, 간경변, 뇌졸중, 뇌출혈, 고혈압, 각종 암 등)이 음주로 인해 유발되거나 악화되는 질병들이다. 특히 임산부의 음주는 태아의 저

38) 미국 워싱턴대가 빌 앤드 멀린다 게이츠 재단의 지원을 받아 1990~2016년 전 세계195개국, 2800만명의 알코올 소비와 질병 위험 상관관계를 순석한 결과, 음주는 아무리 적은 양이어도 건강에 해로운 것으로 나타났다. [2018. 8. 29. 매일경제(http://news.mk.co.kr)인터넷 자료)].

체중 및 선천성 기형이나 신경학적 질환을 유발할 수도 있다는 것이 잘 알려져 있다.

[알코올이 신체에 미치는 영향]

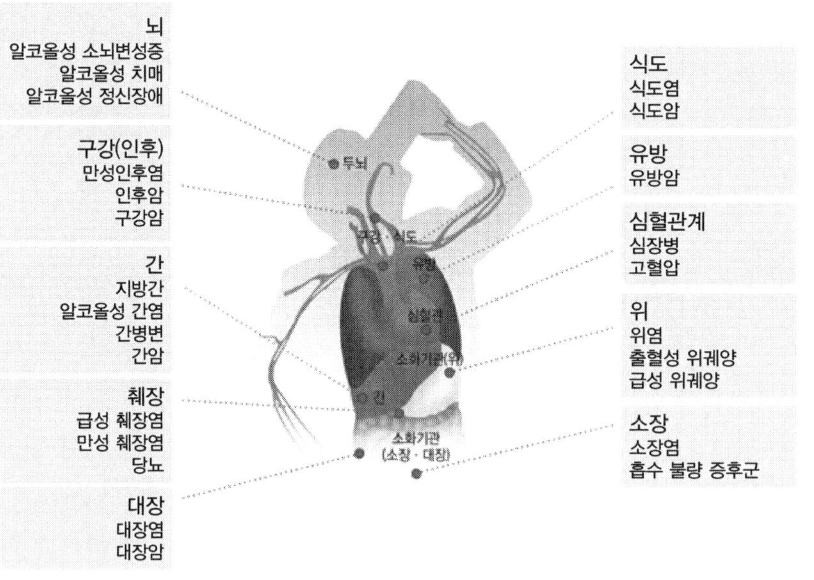

(자료 : 국가암정보센터(http://www.cancer.go.kr))

▶ 절주를 위해 꼭 기억해야 할 사항

- 술을 못마시는 것은 체질일 뿐 능력과 무관
- 공복 상태에서는 절대로 술을 마시지 않아야 한다.
- 술의 종류를 절대 섞어서 마시지 않아야 한다. (부득이한 경우 알코올 도수 낮은 술부터)
- 건강한 성인이라도 소주 세잔 이상의 음주는 위험하다.
- 기름지고 자극적인 안주를 피하고, 단백질과 비타민이 많은 음식을 선택
- 물을 많이 마신다.
- 타인에게 술을 강요하지 않는다.
- 본인의 음주량을 정확히 파악하고 실수하지 않아야 한다.
- 술을 마신 후에는 충분히 휴식을 취한다.
- 해장술은 절대로 마시지 않는다.

- 스트레스 받아도 술을 적정량만 마신다.

3) 바람직한 식생활

바람직한 식생활을 실천하면 비만을 예방할 수 있고, 암, 심뇌혈관질환 등 전반적인 건강상태가 좋아진다. 전체 암의 30%는 식생활과 관련이 있다고 한다. 이는 흡연이 암 유발에 미치는 영향과 유사한 수준이다.

▶ 건강한 식생활 지침

- 채소와 과일을 충분히 먹는다.
  - 생채소를 매일 매 끼니 먹는다.
  - 과일류는 매일 1회 이상 간식으로 섭취한다.
- 다채로운 식단으로 균형 잡힌 식사를 한다.
  - 다양한 종류의 잡곡 및 도정하지 않은 곡류를 섭취한다.
  - 두류 및 두류 가공품 (두유, 두부 등)을 매일 섭취한다.
  - 저지방 우유를 하루 1잔정도 마신다.
  - 너무 뜨겁거나 매운 음식의 섭취는 피한다.
- 음식을 짜지 않게 먹는다.
  - 인공조미료(화학조미료 포함)의 사용을 제한하며 음식을 싱겁게 만들어 먹는다.
  - 김치류는 짜지 않게 만들어 먹는다.
  - 음식을 먹을 때 추가적으로 소금이나 간장을 사용하지 않는다.
  - 젓갈류 및 염(소금) 저장식품(장아찌류, 생선을 이용한 식혜 등)의 섭취는 제한한다.
  - 국이나 찌개의 국물 섭취는 제한한다.
- 탄 음식을 먹지 않는다.
  - 육류 섭취 시, 이를 구워 먹기(숯불구이, 직접 구이 등)보다는 삶거나 끓여서(수육, 보쌈 등) 먹는다.
  - 숯불로 굽거나 직접 구워 탄 음식의 섭취는 삼간다.
  - 지방함량이 많은 부위의 육류 섭취는 제한한다.
- 붉은 육류와 육가공품의 섭취는 제한한다.

• 붉은 색 육류는 1회에 1인분, 1주일에 2회를 넘지 않도록 한다.
• 햄, 소시지 등의 육가공품을 가급적 먹지 않는다.

▶ 일상생활에서 건강식생활을 위해 노력해야 할 것

- 매일 채소와 과일 섭취를 위해 장보기 목록을 준비
- 음식을 먹을 때, 섬유소 함량이 높은 식품을 선택
- 평소 지방을 낮추기 위한 식사를 선택
- 소금 섭취량을 낮추기 위해 하루 5g의 저염식을 하도록 노력
- 콜레스테롤 함량이 적은 음식을 선택

[바람직한 식단(예시)]

	일반식단	수정식단	수정 이유
아침	쌀밥 근대된장국 배추김치 꼴뚜기조림 멸치볶음 죽순표고버섯볶음	현미밥 무국 배추김치 꼴뚜기무침 단호박당근샐러드 죽순표고버섯볶음	• 쌀밥→현미밥 : 식이섬유 섬취량 증가 • 근대된장국→무국 : 소금 섭취량 감소 • 꼴뚜기조림→꼴뚜기무침 : 소금 섭취량 감소 • 멸치볶음→단호박당근샐러드 : 채소의섭취량 증가
간식	녹차, 사과	녹차, 사과	
점심	김치야채볶음밥 계란실파국 깍두기 소시지조림	영양밥 계란실파국 깍두기 미나리강회 두부부침 무미역생채	• 김치야채볶음밥→영양밥 : 나트륨과 지방 섭취량 감소 • 소시지조림→미나리강회, 두부무침, 무미역생채 : 암예방의 효과가 있는 채소 섭취량 증가, 육가공식품 섭취량을줄임으로써 다환방향족탄화수소계열(PAH : Polycyclic Aromatic Hydrocarbon)과 니트로사민 같은 발암물질 섭취 감소
저녁	흑미밥 배추김치국 총각김치 명란젓 콩나물무침 고등어된장구이	흑미밥 두부탕 총각김치 양배추쌈 콩나물무침 닭볶음	• 배추김치국→두부탕 : 소금 섭취량 감소, 콩(두류) 섭취량 증가 • 명란젓→양배추쌈 : 채소 섭취량 감소, 소금 섭취량 감소 • 고등어된장구이→닭볶음 : 채소 섭취량 증가, 소금 섭취량 감소
영양성분	일반식단 : 에너지 1911.9kcal, 단백질 88.7g, 지방 64.7g, 비타민A 998.3mgRE, 비타민C 94.6mg, 식이섬유 25.3g, 나트륨 8087.8mg(소금량으로 환산 20.2g) 수정식단 : 에너지 1996kcal, 단백질 86g, 지방 49g, 비타민A 1594mgRE, 비타민C 160mg, 식이섬유 39g, 나트륨 5708mg(소금량으로 환산 14.3g)		

(자료 : 국가암정보센터(https://www.cancer.go.kr))

4) 건강하게 물마시기

물은 우리 몸의 70% 이상을 차지하고 있다. 세계 보건기구(WHO)에서 권장하는 하루 물 섭취량은 성인 기준 8잔(약 2L). 우리나라 사람은 평균 남자 1L, 여자 860ml의 물 섭취로 매우 부족한 상태.

▶ 건강하게 물 8잔 마시는 방법

- 1잔, 아침 식사 30분 전, 생체리듬을 깨운다.
- 2~3잔, 오전 9~11시경, 밤사이 쌓인 노폐물을 배출하는데 도움이 됨
- 4잔, 점심 식사 30분 전, 과식을 막아준다.
- 5~6잔, 오후 근무 중, 졸음과 흡연, 간식 욕구를 막아 준다.
- 7잔, 저녁식사 30분 전, 과식을 막아 준다.
- 8잔, 잠자기 30분 전, 수면 중 갈증을 막아 준다.

▶ 물마시기와 관련해서 꼭 기억해야 할 것

- 커피와 녹차 같은 음료는 수분섭취가 안되므로, 커피나 녹차, 단 음료수, 쥬스 등을 마시고 8잔 중 한 잔을 마셨다고 생각하면 안 된다. 이런 것을 마셨을 때는 오히려 물을 더 많이 마셔야 한다.
- 평소 음식을 짜게 먹는 경우, 더 많은 물을 마셔야 한다.
- 심부전 등 질병이 있는 경우가 아니라면 충분히 마셔야 한다.

5) 정신 건강 관리하기

○ 높은 자살률

통계청이 2017년에 발표한 '2016년 사망원인통계'에 의하면, 2016년 사망자 수는 13,092명으로 전년 대비 421명(-3.1%) 감소하였고, 1일 평균 자살사망자 수는 35.8명이다. 자살률(인구 10만 명당)은 25.6명으로 전년 대비 0.9명(-3.4%)감소하였다.

연령별 자살률을 살펴보면 전년 대비 10대와 20대를 제외한 전 연령층에서 자살률이 감소하였고, 특히 70대는 54.0명(-13.5%)으로 가장 많이 감소하였다.

성별 자살률을 살펴보면 남자는 36.2명(-3.6%), 여자는 15.0명(-3.0%)으로 전년도 보다

감소하였다. 남녀 간 자살률 성비는 10대가 1.3배로 가장 낮았으며, 60대가 3.8배로 가장 높게 나타났다. 남자는 10대와 40대, 여자는 10대, 20대와 40대에서 자살률이 다소 증가하였다.

[연령대별 자살률]

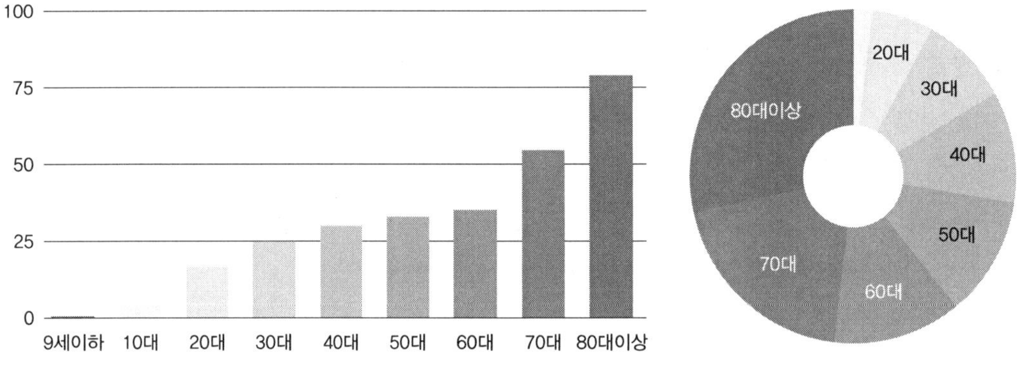

(자료 : 중앙자살예방센터(http://www.spckorea.or.kr))

○ 자살충동에 대처하는 방법

① 자신과 약속한다.

② 술을 마시지 않는다.

③ 집에 있는 위험한 물건들을 치운다.

④ 희망을 갖는다.

⑤ 자살감정을 솔직히 이야기하고, 끊기 위해 솔직히 얘기한다.

▶ 주위 사람의 자살 충동을 의심해야 할 때

- 심각한 수준으로 죽음과 관련된 활동을 하거나 주변을 정리하는 모습을 보인다.
- 오랫동안 침울했던 사람이 이유 없이 갑작스럽게 평화로워 보이며 즐거워한다.
- 일기, 그림, 노트 등에서 죽음을 암시한다('나는 죽고 싶다' 등).
- '나는 쓸모없는 사람이다.' 등의 표현을 한다.
- 자살을 모험적이고 로맨틱하게 생각한다.

▶ 주위 사람이 자살 충동의 아픔을 겪고 있을 때 돕는 방법

- 혼자 두기 보다는 되도록 함께 있어 주고 대화를 많이 하며, 잘 들어주고 정서적인 지지를 해 준다. 절대 혼자 두지 않아야 한다.
- 위험한 물건(날카로운 물건, 다량의 약, 끈 등)을 집안에 두지 말고 치운다.
- 자살을 생각하는 사람들은 대부분 죽고 싶은 마음과 살고 싶은 마음 사이에서 갈등한다. 죽음을 결심한 순간까지도 살고 싶은 마음을 계속 점검하고 확인하므로 주변의 누군가가 그런 마음을 알아주면 살아갈 수 있다.
- 자살을 생각하는 사람이 자살과 죽음에 대해 말하고 경고신호를 보내는 것은 단순한 경고가 아니라 도움을 구하는 것이다. 감정적 또는 행동적으로 자신의 힘든 상황을 알리고자 하는 의도가 크기 때문에 관심을 가지고 도와주어야 한다.
- 전문가(정신보건센터, 정신과 전문의, 위기상담 전화)를 만나서 도움을 받을 수 있게 도와준다.
- 자살은 반복적으로 시도되므로 한 번 시도했다면 다시 시도할 가능성이 높다. 그러므로 더 많이 관심을 가져야 한다.
- 자살이 옳다 그르다는 것에 대한 논쟁은 도움이 되지 않으므로 하지 않는다.

나. 건강관리법 : 성인기

1) 악성신생물(암) 예방

암의 원인이 여전히 밝혀지지 않고 있기는 하나 여러 역학연구를 통해 발암요인과 암발생 간의 인과관계에 근거하여 위험요인들을 밝혀내고 있다. 세계보건기구의 산하기구인 국제암연구소(IARC) 및 미국 국립암협회지에서 밝힌 암의 원인은 다음과 같다.

[악성신생물(암)의 발생원인]

원인	국제암연구소[1]	미국 국립암협회지[2]
흡연	15 ~ 30%	30%
만성 감염	10 ~ 25%	10%
음식	30%	35%
직업	5%	4%
유전	5%	-

생식요인 및 호르몬	5%	7%
음주	3%	3%
환경오염	3%	2%
방사선	3%	3%

1. 세계보건기구 산하 국제암연구소 발행 World Cancer Report 2003.
2. 세계보건기구의 National Cancer Programes 책자에 소개된 내용임
3. 국민연금공단(2018) : 노후준비서비스 제공자 교육과정(건강 · 대인관계). p. 54에서 재구성

암발생 원인의 70% 정도는 흡연, 만성감염(바이러스, 세균, 기생충), 음식, 음주, 방사선 및 화학물질 노출 등의 환경요인이 주이다. 유전적인 원인이 5%인 것을 감안하면 위험요인을 피하고 생활양식의 변화를 통해서 암의 예방이 가능하다는 것을 알 수 있다. 또한 한 사람에게 생긴 암의 원인에 대해 "~ ○○ 때문이다." 라고 단정적으로 말하기 어렵다.

우리나라에서 암발생의 2/3를 차지하는 주요 호발암의 일반적인 원인(Contributing Factors)을 요약하면 다음과 같다.

[주요 호발암의 일반적인 원인]

위암	식생활(염장식품-짠 음식, 탄 음식, 질산염 등), 헬리코박터 파이로리균
폐암	흡연, 직업력(비소, 석면 등), 대기오염
간암	간염바이러스(B형, C형), 간경변증, 아플라톡신
대장암	유전적 요인, 고지방식, 저식이섬유 섭취
유방암	유전적 요인, 고지방식, 여성호르몬, 비만
자궁경부암	인유두종바이러스, 성관계

[성별 10대암 조발생률:2015]

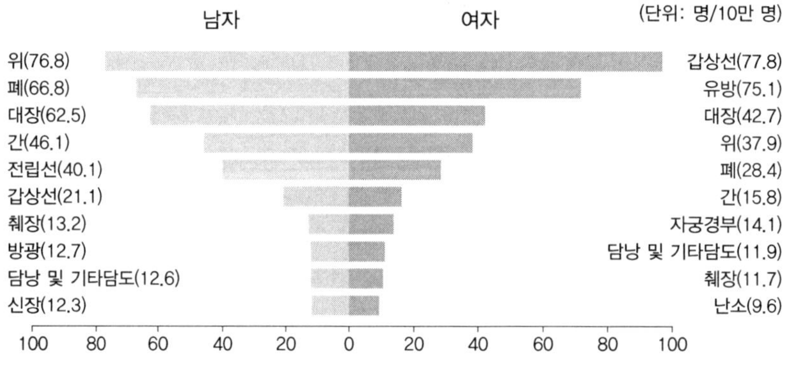

(자료 : 국가암정보센터(https://www.cancer.go.kr))

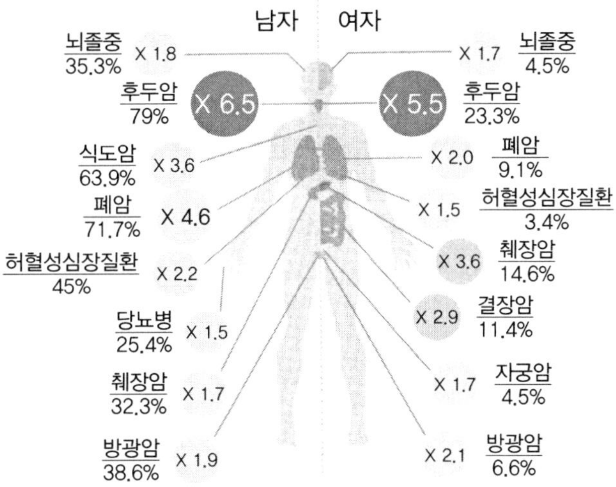

(자료 : 국민건강보험공단)

2) 뇌졸중 예방 및 조기발견

심장질환과 뇌혈관질환은 우리나라 국민 사망의 2,3위를 차지하는 빈도 높고 무서운 질환이다. 연령대가 높을수록 발생률이 높아지므로 위험증상을 빨리 알아차리고 최대한 빨리 응급실로 가야하며, 30분 이내에 적절한 처치를 받아야 장애를 최소화하고, 생명을 구할 수 있다.

아주대병원 신경과 홍지만 교수는「이웃-손-발」이라는 간단한 구호를 기억하면 누구라도 뇌졸중을 알아볼 수 있다고 강조한다.

① "이~ 하고 웃어보라."고 하고 얼굴마비가 있는지를 확인, 웃을 때 입모양이 비대칭이거나, 자꾸 혀를 깨물거나 침을 흘리는지를 확인

② "두 손을 앞으로 뻗어보라."고 하여 팔 마비를 확인, 또는 눈을 감고 양팔을 앞으로 나란히 올리지 못하고 한 팔만 쳐지는지 확인

③ 발음이 명확하고 의미가 잘 통하는지를 보기 위해 "랄랄랄" 등을 시켜보아 언어장애를 확인

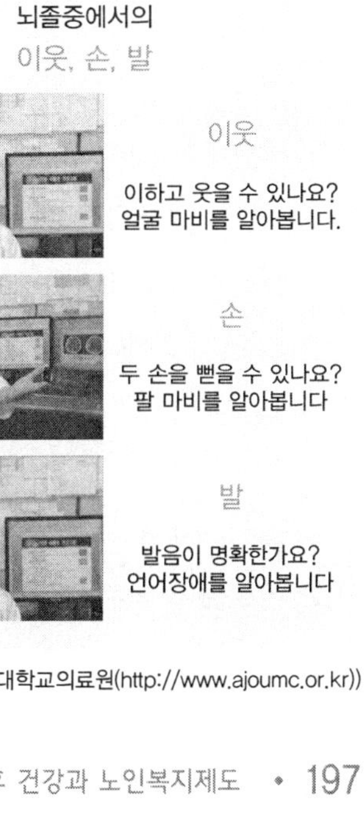

(자료 : 아주대학교의료원(http://www.ajoumc.or.kr))

위 세 가지 테스트를 통해 하나라도 이상이 나타나면 바로 응급실로 빠른 시간 내에 이송하여 치료를 받을 수 있게 조치하여야 한다.

3) 심장질환 예방 및 조기발견

심장질환은 협심증이나 심근경색증이 대표적이다. 이들 질환은 상당히 진행되기 까지 증상을 못 느끼는 경우가 대부분. 주기적인 건강검진을 받는 것이 무엇보다 중요하다. 심장질환의 원인이 되는 고혈압, 당뇨, 고지혈증 등을 잘 관리해야 한다.

① 협심증

심장은 크게 3가지 심장혈관(관상동맥)으로부터 산소와 영양분을 받고 활동하는데, 관상동맥 3개 중 어느 하나라도 혈전증이나 혈관의 빠른 수축(연축) 등에 의해 좁아져 심장의 전체 또는 일부분에 산소와 영양 공급이 급격하게 줄어들어서 심장 근육이 허혈된 상태이다.

평소 증상이 없다가 스트레스나 운동을 하면 가슴이나 어깨, 팔 등이 쥐어짜거나 저리듯이 아픈 경우 심장전문의 진찰을 받아보는 것이 필요하다.

가슴이 아프다고 모두 협심증은 아니나, 당뇨병 환자, 이제에 관상동맥질환을 앓은 환자와 고지혈증, 고혈압, 흡연 등 관상동맥질환의 위험요인을 가진 사람에게 흉통이 발생하면 적절한 검사로 정확한 진단을 받아야 한다.

▶ 협심증 증상이 생기면 해야 하는 행동

- 하던 일을 멈추고 바로 휴식을 취한다.
- 니트로글리세린 1약을 혀 밑에 녹여서 삼킨다.
- 니트로글리세린을 복용한 후 증상이 가라앉지 않으면 3~5분 간격으로 2~3차례 더 복용해야 한다.
- 이후에도 증상이 가라앉지 않고 계속된다면 바로 병원 응급실로 가야 한다.

② 심근경색증

심장은 크게 3개의 심장혈관(관상동맥)으로부터 산소와 영양분을 받고 활동하는데, 관상동맥 3개 중 어느 하나라도 혈전증이나 혈관의 빠른 수축(연축) 등에 의해 급성으로 막히는 경우, 심장의 전체 또는 일부분에 산소와 영양 공급이 급격하게 줄어들어서 심장근육의 조직이나 세포가 죽는(괴사) 상황이다.

▶ 심근경색증 증상이 생기면 해야 하는 행동

- 즉시 119 구조대로 전화하여 도움을 요청. 즉시 응급조치를 받으면 생명에는 지장이 없고, 심장의 손상을 최소화할 수 있다.(증상 발생 후 2시간 이내에 사망위험률 가장 높다.)
- 차가 있으면 다른 사람에게 운전을 부탁하여 가까운 병원 응급실로 간다.
- 평소 집과 직장 근처의 응급실을 가진 병원을 알아두고 위급할 때를 대비한다.

4) 적정 운동하기

① 올바른 운동을 위해 알아야 할 사항

- 노동과 운동은 다르다.
- 격렬한 운동 후 가벼운 운동이 피로회복에 도움을 준다.
- 매일 매일의 근육운동은 오히려 해가 된다.
- 음주 후에 하는 운동은 건강을 해친다.
- 여자는 웨이트 트레이닝을, 남자는 에어로빅을 한다.
  → 인체의 생리적인 변화를 고려할 때, 남자는 유연성이라든지 순환기 계통의 노화가 빨리 일어나므로 에어로빅을, 여성에게는 골량의 감소 등과 같은 현상이 발생하므로 뼈나 근육에 어느 정도 스트레스를 줄 수 있는 웨이트 운동이 필요

② 심폐지구력 강화 운동

- 조깅, 계단 오르기, 수영, 에어로빅, 등산, 줄넘기는 심폐지구력 강화에 좋은 운동이다. 이러한 운동을 주 3회 이상 지속적으로 하면 뇌혈관질환이나 심장질환에 걸릴 위험이 현저하게 감소되고, 암, 치매 등 건강수명 및 삶의 질과 관련된 질환도 예방할 수 있다.
- 운동량은 운동강도와 운동시간에 의해 결정. 처음에는 약한 강도의 운동을 짧게 하는 것으로 시작, 심폐기능이 강화될수록 운동강도와 운동시간 및 빈도를 늘려 운동량을 높이도록 한다.

- 운동강도

신체활동을 하고 있는 중에	노래를 부를 수 있다면	저강도
	옆 사람과 대화를 할 수 있다면	중강도
	숨쉬기가 힘들어 대화하기가 어렵다면	고강도

- 신체활동별 강도

구분	중강도 신체활동	고강도 신체활동
운동 및 여가	걷기, 댄스, 자전거 타기, 요가, 승마	조깅, 빠르게 자전거 타기, 웨이트 트레이닝, 등산, 에어로빅, 춤추기, 줄넘기, 수영, 인라인 스케이트
스포츠 활동	배구, 골프, 소프트볼, 야구, 스키, 배드민턴 및 테니스(복식), 그 외 시합형태가 아닌 구기 종목	축구, 배드인턴 및 테니스(단식), 라켓볼, 농구, 스키, 그 외 시합형태의 구기 종목
가사활동	손빨래, 진공청소기 돌리기, 카펫 및 계단 청소, 세차하기, 가벼운 물건 옮기기, 장보기	무거운 물건 옮기기
직업적 활동	걷기나 나르기 등이 포함된 업무(경비, 농업, 서비스업)	고강도 노력 및 노동이 포함되어 있는 활동(임업, 건설, 소방)

③ 운동방법

등산, 수영, 조깅운동 등과 같이 심폐지구력을 기를 수 있는 운동을 생활화 하는 것이 필요하다.

▶ 조깅의 바른 자세

- 상체를 바르게 세우고 시선은 앞을 바라본다.
- 상체에 힘을 빼고 편안하게 유지한다.
- 팔꿈치를 가볍게 굽혀 들고 앞뒤로 흔든다.
- 발은 발뒷꿈치, 발바닥 전체, 발끝 순으로 옮겨 딛는다.
- 리듬감 있게 즐기면서 달린다.
- 운동 중 가슴이 답답하거나 기타 이상 자각증상이 느껴질 땐 운동을 중지하고 안정을 취한 후 의사와 상의한다.
- 달리기 운동의 중간, 중간에 맥박을 재어보고, 운동이 끝난 후에도 맥박을 재어서 운동이 적당한지를 스스로 알아본다.

▶ 계단 오르내리기 운동

- 준비운동으로 몸을 푼다.
- 계단 오르내리기 시작: 앞으로 오르기, 옆으로 오르기, 뒤로 오르기, 앞으로 내려가기, 옆으로 내려가기, 뒤로 내려가기, 한 계단씩 오르기 또는 두 계단씩 오르기를 실시
- 20~30분 정도 운동한다.
- 받드시 정리운동 한다.

④ 스트레스 관리와 이완요법

사람들은 일상생활에서 많은 스트레스를 경험하며 살고 있다. 스트레스는 적당히 일어나기만 한다면 적절한 긴장을 유지하고 생활에 활력을 주는 긍정적인 역할을 하게 되나, 이것이 지나친 강도로 빈번하게 또는 장시간 일어난다면 몸과 마음에 해로운 결과를 초래하게 된다. 그래서 스트레스를 관리해야 해야 하고, 스트레스 상황에서 심신을 이완하는 방법으로 고비를 넘기고 안정을 찾는 것이 필요하다.

국민건강보험공단의 안내에 따라 정기적인 건강검진을 받으며, 건강생활을 실천하는 것이 바람직하다.

다. 건강관리법 : 노년기

○ 치매

치매는 정상적으로 생활해오던 사람이 다양한 원인의 뇌손상으로 인해 후천적으로 기억력, 언어력, 판단력 등 여러 영역의 인지기능이 떨어져서 일상생활에 상당한 지장이 나타나는 상태를 말한다. 대표적인 초기증상은 기억력 장애로 나이가 들어서 생기는 기억력 저하와 차이가 있다.

치매는 기억력 장애, 지남력(시간, 장소, 사람을 아는 능력)장애, 언어능력 장애, 시공간능력 장애, 실행능력 장애, 판단력 장애 등의 인지기능 증상이 나타나게 되며, 망상과 의심, 환각과 착각, 우울, 무감동, 배회, 초조, 공격성, 수면장애 등의 정신행동 증상이 나타나게 된다.

보건복지부 중앙치매센터 「2017년 대한민국 치매현황 보고서」에 따르면, 2016년 우리나라 전체인구 51,112,972명 중 65세 이상 노인인구는 6,781,159명으로 13.3%를 차지하고 있

다. 그중에서 추정치매환자 수는 약 661,707명으로 치매유병률은 약 9.8%로 나타났다. 그리고 65세 이상 전체 치매환자 중 남성 치매환자는 236,661명(35.76%)이고, 여성 치매환자는 425,046명(64.23%)으로 추정되며, 치매환자는 60~64세 구간에서 85세 이상 구간으로 갈수록 급속히 증가하는 것으로 나타났다.

한편 치매상병자는 596,104명으로 나타났으며, 치매전단계라 할 수 있는 추정경도인지장애환자는 1,521,835명으로 유병률은 22.4%로 나타났다.

[2016년 전국치매환자 현황]

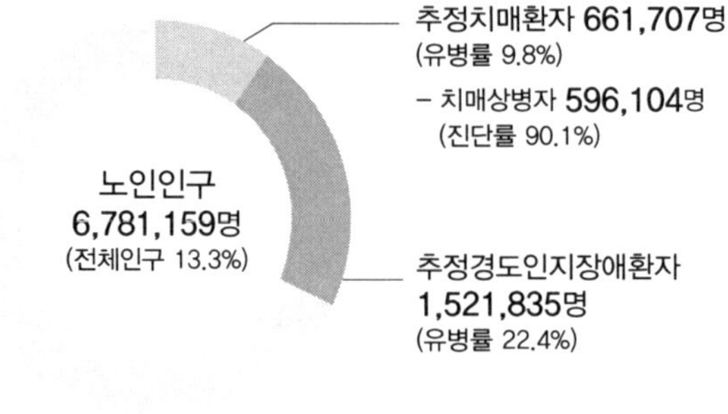

(자료 : 보건복지부 중앙치매센터, 2017 대한민국 치매현황 보고서)

○ **치매의 증상**

치매는 기억력 장애, 지남력(시간, 장소, 사람을 아는 능력) 장애, 언어능력 장애, 시공간능력 장애, 실행능력 장애, 판단력 장애 등의 인지기능 증상이 생기며, 망상과 의심, 환각과 착각, 우울, 무감동, 배회, 초조, 공격성, 수면장애 등의 정신행동 증상이 나타난다.

[뇌의 구조와 속성]

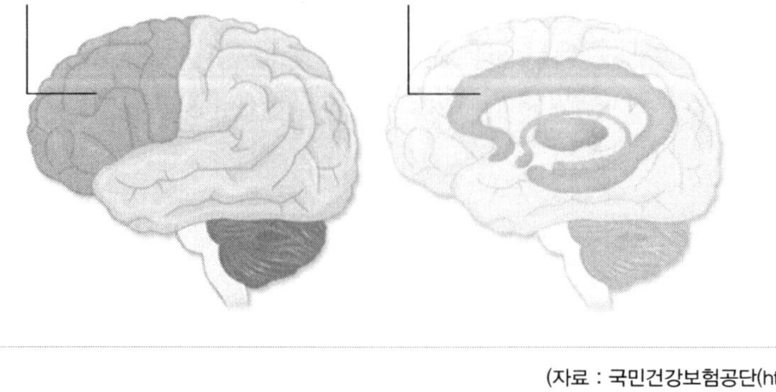

(자료 : 국민건강보험공단(http://hi.nhis.or.kr))

[치매의 3단계]

시기	수준	흔한 증상
초기	가족이나 동료들이 어르신의 문제를 알아차리기 시작하나, 아직은 혼자서 지낼 수 있는 수준	• 초기 치매의 특징은 '최근 기거의 감퇴'가 시작되는 것이다 • 예전 기억은 유지되나 최근에 있었던 일을 잊어버린다. • 음시을 조리하다가 불 끄는 것을 잊어버리는 경우가 빈번하다. • 미리 적어 두지 않으면 중요한 약속을 잊어버린다. • 조금 전에 했던 말을 반복하거나 질문을 되풀이한다. • 대화 중 정확한 단어가 떠오르지 않아 '그것', '저것'으로 표현하거나 머뭇거린다. • 관심과 의욕이 없고 매사에 귀찮아한다.
중기	치매임을 쉽게 알 수 있는 단계로 어느 정도의 도움 없이는 혼자 지낼 수 없는 수준	• 돈 계산이 서툴러진다. • 전화, TV 등 가전제품을 조작하지 못한다. • 오늘이 며칠인지, 지금이 몇 시인지, 어느 계절인지, 자신이 어디에 있는지 등을 파악하지 못한다. • 평소 잘 알고 지내던 사람을 혼동하기 시작하지만 대부분 가족은 알아본다. • 대답을 못하고 머뭇거리거나 화를 내기도 한다. • 다른 사람들이 말하는 것을 이해하지 못하여 엉뚱한 대답을 하거나 그저 "예"라고 대답한다. • 익숙한 장소임에도 불구하고 길을 잃어버리는 경우가 많다. • 옷을 입거나 외무 치장에 실수가 잦아져 도움이 필요하며 외출 시에도 다른 사람의 도움이 필요하다. • 집안을 계속 배회하거나 반복적인 행동을 거듭한다.
말기	인지기능이 현저히 저하되고 정신행동 증상과 아울러 신경학적 증상 및 기타 신체적 합병증 등이 동반되어 독립적인 생활이 거의 불가능한 수준	• 식사, 옷 입기, 세수하기, 대소변 가리기 등에 대해 환전히 다른 사람의 도움을 필요로 한다. • 대부분의 기억이 상실된다. • 배우자나 자식을 알아보지 못한다. • 혼자 중얼거리거나 전혀 말을 하지 못한다. • 의미 있는 판단을 내릴 수 없고, 간단한 지시도 따르지 못한다. • 근육이 굳어지고 보행장애가 나타나 거동이 힘들어진다. • 대소변 실금, 욕창, 폐렴, 요도감염, 낙상 등으로 모든 기능을 잃고 누워 지낸다.

(자료 : 보건복지부 중앙치매센터(2018), 나에게 힘이 되는 치매 가이드북. pp. 8~9에서 재구성)

○ 치매 조기발견과 치료의 중요성

첫째, 치매어르신 100명 중 5~10명은 완치될 수 있다. 다양한 치매의 원인 중 뇌종양, 심각한 우울증, 갑상선질환, 약물부작용, 영양문제 등은 일찍 발견해서 치료하면 회복될 수 있다.

둘째, 큰 치료효과를 기대할 수 있다. 치매의 진행을 늦출 수 있는 약물치료는 일반적으로 빨리 시작할수록 효과가 좋다. 초기에 약물을 사용하면 건강한 치매어르신의 모습을 가능한 오래 유지할 수 있다.

셋째, 체계적 치료와 관리로 환자의 삶의 질을 높일 수 있다. 고혈압, 당뇨, 등 동반질병을 체계적으로 관리하고 다양한 비약물적 개입을 통해 삶의 질을 높일 수 있다.

넷째, 병의 악화로 인한 다양한 문제에 미리 대처할 수 있다. 치매환자의 판단력이 상실되기 전에 유산상속과 같은 경제적 혹은 법적인 문제에 미리 대처할 수 있다.

[치매 치료와 진행정도]

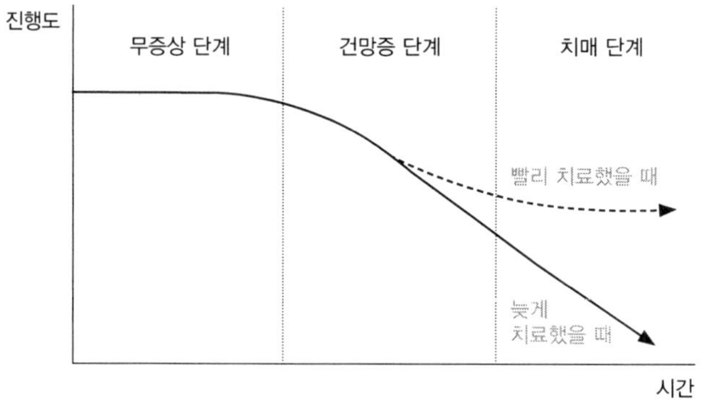

▶ 치매예방수칙

치매예방에 대한 연구에서 음주는 2.2배, 흡연은 1.6배, 뇌손상은 2.4배, 우울증은 1.7배, 고혈합은 1.6배, 당뇨병은 1.5배, 비만은 1.6배, 운동부족은 1.8배 치매발생을 높인다고 한다. 따라서 음주, 흡연을 안 하고, 뇌손상을 막고, 우울증과 고혈압, 당뇨, 비만을 잘 치료하고 운동을 하면 그만큼 치매에 걸릴 위험은 낮아진다고 볼 수 있다.

[치매위험인자]

따라서 보건복지부에서는 치매에 걸리지 않기 위해서는 3권, 3금, 3행을 실천하도록 하고 있다.

① 3권. 3가지를 많이 하라는 것으로 일주일에 3번 이상 땀날 정도로 걷는 것, 생선과 채소를 골고루 먹는 것, 부지런히 읽고 쓰는 것
② 3금. 3가지는 절대 하지 말라는 것. 술, 담배, 뇌손상
③ 3행. 3가지를 반드시 챙기라는 것. 건강검진, 가족이나 친구와 소통, 치매 조기발견

▶ 치매돌봄 십계명

① 치매어르신도 존중받아야 할 사람임을 잊지 말아야 한다.
② 치매어르신을 격려하고, 잔존기능을 활용할 수 있도록 지지해야 한다.
③ 치매어르신의 작은 변화도 가치가 있고 감사해야 한다.
④ 치매어르신의 신체적 건강에 대한 세심한 관심으로 적절한 건강관리를 받도록 한다.
⑤ 장기적인 계획을 바탕으로 치매어르신을 돌봐야 한다.
⑥ 불의의 사고를 항상 대비하고 예방해야 한다.
⑦ 치매관련 다양한 자원을 적극 활용한다.
⑧ 치매에 대한 지식을 꾸준히 쌓아가야 한다.
⑨ 치매는 모든 가족구성원들이 함께 돌보아야 한다.
⑩ 치매어르신을 돌보는 가족은 자신의 건강도 잘 챙겨야 한다.

○ 우울증 관리와 자살예상

인간은 누구나 늙게 마련이고, 나이가 듦에 따라 신체의 각 부분도 노화를 일으켜 자신의 의지와는 다르게 점차적으로 몸의 각 기능이 퇴화되고 성격도 변화되어 간다.

우울증은 노인들에게서 볼 수 있는 가장 흔한 기능적 정신질환으로 노인인구의 약 25%가 우울증을 경험하고 있다. 정신적 · 신체적으로 경험할 수 있는 의존성 증가는 절망감, 무기력감, 자기통제력 저하, 자아존중감과 자기가치의 저하 등을 일으키고, 이러한 변화는 노인들의 일상생활 기능에 지장을 초래하게 된다. 이런 직 · 간접적인 원인들로 인해서 노인들은 우울증을 앓게 되기도 하고, 심한 경우에는 자살로까지 연결될 수도 있다.

노후생활을 하면서 신체적 질병이 늘어나고, 배우자의 죽음, 경제능력의 약화, 사회와 가족으로 부터의 소외 내지 고립, 일상생활에 대한 자기 통제의 어려움, 지나온 세월에 대한 회한 등 다양한 원인들로 인해서 우울증상이 증가하게 된다.

▶ 우울증과 관련된 증상
- 인지적 증상: 기억력 저하, 편집증, 초조, 과거에의 집착, 죽음에 대한 생각, 자살에 대한 생각 또는 충동
- 행동변화: 일상 활동의 어려움, 식욕저하, 수면 양상의 변화, 에너지 수준의 저하, 옷치장 불량, 과거에 친했던 사람들에 대한 관심 철회 등
- 신체증상: 근육통, 북부의 통증, 팽만감, 오심과 구토, 구강건조, 두통 등

우울증은 자살과 연결되는 위험요인이다. 일반인들에게서는 21.7% 정도가 자살생각이 있고, 이 중 2%정도가 자살을 시도하지만, 우울증이 심할 경우에는 63.3%가 자살생각을 하고, 이중 20.2% 정도가 자살을 시도한다.

주요 우울 장애로 진단되었던 대상자의 2~15%가 자살로 사망한다는 보고와 일반인에 비해 우울증 대상자의 자살위험성이 13~26배 높다는 보고 역시 자살에 있어서 우울증의 위험을 나타내고 있다.

따라서 노후생활을 영위해 나감에 있어서 부부간뿐만 아니라 사회적 관계망에 있는 주위 사람들에게도 더욱 세심한 관심을 갖고, 도움이 필요할 시에 적극 도와야 하며, 필요시 전문가의 도움을 받아야 한다.

전국 각 지역에 도움 받을 수 있는 기관이 다양하게 마련되어 있어 노후생활 지역에 무슨 기관이 있으며, 어떻게 도움 받을 수 있는지를 미리 알아두는 것도 좋은 방책이다.

1.4 인간답게 죽을 권리

○ 존엄사와 안락사

안락사와 존엄사의 차이는 인간답게 죽을 권리를 보장해 주기 위해 인위성이 있느냐 없

느냐의 차이로 다음과 같은 의미를 갖는다.

▶ 존엄사

질병이 나을 수 없으므로 무의미한 연명치료를 중단하고, 질병에 의한 자연적 죽음을 받아들임으로써, 인간으로서 지녀야 할 최소한의 품위를 지키면서 죽을 수 있도록 하는 것. 심폐소생술, 혈액투석, 항암제 투여, 인공호흡기는 사용하지 않는다. 다만, 존엄사인 경우에도 욕창 예방, 통증 완화를 위한 의료행위와 영양분 공급, 물 공급, 산소의 단순공급은 중단하지 않고 지속한다.

▶ 안락사

안락사는 인위적 행위에 의한 죽음이다. 안락사 중에서 환자의 요청에 따라 고통을 받고 있는 환자에게 약제 등을 투입하여 인위적으로 죽음을 앞당기는 것을 '적극적 안락사'라 한다. 현재 많은 논의가 있으나 아직은 합법적이지 않다.

○ 건강 체크하기

▶ 신체건강

항목	지표(배점)	☑
√ 동년배들에 비해 건강상태가 어떻다고 생각하십니까?	- 대단히 나쁘다(2.6점)	☐
	- 조금 나쁜 편이다(5.2점)	☐
	- 그저 그렇다(7.8점)	☐
	- 대체로 건강한 편이다(10.4점)	☐
	- 매웅 건강하다(13점)	☐
√ 3개월 이상 앓고 있으면서 의사에게 진단받은 만성질환이 몇 개입니까?	- 3개 이상(3.3점)	☐
	- 2개(6.5점)	☐
	- 1개(9.8점)	☐
	- 없다(13점)	☐
√ 평소 스트레스를 어느 정도 느끼십니까?	- 대단히 많이 느낀다(3.3.점)	☐
	- 많이 느끼는 편이다(6.5점)	☐
	- 조금 느끼는 편이다(9.8점)	☐
	- 거의 느끼지 않는다(13점)	☐

√ 담배를 피우십니까?	- 매일 피운다(2.5점)	□
	- 가끔 피운다(5점)	□
	- 과거에 피웠으나 현재는 안 피운다(7.5점)	□
	- 전혀 피우지 않는다(10점)	□
√ 최근 6개월간 한 술자리에서 소주 7잔(맥주 5캔 정도)이상 마신 횟수는?	- 거의 매일(1.8점)	□
	- 1주일에 1번 정도(3.6점)	□
	- 한 달에 1번 정도(5.4점)	□
	- 한 달에 1번 미만(7.2점)	□
	- 전혀 없다(9점)	□
√ 최근 6개월간 규칙적으로 체조나 운동을 하셨습니까?	- 전혀 없다(1.8점)	□
	- 별로 그렇지 않다(3.6점)	□
	- 그저 그렇다(5.4점)	□
	- 대체로 그런 편이다(7.2점)	□
	- 매우 그렇다(9점)	□
√ 피로 회복을 위해 충분한 수면을 취하고 있습니까?	- 대단히 불충분하다(1.8점)	□
	- 소금 불충분하다(3.6점)	□
	- 그저 그렇다(5.4점)	□
	- 대체로 충분한 편이다(7.2점)	□
	- 매우 충분하다(9점)	□
√ 최소 2년에 1회 이상 건강검진을 받으십니까?	- 전혀 그렇지 않다(1.8점)	□
	- 별로 그렇지 않다(3.6점)	□
	- 그저 그렇다(5.4점)	□
	- 대체로 그런 편이다(7.2점)	□
	- 매우 충분하다(9점)	□
√ 현재 키와 몸무게로 환산한 체질양(BMI) 지수 *[계산법: 체중÷(키×키)]	- 35점 이상 고도비만(3점)	□
	- 30~35점 미만 중등도 비만(6점)	□
	- 25~30점 미만 경도비만과(9점)	□
	- 23~25점 미만 과체중(12점)	□
	- 18.5~23점 미만 정상(15점)	□
합계(100점)	본인점수	(　　　점)

노후 건강	상 : 60점 이상 중 : 61~80점 미만 하 : 61점 미만

(자료 : 황은희(2015). 중장년 퇴직 이후 재취업 길라잡이. p. 43에서 재구성)

▶ 정신건강

※아래에 적혀 있는 문항을 잘 읽은 후, 지난 1주일 동안 당신이 느끼고 행동한 정도에 대해 0~3점까지 점수를 배점해보세요.

번호	문항내용	점수
1	평소에는 아무렇지도 않던 일들이 귀찮게 느껴졌다.	
2	먹고 싶지 않았다; 입맛이 없었다.	
3	가족이나 친구가 도와주더라도 울적한 기분을 떨쳐버릴 수 없었다.	
4	다른 사람들보다 능력이 부족하다고 느꼈다.	
5	무슨 일을 하든 정신을 집중하기가 힘들었다.	
6	우울했다.	
7	하는 일마다 힘들게 느껴졌다.	
8	미래에 대하여 절망적으로 느꼈다.	
9	내 인생은 실패작이라는 생각이 들었다.	
10	두려움을 느꼈다.	
11	잠을 설쳤다; 잠을 잘 이루지 못했다.	
12	행복하지 않았다.	
13	평소보다 말을 적게 했다; 말수가 줄었다.	
14	세상에 홀로 있는 듯한 외로움을 느꼈다.	
15	사람들이 나에게 차갑게 대하는 것 같았다.	
16	생활이 재미없다.	
17	갑자기 울음이 나왔다.	
18	슬픔을 느꼈다.	
19	사람들이 나를 싫어하는 것 같았다.	
20	도무지 무엇을 시작할 기운이 나지 않았다.	

[결과해석]

- 각 문항의 점수를 합산하여 총점을 구한다. 점수가 높을수록 우울 성향이 높은 것으로 해석한다.

* 24점 이상 : 우울함을 느낌
* 40점 이상 : 전문가와의 상담 필요

(자료 : 황은희(2015), 중장년 퇴직 이후 재취업 길라잡이. p. 44에서 재구성)

○ 사전연명의료의향서

인간은 누구나 갑작스럽게 사고나 질병에 걸려 스스로 의사결정을 하지 못하게 될 수 있다. 내일을 예측할 수 없는 삶이니 더욱 그렇다. 그러한 상황에서 어떻게 해야 하는가를 고민해 봐야 한다.

의학적으로 회복의 가능성이 낮거나 의학적 도움을 받아서 생명을 연장해 나가느냐 하는 문제를 의사결정 할 수 있는 지금 진지하게 자신의 생명에 대해서 생각해 봐야 하는 것이다.

주위에서 유사한 경우들을 봐왔을 것이고, 나름 그와 관련해서 생각을 해보기도 했을 것이다. 그런데, 정작 자신의 문제가 되면 선뜻 어떻게 해야 할지 망설여지는 것은 사실이다. 우리 자신보다는 가족들의 마음을 좀 더 헤아리고, '인간답게 죽을 권리'를 행사하는 것도 생의 마지막을 정리하는 기본이 될 것이다. 그렇게 할 수 있는 인간적 권리가 "사전연명의료의향서"이다.

보건복지부는 2016년 1월 8일 국회 본회의에서 의결되고, 동년 1월 26일 국무회의를 통과한「호스피스 · 완화의료 및 임종과정에 있는 환자의 연명의료결정에 관한 법률(약칭:연명의료결정권)」를 2월 3일 공포하였다.

그리고 2018년 3월 27일 최종법률을 공포[법률제15542호] 하였다. 이로써 죽음에 대한 자기결정권을 행사하고자 하는 사람은 사전에 '사전연명의료의향서'를 작성할 수 있다. 사전연명의료의향서를 미리 작성해 두면 훗날 우리 자신이 죽음에 임박했을 때, 본인은 물론 담당의사 및 가족들에게 크게 도움이 될 수 있다.

○ 사전연명의료의향서를 써야 하는 이유

현대의학의 비약적 발전으로 기대수명은 예전보다 길어졌고, 삶의 질도 크게 향상되었다. 그러나 의학의 발전으로도 사람은 죽음에서 자유로울 수 없다. 사람들은 죽을 때 인간으로서의 존엄성을 유지하고 가족들에게 부담을 적게 주면서 편안하게 가족들과 마지막 작별인사를 나누며 떠나고 싶어 할 것이다.

그러나 불행하게도 이러한 이별을 맞이하지 못하는 사람들도 많다. 미리 죽음을 대비해두지 않았기 때문이다. 죽음에 임박한 사람들에게 죽음을 앞두고 발생하는 많은 문제에 대해서 자신의 의견을 명확하게 표현할 기회를 갖지 못하는 경우가 많다. 이와 같은 때를 대비하는 것이 사전연명의료의향서가 된다.

[사전연명의료의향서 작성이 좋은 점]

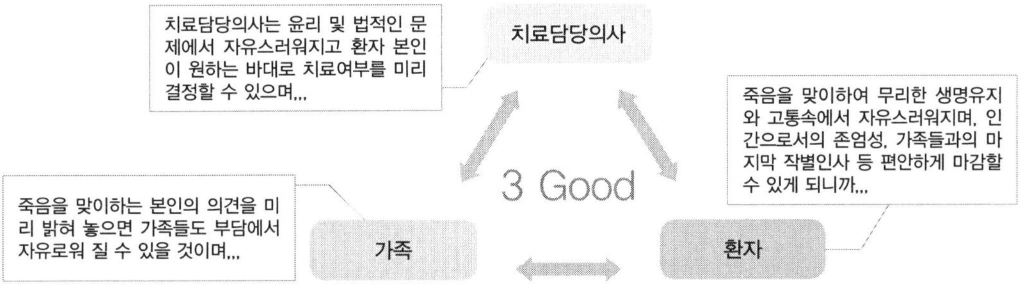

○ 사전연명의료의향서 작성 시 유의할 점

첫째, '사전연명의료의향서'의 사전은 '죽기 전'이란 뜻이고, 의료는 '치료를 어떻게 해달라'고 요청하는 것이다. 스스로 의사표현을 할 수 없는 상황이 오기 전에 '미리 나는 나의 마지막을 이렇게 장식하고 싶다.'고 써놓는 것이다.

둘째, 본인 스스로 연명치료 여부를 결정하는 것이지만, 작성 전에는 가족들과의 충분한 상담은 물론 관련 상담사나 치료담당 의사와 자세히 상담하는 것이 좋다.

셋째, 사전연명의료의향서를 작성하였다면, 혼자 보관하는 것이 아니고, 가족들에게 꼭 알려줘야 한다. 그래야만 본인이 의사표현을 하지 못하는 상황이 올 때, 본인의 뜻을 의료진에게 제대로 알릴 수 있다.

넷째, 사전연명의료의향서 작성에 부담을 가질 필요는 없다. 언제든 마음이 바뀌면, 그 내용을 철회하거나 수정이 가능하다. 이 경우에도 가족들에게 꼭 알려야 한다. 환자가 의식이 있을 때는 절대로 사전연명의료의향서를 집행하지 않는다.

다섯째, 사전연명의료의향서는 관련 법률에 따라 법적 효력을 갖는다.

ㅇ 사전연명의료의향서 양식

■ 호스피스·완화의료 및 임종과정에 있는 환자의 연명의료결정에 관한 법률 시행규칙 [별지 제6호서식] <개정 2018. 2. 2.>

(앞쪽)

사전연명의료의향서

※ 색상이 어두운 부분은 작성하지 않으며, [ ]에는 해당되는 곳에 √표시를 합니다.

등록번호	※ 등록번호는 등록기관에서 부여합니다.		
작성자	성 명		주민등록번호
	주 소		
	전화번호		
연명의료 중단등결정 (항목별로 선택합니다)	[ ] 심폐소생술		[ ] 인공호흡기 착용
	[ ] 혈액투석		[ ] 항암제 투여
호스피스의 이용 계획	[ ] 이용 의향이 있음		[ ] 이용 의향이 없음
사전연명의료의향서 등록기관의 설명사항 확인	설명사항	[ ] 연명의료의 시행방법 및 연명의료중단등결정에 대한 사항	
		[ ] 호스피스의 선택 및 이용에 관한 사항	
		[ ] 사전연명의료의향서의 효력 및 효력 상실에 관한 사항	
		[ ] 사전연명의료의향서의 작성·등록·보관 및 통보에 관한 사항	
		[ ] 사전연명의료의향서의 변경·철회 및 그에 따른 조치에 관한 사항	
		[ ] 등록기관의 폐업·휴업 및 지정 취소에 따른 기록의 이관에 관한 사항	
	확인	년 월 일	성명 (서명 또는 인)
환자 사망 전 열람허용 여부	[ ] 열람 가능	[ ] 열람 거부	[ ] 그 밖의 의견
사전연명의료의향서 보관방법			
사전연명의료의향서 등록기관 및 상담자	기관 명칭		소재지
	상담자 성명		전화번호

본인은 「호스피스·완화의료 및 임종과정에 있는 환자의 연명의료결정에 관한 법률」 제12조 및 같은 법 시행규칙 제8조에 따라 위와 같은 내용을 직접 작성하였습니다.

작성일 년 월 일

작성자 (서명 또는 인)

등록일 년 월 일

등록자 (서명 또는 인)

210㎜×297㎜[백상지(80g/㎡) 또는 중질지(80g/㎡)]

(뒤쪽)

유의사항

1. 사전연명의료의향서란「호스피스・완화의료 및 임종과정에 있는 환자의 연명의료결정에 관한 법률」 제12조에 따라 19세 이상인 사람이 자신의 연명의료중단등결정 및 호스피스에 관한 의사를 직접 문서로 작성한 것을 말하며, "호스피스・완화의료"의 신청은 「호스피스・완화의료 및 임종과정에 있는 환자의 연명의료결정에 관한 법률」 제28조에 따른 신청절차를 따라야 합니다.
2. 사전연명의료의향서를 작성하고자 하는 사람은 보건복지부장관이 지정한 사전연명의료의향서 등록기관을 통하여 직접 작성하여야 합니다.
3. 사전연명의료의향서를 작성한 사람은 언제든지 그 의사를 변경하거나 철회할 수 있으며, 이 경우 등록기관의 장은 지체없이 사전연명의료의향서를 변경하거나 등록을 말소하여야 합니다.
4. 사전연명의료의향서는 ① 본인이 직접 작성하지 아니한 경우, ② 본인의 자발적 의사에 따라 작성되지 아니한 경우, ③ 사전연명의료의향서 등록기관으로부터 「호스피스・완화의료 및 임종과정에 있는 환자의 연명의료결정에 관한 법률」 제12조제2항에 따른 설명이 제공되지 아니하거나 작성자의 확인을 받지 아니한 경우, ④ 사전연명의료의향서 작성・등록 후에 연명의료계획서가 다시 작성된 경우에는 효력을 잃습니다.
5. 사전연명의료의향서에 기록된 연명의료중단등결정에 대한 작성자의 의사는 향후 작성자를 진료하게 될 담당의사와 해당 분야의 전문의 1인이 동일하게 작성자를 임종과정에 있는 환자라고 판단한 경우에만 이행될 수 있습니다.

210mm×297mm[백상지(80g/㎡) 또는 중질지(80g/㎡)]

2 사회보장제도 및 노인장기요양제도

2.1 사회보장제도

「'사회보장'이란 출산, 양육, 실업, 노령, 장애, 질병, 빈곤 및 사망 등의 사회적 위험으로부터 모든 국민을 보호하고 국민 삶의 질을 향상 시키는데 필요한 소득 · 서비스를 보장하는 사회보험, 공공부조, 사회서비스를 말한다.」라고 정의하고 있다.[39)]

우리나라의 사회보장체계는 다음과 같이 구성되어 있다.

첫째, 국민에게 발생하는 사회적 위험을 보험의 방식으로 대처함으로써 국민의 건강과 소득을 보장하는 '사회보험'(동조 제2호)

둘째, 국가와 지방자치단체의 책임 하에 생활 유지 능력이 없거나 생활이 어려운 국민의 최저 생활을 보장하고 자립을 지원하는 '공공부조'(동조 제3호)

셋째, 국가 · 지방자치단체 및 민간부문의 도움이 필요한 모든 국민에게 복지, 보건의료, 교육, 고용, 주거, 문화, 환경 등의 분야에서 인간다운 생활을 보장하고 상담, 재활, 돌봄, 정보의 제공, 관련 시설의 이용, 역량 개발, 사회참여 지원 등을 통하여 국민의 삶의 질이 향상되도록 지원하는 '사회서비스'(동조 제4호)

---

39) 사회보장기본법[시행 2017.7.26.] [법률 제14839호, 2017.7.26., 타법개정]

[우리나라의 사회보장 체계도]

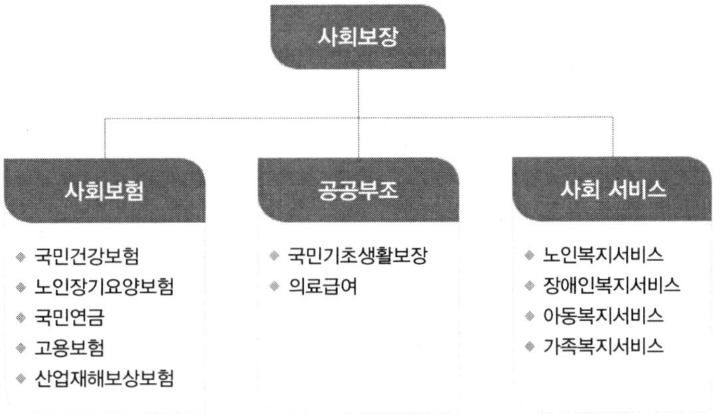

(자료 : 국민건강보험(http://www.nhis.or.kr))

가. 사회보험

사회보장기본법 제3조 제2호에 의거 사회보험은 기본적으로 미래에 직면할 수 있는 사회적 위험에 대비하여 평소 경제활동을 통하여 소득이 있을 때 그 소득의 일부를 강제로 갹출(醵出)하여 사전에 대비하는 제도를 말한다.

'민간보험'과 마찬가지로 가입자의 기여금(보험료)을 재원으로 가입자에게 발생하는 위험(보험사고)을 분산하는 보험원리를 이용하고 있지만, 영리를 목적으로 하는 '민간보험'과는 다른 성격을 갖는다.

[사회보험과 민간보험의 비교]

구분	사회보험(공보험)	민간보험(사보험)
책임주체	국가	개인
원칙	사회연대성	계약성
법적근거	사회보험법	상법(보험법)
가입	의무	임의
운영 · 관리체계	국가 또는 공법인(공단)	사기업(회사)
보험료의 부담	소득수준에 따른 능력비례부담	위험크기에 따른 부담
보험급여	균등급여	계약에 따라 급여
급여형태	현금 또는 현물	현금

(자료 : 국민건강보험공단(http://www.nhis.or.kr))

나. 공공부조

종래에는 '공적부조'라는 용어를 사용하였으나, 1995년 12월 30일 법률 제5134호로 제정된 사회보장기본법에서 '공공부조'라는 용어를 사용하였다.

공공부조는 사회보장제도 중 사회보험 다음으로 큰 비중을 차지하고 있는 비기여 소득 · 자산조사 프로그램으로, 스스로 생활유지 능력이 없거나 생활이 어려운 사람들에게 국가가 대한민국헌법 제34조 제1항이 보장하는 인간다운 생활을 영위할 수 있도록 하는 제도이다.

공공부조는 기여금을 지불하지 않는다는 측면에서 가입자들이 지불한 기여금에 의한 소득 · 서비스를 보장하는 제도인 '사회보험'과는 구별되며, 공공부조가 사후적으로 빈곤의 문제를 해결하는 '사회안전망(Social Safety Net)'인 반면, 사회보험은 사람들이 빈곤으로 떨어지지 않도록 미리 예방하는 제도이다.

[공공부조와 사회보험의 비교]

구분	공공부조	사회보험
제도내용	저소득층의 최저생활보장	사회위험에 대한 연대적 대응
지급대상	선별주의	보편주의
적용원리	무차별 평등주의	비례원리에 따른 형평주의
자격요건	소득 및 자산 조사	기여금이 납부
재원	일반조세	보험료 및 국고
급여수준	최저생활보장	사회적 적정성
수급권의 성격	희박한 권리성	강한 권리성

(자료 : 국민건강보험공단(http://www.nhis.or.kr))

다. 사회서비스

종래에는 일반적으로 '사회복지' 혹은 '사회복지서비스'라는 용어를 사용하였으나, 2012년 1월 26일 법률 제11238호로 개정된 사회보장기본법에서 '사회서비스'라는 용어로 변경되었다.

사회서비스는 현금급여와 더불어 현물급여의 형태로 지급되며 개별차원의 서비스를 제공한다는 점에서 공공부조와 구분 된다. 즉, 기여금을 지불하지 않았으나 일정한 소득 및 자산조사를 거쳐 그 조건에 해당하는 사람들에게 급여를 제공하거나 일정한 인구학적 기준만 충족되면(아동, 장애인, 노인 등) 기여금은 물론 소득 및 자산 조사 없이도 급여를 제공하는 제도이다. 사회서비스의 재원은 주로 국가의 일반조세에 의해 충당되나 일부는 본인부담에 의해 충당되는 경우도 있다.

2.2 국민건강보험

가. 국민건강보험 특성과 기능 및 역할

국민건강보험은 질병이나 부상으로 인해 발생한 고액의 진료비로 가계에 과도한 부담이 되는 것을 방지하기 위하여, 국민들이 평소에 보험료를 내고 보험자인 국민건강보험공단이 이를 관리 · 운영하다가 필요시 보험급여를 제공함으로써 국민 상호간위험을 분담하고 필요한 의료서비스를 받을 수 있도록 하는 사회보장제도이다. 따라서 다른 보험과 달리 다음과 같은 특성 및 기능과 역할을 갖는다.

▶ 사회보험으로서의 특성

- 법률에 의한 강제 가입
- 능력에 따른 보험료의 차등부과
- 보험급여의 균등한 혜택
- 보험료 납부의 의무성
- 보험료의 분담

▶ 기능과 역할

- **의료보장 기능** : 건강보험은 피보험대상자 모두에게 필요한 기본적 의료를 적정한 수준까지 보장함으로써 그들의 의료문제를 해결하고 누구에게나 균등하게 적정수준의 급여를 제공한다.
- **사회연대 기능** : 건강보험은 사회보험으로서 건강에 대한 사회공동의 책임을 강조하여 비용(보험료)부담은 소득과 능력에 따라 부담하고 가입자모두에게 균등한 급여를 제공함으로써 사회적 연대를 강화하고 사회통합을 이루는 기능을 가지고 있다.

- 소득재분배 기능 : 질병은 개인의 경제생활에 지장을 주어 소득을 떨어뜨리고 다시 건강을 악화시키는 악순환을 초래하기 때문에 각 개인의 경제적능력에 따른 일정한 부담으로 재원을 조성하고 개별부담과 관계없이 필요에 따라 균등한 급여를 제공하여 질병의 치료부담을 경감시키는 건강보험은 소득재분배 기능을 수행한다.

나. 국민건강보험의 보험급여체계 및 보험급여

(1) 보험급여체계

국민건강보험의 급여형태는 의료 그 자체를 보장하는 현물급여와 의료비의 상환제도입인 현금급여 두 가지 형태로, 우리나라는 현물급여를 원칙으로 하되 현금급여를 병행하고 있다.

현물급여에는 가입자 및 피부양자의 질병, 부상, 출산 등에 대한 요양급여 및 건강검진이 있고, 현금급여에는 요양비, 장애인보장구 급여 등이 있으며, 가입자 또는 피부양자가 요양급여를 받는 대에는 그 진료비용의 일부를 본인이 부담하여야 하며, 그 내용은 입원의 경우 진료비 총액의 20%를, 외래의 경우에는 요양기관 종별에 따라 30~60%를 차등 적용하고 있다.

[보험급여의 종류]

구분		수급권자	비고
현물급여	요양급여	가입자 및 피부양자	
	건강검진	가입자 및 피부양자	
현금급여	요양비	가입자 및 피부양자	
	장애인보장구	가입자 및 피부양자 중 장애인복지법에 의해 등록한 장애인	
	본인부담액 상한제	가입자 및 피부양자	
	임신 · 출산 진료비	가입자 및 피부양자 중 임산부	

(2) 보험급여 종류

① 요양급여

가입자 및 피부양자의 질병, 부상에 대한 예방, 진단, 치료, 재활과 출산, 사망 및 건강증진에 대하여 법령이 정하는 바에 따라 공단이 현물 및 현금급여를 제공하는 것을 말한다.

② 건강검진

국민건강보험공단에서는 우리나라 국민이 사망원인 상위 3위에 해당하는 암, 심 · 뇌혈관 질환을 무증상 상태 시기에 조기 발견하여 치료 또는 생활 습관 개선으로 삶의 질을 높이고자 실시한다. 건강검진은 주소지와 상관없이 지정된 검진기관 전국 어디서나 받을 수 있다.

우리나라 성별 사망원인 순위 (2016년, 통계청)

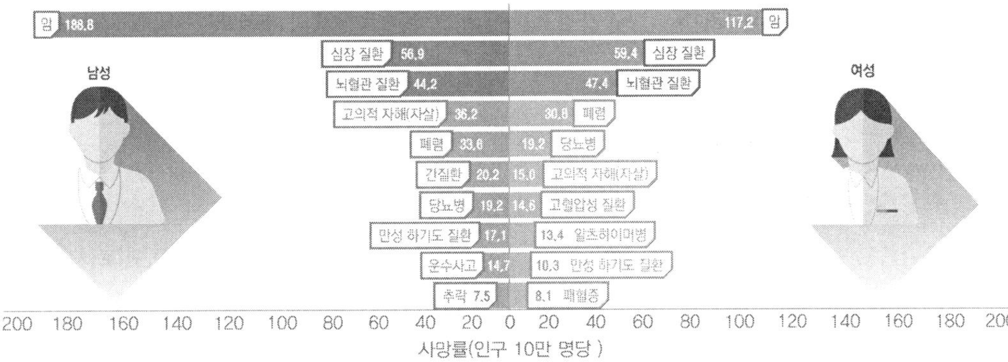

(자료 : 국민건강보험공단(http://www.nhis.or.kr))

- 일반건강검진: 비사무적 근로자 전체 및 사무직 근로자 중 격년제 실시에 따른 해당 연도 대상자(전년도 미수검자, 당해 연도 신규 취득자도 검진 가능)인 가입자와 만 40세 이상자 중 검진주기(2년) 해당자인 피부양자

일반건강검진 안내

일반건강검진 비용은 **국민건강보험공단**에서 전액 부담합니다.
(다만, 의료급여수급자인 경우 국가와 지자체에서 전액 부담합니다.)

www.nhis.or.kr

건강검진 대상자

구분	대상
지역가입자	세대주와 만 40세이상 세대원 중 짝수연도 출생자
피부양자	만 40세이상 짝수연도 출생자
직장가입자	비사무직 전체, 격년제 실시에 따른 사무직대상자 (2018년도부터 사무직 격년제는 출생연도(짝, 홀) 기준 적용)
의료급여수급자	만 19세~만 64세 세대주 중 짝수연도 출생자 만 40세~만 64세 세대원 중 짝수연도 출생자

공통 검사항목

대상질환	검사항목	대상질환	검사항목
비만	신장, 체중, 허리둘레, 체질량지수	당뇨병	공복혈당
시각, 청각이상	시력, 청력	간장질환	AST, ALT, r-GTP
고혈압	혈압	폐결핵 / 흉부질환	흉부방사선촬영
신장질환	요단백, 혈청크레아티닌, e-GFR	구강질환	구강검진
빈혈증	혈색소		

◢ 시력, 청력은 운전면허 신체검사 수치로 활용되므로 안경 착용자는 교정시력으로 검사를 받으시기 바랍니다.

성·연령별 검사항목	검사항목	대상연령	비고
	혈액검사(이상지질혈증 검사)	남자:만 24세 이상 / 여자:만 40세 이상(4년 주기)	남자:만 24세, 28세, 32세..../ 여자:만 40세, 44세, 48세....만 해당
	B형간염항원, 항체	만 40세	면역자, 보균자는 제외
	골밀도 검사	만 54세, 66세 여성	
	인지기능장애	만 66세 이상(2년 주기)	만 66세, 68세, 70세....
	정신건강(우울증) 검사	만 40세, 50세, 60세, 70세	
	생활습관평가	만 40세, 50세, 60세, 70세	
	노인신체기능 검사	만 66세, 70세, 80세	
	치면세균막 검사	만 40세	구강검진 항목

◢ 전년도 대상자 중 건강검진을 한 종목도 받지 않으신 분은 공단에 신청하시면 공통항목에 한하여 건강검진을 받으실 수 있습니다.

확진검사	확진검사 대상 ▶ 일반건강검진 결과 고혈압 · 당뇨병 질환 의심자	
	• 고혈압 : 진찰 및 상담, 혈압측정 • 당뇨병 : 진찰 및 상담, 공복혈당검사 • 실시 기간 : 2019년 1월 31일까지	• 검진 결과 통보서 지참하여 가까운 병 · 의원(상급종합병원, 종합병원 제외)에 방문하여 실시 (의료급여 수급권자는 의료급여 전달체계에 따라 의원에서 실시) • 진료와 해당 검사비용을 1회에 한하여 본인부담 면제

- 암검진: 출생년도(짝 · 홀수)에 따른 암 종목별 검진연령 및 검진주기에 해당하는 자. 치료할 수 있는 5대암(위암, 대장암, 간암, 유방암, 자궁경부암)으로 구성하여 실시하고 있다.

(단위: 명/10만명) **성별 10대 암 조발생률** (2014년, 국립암센터)

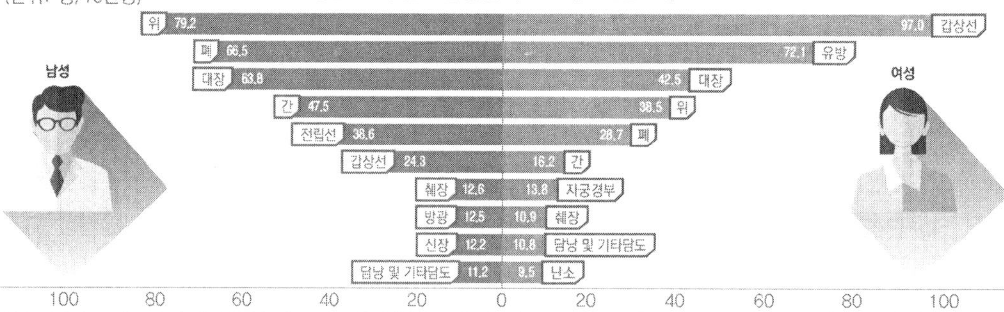

우리나라 국민들이 기대수명(82세)까지 생존할 경우 암에 걸릴 확률은 36.2%였으며, 남자(79세)는 5명 중 2명(38.7%), 여자(85세)는 3명 중 1명(33.1%)에서 암이 발생할 것으로 추정됩니다.

▸ 국가암건진비 지원(혜택) 대상자인 경우 올해 검진을 받지 않고 다음 연도에 추가 신청시 국가암건진비 지원 대상자격이 상실되어 국가에서 별도로 지원하는 암환자 의료비 지원사업 대상에서 제외 될 수 있습니다.

구분	대상기준	검진주기
위암	만40세 이상	2년
대장암	만 50세 이상	1년
간암	만 40세 이상 고위험군	6개월
유방암	만 40세 이상	2년
자궁경부암	만 20세 이상	2년

- 의료급여생애전환기 건강검진: 의료급여수급권자 중 만 66세 이상 세대주 및 세대원

에게 실시하는 건강검진

③ 요양비

- 출산비 : 가입자(피부양자)가 요양기관(병 · 의원 · 조산원)이 아닌 자택 등에서 출산(사산인 경우는 임신 16주 이상)한 경우, 출산 자녀수에 관계없이 25만원 지급
- 만성신부전증 요양비 : 만성신부전증 환자가 의사의 처방전에 의하여 복막관류액 및 자동 복막토석 시 사용되는 소모성 재료를 요양기관 이외의 의약품 판매업소에서 구입 사용한 경우, 건강보험 약값 기준액의 범위 내에서 실구입액의 90% 지급
- 가정산소치료서비스 : 호흡기 장애인 등을 포함한 중증의 만성심폐질환자가 가정에서 산소발생기로 산소치료를 받는 경우 12~16만원 지급
- 당뇨병환자 소모성재료 구입비 : 공단에 등록된 당뇨병환자가 의사의 처방전에 따라 혈당검사 또는 인슐린주사에 사용되는 소모성재료를 의료기기 판매업소에서 구입 사용한 경우 구입금액 또는 기준액의 90% 지급

④ 장애인 보장구 급여비

장애인복지법에 의하여 등록한 장애인인 가입자 또는 피부양자가 지체장애인용, 뇌병변장애인용, 시각장애인용, 청각장애인용, 언어장애인용 보장구를 구입할 경우 구입금액 또는 기준액의 90% 지급

⑤ 본인부담액상한제

- 본인부담금상한제 : 과다한 의료비로 인한 가계의 부담을 덜어주기 위하여 건강보험을 적용받는 본인부담액의 연간(매년 1.1. ~ 12.31.) 총액이 개인별 상한액을 넘는 경우 그 초과액을 공단이 부담하는 제도로 적용방법에 따라 사전급여와 사후급여로 구분.
- 본인부담금환급금 : 요양기간이 가입자 및 피부양자에게 법령이 정한 기준을 초과하여 더 받은 본인부담금을 해당 요양기관에 지급할 요양급여비용에서 공제하거나 환수하여 가입자나 피부양자에게 돌려주는 제도

⑥ 임신 · 출산 진료비 지원(부가급여)

임산부의 진료비 지원을 통한 출산의욕 고취 및 건강한 태아 분만을 위해 임신 · 출산 진료비의 보인부담금 일부를 전자바우처 방식으로 지원

임산부 본인 또는 가족이 임신기간 중에 방문신청 또는 온라인신청하여 지정요양기관에서 진료비용을 결제할 수 있는 바우처(국민행복카드, 고운맘카드)를 제공(임신 1회 50만원 내(다태아 임산부 70만원 내).

2.3 노인장기요양보험

가. 개요

고령이나 노인성질병 등으로 인하여 6개월 이상 동안 혼자서 일상 생활을 수행하기 어려운 노인 등에게 신체활동 또는 가사지원 등의 장기요양급여를 사회적 연대원리에 의해 제공하는 사회보험 제도이다.

노인장기요양보험은 치매/중풍의 노화 및 노인성 질환 등으로 인하여 혼자 힘으로 일상 생활을 영위하기 어려운 대상자에게 요양시설이나 재가(在家), 장기요양기관을 통해 신체활동 또는 가사지원 등의 서비스를 제공하는 제도이다.

질환의 진단, 입원 및 외래 치료, 재활치료 등을 목적으로 주로 병 · 의원 및 약국에서 제공하는 서비스를 급여 대상으로 하는 국민건강보험 제도와는 다음과 같은 차이를 보인다.

구분	노인장기요양보험제도	기존 노인복지서비스체계
서비스 대상	- 보편적 제도 - 장기요양이 필요한 65세 이상 노인 및 치매 등 노인성 질환을 가진 65세 미만의 국민	- 특정 대상 한정(선택적) - 국민기초생활보장수급자를 포함한 저소득층 위주
서비스 선택	- 수급자 및 부양가족의 선택에 의한 서비스 제공	- 지방자치단체장의 판단(공급자 위주)
재원	- 장기요양보험료+국가 및 지방자치단체 부담+이용자 본인부담	- 정부 및 지방자치단체의 부담
서비스	- 시설급여 - 재가급여(방문요양, 방문목욕, 방문간호, 주 · 야간 보호, 단기보호 등)	- 시설 재가서비스를 제공하나, 서비스 질에 대한 관리 미흡

시설에 대한 지원방식	- 시설급여 및 재가급여 제공자는 비용을 수가산정방식을 적용하여 국민건강보험공단에 청구 - 국민건강보험공단은 청구된 장기요양급여 및 비용 등의 적정여부 심사 후 지급	- 지방자치단체를 통하여 시설 입소인원 또는 연간 운영비용을 기준으로 정책 지급(사후정산)

(자료 : 국민건강보험공단(http://www.nhis.or.kr))

나. 장기요양인정 신청 및 인정

① 장기요양인정 신청 절차

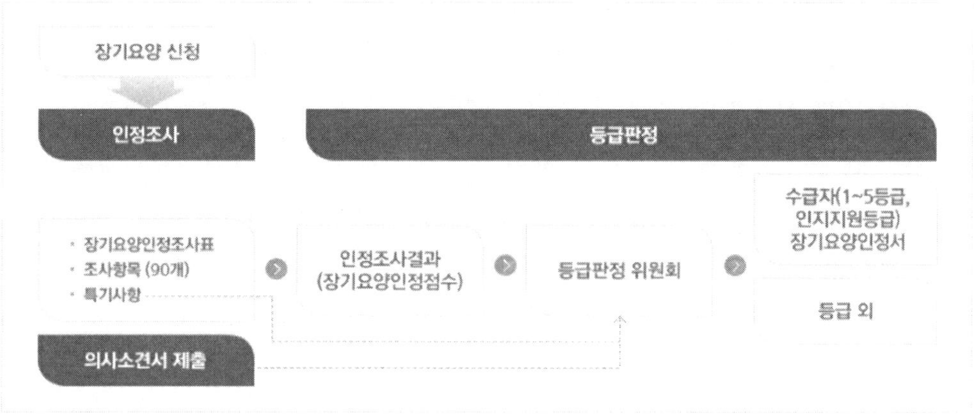

(자료 : 국민건강보험공단(http://www.nhis.or.kr))

② 장기요양인정의 신청자격 및 제출서류

▶ 신청자격 : 65세 이상의 노인 또는 65세 미만으로서 치매, 뇌혈관질환 등 대통령령으로 정한 노인성 질병을 가진 자

▶ 장기요양인정의 신청

- 신청인 : 본인 또는 대리인
- 대리인 : 가족, 친족 또는 이해관계인, 사회복지전담공무원, 시장 · 군수 · 구청장이 정하는 자

※ 인터넷을 이용하여 장기요양인정 신청을 할 경우 65세 이상 노인만 가능하며 신분확인을 위해 공인인증절차를 거쳐야 한다.

(다만, 갱신 신청인 경우는 65세 미만인 경우라도 인터넷 신청이 가능함.)

(장애인활동지원문의 : 국민연금공단 ☏ 1355)

- 신청장소 : 전국 국민건강보험공단지사(노인장기요양보험운영센터)
- 제출서류

  *장기요양인정신청서 : 신청서는 공단지사 또는 홈페이지(www.longtermcare.or.kr)에 접속하여 자료마당 〉서식자료실 〉게시물 - [별지 제1호의 2서식]을 다운받으면 됨

  *의사소견서 : 장기요양인정신청서와 함께 제출, 65세 이상인 경우 공단이 등급판정 위원회에 심의 자료 제출 전까지 제출 가능

③ 장기요양인정 신청의 조사

▶ 조사자

- 소정의 교육을 이수한 공단직원이 신청인의 거주지를 방문하여 조사

  ※ 방문조사 일정은 사전 통보,, 원하는 장소와 시간은 공단직원과 협의하여 조정 가능

▶ 조사내용 및 방법

- 인정조사는 신청인의 심신상태를 조사하는 것이므로 조사자가 신청인을 직접 방문하여 90개 항목으로 구성된「장기요양인정조사표」에 의하여 조사한다.

첫째, 장기요양인정조사표에 따른 90개 항목은 신청자의 일반사항, 신체기능영역, 사회생활기능영역, 인지기능영역, 행동변화영역, 간호처치영역, 재활영역, 복지용구, 지원형태, 시 · 청력상태 및 질병상태 등 인정신청자의 건강 및 기능상태와 개인욕구 및 환경 등을 함께 파악 할 수 있는 문항을 포함하고 있다.

둘째, 이 가운데 아래 5개영역의 65개 항목은 장기요양인정점수를 산정하는데 활용한다.

① 신체기능영역: 신청인의 최근 한 달간 일상생활에서 다른 사람의 도움을 받는 정도와 도움이 필요한 이유를 조사

② 인지기능 및 행동변화 영역: 최근 한 달간 신청인이 보였던 증상여부를 조사

③ 간호처치영역: 최근 2주간 증상유무를 조사

④ 재활영역: 운동장애 정도와 관절제한 정도 두 부분으로 나누어 조사

④ 등급판정

장기요양 신청인에 대한 인정조사 결과와 의사소견서, 그 밖의 심의에 필요한 자료를 바탕으로 지역별로 설치된 「장기요양 등급판정위원회」에서 신청인의 「요양필요도」가 등급판정 기준에 적합한지를 판단하여 최종적으로 장기요양 등급, 유효기간, 장기요양급여의 종류 및 내용 등을 결정하는 것으로 등급판정이라고 한다.

※ 요양필요도란 신청인이 일상생활을 유지하는데 필요한 도움의 정도(서비스량)를 말하며, 도움을 받아야 할 서비스 시간이 길수록 요양필요도 수준이 높음을 의미한다.

[장기요양등급별 기능 및 인정점수]

등급	심신의 기능상태	장기요양인정점수
1등급	일상생활에서 전적으로 다른 사람의 도움이 필요한 상태	95점 이상
2등급	일상생활에서 상당 부분 다른 사람의 도움이 필요한 상태	75점 이상 95점 미만
3등급	일상생활에서 부분적으로 다른 사람의 도움이 필요한 상태	60점 이상 75점 미만
4등급	심신의 기능상태 장애로 일상생활에서 일정부분 다른 사람의 도움이 필요한 상태	51점 이상 60점 미만
5등급	치매(제2조에 따른 노인성질병으로 한정한다)환자	45점 이상 51점 미만
인지지원등급	치매(제2조에 따른 노인성질병으로 한정한다)환자	45점 미만

(자료 : 국민건강보험공단(http://www.nhis.or.kr))

⑤ 장기요양급여의 제공 시기

장기요양인정서가 도달한 날부터 장기요양급여를 받을 수 있다. (단, 돌볼 가족이 없는 등 대통령령이 정하는 부득이한 사유가 있는 경우에는 장기요양인정신청서를 제출한 날부터 장기요양인정서가 도달되는 날까지의 기간 중에도 장기요양급여를 받을 수 있음)

▶ 급여이용대상

- 1~5등급 및 인지지원등급의 장기요양 인정을 받은 자

▶ 장기요양수급자의 장기요양급여 이용

- 장기요양수급자는 시설 또는 재가 장기요양기관과 계약을 체결하고 급여 이용

- 공단은 수급자가 자율적으로 장기요양기관을 선택할 수 있도록 객관적인 정보제공 및 안내, 상담
- 장기요양인정서와 표준장기요양이용계획서에 따라 수급자와 가족이 자율적으로 장기요양기관을 선택하여 급여계약체결을 하고, 장기요양기관에서는 표준장기요양이용계획서와 계약 내용을 반영하여 세부급여제공 계획(일정)을 수립하고 급여 제공

▶ 장기요양급여의 종류(노인장기요양보험법 제23조~26조)

- 장기요양급여는 '재가급여', '시설급여', '특별현금급여' 등으로 나누어 지급한다.

㉠ 재가급여

방문요양

장기요양요원이 수급자의 가정 등을 방문하여 신체활동(목욕, 배변, 머리감기, 옷 갈아입기 등) 및 가사활동(취사, 생필품 구매, 청소, 주변정동 등을 지원하는 장기요양급여

방문요양

장기요양요원이 목욕 설비를 갖춘 차량을 이용하여 수급자의 가정을 방문하여 목욕을 제공하는 급여

방문간호

장기요양원인 간호사 등이 의사, 한의사 또는 치과의사(구강위생에 한함)의 지시서에 따라 수급자의 가정 등을 방문하여 간호, 진료의 보조, 요양에 관한 상담 또는 구강위생 등을 제공하는 장기요양급여

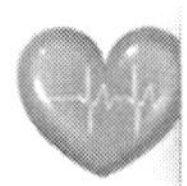

주·야간보호
(주·야간보호 내 치매전담실 포함)

수급자를 하루 중 일정한 시간 동안 장기요양기관에 보호하여 신체활동 지원 및 심신기능의 유지·향상을 위한 교육·훈련 등을 제공하는 급여

방문요양

수급자를 월 9일 이내 기간 동안 장기요양기관에 보호하여 신체활동 지원 및 심신기능의 유지·향상을 위한 교육·훈련 등을 제공하는 장기요양급여

복지용구

수급자의 일상생활 또는 신체활동 지원에 필요한 용구로서 보건복지부장관이 정하여 고시하는 제품을 제공하거나 대여하여 노인장기요양보험대상자의 편의를 도모하고자 지원하는 장기요양급여
※수동휠체어, 전동·수동침대, 욕창예방 매트리스·방석, 목욕리프트, 이동욕조, 성인용 보행기 등

(자료 : 국민건강보험공단(http://www.nhis.or.kr))

㉡ 시설급여(치매전담실, 치매전담형 노인요양 공동생활가정 포함)

장기요양기관이 운영하는 노인의료복지시설(요양병원 제외)에 장기간동안 입소하여 신체활동 지원, 심신기능의 유지·향상을 위한 교육·훈련 등을 제공하는 장기요양급여

㉢ 특별현금급여

특별현금급여로 가족요양비, 특례요양비, 요양병원간병비가 있다.

- 가족요양비

장기요양기관이 현저히 부족한 지역(도서 · 벽지)에 거주하는 자, 천재지변 등으로 장기요양기관이 실시하는 장기요양급여 이용이 어렵다고 인정된 자, 신체 · 정신 · 성격 등의 사유로 가족 등이 장기요양을 받아야 하는 자에게 지급

- 특례요양비

수급자가 장기요양기관으로 지정되지 않은 장기요양시설 등의 기관과 재가 또는 시설급여에 상당한 장기요양 급여를 받은 경우 장기요양급여 비용의 일부를 지급

- 요양병원간병비

수급자가 [노인복지법] 상의 노인전문병원 또는 [의료법] 상의 요양병원에 입원한 때에 장기요양에 사용되는 비용의 일부를 지급

(※특례요양비와 요양병원 간병비는 현재 시행을 유보하고 있음)

㉣ 기타재가급여

심신기능이 저하되어 일상생활을 영위하는데 지장이 있는 노인장기요양보험 대상자에게 일상생활 또는 신체활동 지원에 필요한 용구를 제공(구입/대여)하는 장기요양급여

▶ 본인일부부담금(법 제40조)

- 일반 수급자 재가급여 : 당해 장기요양급여비용의 100분의 15
- 일반 수급자 시설급여 : 당해 장기요양급여비용의 100분의 20
- 국민기초생활수급권자: 본인일부부담금 없음
- 국민기초생활수급권자를 제외한 의료급여수급권자 및 감경적용 대상자: 일반 수급자 본인 일부부담금의 100분의 50 감경

- 자료 : 국민건강보험공단(http://www.nhis.or.kr)

2.4 국민기초생활보장법에 의한 의료급여

우리나라의 의료급여제도는 1961년 12월 생활보호법이 제정되면서 의료보호에 관한 규정이 최초로 제정, 이후 제도가 계속 발전되어오면서 전면적 개선 · 보완하여, 2007년 7월부터 1종 수급권자의 외래진료시 본인부담제 및 선택의료급여기관제를 실시하고 있다.

(1) 수급권자의 선정 유형

수급권자는 1종 수급권자와 2종 수급권자로 구분한다.

▶ 1종

- 「국민기초생활보장법」에 따른 의료급여 수급자
- 「재해구호법」에 따른 이재민으로서 보건복지부장관이 의료급여가 필요하다고 인정한 사람
- 「의사상자 등 예우 및 지원에 관한 법률」에 따라 의료급여를 받는 사람
- 「입양특례법」에 따라 국내에 입양된 18세미만의 아동
- 「무형문화재 보전 및 진흥에 관한 법률」에 따라 지정된 국가무형문화재의 보유자(명예보유자를 포함 한다)와 그 가족으로서 문화재청장이 의료급여가 필요하다고추천한 사람 중에서 보건복지부장관이 의료급여가 필요하다고 인정한 사람
- 「문화재보호법」에 따라 지정된 중요무형문화재의보유자(명예보유지를 포함한다) 와 그 가족으로서 문화재청장이 의료급여가 필요하다고 추천한사람 중에서 보건복지부장관이 의료급여가 필요하다고 인정한 사람
- 「북한이탈주민의 보호 및 정착지원에 관한 법률」의 적용을받고 있는 사람과 그 가족으로서 보건복지부장관이 의료급여가 필요하다고 인정한 사람
- 「5 · 18민주화운동 관련자 보상 등에 관한법률」 제8조에 따라 보상금 등을 받은 사람과 그 가족으로서 보건복지부장관이 의료급여가 필요하다고인정한 사람
- 「노숙인 등의 복지 및 자립지원에 관한 법률」에 따른 노숙인 등으로서 보건복지부장관이 의료급여가 필요하다고 인정한 사람
- 그 밖에 생활유지의 능력이 없거나 생활이 어려운 자로서 대통령령으로 정하는 사람

▶ 2종

- 국민기초생활보장 수급권자 중 의료급여 1종 수급권자 기준에해당하지 않는 사람

(2) 의료급여 수급권과 자격유지기간

▶ 의료급여 개시일

의료급여수급권자는 보장기관이 수급권자로 결정된 날부터 의료급여가 실시되며 다만, 의사상자는 의사상 행위를 한 날부터, 행려환자는 진료를 시작한 날부터, 이재민은 재해 발생일로부터 급여를 실시한다.

▶ 의료급여 종료일

의료급여 수급권자 요건에 해당되지 아니하게 된 때부터 종료되며 다만, 이재민 등 보장기관이 특별하게 기간을 정하는 경우에는 보장기관에서 정한 기간까지만 자격이 유지된다.

(3) 급여비용의 부담

▶ 의료급여비용의 본인부담

- 1종 수급권자는 외래진료시 본인이 일부 부담하되, 의료비 충당 등을 위해 사전에 건강생활유지비를 지원(일부 본인부담자에 한해 매월 1인당 6,000원)하고 있으며, 입원진료의 경우 전액을 의료급여기금에서 부담하고 있다.
- 2종 수급권자는 입원, 외래 시 본인이 일부 부담하고 있다.

<table>
<tr><th colspan="3" rowspan="3">구분</th><th colspan="3">의료급여 종별</th></tr>
<tr><th rowspan="2">1종</th><th colspan="2">2종</th></tr>
<tr><th>일반</th><th>장애인</th></tr>
<tr><td colspan="3">보건기관(보건소, 보건지소, 보건진료소)</td><td>무료</td><td>무료</td><td>무료</td></tr>
<tr><td rowspan="3">제1차
의료급여기관
(보건의료원 포함)</td><td rowspan="3">의원</td><td>원내 직접조제</td><td>1,500원</td><td>1,500원</td><td>750원</td></tr>
<tr><td>그 이외의 경우</td><td>1,000원</td><td>1,000원</td><td>250원</td></tr>
<tr><td>특수장비촬영
(CT, MRI, PET)</td><td>특수장비총액
의 5/100</td><td>특수장비총액
의 5/100</td><td>특수장비총액
의 5/100</td></tr>
</table>

	약국 및 한국희귀의약품센터	처방조제	500원	500원	500원
		직접조제	900원	900원	900원
		보건기관 처방조제	무료	무료	무료
제2차 의료급여기관 (병원, 종합병원)		원내직접조제	2,000원	의료급여비용 총액의 15% (예외사항 : 주 3 참조)	무료 (장애인의료비에서 지원)
		그 이외의 경우	1,500원		
		특수장비촬영 (CT, MRI, PET)	특수장비총액의 5/100		
제3차 의료급여기관 (25개 종합병원)		원내직접조제	2,500원	의료급여비용 총액의 15%	무료 (장애인의료비에서 지원)
		그 이외의 경우	2,000원		
		특수장비촬영 (CT, MRI, PET)	특수장비총액의 5/100		

기타 자세한 사항은 국민건강보험공단 사이버민원센터(http://minwon.nhis.or.kr)홈페이지 참고.

(4) 의료급여 이용절차

- 의료급여수급권자는 제1차 의료급여기관에 의료급여를 우선 신청하여야 한다. 다만, 응급 환자, 분만, 희귀난치성 질환 또는 중증질환을 가진 자, 장애인복지법제32조 규정에 따라 등록한 장애인 등의 경우는 제2차 또는 제3차 의료급여기관에 의료급여 신청이 가능하다.
- 의료급여수급권자가 제1차 의료급여기관 진료 중 제2차 또는 제3차 의료급여기관 진료가 필요한 경우 진료담당의사가 발급한 의료급여의뢰서를 받아 7일(공휴일 제외) 이내에 해당 의료급여기관에 제출하여야 한다.

[의료급여 이용절차]

1단계		2단계		3단계
의원 보건기관 (보건소, 보건지소, 보건진료소) 보건의료원	의뢰 (의료급여의뢰서) ⇄ 회송 (의료급여회송서)	병원 종합병원	의뢰 (의료급여의뢰서) ⇄ 회송 (의료급여회송서)	복지부장관이 지정한 제3차 진료기관 (25개 기관)

▶ 제1차 의료급여기관

- 외래 진료를 담당하는 제1차 의료급여기관은「의료법」에 따라 시장 · 군수 · 구청장에게 개설신고를 한 의료기관,「지역보건법」에 따라 설치된 보건소, 보건의료원 및 보건지소,「농어촌 등 보건의료를 위한 특별조치법」에 따라 설치된 보건진료소,「약사법」에 따라 등록된 약국, 한국희귀의약품센터

▶ 제2차 의료급여기관

- 입원진료를 담당하는 제2차 의료급여기관은「의료법」에 따라 시 · 도지사가 개설허가를 한 의료기관

▶ 제3차 의료급여기관

- 제2차 의료급여기관 중에서 보건복지부장관이 지정하는 의료기관

(5) 보장기관(시장 · 군수 · 구청장)이 지급하는 의료급여비용

▶ 장애인보장구

수급권자가 장애인복지법에 의해 등록된 장애인일 경우에 장애인보장구 구입액의 일부를 현금으로 지급하여 드리는 제도. 지급되는 금액은 아래와 같이 보장구 구입금액이유형별 기준액 이내인 경우와 유형별 기준액을 초과한 경우로 구분된다.

- 유형별 기준액 이내인 경우
  * 1종 수급권자 : 구입금액
  * 2종 수급권자 : 구입금액의 85%
- 유형별 기준액을 초과하는 경우
  * 1종 수급권자 : 유형별 기준액
  * 2종 수급권자 : 유형별 기준액의 85%
- 15%는 장애인의료비에서 지급되므로, 장애인의 본인부담(기준액 이내) 없음

수급권자가 보장구급여비를 지급받고자 할 경우에는 보장구급여비지급청구서에 의사

가 발행한 보장구 처방전 및 보장구 검수확인서 각 1부와 의료급여기관 또는 보장구제작 · 판매자가 발행한 세금계산서 원본을 첨부하여 보장기관에 제출하여야 한다.

▶ 본인부담보상금제도

- 1종 수급권자 : 매 30일간 급여대상 본인부담금이 2만원 초과한 경우 초과금액의 50%를 보상
- 2종 수급권자 : 매 30일간 급여대상 본인부담금이 20만원을 초과한 경우 초과금액의 50%를 보상

▶ 본인부담금 상한제

- 1종 수급권자 : 매 30일간 급여대상 본인부담금이 5만원을 초과한 경우 초과금액 전액을 보상
- 2종 수급권자 : 매 6개월간 급여대상 본인부담금이 60만원을 초과한 경우 초과금액 전액을 보상
- 상한제로 발생된 보상금액 지급시 보상금으로 지급한 금액은 차감 후 지급
- 기타 자세한 사항은 국민건강보험공단 사이버민원센터(http://minwon.nhis.or.kr)홈페이지 참고.

3 노인복지시설과 노인인권

3.1 노인복지시설

가. 노인복지시설의 종류

노인복지법은 "노인의 질환을 사전예방 또는 조기발견하고 질환상태에 따른 적절한 치료 · 요양으로 심신의 건강을 유지하고, 노후의 생활안정을 위하여 필요한 조치를 강구함으로써 노인의 보건복지증진에 기여함을 목적"으로 제정되었고, 이러한 목적을 수행하기 위한 시설이 노인복지시설이다.

노인복지시설의 종류에는 노인복지법[시행 2018.6.14.][법률 제15442호, 2018.3.13. 일부개정] 제31조에 의거, '노인주거복지시설', '노인의료복지시설', '노인여가복지시설', '재가노인복지시설', '노인보호전문기관' 등이 있다.

○ 노인복지시설의 종류

① 노인주거복지시설

- 양로시설 : 노인을 입소시켜 급식과 그 밖에 일상생활에 필요한 편의를 제공함을 목적으로 하는 시설. 입소정원은 10명 이상.
- 노인공동생활가정 : 노인들에게 가정과 같은 주거여건과 급식, 그 밖에 일상생활에

필요한 편의를 제공함을 목적으로 하는 시설. 입소정원 5명 이상 9명 이하.

- 노인복지주택 : 노인에게 주거시설을 임대하여 주거의 편의 · 생활지도 · 상담 및 안전관리 등 일상생활에 필요한 편의를 제공함을 목적으로 하는 시설.

② 노인의료복지시설

- 노인요양시설 : 치매 · 중풍 등 노인성질환 등으로 심신에 상당한 장애가 발생하여 도움을 필요로 하는 노인을 입소시켜 급식 · 요양과 그 밖에 일상생활에 필요한 편의를 제공함을 목적으로 하는 시설. 입소정원 10명 이상.
- 노인요양공동생활가정 : 치매·중풍 등 노인성질환 등으로 심신에 상당한 장애가 발생하여 도움을 필요로 하는 노인에게 가정과 같은 주거여건과 급식·요양, 그 밖에 일상생활에 필요한 편의를 제공함을 목적으로 하는 시설. 입소정원 5명 이상 9명 이하.

③ 노인여가복지시설

- 노인복지관 : 노인의 교양 · 취미생활 및 사회참여활동 등에 대한 각종 정보와 서비스를 제공하고, 건강증진 및 질병예방과 소득보장 · 재가복지, 그 밖에 노인의 복지증진에 필요한 서비스를 제공함을 목적으로 하는 시설
- 경로당 : 지역노인들이 자율적으로 친목도모·취미활동·공동작업장 운영 및 각종 정보교 환과 기타 여가활동을 할 수 있도록 하는 장소를 제공함을 목적으로 하는 시설
- 노인교실 : 노인들에 대하여 사회활동 참여욕구를 충족시키기 위하여 건전한 취미생활 · 노인건강유지 · 소득보장 기타 일상생활과 관련한 학습프로그램을 제공함을 목적으로 하는 시설

④ 재가노인복지시설

- 방문요양서비스 : 가정에서 일상생활을 영위하고 있는 노인(이하 "재가노인"이라 한다)으로서 신체적 · 정신적 장애로 어려움을 겪고 있는 노인에게 필요한 각종 편의를 제공하여 지역사회 안에서 건전하고 안정된 노후를 영위하도록 하는 서비스
- 주 · 야간보호서비스 : 부득이한 사유로 가족의 보호를 받을 수 없는 심신이 허약한 노인과 장애노인을 주간 또는 야간 동안 보호시설에 입소시켜 필요한 각종 편의를 제공하여 이들의 생활안정과 심신기능의 유지 · 향상을 도모하고, 그 가족의 신체적 · 정신적 부담을 덜어주기 위한 서비스
- 단기보호서비스 : 부득이한 사유로 가족의 보호를 받을 수 없어 일시적으로 보호가

필요한 심신이 허약한 노인과 장애노인을 보호시설에 단기간 입소시켜 보호함으로써 노인 및 노인가정의 복지증진을 도모하기 위한 서비스

- 방문 목욕서비스 : 목욕장비를 갖추고 재가노인을 방문하여 목욕을 제공하는 서비스
- 그 밖의 서비스 : 그 밖에 재가노인에게 제공하는 서비스로서 보건복지부령이 정하는 서비스

나. 노인복지시설의 현황

▶ 노인복지시설의 명칭변경

노인복지시설의 명칭이 노인복지법 시행규칙의 개정·시행으로 다음과 같이 변경되었다.

- 재가노인지원서비스(재가노인복지시설) 신설(2010.2.24.),
- 노인전문병원(노인의료복지시설), 노인휴양소(노인여가복지시설)삭제(2011.12.8.),
- 노인일자리지원기관 신설(2013.12.5.)

[노인복지시설의 명칭 변경 전 · 후 비교]

(2017.12.31. 현재)

시설종류	변경전	변경후
노인주거복지시설	양로시설	양로시설
	노인공동생활가정	노인공동생활가정
	노인복지주택	노인복지주택
노인의료복지시설	노인요양시설	노인요양시설
	노인요양공동생활가정	노인요양공동생활가정
	노인전문병원	삭제
노인여가복지시설	노인복지회관	노인복지관
	경로당	경로당
	노인교실	노인교실
	노인휴양소	삭제
재가노인복지시설	방문요양서비스	방문요양서비스
	방문목욕서비스	방문목욕서비스
	방문간호서비스	방문간호서비스
	주 · 야간보호서비스	주 · 야간보호서비스
	단기보호서비스	단기보호서비스
	재가노인지원서비스	재가노인지원서비스
노인보호전문기관	노인보호전문기관	노인보호전문기관
노인일자리지원기관	노인일자리지원기관	노인일자리지원기관

▶ 전국 노인 복지시설의 종류 및 현황

(단위: 개소, 명)

종류	시설	2017		입 소(이용) 대상자	설치
		시설 수	입소정원		
합계		76,371	219,476		
노인주거복지시설	소계	404	19,652		시장·군수·구청장에 신고
	양로시설	252	12,562	▷ 다음 각 호의 어느 하나에 해당하는 자로서 일상생활에 지장이 없는 자 가. 국민기초생활보장법, 제2조에 따른 수급권자(이하 "기초수급권자"라 한다)로서 65세 이상의 자 나. 부양의무자로부터 적절한 부양을 받지 못하는 65세이상의 자 다. 본인 및 본인과 생계를 같이 하고 있는 부양의무자의 월소득을 합산한 금액을 가구원 수로 나누어 얻은 1인당 월평균 소득액이 통계청장이 통계법 제7조제항에 따라 고시하는 전년도의 도시근로자가구 월평균 소득을 전년도의 평균 가구원수로 나누어 얻은 1인당 월평균 소득액 이하인 자(이하 "실비보호대상자"라 한다)로서 65세 이상의 자 라. 입소자로부터 입소비용의 전부를 수납하여 운영하는 양로시설 또는 노인공동생활가정의 경우는 60세이상의 자	
	노인공동생활가정	119	1,092		
	노인복지주택	33	5,998	단독취사 등 독립된 주거생활을 하는데 지장이 없는 60세 이상의 자	
노인의료복지시설	소계	5,242	170,926		
	노인요양시설	3,261	153,785	▷ 노인성질환 등으로 다음 각 호의 어느 하나에 해당하는 자 가. 노인장기요양보험법 제15조에 따른 장기요양급여수급자 나. 기초수급권자로서 65세 이상의 자 다. 부양의무자로부터 적절한 부양을 받지 못하는 65세 이상의 자 라. 입소자로부터 입소비용의 전부를 수납하여 운영하는 노인요양시설 또는 노인요양공동생활가정의 경우는 60세 이상의 자	시장·군수·구청장에 신고
	노인요양공동생활가정	1,981	17,141		
노인여가복지시설	소계	67,324	0		
	노인복지관	364	0	60세 이상의 자	시장·군수·구청장에 신고
	경로당	65,604	0	65세 이상의 자	
	노인교실	1,356	0	60세 이상의 자	
재가노인복지시설	소계	3,216	28,898		
	방문요양서비스	1,001	0	▷ 장기요양수급자나 심신이 허약하거나 장애가 있는 65세 이상의 자(이용자로부터 이용비용의 전부를 수납받아 운영하는 시설의 경우에는 60세 이상의 자로 한다)로서 다음 각 호에 해당하는 자 가. 방문요양서비스 : 가정에서 보호가 필요한 자 나. 주·야간보호서비스 : 주간 또는 야간 동안의 보호가 필요한 자 다. 단기보호서비스 : 단기간의 보호가 필요한 자 라. 방문 목욕서비스 : 가정에서의 목욕이 필요한 자 마. 방문간호서비스 : 가정에서 간호가 필요한 자 바. 재가노인지원서비스 : 가목으로부터 라목까지의 서비스 이외의 서비스로서 상담·교육 및 각종서비스가 필요한 자	시장·군수·구청장에 신고
	주·야간보호서비스	1,174	27,934		
	단기보호서비스	80	964		
	방문목욕서비스	609	0		
	방문간호서비스	10	0		
	재가노인지원서비스	342	0		
노인보호전문기관	노인보호전문기관	32	0	노인학대행위자에 대한 상담 및 교육 학대받은 노인의 발견·상담·보호 등 노인학대 예방 및 방지를 위한 홍보	시·도지사 지정
노인일자리지원기관	노인일자리지원기관	153	0	60세 이상	시도 및 시군구 신고

(자료 : 보건복지부(2018), 노인복지시설 현황(2017.12.31.현재)에서 일부 재구성)

3.2 노인인권과 침해

가. 노인인권 실태

노인인권은 노인이 인간으로서 누려야 할 권리이다. 노인복지법 기본이념에는 "노인은 후손의 양육과 국가 및 사회의 발전에 기여하여 온 자로서 존경받으며 건전하고 안정된 생활을 보장받는다."라고 규정하고 있다.

또한 노인복지법 제2조 3항에는 "노인은 노령에 따르는 심신의 변화를 자각하여 항상 심신의 건강을 유지하고 그 지식과 경험을 활용하여 사회의 발전에 기여하도록 노력하여야 한다."라고도 되어 있다.

아울러 국가인권위원회(2006)의 국가인권정책기본계획 권고안에서는 노인의 주거권, 건강권, 사회복지 등 3가지 권리 보장을 '노인의 인권 보장'을 규정하고 있다. UN은 1991년 자립(Independence), 참여(Participation), 보호(Care), 자아실현(Self-Fulfillment), 존엄성(Dignity) 등 5가지 주요 원칙을 제시한 후 지속적으로 노인에 대한 인권을 강조하고 있다.

2018년 중앙노인보호전문기관 '2107 노인학대 현황보고서'에 따르면, 2017년 노인학대 전체사례 건수는 13,309건이며, 이 중 일반사례 건수는 8,687건으로 전체 신고 건수의 65.3%이며, 학대사례는 4,622건, 34.7%로 나타났다. 2013년 대비 약 31% 증가(10,162건→13,309건)한 것으로 분석된다.

[연도별 전체 신고접수 건수 및 비율]

구분	전체신고접수			학대사례 대비 재학대 사례
	학대사례	일반사례	전체	
건수(건)	4,622	8,687	13,309	359
비율(%)	34.7	65.3	100	7.8

4,622건 중 남녀 성별비율을 보면 여성노인이 3,460건(74.9%), 남성노인이 1,162건(25.1%)으로 여성노인의 비율이 남성노인보다 약 3배 높게 나타났다.

○ 노인학대 유형

'노인학대'라 함은 노인복지법 제1조의2제4호에 근거하여 신체적 · 정신적 · 성적 폭력 및 경제적 착취 또는 가혹행위를 하거나 유기 또는 방임을 하는 것을 말한다. 학대 유형은 '학대피해노인 수'와 '학대 유형 건수'를 기준으로 구분되며, 분류와 정의는 다음과 같다.

[노인학대 유형 및 정의]

유형	정의
신체적 학대	물리적인 힘 또는 도구를 이용하여 노인에게 신체적 혹은 정신적 손상, 고통, 장애 등을 유발시키는 행위
정서적 학대	비난, 모욕, 위협 등의 언어 및 비언어적 행위를 통하여 노인에게 정서적으로 고통을 유발시키는 행위
성적 학대	성적수치심 유발행위 및 성폭력(성희롱, 성추행, 강간)등의 노인의 의사에 반하여 강제로 행하는 모든 성적 행위
경제적 학대(착취)	노인의 의사에 반(反)하여 노인으로부터 재산 또는 권리를 빼앗는 행위로서 경제적 착추, 노인 재산에 간한 법률 권리 위반, 경제적 권리와 관련된 의사결정에서의 통제 등을 하는 행위
방임	부양의무자로서의 책임이나 의무를 거부, 불이행 혹은 포기하여 노인의 의식주 및 의료를 적절하게 제공하지 않는 행위(필요한 생활비, 병원비 및 치료, 의식주를 제공하지 않는 행위)
자기방임	노인 스스로가 의식주 제공 및 의료 처치 등의 최소한의 자기보호 관련 행위를 의도적으로 포기 또는 비의도적으로 관리하지 않아 심신이 위험한 상황이나 사망에 이르게 하는 행위
유기	보호자 또는 부양의무자가 노인을 버리는 행위

▶ 노인학대 유형 Ⅰ(학대피해노인 수)

학대피해노인 수를 기준으로 한 가지 학대 유형만 발생한 단일학대와 두 가지 이상의 학대 유형이 발생한 중복학대를 포함하여 분류한 분석결과를 보면, 전체 학대사례 4,622건 중 중복학대가 3,606건(78.0%)으로 나타났다. 이는 학대피해노인의 과반이 중복학대를 경험한 것으로 볼 수 있다. 단일학대 건수의 경우 신체적 학대 322건(7.0%), 정서적 학대 298건(6.4%), 방임 168건(3.6%), 자기방임 131건(2.8%)순으로 나타나 전년도와 다른 양상(자기방임-정서적 학대-방임-신체적 학대)을 보였다.

또한 학대피해노인의 성별 연령분포를 살펴보면 남녀 모두 70대를 기점으로 학대 발생가능성이 높아지는 것으로 보인다. 전체 연령대별 학대피해노인 분포를 살펴보면 60대 881명(19.1%), 70대 2,040명(44.2%), 80대 1,425명(30.9%)으로 나타나, 70대를 기준으로 학대피해가 급격히 증가하는 것으로 나타났다.

[노인학대 유형 I (학대피해노인 수)]

(단위: 건, %)

피해자 성별	59세 이하	60~64세	65~69세	70~74세	75~79세	80~84세	85~89세	90~94세	95~99세	100세 이상	계
남성	-	38	171	246	280	254	124	36	10	3	1,162
	-	3.3	14.7	21.2	24.1	21.9	10.7	3.1	0.9	0.3	100
여성	4	103	569	723	791	646	401	168	48	7	3,460
	0.1	3.0	16.4	20.9	22.9	18.7	11.6	4.9	1.4	0.2	100
계	4	141	740	969	1,071	900	525	204	58	10	4,622
	0.1	3.1	16.0	21.0	23.2	19.5	11.4	4.4	1.3	0.2	100

▶ 노인학대 유형 II(학대유형 건수)

학대피해노인이 경험한 학대 유형을 기준으로 중복 집계하여 학대유형을 분류한 것으로 전체 노인학대사례의 노인학대 유형 건수는 7,287건으로 집계되었다. 이 중 정서적 학대가 3,064건(42.0%)으로 가장 높았으며, 그 다음으로 신체적 학대가 2,651건(36.4%), 방임이 649건(8.9%)을 차지하였다. 이 세 유형의 학대건수는 전체 학대건수의 87.3%에 해당

[노인학대 유형 II (학대유형건수)]

(단위: 건, %)

피해자 성별	신체적 학대	정서적 학대	성적 학대	경제적 학대	방임	자기방임	유기	계
남성	557	672	19	113	222	128	39	1,750
	31.8	38.4	1.1	6.5	12.7	7.3	2.2	100
여성	2,094	2,392	131	298	427	163	32	5,537
	37.8	43.2	2.4	5.4	7.7	2.9	0.6	100
계	2,651	3,064	150	411	649	291	71	7,287
	36.4	42.0	2.1	5.6	8.9	4.0	1.0	100

하는 수치로 노인학대 건수의 대부분을 차지하고 있다. 그 밖에 경제적 학대 411건(5.6%), 자기방임 291건(4.0%), 성적 학대 150건(2.1%), 유기 71건(1.0%)순으로 나타났다.

○ 노인학대 유형별 학대행위자와의 관계

정서적 학대와 신체적 학대의 경우 아들-배우자-딸 순으로 나타났으며 방임의 경우는 아들-기관-딸 순으로 나타났으며, 자녀 및 배우자에 의한 학대가 주학대로 나타났다.

방임의 경우는 자녀의 의한 방임과 노인복지시설 등의 기관이 주학대로 나타났다. 경제적 학대의 경우 아들, 딸 등 자녀에 의한 비율이 274건(66.7%)으로 절반 이상이 자녀로부터 경제적 학대를 받고 있는 것으로 나타났다. 성적 학대의 경우 기관-배우자-타인, 유기의 경우 아들-딸-배우자의 순으로 나타났다.

[노인학대 유형별 학대행위자와 학대피해노인관의 관계]

(단위: 건, %)

구분	피해자 본인	친족							타인	기관	계
		배우자	아들	며느리	딸	사위	손자녀	친척			
신체적 학대	-	957	1,098	55	174	15	85	25	74	168	2,651
	-	36.1	41.4	2.1	6.6	0.6	3.2	0.9	2.8	6.3	100
정서적 학대	2	1,040	1,375	87	237	20	91	20	116	77	3,065
	0.1	33.9	44.9	2.8	7.7	0.7	3.0	0.7	3.8	2.5	100
성적 학대	-	48	6	-	-	2	1	-	9	84	150
	-	32.0	4.0	-	-	1.3	0.7	-	6.0	56.0	100
경제적 학대	-	40	231	12	43	3	11	15	33	23	411
	-	9.7	56.2	2.9	10.5	0.7	2.7	3.6	8.0	5.6	100
방임	14	37	273	18	121	2	3	17	12	152	649
	2.2	5.7	42.1	2.8	18.6	0.3	0.5	2.6	1.8	23.4	100
자기 방임	263	4	19	-	4	-	-	-	-	-	290
	90.7	1.4	6.6	-	1.4	-	-	-	-	-	100
유기	1	4	43	1	19	-	1	-	-	2	71
	1.4	5.6	60.6	1.4	26.8	-	1.4	-	-	2.8	100
계	280	2,130	3,045	173	598	42	192	77	244	506	7,287
	3.8	29.2	41.8	2.4	8.2	0.6	2.6	1.1	3.3	6.9	100

○ 학대발생장소

노인학대의 유형을 학대발생 공간에 따라 분류하면, 가정 내, 생활시설(노인주거복지시설, 노인의료복지시설), 이용시설(노인여가복지시설, 재가노인복지시설), 병원, 공공장소, 기타 등으로 분류할 수 있다.

가정 내 학대는 학대피해노인과 동일 가구에서 생활하고 있는 노인의 가족구성원인 배우자, 성인자녀 뿐만 아니라 노인과 동일가구에서 생활하지 않는 부양의무자 또는 기타 사람들에 의한 학대를 말한다.

생활시설학대는 양로시설 및 노인공동생활가정, 노인복지주택 등의 노인주거복지시설과 노인요양시설 및 노인요양공동생활가정 등의 노인의료복지시설의 장소에서 이루어지는 학대를 말하고, 이용시설학대는 노인복지관, 경로당 및 노인교실 등 노인여가복지시설과 방문요양서비스, 주 · 야간 보호서비스, 단기보호서비스, 방문목욕서비스 및 기타 재가서비스 등의 재가노인복지시설의 장소에서 이루어지는 학대를 말한다.

2017년 접수된 노인학대사례의 학대발생장소를 살펴보면, 가정 내에서 발생한 학대건수가 4,129건(89.3%)으로 가장 높았으며, 생활시설 327건(7.1%), 노인주거복지시설 35건(0.8%), 노인의료복지시설 292건(6.3%), 이용시설 16건(0.3%)으로 나타났다.

[학대피해노인 학대발생장소]

(단위: 건, %)

가정 내	생활시설		이용시설		병원	공공장소	기타	계
	노인주거복지시설	노인의료복지시설	노인여가복지시설	재가노인복지시설				
4,129	35	292	1	15	27	58	65	4,622
89.3	0.8	6.3	0.0	0.3	0.6	1.3	1.4	100

[학대피해노인 학대발생장소별 비율]

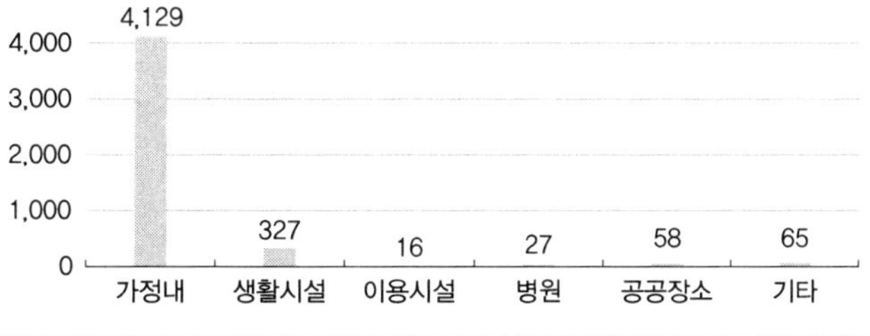

○ 학대행위자 원인

학대행위자 원인의 분석결과를 살펴보면 전체 8,415건 중 개인의 내적문제가 2,899건(34.5%), 개인의 외적문제가 1,496건(17.8%) 순으로 나타나 학대행위자 개인의 내적 · 외적특성으로 인한 원인이 52.3%로 과반을 차지하는 것으로 나타났다. 그 외 알코올 및 약물사용 장애가 1,095건(13.0%), 정신적 의존성 953건(11.3%), 경제적 의존성 924건(11.0%) 등으로 나타났다.

[학대행위자 원인]

(단위: 건, %)

학대행위자 원인	건수	비율
개인의 내적문제	2,899	34.5
개인의 외적문제	1,496	17.8
경제적 의존성	924	11.0
과거 학대 받은 경험	150	1.8
신체적 의존성	352	4.2
알코올 및 약물 사용 장애	1,095	13.0
정신적 의존성	953	11.3
피해자 부양부담	546	6.5
계	8,415	100

○ 학대발생원인(가족-환경원인)

가족-환경적 측면에서의 발생 원인을 살펴보면, 학대발생 4,329건 중 피해자-학대행위자 갈등이 2,709건(62.6%)으로 가장 높은 비율을 차지하였으며, 가족구성원과의 갈등 1,005건(23.2%)으로 그 뒤를 이었다. 이는 가족 내 갈등이 학대발생의 주원인으로 작용한다는 점을 알 수 있다. 가족의 경제적 어려움은 615건(14.2%)으로 나타났다.

[학대발생원인(가족-환경원인)]

(단위: 건, %)

가족구성원과의 갈등 (자녀간, 형제간, 친족간)	가족의 경제적 어려움	피해자-학대행위자 갈등	계
1,005	615	2,709	4,329
23.2	14.2	62.6	100

[학대발생원인(가족–환경원인)]

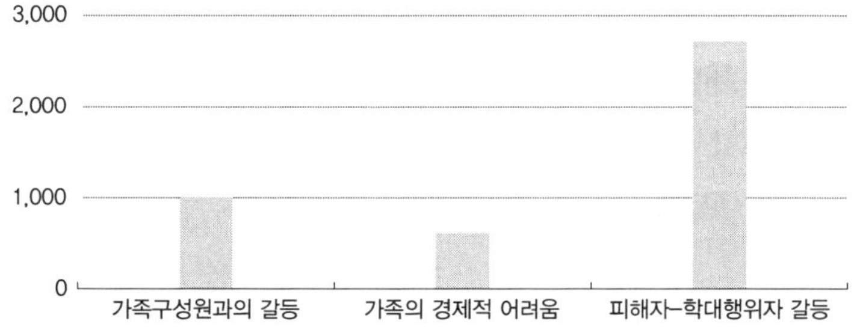

노인에 대한 인권은 가정 내에서부터 노인의 3가지 기본적 권리가 보장되도록 해야 한다. 비록 질병이나 장애, 주택, 경제, 가족관계 등의 생활조건상이 곤란한 경우라 해도 자신이 살기에 익숙하고 가정과 같은 곳에서 안락하고 편안하게 생활할 수 있는 지원이 마련되어야 한다. 그리고 노인생활시설에서 거주를 하게 된다 해도 노인들이 내 집처럼 안락한 환경에서 안전하고 편안하게 생활할 권리가 보장될 수 있는 지원정책이 마련되어야 한다.

또한 건강하게 오래살고 싶은 욕구는 남녀노소 누구나 가지고 있다. 그래서 건강하게 오래 살 수 있도록 기능수준과 건강상태에 적절한 치료와 간호서비스를 받을 수 있어야 하며, 노화로 인한 기능저하를 예방할 수 있도록 지속적으로 의료서비스를 받을 수 있도록 지원이 되어야 한다.

따라서 나이가 들었거나 건강하지 못한 상태라 해도 존엄한 존재로 평등한 대우를 받고 성, 연령, 건강상태 등에 따라 차별받지 않고 평등하게 처우를 받을 수 있는 보다 구체적인 법적인 제도와 더불어 성숙된 인권 의식을 함양할 수 있는 개인적 · 국가적 노력이 필요하다.

첫째, 노인 개인적 차원의 노력

노인인권을 확보하기 위하여 노인 개인적 차원의 노력도 필요하다. 즉 노인 스스로가 의존성을 줄이고, 스스로의 자립능력을 유지, 제고하기 위한 노력을 지속적으로 하며, 존경받을 수 있는 행동하고, 경험과 가치를 널리 공유할 수 있는 노력이 중요하다.

둘째, 가족 차원의 노력

'밥상머리 교육'이란 말이 있다. 시대가 변해도 거역할 수 없는 것이 시간의 흐름이다. 누구나 시간이 지나면 나이를 먹고, 노인이 된다. 노인에 대한 심리적 특성을 이해하고, 노인을 이해할 수 있는 관련 교육을 받으며 집안의 부모 또는 어르신들과 대화의 시간을 꾸준히 만들어 소통과 나눔의 장을 마련하도록 하는 것이 절실하다.

셋째, 사회적 차원의 노력

노인인권 침해의 문제는 노인 개인이나 가족의 문제만이 아니라 사회 전체의 문제라는 점에 대한 인식의 개선이 필요하다. 내 가족뿐만 아니라, 이웃 또는 주변 어르신들에 대한 관심을 가져야 한다.

나. 노인에 대한 이해

○ 노인에 대한 정의

노년기 시작 나이의 기준은 만 65세이다. 전 세계적으로 통용되는 기준이다. 노년기의 나이 기준이 65세가 된 것은 1880년 독일 수상 비스마르크가 법제화한 것으로서 현재는 법률적인 의미만을 갖는다.

노인에 대한 사전적 의미는 '늙은 사람', '나이가 많은 사람'이다. 최성재, 장인협[40]은 노인을 "생리적, 신체적 기능의 퇴화와 더불어 심리적인 변화가 일어나서 개인의 가치 유지기능과 사회적 역할기능이 약화되고 있는 사람"으로 정의하고 있지만, 학자마다 노인에 대한 정의는 상이하다.

○ 나이(Age)에 대한 구분

① 역연령(chronological age)

- 출생이후 경과한 달력상의 나이를 말한다.

  예, 1953년 9월에 출생한 사람은 2018년 9월이 되어서 65세가 된다.

- 노인복지법에서 역연령 65세 이상을 노인으로 규정한다.
- 뉴가르텐의 노인에 대한 구분은 '초령노인', '고령노인', '초고령노인'으로 구분한다.

---

40) 최성재 · 장인협(2008) : 노인복지학. 서울대학교출판부.

[뉴가르텐의 노인 구분]

노인의 분류	연령	특징
초령노인 (The young old)	55~64세	- 활력이 있고 유능한 그룹으로 은퇴를 했거나 직장과 가정에 대한 시간적 투자를 줄인 노인들 - 재정적으로 안정되어 있으며, 시간을 의미 있게 활용하는 방법을 찾음 - 사회의 중요한 자원으로 인식되며, 정치적 · 사회적 · 경제적 욕구가 활발함
고령노인 (The old -old)	65~74세	- 대부분 퇴직자가 여기에 해당함 - 정신적 · 사회적 · 신체적 상실 경험 - 사회적 지지와 서비스를 가장 필요로 하는 집단임
초고령노인 (The oldest-old)	75세 이상	- 노쇠하고 질병에 걸린 경우가 많으며 사회적 활동이 어려움 - 대부분 경제적 곤란 및 사회적 고립을 겪음

② 신체 연령(Biological age)

- 신체활력정도에 따른 생물학적 건강상태를 뜻하는 것으로써, 인생에 있어서 한 개인의 현재 위치를 평가함에 있어서 개인의 신체 주요 장기의 능력을 측정하여 나타내는 것이다. 개인의 잠재적인 수명을 의미한다.

  예, 같은 역연령일지라도 심폐기능이 50세인 사람은 심폐기능이 75세인 사람보다 더 건강하게 더 오래 살 것으로 예상된다.

③ 심리적 연령(Psychological age)

- 다양한 심리적 특성(학습, 기억, 지능, 정서적 통제, 동기, 대처 유형 등)을 활용하여 환경의 요구에 대해 적응하는 개인의 능력을 의미한다. 즉, 심리적 성숙정도를 뜻한다.

  예, '애 늙은이', '철이 덜 들었다', '의젓하다'

  40세 불혹, 50세 지천명, 60세 이순, 70세 종심 등

④ 기능적 연령(Functional age)

- 한 개인이 외부 환경이나 사회 속에서 효과적으로 기능하기 위해 필요한 심리적, 신체적인 기술이나 능력을 습득하고 있는 정도(Ryhash 외, 1995).

  예, 운전면허를 취득할 수 있는 나이

- 일상생활동작(ADL)과 도구적 일상생활 동작에 대한 평가로 노인을 규정.

  예, • 일상생활동작(Activities of Daily Living) : 목욕, 옷 입고 벗기, 용변, 식사, 침대

또는 의자 이용, 걷기와 같은 개인적으로 행해야 하는 과업

- 도구적 일상생활동작(Instrumental activities of daily living): 식사 준비하기, 돈 관리하기, 교통수단 이용하기 등과 같이 독립적인 삶을 유지하기 위해 반드시 행해져야 하는 작업 또는 과업들

⑤ 사회적 연령(Social age)

- 개인 스스로 인지하는 것뿐만 아니라, 다른 사회구성원들로부터 요구되는 사회적인 역할이나 기대(Rybash 외, 1995)

  예, 어머니: 아이를 돌보는 역할이나 행동을 기대

- 사회적 시계를 기준으로 어떠한 사회적인 역할이나 행동이 적절한지 여부를 평가하여 'on time', 'off time'으로 평가한다.

  예, 10대 어머니, 45세 은퇴

- 손 자녀를 둔 사람, 정년퇴직한 사람, 국민연금을 받는 사람이 노인으로 규정

⑥ 주관적 연령(Perceived age)

- 각 개인이 자신의 역연령, 신체적 연령, 심리적 연령, 사회적 연령, 기능적 연령을 모두 고려하여 자신이 얼마나 늙었다고 느끼는지 인식하는 것.

  예, • 자신들이 노인이 되었다고 생각하는 연령

  70~74세(47.2%) > 65~69세(30.8%) > 60~64세(12.9%)[41]

다. 노인에 대한 차별주의

과거와 달리 현대산업사회에서는 노인이 가진 경험이나 과거의 직무역량은 별 도움이 도지 못한다고 판단, 긍정적인 것보다는 부정적인 관념이 많다. 이러한 관념과 사회의 영향요인이 결합하여 노인 차별주의가 나타난다.

노인의 차별주의는 특정 연령대인 노인에 대한 부정적인 편견 또는 잘못된 고정관념으로써 노인 차별은 누구나 나이가 들어 노인이 되므로 모든 사람이 차별의 대상이 되고 차별을 받을 가능성이 높아진다는 점에서 심각성이 내재되어 있다.

41) 한국보건사회연구원(2005) : 2004년 전국 노인생활실태 및 복지요구조사.

예, 부정적 편견 또는 잘못된 고정관념

- 비활력적, 의존적, 왜소한, 비관적, 탐욕스러운, 좁은 등...[42]
- 생활 감각이 부족한 자기중심적인, 삶에 대한 지친, 은둔적인 비관적인 등...[43]

○ 노인 차별의 영향요인

① 사회분위기

- 노화에 대한 부정적인 인식: Anti-Aging을 강조하는 문화
  → 연색, 주름살과 기미를 없애기 위해 피부미용과 성형수술이 유행
- 연령과 정년퇴직을 연결

② 매스 미디어

- 대중매체에 나타나는 노인에 대한 부정적인 이미지가 여과 없이 그대로 받아들여져서 젊은 세대에게 노인에 대한 부정적인 인식을 갖게 함과 동시에 자신의 노후에 대해서도 부정적인 태도를 지니도록 영향을 미칠 수 있음

▶ 노인에 대한 일반적 편견

- 노인은 신체적으로 취약하여 여러 가지 질병을 가지고 있을 것이다.
- 노인은 대부분 우울할 것이다.
- 노인은 새로운 것을 배울 수 없을 것이다.
- 노인은 대부분 가난하고 소외당하고 있을 것이다.
- 노인은 성적으로 취약하여 이성에 대해 관심이 없을 것이다.

▶ 노령선의 탄력적 적용

- 다양한 연령기준을 탄력적으로 적용할 필요성이 있음
- 사회 문화적 배경 및 그 변화를 고려해야 함
  예, 1980년대 60대 → 2000년대부터 65세 → 최근 70세 또는 75세 거론
- 행정상의 편의도 고려

42) 서병숙 · 김수현(1999) : 대학생의 노인에 대한 이미지 연구.
43) 박경란 · 이영숙(2001) : 대학생이 갖고 있는 노인에 대한 고정관념 분석.

- 노인과 관련된 정책 결정이나 서비스 제공과 연관된 환경 및 영향요인에 따라 규정이 달라짐

예, • 노인장기요양보험에서 노인 규정

• 역연령 : 65세

• 신체연령 : 치매, 뇌혈관성 질환 등 노인성 질병

• 심리적 연령 ; 인지기능 평가

• 기능적 연령 : 일상생활을 혼자서 수행하기 어려운 상태인지 평가

- 연령을 고려한 노인에 대한 다각적 이해 필요

3.3 노년기의 특성 이해하기

가. 노화란 무엇인가?

사전적 의미로 본다면, 노화란, 나이가 들면서 신체이 구조와 기능이 점진적으로 저하되고 질병과 사망에 대한 감수성이 급격히 증가하면서 쇠약해지는 과정이다.

노화는 모든 생물들에게 일어나는 변화과정으로써 성장과 반대되는 쇠퇴와 손실로 국한하여 보는 생물학적 관점에서 벗어나서 전 생애주기 동안 신체적, 심리적, 사회적, 변화과정에서 경험하는 획득과 손실 등을 포함하는 발달과정이며, 시간의 경과에 따르는 개인의 신체적 변화와 사회적 기능 변화를 의미하는 개인의 적응과정으로 볼 수 있다.

▶ 생물학적 관점

- 인간의 발달은 성장과 노화로 나눠진다.
  - 성장 : 수정부터 성숙에 이르는 순간까지의 변화 과정
  - 노화 : 유기체의 세포, 조직, 기관 등이 쇠퇴하기 시작하여 죽음에 이르는 순간까지의 과정

▶ 인간발달학적 관점

- 인생주기의 각 단계에서 발생하는 획득과 손실, 긍정적인 변화와 부정적인 변화 및

중성적 변화를 모두 포함하는 전반적인 발달

▶ 노화의 영역

- 노화는 생물학적 노화, 심리적 노화, 사회적 노화, 등 세 가지 측면에서의 변화 과정을 포함하는 것으로 이해
- 생물학적 노화, 심리적 노화, 사회적 노화의 세 영역은 각각 독립적이지 않으며, 개별적이면서도 서로 밀접하게 관련되어 있어 상호 영향을 미친다.

나. 노년기 신체적 · 심리적 · 사회적 특성 이해하기

평균수명의 증가로 노년기는 점점 길어지고 있다. 평생발달 심리학에서는 노년기도 인생의 다른 시기와 마찬가지로 계속적으로 변화하고, 성취해야 할 발달과업 역시 확대되고 있다고 보고 있다.

노년기에 접어들면 불가피하게 적응해야할 변화들이 생기는데, 이로 인해 노년기의 독특한 심리적인 특성이 나타나게 된다. 노년기에 생기는 변화를 우선 살펴보면, 크게 세 가지로 들 수 있다.

(1) 신체적 특성

노화란 개인과 그의 환경 간의 상호작용에 의해 일어나는 생리적, 심리적, 사회경제적, 정서적으로 광범위한 변화를 말하는 것으로 일생을 통해 끊임없이 진행되는 과정으로서 모든 인류에게 피할 수 없는 것이다.

인간은 30세를 넘으면 노화에 의해서 신체 활동이 서서히 완만하게 되며, 노동에서도 작업 능률이 저하된다. 또한 나이가 들어감에 따라 신체 외적인 변화 뿐 아니라 신체 내부의 기능면에서도 많은 변화가 일어나게 된다. 노화현상은 신경계통 및 혈액순환, 호흡, 소화, 배설, 생식과 같은 모든 기능에 영향을 미치게 되고, 수면의 질이나 양 등이 감소하여 불면증을 일으키게 된다. 이러한 변화는 노인의 불안, 욕구불만 및 스트레스와 같은 심리적 반응을 가져오고, 노인의 행동과 적응력 등 신체, 사회적인 부분에 부정적인 영향을 미치게 한다. 따라서 노인의 건강문제는 다른 연령 계층의 문제와는 다른 특성을 지닌다.[44)]

---

44) 노년기의 신체적 특성에 대해서는 앞의 'PART 4. 1. 노후 건강은 기본'을 참고.

▶ 신체의 일반적 변화

① 세포의 노화 : 뼈와 근육의 위축으로 키가 줄어들고, 등이 굽어지며, 피하지방이 감소하여 전신이 마르고 체중도 감소하며 주름이 많아진다.

② 방어능력의 저하 : 잠재하고 있던 질병이 출현되거나 질병이 발생할 경우 급격하게 상황이 악화되어 죽음을 맞이하는 경우도 있다.

③ 예비능력의 저하 : 조직의 예비능력이 저하되어 일상생활의 적응력이 떨어져 힘든 상황이 발생할 수 있다.

④ 회복능력의 저하 : 만성적인 질환을 가진 노인은 다른 합병증도 쉽게 올 수 있어 사소한 원인으로도 중증 상태에 빠지는 경우가 있다. 사소한 원인으로도 중증 상태에 빠지는 경우가 있다.

(2) 심리적 특성

의학기술이 비약적으로 발달되었고, 생활양식의 변화로 인간의 수명이 늘었다고는 하나, 인간은 누구나 늙기 마련이다.

나이가 듦에 따라 신체의 각 부분도 노화를 일으켜 자신의 의지와는 다르게 점차적으로 몸의 각 기능이 퇴화되고 성격도 변화되어 간다. 따라서 같은 말과 같은 상황 아래에서도 젊은이들에 비하여 노년기에는 더 노여워하고 서럽게 느껴질 수 있다.

사람들은 자신을 지각하는 방식, 문제해결방식, 활동하는 방식, 상황에 반응하는 방식이 있다. 노년기에 접어들어도 바뀌지 않고, 평소 생활양식에 따라 생각하고 행동하며 반응한다.

그런데 노년기에는 신체의 모든 감각 기능이 점차적으로 감소되는 현상이 일어난다. 하나 혹은 그 이상의 감각에 커다란 저하를 가져오는 질병이 없는 한 보상기전이 매우 자연스러워 당사자는 물론 그 주위 사람도 고통스러워하지 않는다. 그러나 여러 감각 중에 어떤 감각이 현저히 상실되어 심한 심리적 반응이 함께 동반될 때는 그 반대가 될 수 있다.

노년기에 접어들면서 가장 스트레스를 받게 되는 요인들은 상실감, 건강문제 뿐만 아니라 주거문제, 경제문제, 가족관계 등의 요인들이 있는데, 경제적 상실이나 건강상실, 관계의 상실은 자아 통합감을 감소시키고, 관계상실과 건강 상실은 주관적 안녕감에 영향을 미친다.

펙(Pect)은 노인들의 심리적으로 건강하게 기능하기 위해 해결해야만 하는 세 가지 중요한 위기를 강조하였다.

① 자아분화 대 직업역할 몰두의 갈등

은퇴에 즈음해서 사람들은 자신의 직업역할 이상으로써 인간으로서의 자신의 가치를 재정의할 필요가 있다. 자랑할 만한 개인적 특성이 있는 사람들은 활력과 자신감을 유지하는 데 성공하는 반면, 자신의 일 역할의 상실에 적응해야 하는 사람들은 그렇지가 않다. 따라서 그런 사람들은 스스로를 탐색하고, 이전에 인생에서 지향하고 구조화했던 것들을 대신할 수 있는 다른 관심사를 찾을 필요가 있다.

② 신체초월 대 신체 몰두의 갈등

일반적으로 노화와 함께 신체적 쇠퇴가 나타나게 되는 노년기에는 신체적 상태에 관한 걱정을 극복하고 이를 보상할 다른 만족을 구할 필요가 있다.

③ 자아초월 대 자아몰두의 갈등

노인들이 직면하고 있는 가장 어려운 과업 중 하나는 현재의 자신과 자신의 인생에 대한 관심을 초월하는 것이다. 다가올 죽음의 실체를 받아들이는 것인데, 예상되는 죽음에 대한 성공적인 적응이 노년기의 가장 중요한 요인 중 하나로 간주된다.

노년기에는 신체적으로 약화되고, 은퇴로 빈곤해지기 쉬우며, 심리적으로 고립과 소외를 경험한다. 심리적 변화들에 대한 적응능력도 저하되며, 이에 반응하는 노년기 특유의 성향이 형성될 수 있다.

○ 지각 및 정신 기능의 변화

정신건강은 정서적 항상성의 상태를 유지하려는 노력으로 생활의 스트레스에 대처하고 관리하는 능력을 말한다. 노년기에는 다른 연령층에 비해 대처와 문제해결, 위기관리를 해온 경험을 좀 더 많이 갖고 있다는 이점이 있다.

노년기의 정신건강은 인생에서의 만족감과 관심을 의미한다. 이것은 일상적 평범한 생활에서부터 열정적인 활동에 이르기까지 다양한 방법으로 나타날 수 있다. 노년기라 해도 정신건강을 유지하기 위해서 자신의 가치를 입증하고, 강화할 기회를 갖도록 해야 한다.

▶ 노인의 정신적 문제 요인들

- 질환: 고통, 변화된 기능, 신체이미지 손상
- 사망: 친구, 가족, 중요한 지지자
- 퇴직: 역할, 수입, 목적감각 상실
- 취약성 증가: 범죄, 약물남용
- 사회적 고립: 재정, 건강, 친구의 부족
- 감각 결핍: 청각, 시각, 미각, 촉각 기능의 감소 혹은 손상
- 사망에 대한 인식 증가: 동료 사망자 수 증가
- 공공시설 수용 및 의존성에 대한 위험 증가: 변화에 따른 자기보호능력 손상

① 우울증 경향의 증가

우울증은 노인에게 볼 수 있는 가장 흔한 기능적 정신질환으로 전 세계적으로 노인인구의 약 15% 정도가 경험하고 있는 것으로 나타났다. 노인이 경험할 수 있는 의존성 증가는 절망감, 무기력, 자기통제력 저하, 자아존중과 자기가치의 저하 등을 일으키고, 이러한 변화는 노인의 일상생활기능에 지장을 초래하게 되어 우울증이 되기도 하며, 치료되지 않은 채 남아 있을 때는 사망률을 높일 수 있다.

우울증 경향은 신체적 질병, 배우자의 죽음, 경제능력의 약화, 사회와 가족으로 부터의 소외 및 고립, 일상생활에 대한 자기 통제의 불가능, 지나온 세월에 대한 회한 등의 많은 원인이 되어 노년기 전반에 걸쳐 증가하게 된다. 노인에게 볼 수 있는 우울 증상은 인지변화, 행동변화, 신체증상 등을 들 수 있다. 우울을 경험하는 노인에서 흔히 볼 수 있는 신체증상으로는 근육통, 복부의 통증, 팽만감, 오심과 구토, 구강건조, 두통 등을 들 수 있다.

② 수동성의 증가

노년기에는 자기 자신의 사고나 감정에 의해 사물을 판단하게 되는 경향이 많아지고 누군가의 도움을 받아 문제를 해결하려고 하는 수동적 경향이 증가하게 된다. 그리고 정신

및 인간 내면성의 발달을 위한 개인적 · 영적 의미를 추구하려는 심리적 탐구 경향이 낮다.

③ 경직성의 증가

노인은 문제를 해결함에 있어서 어떤 해결방법이나 행동이 옳지 않거나 이익이 없음에도 불구하고 자신의 생각대로 행동하는 경향을 보이며 이는 노화와 함께 증가되는 양상을 보인다.

이러한 경직성의 증가는 자신의 체면을 손상하지 않으려는 경향과 연결되므로, 상황에 대한 판단이나 질문에 조심스러운 태도를 보이면서 결단력에 대한 자신감이 감퇴되어 확실성이 높다고 생각될 경우에만 반응하는 모습을 보인다.

④ 조심성의 증가

노년기에는 노인 스스로의 정확성을 중요시하기 때문에 조심성이 증가하게 되며, 시각, 청각 등의 감각능력 쇠퇴를 비롯한 신체적, 심리적, 기능이 쇠퇴하여 부득이 조심스럽게 되기도 한다. 또한 노인의 경우 결정에 대한 자신감이 쇠퇴하기 때문에 확실하지 않다면 어떤 결정을 내릴 때 더욱 조심스러워지는 경향이 있다.

⑤ 의존성의 증가

노인은 신체적 기능의 약화와 경제적 능력의 쇠퇴로 인한 의존성과 뇌기능 감퇴로 인한 정신적 의존성, 생활에서 의미 있는 중요한 사람을 잃음으로써 생기는 사회적 의존성이 증가하는 경향이 있다.

⑥ 친근한 사물에 대한 애착임

노인이 될수록 오래 사용해 온 물건에 대한 애착심이 증가한다. 집, 가재도구, 사진, 골동품, 일용품 등 여러 가지 친숙한 물건들은 노인들로 하여금 지나온 과거를 회상하고 마음의 안락과 만족을 느끼게 한다. 비록 자신의 주변 세상과 세월은 많이 변하였지만 자신과 자신의 주변은 변하지 않고 일정한 방향으로 유지되고 있다는 느낌을 갖게 하여 마음의 안정을 갖게 하는 것이다.

⑦ 성역할 지각의 변화

노인의 성적인 특성은 사회적으로 받아들여진 남성 또는 여성 행위의 표준으로서 이는 그들이 활동해온 세월동안 역할 모델을 반영하는데, 삶의 후반기가 되면 자신에 대한 앎의 깊이가 깊어진다. 따라서 이전까지 억압되었거나 무의식에 머물러 있던 개인의 본질이 재발견되는 경향을 보이고 이 시기에 억제되었던 남성성과 여성성이 출현하여 남성은 부드럽고 편안해지고 여성은 자기 주장을 하는 경향을 보인다. 일반적으로 남성 노인은 사회생활로부터 은퇴함에 따라 점점 위축되어 수동적으로 변하는 반면에 여성 노인은 오히려 가사로부터 벗어나면서 능동적이고 의사결정에 있어서도 권위적으로 되어 간다. 이러한 경향은 인간으로서 일생동안 억제되었던 자기 역할의 표현의 전환이라고 평가된다.

(3) 사회적 특성

노화에 따른 사회적 변화는 노년기가 되어 변화되는 다양한 역할들과 관련된다. 역할은 개인이 집단이나 사회와 관계를 갖는 가장 중요한 수단이고 역할을 통해서 개인은 사회에 참여하고 이것을 통하여 개인의 사회적 가치가 인정되며 또한 자아정체성을 유지하는 기반이 된다. 이러한 의미에서 역할을 사회적 측면의 가장 핵심적인 요소가 된다고 할 수 있다.

노인에게 가장 흔한 역할은 은퇴자, 부모, 조부모, 증조부모, 배우자, 주부, 과부, 친척, 친구, 시민, 자원봉사자, 종교인, 동호회원, 대상자 서비스 수혜자 등이다. 조부모와 같은 역할을 수행해야 할 경우에는 과거에 발달시켰던 역할을 새로이 부가된 역할에 어느 정도 수정하여 적용할 수 있다. 과거의 기술과 적응 방식을 사용하는 역할 변화는 가장 적은 스트레스를 초래한다. 따라서 노인의 자긍심을 유지하면서 새롭고 만족스러운 역할을 할 수 있도록 돕는 것이 필요하다.

○ 직업 상실과 경제적 빈곤

은퇴는 여러 가지 의미에서 인생의 분기점이 된다. 사회적 관점에서 보면 장년기에서 노년기로의 이행이며 노동을 종식하고 새로운 여가생활로 이행해 가는 분기점이다. 정년을 맞아 퇴직을 하게 됨으로써, 소득의 상실 뿐 아니라 직장동료, 동료 직원들과의 대인관계 축소로 인한 유대감 상실을 뜻한다. 퇴직과 동시에 소득 뿐 아니라 사회적 신분과 지위도 잃어버림으로써 빈곤과 상실감에 시달리게 된다.

전통적으로 여성은 표현적 역할, 남성은 수단적 역할을 담당하여 왔다. 퇴직에 이르면 어머니로서 표현적 역할에 엄격히 매달려 있던 여성일수록 자녀가 떠난 후의 빈 집에 남아 커다란 정신적 고통을 받게 된다, 한편 사회와 직업을 중요시 여기면서 생활해온 남성들은 그동안 가정생활과 깊이 관련되어 있지 않다가 퇴직 후 가사 활동에 참여하게 되면서 부인과 미묘한 대립적 갈등에 빠질 수 있다.

이러한 요인들은 생활만족도와 행복감 내지는 사기를 떨어뜨리기도 하며 극단적인 경우는 퇴직이 노년기 자살의 위험요인이 되기도 한다.

은퇴는 노인들에게 하나의 위기로서 불가피하게 초래되는 것은 아니다. 직업 중심적 사고가 은퇴한 노인들에게서 종종 발견되기는 하지만 부적응 상태를 초래하지 않는다. 퇴직에 대한 적응 방식은 개인에 따라 다양할 수 있다.

첫째, 개인의 건강수준, 경제 상태, 학력과 같은 사회경제적인 요인이 적응에 영향을 미친다.

둘째, 퇴직 시기와 관련이 있다. 정상적인 퇴직에 비해 너무 일찍 퇴직했거나 너무 늦게 퇴직한 경우 정서적 고통을 더 많이 경험할 수 있다.

셋째, 퇴직 상황이 자발적인가 아닌가에 따라 퇴직에 대해 개인이 받는 스트레스 정도가 달라진다. 개인이 뜻하지 않게 비자발적으로 퇴직했을 경우 자발적인 경우보다 스트레스의 정도가 더 높고 정서적 만족도나 적응수준이 낮다.

넷째, 기타 개인의 성별, 성격특성, 직업만족도, 대처자원, 자기효능감 등이 퇴직 후 적응에 영향을 준다.

오늘날의 많은 노인들에게 은퇴는 심각한 우울을 가져 올 수 있다. 일이 사라졌을 때에 깊은 상실감을 느끼기 때문이다.

○ 배우자와 친족의 상실, 자녀의 결혼

노인들은 젊은 사람들보다 죽음에 대해 더 많이 생각한다. 고령에 도달함에 따라 가족과 절친한 친구의 죽음과 스트레스를 받는 생활사건을 경험하게 된다.

배우자나 친구와 사별하는 경우 막연히 느끼던 죽음이 현실화 되면서 심한 허무감, 절망감, 고독감을 갖게 된다.

남성 노인의 경우 가장의 자리를 아들에게 인계함에 따라 고독감을 느끼게 되며, 여성 노인의 경우는 자식이 성장하여 자립하면서 오는 '빈 둥우리 증세'등으로 노후에 대한 초조와 불안감을 가지게 된다. 죽음에 대한 공포와 관련된 인성 변수들에는 침체, 우울, 충동성, 히스테리 등이 포함된다.

다. 노년기 통증관리

통증은 노년기에 가장 일반적으로 나타나는 현상이다. 노년기 통증의 원인은 대개 근골격계 질환과 관련된다. 골관절염은 65세 이상 노인의 80%에 영향을 주며 이러한 통증의 대부분이 의미 있는 통증이다. 암성통증은 생의 끝에서 심한 통증의 근원이 되며 이밖에도 대상포진, 측두동맥염, 다발성근육통, 류마티스 관절염, 동맥경화성 말초혈관질환 등이 젊은 층보다 노인에게 더 일반적이다.

우울증, 사회화 감소, 수면장애, 활동장애, 건강관련 요구와 통증관련 비용의 증가 등이 노년기 통증 문제와 관련된다. 신체상태 저하, 보행 장애, 재활속도 저하, 약물과다 복용 등이 통증에 의해 더 악화된다. 그런데 부적절한 통증 조절은 장기요양 상황과 생의 마지막에 있는 사람들에게 삶의 질과 돌봄의 질을 결정하는 중요한 요인이 된다.

▶ 노년기에 흔한 통증

- 두통
- 흉통
- 복통
- 요통
- 그 밖의 국소 통증

3.4 노화에 대한 이론

(1) 분리이론(Cumming & Henry 주장)

분리이론의 발전은 노화 및 노년기에 대한 논의의 비판적 접합으로 대표되는데, 다음과 같이 정리된다.

- 최초의 포괄적이고 학제적인 노년학 이론
- 노인을 사회로부터 분리시키는 것이 개인적으로나 사회적으로 바람직하다는 이론
- 분리의 주체에 따라 개인적 분리 또는 사회적 분리로 구분된다.
  - 개인적 분리: 개인이 신체적 건강유지를 위해 체력을 돌보고 자신의 삶을 돌이켜 보는 인생통합의 욕구에 의해 스스로 사회로부터 분리되는 현상
  - 사회적 분리: 사회는 안정과 기능을 유지하고자 노화로 인해 개인의 지식과 기술이 뒤떨어져 사회적 공헌이 어려울 때 새로운 지식과 기술을 갖춘 젊은이들로 바꾸는 것이 이롭다는 판단
- 노년기의 성공적 노화와 관련된 초기이론의 하나로 은퇴이론이라고도 한다.
- 모든 사회는 노인 세대에서 젊은 세대로 권력이 이양되는 질서정연한 방식을 필요로 하며, 대부분의 사회는 노인을 사회로부터 점진적 분리의 방법으로 이 문제를 해결한다.
- 노인을 재교육시키는 것보다 젊은 세대로 교체하는 것이 사회적으로도 보다 기능적이라는 구조기능주의이론에 그 근거를 둔다.
- 노년기는 신체능력 감소, 사회작 활동 등의 축소 등에 의해 가정 내에서나 사회적 역할이 감소하기 때문에 분리이론은 흔히 은퇴이론이라고도 한다.
- 사례 :
  - 오늘날 사회에서 일정 연령이 되면 직장에서 물러나는 정년퇴직제도
- 비판 :
  - 분리이론은 노화에 대한 적응의 일반적인 경로로 볼 수 없다.
  - 개인의 성격이나 사회경제적 지위에 따른 다양성을 간과한다.
  - 세계 각국의 노인들이 동일한 경제적, 사회적 여건을 가지고 있다는 내용은 문화적 요인을 고려하지 못한다.
  - 노년기에도 사회로부터 은퇴하지 않고 활동적인 생활을 하는 노인들의 비율이 상당하다.
  - 사회적으로는 이탈되지만 심리적으로는 관여하고 있는 심리적 과정을 사회적인

관여과정과 구분하여 설명하지 못한다.

• 노인이 젊은 세대에 비해 사회적 공헌도가 낮다는 점도 합리적이지 못하다.

(2) 활동이론(Robert Havighurst 주장)

활동이론은 은퇴, 건강, 역할 상실 등과 같은 연령과 관련된 변화에 어떻게 적응할 것인가에 대한 대답을 주고자 한다. 이 이론은 노인이 후기 삶에 있어서 자신의 지위를 유지하고자 노력한다는 점에서 성인기의 확장으로써 노년기를 바라본다. 정리하면 다음과 같다.

- 노년기에 활동적인 노인이 그렇지 않은 노인에 비해 삶에 대한 만족도도 높고, 노화에도 더 잘 적응한다.
- 노인은 중년기와 다름없는 사회적 욕구를 가지고 있으므로 사회적인 분리가 기능적이라는 분리이론은 설득력이 없음을 강조한다.
- 일반적으로 개인의 사회 활동참여와 생활만족도는 밀접한 상관관계를 지닌다.
- 사회활동 참여수준이 높을수록 노인의 생활만족도도 높고, 긍정적인 자아개념을 가지고 있다.
- 노인들을 위한 새로운 역할이나 활동을 개발해야 하며, 이는 부나 생산적인 일을 중시하는 사회적 가치와도 일치한다.
- 인간은 자기주변의 사람들로부터 반영적 평가에 의해 자신을 평가하는 상징적 상호작용 이론에 근거를 둔다.
- 노년기에 가능한 한 중년기에 하던 역할이나 활동을 그대로 유지하는 것이 바람직하다. 만약 은퇴나 배우자와의 사별 등으로 역할을 상실할지달도 재사회화를 하거나 새로운 역할로 대체를 하면 노인들의 자아 이미지를 긍정적으로 형성하고 사회통합과 삶의 만족도가 높아진다.
- 사례 :
  • 은퇴 후 노인복지관에서 취미활동이나 학습활동에 적극적으로 하거나 자녀들을 출가시킨 후 자원봉사활동에 활발하게 참여하는 노인들이 더 행복해 보인다.
-비판 :
  • 개인의 성격이나 사회경제적 지위, 생활방식 등의 변화들이 노년기 생활만족도에

영향을 더 미친다는 점을 간과하고 있다.

- 사회적 활동을 지속하는 것과 은퇴하는 것 중 어느 것이 더 노화에 더 잘 적응하는 것인지는 개인차에 차이가 존재한다.
- 후기 고령 노인보다는 젊은 노인에게 더 적합하며, 인생의 마지막 단계에 처한 노인들에게 적용되는 한계가 있다.
- 노화로 인한 능력의 저하는 분명히 존재한다.
- 개인적 성향, 건강상태, 문화적 차이 등을 고려하지 않는다.

(3) 연속이론 또는 지속이론(Bernice Neugarten 주장)

적응에 대한 사회심리학적 이론으로써, 인간은 나이가 들어감에 따라 자신의 행위 패턴을 지속한다. 잃어버린 역할에 대하여 비슷한 역할로 대치하며, 자신의 전형적인 방법을 사용하여 환경에 적응한다. 즉 인간은 나이가 들어감에 따라 큰 변화를 하지 않으며, 성인기 동안 형성된 특성을 유지한다는 것이다. 정리하면 다음과 같다.

- 개인은 연령이 증가하여도 일관성 있는 행동을 유지하며, 환경에 적응해나가기 위해 이전에 수행하던 역할과 유사한 역할을 수행한다.
- 젊은 시절부터 일관된 태도와 행동유형이 노년기가 되어서도 유지되어 생활 만족감을 높이며, 성공적인 노화를 이룬다는 것을 증명한다.
- 젊은 시절 활동적이었던 사람은 나이가 들어서도 적절한 활동수준을 유지하며, 젊은 시절에 비활동적이었던 사람은 나이가 들면 활동으로부터 분리하여 은퇴생활을 즐기는 것이 도움이 된다.
- 합리적이라는 데에서 타당성을 가진다.
- 노화는 불가피하고 필요한 변화를 겪는 역동적인 과정이다. 정상적인 노화는 일상생활에서의 변화에 대해 내적 연속성과 외적 연속성을 사용하여 안정성을 유지할 때 가능하다.
  - 내적 일관성: 내가 누구인가에 대한 자아정체성의 유지
  - 외적 일관성: 자신이 활동하는 사회구조적 환경과 사회적 관계의 연속성
- 청 · 장년기 동안 확립된 자신의 정체성을 노인이 되어서도 유지하는 것이 행복한 노

년을 위해 가장 바람직하다. 따라서 노년기에 새로운 역할을 발견하는 것보다 이미 수행했던 역할과 유사한 역할을 수행할 때, 일관성 있는 행동을 유지하고 환경에 대한 적응도 쉬워져서 내적인 연속성을 유지할 수 있다.

- 사례 :
  • 교사로 퇴직한 노인이 방과 후 학교의 아동을 지도하는 자원봉사를 한다.
- 비판 :
  • 노년기에 전 단계로부터 이어지는 일정한 행동 패턴을 유지하여야 성공적 노화가 가능한 것으로 보고 있다. 그런데 노년기에 관찰되는 생활양식은 인생 초년기에 발달하여 노년기까지 연속되기 보다는 늙는 것에 대한 반응으로 나타나는 현상이다.
  • 연속성에 대한 욕구가 오히려 노년기의 자존감을 낮출 수 있다. 생애 전 단계에 좋지 않은 역할이나 행동을 겪은 사람이나 병리적 노화를 경험하는 사람은 노년기에 그 역할이나 행동을 벗어나고자 하거나 바뀐 사회적 환경에 적응하고자 한다. 따라서 연속이론이 주장하는 연속성을 유지하는 것이 항상 가능한 것은 아니다.
  • 개인차의 문제를 지나치게 강조하여 사회적 역할을 간과한다.

(4) 현대화이론(Cogwill & Holms 주장)

현대화나 산업화는 노인의 사회적 지위 하락과 사회통합을 초래한다는 이론이다. 이 이론에 의하면 전통적인 농경사회에서는 노인들이 확대가족 혹은 친족조직의 중요한 일원으로서, 그리고 생존에 유용한 경험과 지혜를 겸비한 존재이자 재산의 소유주로서 높은 지위를 누렸고, 많은 권한을 행사할 수 있었다. 그러나 임금을 중심으로 하는 산업사회로의 전환은 기존의 가족, 경제, 사회제도의 붕괴를 가져왔고, 이러한 사회에서의 노인들은 생산기술 및 생산체계의 변화와 관련된 지식 및 기술의 습득이 뒤쳐지게 되어 경제적 지위가 하락하게 되고, 노령화에 따른 건강의 악화, 노후 생활대책의 미비, 사회적 역할의 감소, 또는 상실, 사회적, 심리적 소외 현상이 나타나게 된다는 것이다. 정리하면 다음과 같다.

- 사회가 산업화로 인해 기술 중심의 도시로 바뀜에 따라 노인의 사회적인 역할 체계

에 변동이 생겼다. 이로 인해 사회 내에서의 노인의 지위는 떨어지게 되고, 주요한 사회활동에서도 멀어지게 된다. 따라서 현대 사회에서는 현대화 정도와 노인의 지위 및 역할과의 관계는 서로 반비례하게 나타난다.

- 급변하는 산업화 현장에서 현대화는 불가피한 현상으로 노년층의 사회적 역할과 지위가 하락하게 된다.
- 현대화의 4요인
  - '건강기술의 발전', '경제적 기술의 발전', '대중교육의 확대', '도시화의 현대화' 등 4개 요인이 상호 연쇄적으로 작용하여 역할상실 및 여가시간의 문제, 수입 감소 및 경제적 문제, 건강보호 문제, 소외와 고독감의 문제, 부양 및 보호 문제를 초래한다.

    예, 대중교육의 확대

    → 젊은 세대가 부모세대보다 더 많은 교육을 받는다.

    → 젊은 세대가 더 높은 지위를 얻는다.

    → 세대 간 지적, 도덕적 격차가 벌어진다.

    → 노인들의 역할이 감퇴된다.
- 비판 :
  - 카우길(Cowgill)은 산업화 이전의 사회를 'Golden Age of Aging'으로 가정하고 있으나, 원시사회에서 근대 사회에 이르기까지 반드시 노인이 존중받고 권위를 지닌 것은 아니다.
  - 사대, 민족, 사회적 계층, 문화 등의 다양한 변수에 따라 노년기의 지위나 권위가 상당히 다를 수밖에 없음을 간과한다.

(5) 연령계층이론(Riley와 Foner 주장)

연령계층이론은 전 생애과정에서 나타난 성공과 실패가 이른바 연령계층을 구성한다는 입장이다. 인간을 젊은층, 중년층, 노년층 등으로 연령에 따라 구분할 수 있는데, 이런 연령단계에 따라 사회적 층이 이뤄진다는 것이다. 정리하면 다음과 같다.

- 동시대적 배경을 갖는 연령층은 그 사회 속에서 각 연령층에 부여된 역할을 이행하며 그 패턴에 따라 같이 이동하기 때문에 그들이 경험하는 역사적 환경의 변천, 사회

구조적 요소와 기회, 연령집단의 생리적 구성의 결과 독특한 패턴의 고령화를 경험하게 된다.

- 연령계층과 사회구조 간의 혹은 연령계층들 간의 관계 및 특성을 다루고 있다.
- 사회는 기본적으로 연령등급에 의하여 연령계층으로 구성되어 있으며 서열화 되어 있다고 가정한다. 세대차이나 동년배집단 간의 차이를 설명해 주는 이론이다.
- 이론의 특징:
  - 다른 이론들이 노인의 능력저하를 고령화와 관련한 것과는 달리 집단들 간의 교육수준과 역사적, 사회적 경험의 차이에 의해 빚어진다고 본다.
  - 노인들은 다른 집단과 구별되는 자신들의 연령집단에서 자신에게 알맞은 지위와 역할을 찾아야 하며, 그러한 기회를 확보하기 위한 노력이 필요하다.
- 사례:
  - 베이비붐세대와 그들이 자녀인 에코세대는 그들이 경험한 역사적 환경의 변천, 사회구조적 요소와 기회, 연령집단의 생리적 구성의 결과로 다른 패턴의 인생을 경험 한다.
  - 1970년대에 출생한 베이비 붐 집단은 그 사회의 노령인구 구조를 갑자기 변화시키고 이로 인해 앞 세대가 경험했던 것과는 다른 노동시장 여건에 당면해야 한다. 이와 같은 사회변동은 사회가 바라는 새로운 모형과 행동규범을 낳게 하여 사람들의 경험에 영향을 미치게 되며, 전형적 모형과 규범을 준수하던 고령화 패턴도 변화하게 된다.
- 비판:
  - 노화가 사회화의 과정과 변화에 어떤 영향을 미치는지에 대한 이론적 틀을 제시하지 못하고, 동일한 사건을 동일한 세대 내에서도 다르게 이해될 가능성이 없지 않다. 오히려 동일한 집단임에도 불구하고 사회경제적 차이가 동일한 사건에 대한 영향을 미칠 수 있는 것이다. 결국 세대만을 강조할 경우, 전체적인 파악을 하지 못하고 다양한 변화를 놓칠 가능성이 높다.

(6) 사회적 와해이론(Kuypers와 Bengtson 주장)

문제시 되는 노화의 측면을 설명하려는 상징적 상호작용론의 또 다른 응용이론이다. 키퍼스와 벵슨(Kuypers & Bengtson, 1973)은 '사회와해증후군(social breakdown syndrome)'의 개념을 토대로 사회와해 이론을 발전시켰다. 사회와해증후군은 심리적으로 허약한 개인이 주변환경으로부터 부정적인 반응을 받게 되고 그 다음으로 자아개념에 영향을 받게 되면서 부정적인 피드백의 악순환을 거치게 된다는 것이다.

키퍼스와 벵슨은 다음의 네 단계를 거쳐 부정적인 피드백의 악순환 과정이 발생한다고 주장하였다.

- 노인은 자신의 주변 사람, 즉 환경에 의해 제시되는 의견이나 반응에 따라 행동하게 되는데, 이 과정에서 노인은 스스로를 사회 부적격자로 인지하게 된다.
- 사회적 와해의 단계
  - 1단계: 역할 상실, 모호하고 규범적인 정도, 준거집단의 부족 등을 경험
  - 2단계: 외부의 부정적인 피드백을 받고 사회적 무능력감을 느끼며, 기존의 노인에 대한 고정관념을 받아들인다.
  - 3단계: 노인에 대한 고정관념에서 제시된 대로 행동한다.
  - 4단계: 노인 스스로 자신을 부적격자로 생각한다.
- 사례 :
  - 노인에 대한 부정적 이미지를 내면화하게 되면 자아존중감이 떨어지게 되며 심리적 위축으로 사회적 소외를 느끼게 된다.
- 비판 :
  - 이론이 노화에만 초점을 맞추어 실제적으로 노화 관리나 노화에 따른 경험에 영향을 미치는 보다 큰 사회문화적 요인들을 간과한다.

(7) 사회적 교환이론(Dowd, Homans 등 주장)

사회라는 것은 지속적인 사히적 교환관계를 맺고 상호작용하는 개인구성원들의 총합으로 조직되어 있다고 본다. 개인이 타자와 상호작용하는 근본적인 이유는 그들이 지속적인 사회적 상호작용으로부터 파생되는 비용과 보상의 손인계산에 근거하고 있다. '적어도 두 사람 사이에서 일어나는 교환적인 활동'으로서 사람들은 서로간의 관계에서 자신에게 이익 혹은 보상이 계속적으로 교환되어져야 사회적 관계가 유지된다는 것이다. 정리하면 다

음과 같다.

- 가정 : 사람들 간의 교환은 서로 교환하려고 하는 자원의 가치가 대등할 때 원만하게 이루어진다.
- 노인들은 최신 정보를 가지지 못하고, 최신 기술을 익히지 못하고 있으며, 신체적인 힘이나 인내력도 부족하다. 따라서 나이가 들어감에 따라 교환할 만한 자원이 줄어들게 되고 노인은 불리한 입장에 놓인다.
- 노인이 새로운 직업을 얻거나, 지역사회 조직에 새롭게 참여하려할 때 또는 사회복지 서비스를 받을 때의 상황에 대해 설명력을 가진다.
- 사례 :
  • 물려줄 재산이 많은 노인에게 자녀들이 더 자주 찾아오고 효도를 하지만 물려줄 재산이 없는 노인들에게는 자녀들이 덜 찾아오고 부모에게 무관심하다.
- 비판 :
  • 사회적 교환이론은 추상적인 개념으로 이론적 관점을 제시한 것일 뿐, 실증적으로 입증되기 어렵다. 노인들 중에서는 다우드(Dowd)가 주장한 힘이나 자원을 가지지 못했음에도 불구하고 상호교류를 하거나 활발하게 활동하거나 독립적으로 생활하는 노인들이 많이 있으며, 노인들 스스로 자신의 힘이나 자원을 극대화하기 위해 정치적 효용성을 발전시키고 있다.

(8) 하위문화이론(Rose 주장)

하위문화란 한 범주에 속하는 구성원들이 다른 범주에 속하는 사람들과의 관계보다는 같은 범주에 속하는 사람들과 더 많은 관계를 유지하면서 형성된 독특한 문화를 보여준다는 이론이다. 정리하면 다음과 같다.

- 하위문화는 하나의 집단이나 사회에 속한 사람들 간에 서로 상호작용을 많이 하게 될 때 형성된다.
- 젊은 세대와 상호작용에서 밀려난 노인은 동년배와 강한 애착이 잘 형성되므로 하위문화 형성이 쉽다.

- 노인들은 그들이 성년기에 접했던 폭넓은 문화에 지속적으로 참여하고 머무르기보다는 노인들 스스로가 기준에 맞는 하위문화를 개발하고 유지해나감으로써 노인들 자아개념과 사회 정체성을 유지시킨다.
- 노인의 삶에 나타나는 2가지 양상(Hooyman & Kiyak, 1996)
  - 노인들은 그들 스스로 늙었음을 인정하고 주류 사회로부터 사회적으로 문화적으로 거리를 두게 된다. 이는 노인의 사회통화에 저해가 된다.
  - 점차 집단의식이 커짐에 따라 정치력을 키우게 되고, 사회행동을 하게 되어 사회적으로 영향력을 발휘하게 된다.
- 사례 :
  - 노인으로 구성된 사회행동집단의 창설, 미국의 그레이 팬서(Gray Panthers) 등
- 사회적으로 노화 이론 중 어떠한 이론 또는 관점을 선호하는가 하는 것은 노인복지 정책의 방향 설정과 구체적인 노인복지서비스 계획수립 및 실천에 영향을 미친다.
- 비판 :
  - 노인 집단의 상호작용을 설명할 수는 있으나 모든 상황, 모든 노인에게 적용하기 어렵다.

사회적 노화이론에 대한 이론이해를 통해서 노인에 대해서 보다 다각적 · 심층적으로 이해할 수 있는 관점을 갖게 되며, 노인에 대한 어떠한 관점을 갖느냐에 따라 선호하는 이론이 다를 것이고, 특히 노인복지 정책의 방향 설정과 구체적인 노인복지서비스 계획 수립 및 실천에 따라 상이한 이론적 접근이 될 것이다.

Worksheet

1. 평소 건강관리를 어떻게 하고 있는가 생각해 보고, 본인에게 적절한 운동으로 무엇이 좋을지, 그리고 무엇 때문에 그렇게 생각했는지 적어보자.

2. 건강과 관련하여 평소 잘못된 식습관이 있는지 살펴보고, 건강 상태에 따른 식생활을 위해 어떤 점을 개선해 나가야 하는지 생각해보자.

3. 위급 시 찾아갈 수 있는 주위 병원(의원급/종합병원/응급실 등) 및 도움받을 수 있는 분에 대한 연락처를 적어보자.

PART 5

노후생활과 일

1 노년기 일의 유형

1.1 노년기 일의 의미와 유형

가. 노년기 일의 의미와 가치

일은 협의의 개념으로는 유급의 경제적 활동인 '노동(labor)'을 의미하고, 광의의 개념으로는 '자신과 사회에 필요한 재화와 서비스를 만들어 내는 총체적인 의미의 생산적 활동'으로 유급의 경제활동은 물론 무급의 자원봉사활동까지도 포함한다.

노년기 일의 개념은 가족, 이웃, 지역사회 등과 소통하고, 이들을 위해 다양한 형태로 기여하는 활동으로 휴식과 놀이, 여가활동을 제외한 취업 또는 유급으로 하는 경제적 활동 등 모든 생산활동을 의미하며, 노년기의 일은 은퇴 이후의 시점에서 이루어지는 취업이나 경제활동을 의미한다. 더욱이 노년기의 일은 경제적인 의미와 더불어 사회적 관계구성, 육체적 건강, 정신적 안정, 정서적 보람 등 일가치 추구를 통한 삶의 만족과 관련된 많은 것을 포괄한다.

인간은 누구나 자신이 가치 있는 존재라고 느끼고 싶어 한다. 또한 자신의 삶이 의미 있기를 바란다. 그래서 자신이 가치 있고 중요한 존재라고 느끼는 사람일수록 일에 대한 수행동기가 커지게 된다.

노년기에 일을 한다는 것은 자신의 존재를 인정받을 수 있고, 사회적으로 봉사할 수 있는 기회를 갖게 되며, 낮아졌던 자신에 대한 자존감을 높게 형성할 수 있는 기회를 갖게한다.

인간은 노년기에도 일을 통해서 심리적인 안정과 만족감을 추구함으로써 행복을 누릴 권리가 있는데, 일의 질은 자신에게 적합한 일 선택, 희망하는 조직에의 고용, 자신의 능력을 전개할 수 있는 직업생활의 유지 등을 통하여 결정된다.

노년기의 일은 은퇴 이후에 이루어진다. 그런데 은퇴의 개념은 당사자의 구직의지, 경제활동 참여여부, 경제활동(노동) 시간, 연금수급여부, 등 다양한 요인들에 따라 달라질 수 있다. 은퇴를 어떻게 정의하느냐에 따라서 은퇴자 및 은퇴 이후의 일 또는 사회참여활동의 유형과 양상은 달라진다. 생애직무이동은 다음과 같다.

[이직, 전직, 퇴직, 은퇴 개념 비교도]

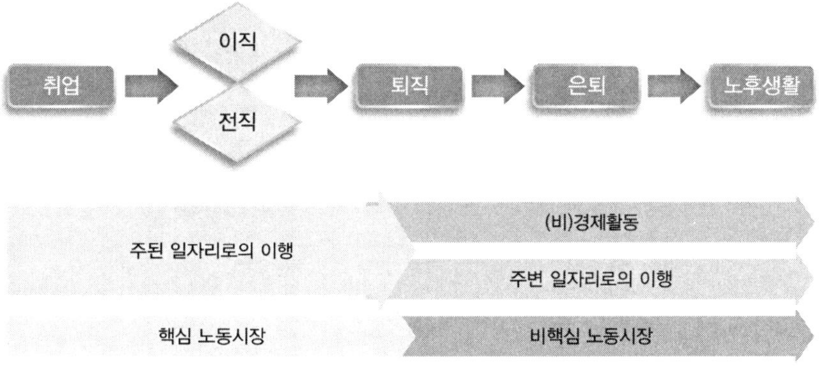

노년기에 일의 의미는 '개인적 차원'과 '사회적 차원'으로 나누어 볼 수 있다.

▶ 개인적 차원

개인적 차원의 일은 노년기에 필요한 개인의 다양한 니즈를 만족시켜주고, 노후생존기간에 들어가게 되는 생활비, 의료비, 용돈 등과 같은 소득을 확보하기 위한 경제활동으로써의 의미를 갖는다. 또한 은퇴로 인해서 야기되는 역할상실과 단절된 사회망을 새롭게 복원시켜 심리적 외로움과 불안 등에서 벗어나게 하며, 여가활동의 기회를 통한 신체적 건강을 유지할 수 있게 한다.

▶ 사회적 차원

사회적 차원의 일은 일하는 노인의 이미지를 통해 의존적이고, 소극적인 소비계층이라는 부정적인 인식을 개선시키는 동시에 노인들의 유휴인력을 활용함으로서 국가적 차원의 생산성 향상을 도모할 수 있다. 또한 일을 통해 경제적 자립을 추구함으로써 사회보장 비용을 절감할 수 있으며, 신체적 건강을 유지할 수 있게 함으로써 국가가 부담하는 의료비의 절감효과를 기대할 수 있게 한다.

[노년기 일의 의미(개인적 차원 vs. 사회적 차원)]

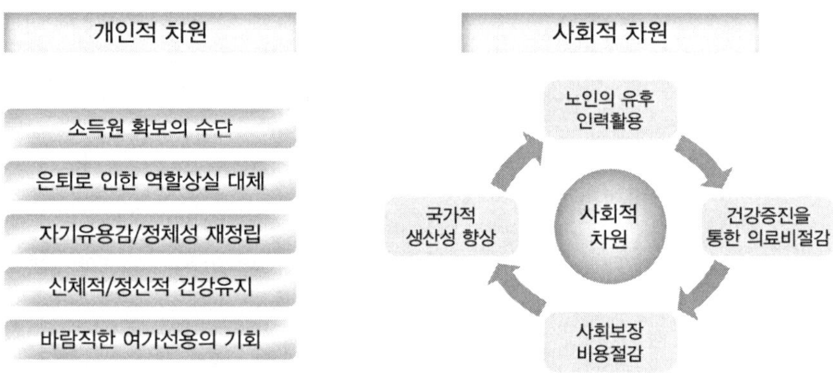

또한 노년기에 일은 다음과 같은 가치를 갖는다.

① 존재적 자치

인간은 누구나 자신이 가치 있는 존재라고 느끼고 싶어 하며, 자신이 가치 없는 인간이라고 대우받는 것을 두려워한다. 노년기에 일을 한다는 것은 자신의 존재를 인정받을 수도 있고, 사회적으로 봉사할 수 있는 기회도 갖게 되며, 이 과정에서 자신에 대한 자존감을 높이 형성하게 된다.

② 본질적 가치

일을 한다는 것은 사람들에게 자존감, 경제적 이득을 주며, 일의 매력, 사회적 소속감 및 보람을 준다.

③ 자기실현 가치

일은 삶에서 필요한 것들, 정체성의 원천, 성취를 위한 기회를 제공하며 공동체 내에서 지위를 결정해주고, 일의 경험을 통해 기쁨, 만족감, 충만감, 즐거움을 갖는다. 더욱이 소명으로의 일은 자기를 표현하고 개인적 성취를 달성하는 자기실현 가치를 갖는다.

④ 경제적 가치

사람들이 어떠한 경우에 자신이 일을 하고 있다고 생각하는지를 조사한 결과, 1위가 '돈을 받는 대가로 무엇인가를 할 때' 인 것으로 나타났다. 금전적 결핍이 개인의 일상생활과 가족의 심리적 안녕에 미치는 영향을 반영하고 있다. 일의 기능에는 생계유지와 가족부양, 인격적 독립이 있다. 사람이 하나의 인격체로서 독립하려면 경제적 독립은 필수로써 개인이 사회구성원으로서 독립적 생활이 가능하도록 하는 중요한 수단이 된다.

나. 노년기 일의 유형

노년기의 일의 개념은 '자신과 사회에 필요한 재화와 유무급의 자원봉사 및 서비스를 만들어 내는 총체적인 의미의 생산적 활동'이라고 봤을 때, 노동시장 내에서 이루어지고 있는 유급의 '경제활동'으로는 정규직 일자리와 창업, 비정규직 일자리(계약직 고용과 일시적 고용)등이 있다. 반면에 노동시장 밖에서 이루어지고 있는 생산적 활동의 유형으로 사회공헌형(시민서비스 활동) 일자리, 유급 자원봉사활동, 그리고 무급 자원봉사활동 등으로 구분할 수 있다.

[노년기 일의 유형]

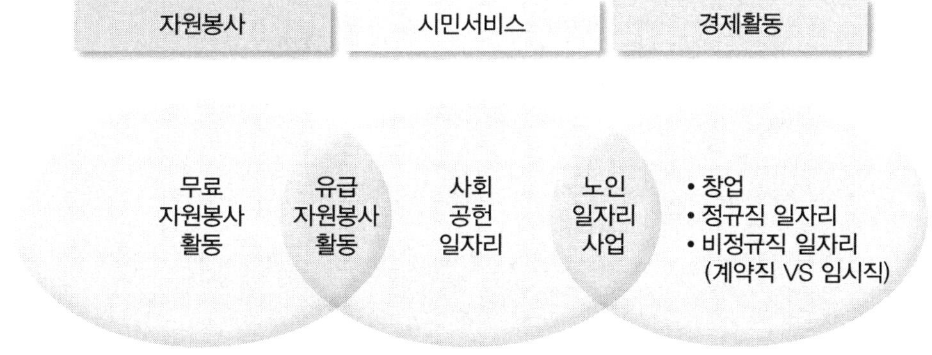

평균수명의 연장과 조기퇴직으로 길어진 노년기를 어떻게 살아가느냐에 따라 노후 삶의 의미와 보람이 달라질 수 있다. 은퇴 이후 직업(job)이 사라진 일상생활에서 일(work)에 대한 관심이 점차 높아지고 있으며, '성공적 노화'에 대한 관심이 부쩍 늘고 있다. '성공적 노화'의 개념은 미국의 노년학자인 로우와 칸(Rowe & Khan, 1997)이 주창한 것으로써 '적극적인 인생참여'를 성공적 노화에 대한 해답으로 제시하고 있다. 따라서 노년기의 사회참여는 지역사회와의 연계를 통한 적극적인 인생참여를 유도함으로써 성공적인 노화에 매우 중요한 역할을 한다.

노년기에도 재취업을 통해 다시 직장생활을 하는 일부를 제외한 많은 은퇴자들은 은퇴라는 역할상실과 생활기반의 위축으로 인해 심리적 불안감이나 소외감을 경험하게 된다. 그렇지만 일을 함으로써 새로이 사회참여의 기회를 갖게 되고, 관계된 사람들 또는 지역사회 주민들과 새로운 관계를 형성하게 되며, 다양한 현안문제들에 관심을 갖게 된다. 이는 곧 지역사회 구성원으로서의 소속감을 갖게 하고, 급격한 생활기반의 변화를 성공적으로 극복할 수 있게 하는 기회의 장이 되는 것이다.

[노년기 개인참여의 장점]

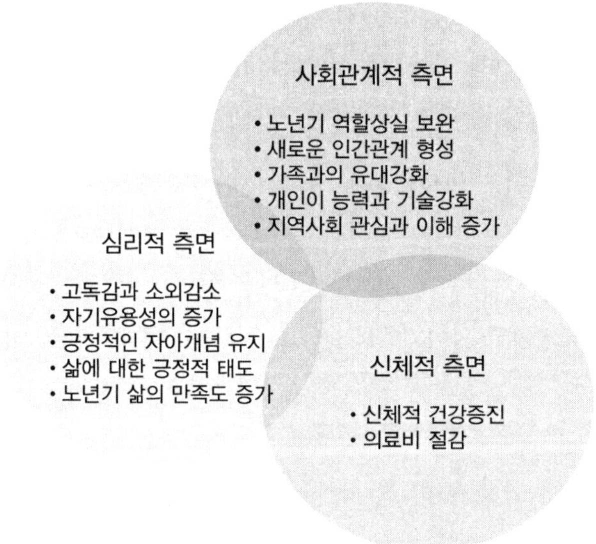

[노년기 사회참여의 장점]

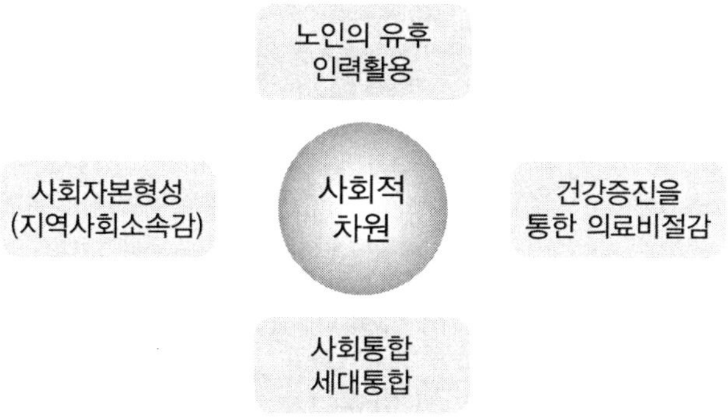

1.2 노년기 일의 종류

노년기 일과 관련해서는 우선 노후의 삶을 어떻게 살 것인가에 대한 '노후의 희망하는 삶'을 심층적으로 고려해야 한다. 그러한 생각 없이 '남이 하니까'식의 일을 따라하거나, 무조건 생계형의 일을 하게 된다면, 끝내 우리가 살아가려고 했던 삶을 제대로 살아보지도 못하고, 이 세상과 작별을 하게 될 수도 있다.

지금까지의 삶을 통해서 후회되거나 이뤄보고 싶은 것, 해보고 싶은 것을 실현해 나가는 삶이되기 위해서 노후의 삶에 대한 방향과 방법을 심도 있게 고려하는 것이 중요하다. 그러기 위해서는 현재 자신에 대한 내면적 성찰이 필요하고, 성찰을 바탕으로 노후의 삶

[노년기 희망하는 일의 종류]

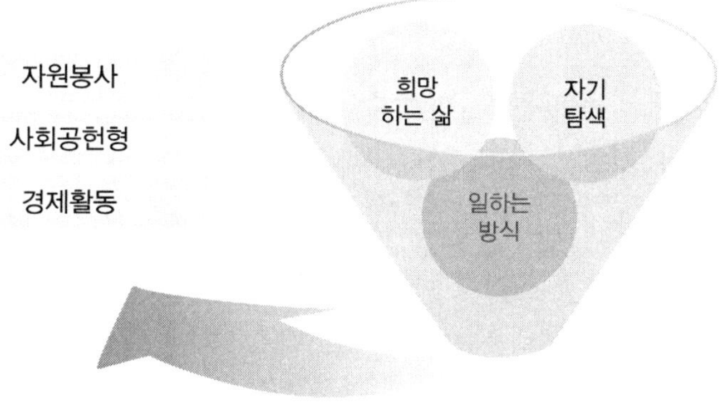

과 그에 맞춰지거나 적절한 일하는 방식을 결정해야 한다.

노년기 일의 영역은 크게 '자원봉사', '시민서비스(사회공헌일자리)', '경제활동(생계형)'으로 나눠볼 수 있다. 자신의 노후생활 설계와 가장 잘 맞춰지고, 노후의 삶에 적절한 일의 형태를 찾는 것이 필요하다.

▶ 자원봉사

자원봉사활동은 무보수성을 핵심적인 가치로 삼고 있는 자발적인 공익활동이다. 그러나 자원봉사활동에 대한 보상과 인정차원에서 활동비 명목으로 소정의 금전적 혜택을 제공하는 유급 봉사활동도 있는데, 기관에서 봉사자를 모집하기 위한 인센티브로 활용하는 경우가 있다. 자원봉사 활동은 다른 일에 비해서 크게 힘을 들이지 않고도 참여할 수 있는 일의 형태이고, 경우에 따라서는 약간의 활동비 명목의 금전적 혜택을 받을 수도 있다. 그러나 자원봉사 활동을 통해서 노후생활에 필요한 경제적 혜택을 지향하려고 한다면, 바람직하지 않다. 경우에 따라서는 실망감도 갖게 될 것이다.

경제적으로 여유가 있고, 그간의 삶을 통해서 사회에 기부하거나 나누고 싶은 것, 또는 참여와 봉사 자체 등에 보람을 갖고자 하는 활동이다. 그렇기 때문에 막연히 사회적 활동에 진입 장벽이 낮다는 이유만으로 자원봉사를 하게 된다면, 처음에는 활동 자체에 보람을 갖게 되어 만족할 수도 있겠으나, 오래가지 못할 것이다. 특히 자신이 목표한 노후생활의 경제적 혜택을 고려한다면, 지속적인 자원봉사를 이어나갈 수 없을 것이고, 오히려 경제활동(생계형)을 하는데 있어 시간을 낭비하게 되는 결과를 초래할 수도 있다. 따라서 무작정 자원봉사를 하기 보다는 노후생활에 대한 충분한 고려를 바탕으로 자원봉사에 임하는 것이 바람직하다.

▶ 사회공헌형 일자리

사회공헌형일자리는 활동시간의 준수와 활동내용의 책임성을 강화한 유급의 지역사회서비스 활동이다. 사회공헌일자리는 시민서비스(civic service)로써 현재 정부의 여러 부처에서 실행되고 있다. 사회공헌형 일자리는 자원봉사 활동보다는 경제적 혜택을 받을 수 있다. 지금까지 갖춰놓은 자신의 역량이나 전문성을 발휘하여, 일정기간 일을 하면서 그에 맞는 수준의 경제적 혜택을 받을 수 있으나, 노후생활을 위한 경제혜택을 기대한다면 실망스러움을 느낄 수 있다. 이와 같은 일자리를 찾는 것은 자원봉사 보다는 수월하지 않지만, 그간에 갖춰놓은 전문성과 노하우를 바탕으로 최저 수준의 경제적 혜택은 가능하고, 원하는 기간 동안 지속적으로 일을 수행해 나갈 수도 있다. 노후생활에 연금 등으로 경제적 수준이 유지되고, 여유가 되어서 보람 있는 일자리를 찾는다면, 고려해 볼 만한 일자리가 된다.

▶ 경제활동

경제활동은 그야말로 돈을 벌고자 하는 활동으로 재취업, 창업, 귀농, 사회적기업과 협동조합 등을 말한다. 노년기의 경제활동은 대부분 재취업을 희망하는 경우가 대부분이다. 대부분 사람들은 노후준비가 되어있지 않은 상태에서 노후를 맞이하기 때문에 안정적인 노후생활을 위해서 경제활동은 필수적이라 할 수 있다.

그러나 노후의 경제활동은 생각처럼 그리 녹록하지 않다. 노후에 경제활동을 한다는 것은 그만큼 어려움이 있다. 산업기술의 발달과 더불어 일자리에서의 요구능력의 변화도 있거니와 노령인구의 증가로 생계형 일자리를 '원하는', '구하는', '희망하는' 사람들이 늘어나고 있다는 현실이다. 양질의 일자리는 그에 맞는 젊은 사람들이 차지하게 되고, 능력을 갖췄다 해도 노년기에 접어든 사람들을 선호하지 않은 사회적 분위기도 한몫을 한다.

그럼에도 경제활동을 하고자 한다면 전직이든 재취업이든, 아니면 창업이든 귀농/귀촌이든 여러 형태의 경제활동 분야에서 자신의 노후생활의 생계형에 걸맞는 분야를 선택해야 한다. 그리고 그 분야에서 일자리를 찾을 수 있도록 능력 또는 전문성을 하루라도 빨리 갖춰 놓아야 한다.

○ 노후진로유형 찾아보기

노후에는 일과 관련해서 '사회적 일자리(자원봉사 포함)', '창업', '귀농/귀촌', '재취업' 등 4가지 진로를 선택하게 된다. 4가지 진로 중 적합한 진로는 어떤 방향인지를 확인하기 위하여 지금까지의 자신의 생각과 태도, 가치관, 자질, 준비정도 등을 종합적으로 생각해 보고, 다음 제시된 간략한 질문에 해당되는 것을 체크해 봄으로써 자신의 노후 진로를 결정하는데 참고할 수 있다.

A형	☑	B형	☑	C형	☑	D형	☑
일이 재미있었다.	□	생애노후생활비를 제외한 자금 중 현재 가용할 수 있는 적당한 창업자금을 갖고 있다.	□	죽기 전에 의미 있는 일을 하고 싶다.	□	개인시간 활용과 삶의 여유가 매우 중요한 가치이다.	□
객관적으로 일정 수준 이상의 성과를 보여줬다.	□	열심히 일해도 회사에만 좋은 일을 해주는 것 같은 생각이 든다.	□	퇴직 후 많은 여가 시간이 부담스럽다. 시간활용방법이 필요하다.	□	자녀 모두 장성하여 추가적인 지원이 필요하지 않다.	□
그 일을 통해 보람을 느꼈으며 만족스럽다.	□	나만의 경험과 전문성으로 사업체 꾸리는 것을 로망으로 살았다.	□	자신이 경력과 노하우를 활용하고 싶으나 치열하게 경쟁하고 싶지 않다.	□	부부만의 단출하고 조용한 생활을 원한다.	□
구직에 도움 될 만한 많은 인적 네트워크를 갖고 있다.	□	지금까지 한 일이 지루하고 새로운 도전을 하고 싶다.	□	자신의 재능을 활용한활동으로 의미를 찾고 싶다.	□	동식물을 좋아하며 단순작업도 기분 좋게 한다.	□
입사지원서와 경력기술서가 준비되어 있다.	□	차별화된 창업아이템을 갖고 있다.	□	어느 정도 노후자금을 모아두어 경제적인 추가적 수입이 필수적이진 않다.	□	답답한 도시 생활에서 벗어나 여유로운 생활을 하고 싶다.	□
내가 수행했던 직무에서 필요로 하는/요구되는 경쟁력 있는 기술과 전문성을 갖췄다.	□	사업에 대한 구체적인 사업계획을 세워봤다.	□	나이 제한으로 취업은 어렵지만 사회에 꼭 필요한 사람임을 확인하고 싶다.	□	사무실보다 야외에서 일 하는 것이 좋다.	□
현재 금전적인 어려움이있다. 지금 당장 돈벌이가 필요하다.	□	새로운 조직체계에 소속되어 업무를 하는 것에 부담이 있다.	□	평소 다양한 봉사활동을 경험해 보았다.	□	자동차 운전면허가 있다.	□
아직 학업을 진행 중인자녀가 있다.	□	건강에 자신이 있다.	□	한 조직에 소속되기 보다는 여러 기관에서 자유롭게 근무하는 것에 부담감이 없다.	□	영농자금 이외에 생활자금(1~2년)이 준비되어 있다.	□
다시 일에 매진할 수 있을 만큼 건강하다.	□	다른 사람을 설득할 수 있는 힘이 있다.	□	조직 적응력이 뛰어나고 사교성이 좋다.	□	농촌에서 지역과의 커뮤니케이션이 중요함을 알고 있다.	□
조직 내에서 안정적인업무 수행을 하는 것이 자신의 적성에 맞다고 생각한다.	□	경영 경험이 있거나 경영 관련 정보에 능통하다.	□	열린 사고를 갖고 있어 타인의 의견을 쉽게 받아들이고 인정한다.	□	농사의 어려움을 직접 체험한 것이 있다.	□

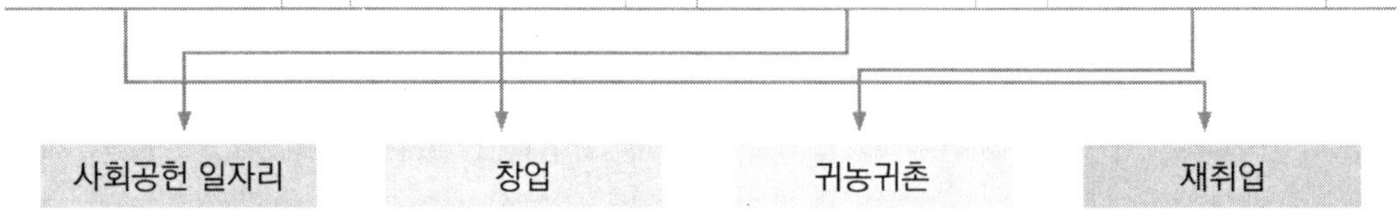

(자료 : 황은희(2015), 중장년 퇴직 이후 재취업 길라잡이. p. 81에서 재구성)

1.3 자원봉사 활동

자원봉사(Volunteerism)는 '의지(will)'라는 의미의 라틴어인 볼로(volo)에서 유래되었는데, 타인이나 제도에 의한 것이 아니라 자신의 자유의지를 바탕으로 자발적인 행동을 실천하는 것을 의미한다.

2005년 제정된 자원봉사활동기본법에는 '개인 또는 단체가 지역사회, 국가 및 인류사회를 위하여 대가없이 자발적으로 시간과 노력을 제공하는 행위'라고 정의하고 있다.

▶ 자원봉사의 특성과 참여

자발성, 무보수성, 공익성, 지속성 등의 특성을 갖고 있으며, 자원봉사는 참여하기 전에 일반적으로 다음과 같은 사항들을 고려하여 참여를 결정하는 것이 필요하다.

[자원봉사 참여시 고려사항]

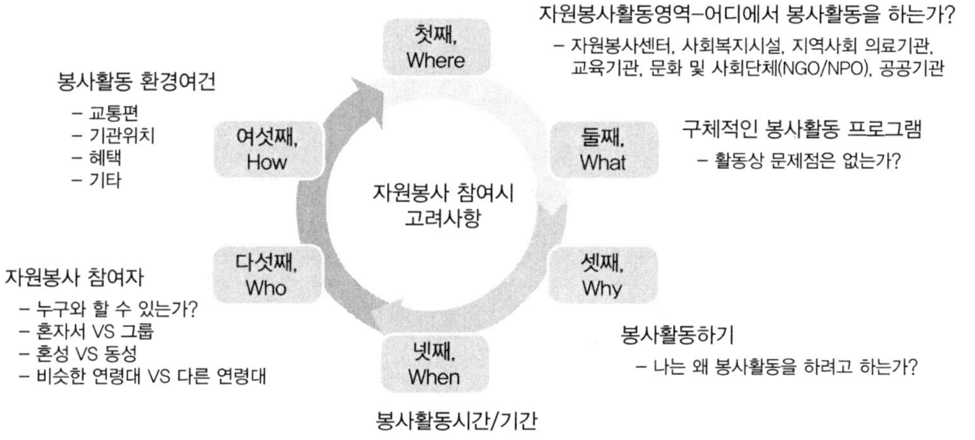

▶ 자원봉사 기관

자원봉사활동을 수행하는 기관으로 자원봉사 활동처를 소개해 주는 연계기관, 자원봉사활동에 대한 인증을 관리하는 기관, 그리고 봉사활동을 직접 수행하는 기관 등으로 구분되어 있어, 자원봉사 기관을 잘 살피는 것이 필요하다.

▶ 자원봉사 프로그램

다양한 영역의 자원봉사 프로그램을 종합적으로 파악하여 자신에게 가장 적합한 봉사활동이 무엇인지를 검토하는 일이 중요하다. 자원봉사 프로그램은 어떤 기관에 어떤 것이 있는지, 그 중에서 자신의 능력을 발휘할 수 있고 흥미를 유발할 수 있는 프로그램이 무엇인지를 파악한 후에 자원봉사에 임하는 것이 좋다.

[자원봉사 활동영역별 세부적 봉사 프로그램]

활동영역	봉사활동
사회복지서비스 활동	사회복지관 봉사내용과 유사함
전문영역활동	법률상담 및 자문, 운영자문, 정책자문, 회계자문, 성폭력상담, 청소년상담, 정신건강상담, 집단상담, 부부상담, 취업상담, 식이상담, 심리치료, 물리치료, 음악치료, 미술치료, 직업치료 등
구호활동	화재, 수해, 긴급사고, 이재민보호 및 지지, 모금활동
보건/의료활동	노인체조교실, 가염백신 접종, 골수은행 지원, 주민건강교실, 금연운동, 청소년 약물남용교육, 바른 식생활 교육, 에이즈 예방 캠페인, 주민무료 종합진료, 당뇨캠프, 건강사회실천운동, 병원안내, 의료기관 업무보조, 호스피스 간호지원, 지역보건 및 의료기초조사 보조, 의료기관 모니터링
환경활동	환경정화(지역청소), 환경캠페인, 환경비누 만들기, 자연보호활동, 재활용품 수집, 수질방지계도, 환경오염점검 및 신고, 자연보호활동, 환경보호 및 감시, 중고품 재활용운동, 갯벌 생태계조사 등
질서유지활동	방범 및 경비활동, 교통정리, 퇴폐풍조 및 유해환경 감시, 지역사회순찰, 건널목 지킴이, 무단방치 차량감시, 지하철 안전 및 질서유지, 장애인 우선승차지원 등
정치/사회활동	선거 및 지역행사 보조, 영세민 결혼 주례봉사, 소비자보호운동, 지역사회문제건의 및 개선활동, 도시농촌 교류활동 봉사
문화예술활동	민화수집활동, 무형문화재공연(전시) 및 강습, 유형문화재 보호 및 감시, 유형문화재 안전점검, 문화재지역 환경정화, 문화재보호 캠페인, 박물관 자료정리, 향토문화 조사연구, 문화재발굴보조, 문화시설 이용 및 문화행사 정보지 발간, 문화시설에 관한 여론 조사, 만화 및 컴퓨터통신 모니터링, 지역사회 음악회 공연, 노인복지시설 위문공연, 문화행사 진행보조, 지역문화시설 안내, 문화시설 탁아보조
국제교류활동	번역봉사, 통역가이드, 유학생 받아들이기, 난민원조, 외국인 방문, 북한 어린이 급식후원, 난민의료지원, 기아봉사단 파견, 난민정착지원, 사랑의 동전 모으기, 사랑의 빵 운동, 사랑의 굶기 운동, 외국 청소년 민박, 청소년 적십자 교류, 외국인 노동자 문화축제, 국내관광 안내자료 제작
생활체육활동	유아 및 아동 신체활동 지도, 청소년 체육지도, 성인 체육지도, 노인건강 체육지원, 장애인 건강 체육지원, 생활체육시설관리, 국제스포츠 경기 시상식지원 또는 통번역, 의료지원, 전국체적 행사지원 등
기타 활동	불우한 이웃에게 성금전달, 아동 및 청소년에게 장학금 지급 등

▶ 자원봉사 참여동기

다음 설문지는 자원봉사 참여동기를 파악하기 위한 설문지다. 총 30문항이며, 각 문항에 대하여 자신의 상황과 얼마나 적절한지, 혹은 얼마나 중요하게 생각하는지에 따라 1점에서 7점 중에서 해당되는 점수를 써 주면 된다.

≪자원봉사 참여 동기 설문지≫

구분	1점	2점	3점	4점	5점	6점	7점
나의 상황과...	전혀 맞지 않음	맞지 않음	그다지 맞지 않음	보통	약간 맞음	맞음	매우 맞음
내 생각에는...	전혀 중요하지 않음	상당히 중요하지 않음	약간 중요하지 않음	보통	약간 중요함	상당히 중요함	매우 중요함

구분	설문내용	점수 1점↔7점
1	내가 하고 싶어 하는 일을 시작하는데 봉사활동이 도움이 된다.	
2	내 친구들은 자원봉사활동을 한다.	
3	나보다 좀 더 불행한 사람들을 걱정하고 염려하는 편이다.	
4	나와 친한 사람들은 내가 자원봉사활동을 하기를 원한다.	
5	봉사활동은 내가 중요하다는 느낌을 갖게 한다.	
6	내가 아는 사람들은 지역사회를 위한 봉사활동에 공통적으로 관심을 가지고 있다.	
7	봉사활동은 내가 가지고 있었던 부정적인 감정들을 잊게 해준다.	
8	나는 내가 봉사했던 대상자들에게 대해 진심으로 걱정한다.	
9	봉사활동을 하면서 나는 외로움을 덜 느낀다.	
10	봉사활동을 통해서 내 경력에 도움을 주는 사람과 새롭게 교제할 수 있다.	
11	봉사활동을 통해서 내가 다른 사람들보다 좀 더 행복하게 살고 있다는 미안함을 덜 수 있다.	
12	봉사활동을 통해 내가 현재 하고 있는 일을 좀 더 이해할 수 있다.	
13	봉사활동은 나의 자긍심을 향상시킨다.	
14	봉사활동은 세상을 새로운 시각으로 바라볼 수 있게 한다.	
15	봉사활동은 다양한 경력들을 경험할 수 있게 한다.	
16	나는 도움이 필요한 사람들에게 동정심을 느낀다.	
17	나와 가까운 사람들은 지역사회 봉사활동을 높게 평가한다.	
18	나는 직접적인 봉사활동의 실천 경험을 통해 많이 배운다.	
19	나는 다른 사람들을 돕는다는 것은 매우 중요한 일이라고 생각한다.	
20	봉사활동은 나의 개인적인 문제들을 해결해 나가는데 도움을 준다.	

21	봉사활동은 나의 직업에서 성공할 수 있게 도움을 준다.	
22	나에게 의미 있는 것이라면 그것을 위해 무엇인가를 할 수 있다.	
23	봉사활동은 내가 잘 알고 있는 사람들에게 매우 중요한 활동이다.	
24	봉사활동은 내 자신의 문제들로부터 벗어날 수 있는 중요한 탈출구이다.	
25	봉사활동을 통해서 다양한 사람들에게 어떻게 처신해야 하는지를 배울 수 있다.	
26	봉사활동은 내가 부족한 사람이라는 것을 느끼게 한다.	
27	봉사활동은 내 자신에 대해 더 좋은 느낌을 갖게 한다.	
28	봉사활동은 내 이력서를 더욱 보기 좋게 한다.	
29	봉사활동은 새로운 친구를 사귈 수 있는 좋은 방법이다.	
30	봉사활동을 통해 나의 강점을 발견할 수 있다.	

경력 동기	문항	1	10	15	21	28	합계
	점수						
사회성 동기	문항	2	4	6	17	23	합계
	점수						
가치 동기	문항	3	6	16	19	22	합계
	점수						
이해 동기	문항	12	14	18	25	30	합계
	점수						
강화 동기	문항	5	13	26	27	29	합계
	점수						
방어 동기	문항	7	9	11	20	24	합계
	점수						

[채점 및 해석]

각 동기의 총합을 산출하면 최종적으로 합계점수가 가장 높은 동기유형이 자신의 대표적인 자원봉사 참여동기가 된다.

동기유형	자원봉사 참여 동기의 내용
경력 동기	봉사활동을 통해서 자신의 경력과 관련된 경험을 쌓기 위함
사회성 동기	봉사활동을 통해서 사회적 관계를 강화시키는 것을 목적으로 함
가치 동기	인류애, 소외계층에 대한 도움 등 중요한 가치에 대한 표현이나 행동실천을 위한 자원봉사
이해 동기	세상을 좀 더 배우거나 활용되지 않았던 기술, 개인의 능력들을 펼치기 위한 활동
강화 도익	봉사활동을 통해서 심리적으로 성장하거나 자기계발을 추구
방어 동기	봉사활동을 통해서 부정적 감정을 해소하거나 개인의 문제를 처리하려는 목적

1.4 사회공헌일자리

노인일자리 및 사회활동 지원 사업으로써 노인이 활기차고 건강한 노후생활을 영위할 수 있도록 공익활동, 일자리, 재능나눔 등 다양한 사회활동을 지원하여 노인복지 향상에 기여하게 된다. 사회공헌일자리 유형은 다음과 같다.

[참여유형 및 선발기준]

<table>
<tr><th colspan="2">유형</th><th>선발 공통 기준</th></tr>
<tr><td colspan="2">공익활동</td><td rowspan="6">• 당해년도 만 65세 이상(시장형는 만 60세 이상)
• 건강상태 : 일할 수 있는 건강정도면 모두 가능
• 세대주 형태 : 노인독신가구 및 경제무능력자와 동거하는 노인가구 우선
• 직업이 없는 노인</td></tr>
<tr><td colspan="2">재능나눔활동</td></tr>
<tr><td rowspan="4">시장형
(취 · 창업)</td><td>시장형사업단</td></tr>
<tr><td>인력파견형사업단</td></tr>
<tr><td>시니어인턴십</td></tr>
<tr><td>고령자친화기업</td></tr>
</table>

(1) 공익활동

① 사업의의 : 저소득 고령 어르신들의 지속적인 사회 참여 활동을 지원함으로써 건강 개선, 사회적 관계 증진 및 소득 보충 등 건강하고 활기찬 노후생활에 기여하기 위한 사업이다.

② 참여대상 : 당해년도 만 65세 이상의 기초연금수급자

③ 사업내용 : 참여노인의 활동욕구에 맞춰 16개 표준활동 프로그램 중 선택하여 참여

유형	세부활동	내용
노노케어	노노케어	취약노인 가구를 방문하여 일상생활을 안정적으로 유지할 수 있도록 안부확인, 말벗활동 및 생활실태 점검 등 수행
취약계층지원	장애인봉사	지역 내 장애인 가정 및 장애인 보호시설, 학교 내 특수학급 등 대상자를 보조하고 지원
	다문화 가정봉사	지역 내 다문화가정의 가족상담 및 정서지원을 통한 정착지원
	한부모 가족봉사	지역 내 한부모 가족 아동의 보호 및 교육 등 다양한 서비스 제공
	청소년 선도봉사	지역 내 청소년 비행우발지역에서 선도 및 상담지원
	생활시설 이용자 지원	지역 내 재가복지시설, 장애인 및 아동생활시설 등 취약계층 이용자에 대한 지원

공공 시설 봉사	보육시설봉사	보육교사 보조, 생활지도 및 강의 등 지원
	지역아동센터봉사	지역아동센터 아동의 방과후 교육, 귀가 및 급식 등 다양한 지원
	도서관봉사	국 · 공립 및 초 · 중 · 고등학교 내 도서관 관리지원
	공원, 놀이터 등 공공시설봉사	공원, 놀이터, 및 공공시설 등 관리지원
	문화재시설봉사	지역 내 문화재 보호, 훼손방지 및 관람편의 제공지원
	공공의료 및 복지시설봉사	보건소, 복지기관 및 경로당 등 관리지원
경륜 전수 활동	건강체조 취미생활지도	체육(건강) 및 각종 취미관련 경륜전수 활동
	문화공연활동	복지소외지역 또는 각종 생활시설 등 문화 소외 대상자에게 다양한 문화 제공활동
	체험활동지원	지역 내 숲 체험 및 문화체험을 위한 각종 해설지원 등
	경륜선수 활동	유아 및 초중학생 대상 경륜전수 활동

(2) 재능나눔활동

① 사업의의 : 참여노인의 재능을 활용하여 취약노인상담, 학습지도, 문화예술 지원 등 복지서비스를 제공하는 활동

② 참여대상 :

- 당해년도 만 65세 이상의 기초연금수급자
- 기초연금미수급자 가산점 부여

③ 사업내용 : 참여노인의 활동욕구에 맞춰 5개 표준 활동 프로그램 중 선택하여 참여

유형	내용
노인안전예방 활동	참여자보다 더 취약한 노인을 발굴하여 교육 · 상담을 통해 정서적 지원을 하는 활동과 노인들이 많이 이용하는 경로당, 쉼터 등의 안전을 위하여 위험시설물 등이 안전한지 확인하는 활동
상담안내 활동	날로 늘어나고 있는 노인 학대를 근절하기 위해 예방 캠페인, 교육, 상담 등을 하는 활동
학습지도 활동	동년배를 대상으로 다양한 교육 및 학습을 지도하는 활동
문화예술 활동	노인이용시설을 이용하는 노인들을 대상으로 다양한 문화 공연(노래, 댄스 등)을 하는 활동
건강증진예방 활동	금연, 치매, 고혈압 등을 예방하기 위한 캠페인 및 체육활동
기타 활동	활동유예에 포함되지 않은 다양한 노인권익증진활동

(3) 시장형 사업단

① 사업의의 : 노인에게 적합한 업종 중 소규모 매장 및 전문 직종 사업단 등을 공동으로 운영하여 일자리를 창출하는 사업, 일정기간 사업비 또는 참여자 인건비를 일부 보충지원하고 추가 사업소득으로 연중 운영하는 노인 일자리 사업

② 사업유형

구분	세부유형	사업내용	활동성격
공동 작업형	공동작업장 운영사업	• 기업과 연계하여 제품 혹은 반제품을 생산 · 조달하는 사업 예) 소핑백 제작, 제품 포장 등	근로
	지역영농사업	• 유 · 휴경지를 활용하여 농산물 등을 공동으로 경작하고 판매하는 사업 예) 콩, 고사리 등 재배	
	기타 공동작업형 사업	• 이외 기타 공동작업사업 예) 짚풀공예, 수공예품 등 공동제작	
제도 판매형	식품제도 및 판매사업	• 식재료를 활용하여 식품 등을 제조하여 판매하는 사업 예) 참기름, 장류, 스낵류 등 제도 및 판매	
	공산품제작 및 판매사업	• 일정한 시설을 갖추고 규격에 맞춘 공산품을 제작하여 판매하는 사업 예) 천연비누, 양초 등 제작 및 판매	
	매장운영사업	• 소규모 매장 및 점포를 운영하는 사업 예) 카페, 음식점, 매점(마트) 등 운영	
	아파트택배사업	• 아파트단지 내 택배물품을 배송 · 집하하는 사업	
	지하철택배사업	• 지하철을 이용하여 각종 수하물 및 서류 등을 배달하는 사업	
	세차 및 세탁사업	• 일정정도의 시설 또는 장비를 갖추고 세차 혹은 세탁 등의 서비스를 제공하는 사업	
	기타 제도 및 판매사업	• 기타 서비스 제공 및 제조판매 사업 예) 환경정화, 이미용, 수선, 공원관리, 재활용사업 등	
전문 서비스형	노인 일자리 및 사회활동지원 모니터링	• 지역 내 노인 일자리 및 사회활동지원 현장 모니터링 등	
	주정차질서 계도	• 주차 혼잡지역의 질서유지 및 계도	
	초등학교 급식도우미	• 초등학생을 대상으로 급식 및 식사예절지도 등을 지원	
	CCTV 상시 관제	• 학교 내 · 외부에 설치된 카메라(CCTV)를 모니터링 후 문제 발생 시 학교 측에 구두보고 및 조치 요청	
	스쿨존 교통지원	• 지역 내 초 · 중 · 고등학교 주변 교통정리 및 교통안전 인식확산(캠페인), 학교주변 순찰 및 안전지도	
	폐현수막 재활용	• 폐현수막 수거 및 재활용 사업	
	자건거 보관관리 및 수리지원	• 자전거전용도로 내 전용 보관소 등 관리 및 수리지원활동	
	지역사회 환경개선	• 지역 내 주거환경 및 생태환경 등 정화 업무	
	기타 전문 서비스형 사업	• 기타 분류 안 된 전문 서비스 제공 사업	

- 운영시간 : 연중 참여 원칙
- 근무시간 : 근로계약서상 정한 시간에 따름
- 급여 : 지자체 직업 수행이 아닌 경우 최소 월 21만원 이상

※ 최저 임금 등 고용관계법령 준수

③ 참여대상 :

- 만 60세 이상 사업특성 적합자
- 연령 : 당해연도 만 60세 이상
  - 참여연령은 해당사업 시작 시점 또는 참여신청서 제출 시에 만 생년월일이 도래한 사람을 기준으로 함
- 건강상태 : 일하려는 의지 및 수행능력(의사소통 능력, 업무수행이 가능한 체력)을 갖춘 자
- 세대주형태 : 노인독신가구 및 경제무능력자와 동거하는 노인 가구 우대
- 참여경력 : 관련 유사자격증 소지자 및 관련분야 종사 경험자 우대
- 국민기초생활보장법에 의한 생계급여, 의료급여 수급자(단, 2종 수급자는 신청가능)
- 국민건강보험 직장가입자
- 장기요양보험 등급판정자(1~5등급)
- 정부 부처 및 지자체에서 추진 중인 일자리사업 참여자(노인 일자리 및 사회활동 지원사업 포함)
- 사업공고 : 사업 수행기관에서 지역신문, 게시판, 기관 사이트 등에 사업내용 및 참여가능 인원 등을 공고
- 참여신청 : 사업 참여를 원하는 수행기관에 방문하여 [참여신청서], [개인정보제공동의서] 등 관련서류 제출
- 참여자 선발 : 시 · 군 · 구 및 수행기관은 모든 신청자엑 대한 개별상담을 통해 [참여자 선발기준표]를 작성하여 고득점자 순으로 선정

(4) 인력파견사업

① 사업의의 : 수요처의 요구에 의해서 일정 교육을 수료하거나 관련된 업무능력이 있는 자를 해당 수요처로 연계하여 근무기간에 대한 일정 임금을 지급받을 수 있는 일자리

② 사업유형

유형	세부유형	사업내용	활동성격
관리 사무 종사자	경영, 영업, 판매, 및 운송관련 관리자	행정 및 경영, 회계, 영업 및 판매 관련 관리자, 운송, 기타 고객 서비스 관리자	
	기타 사무직	상담, 여행, 안내, 통계관련 사무원, 고객상담 및 기타 사무원	
공공/전문직 종사자	교육관련 종사자	교육강사, 보조교사, 보육교사	
	기타 전문직	시험감독관, 리서치, 설문, 번역, 문화방송, 출판관련 종사원	
서비스 종사자	예식 및 보건 · 의료 서비스	예식, 혼례 및 장례종사자, 산후조리, 요양, 간병 등 보건 · 의료 관련 서비스 종사자	
	운송 및 여가 서비스	택시, 버스, 기타 자동차운전원, 운송서비스 종사자	
	조리 및 음식 서비스	페스트푸드원, 주방 · 식당보조원, 음식배달원 등 서비스 종사자	
	배달원	택배원, 우편물집배원, 기타 배달원	
판매종사자	계산원 및 매표원	매장계산원 및 요금정산원, 매표원 복권판매원	
	판매원 및 판매 단순종사자	주유원, 상점판매원, 상품대여원, 기타 판매관련 단순 종사원	
농림어업 숙련종사자	농림어업 작물재배 종사자	곡식, 채소 및 특용작물, 과수, 원예작물 재배업, 조경원 조림 및 벌목원, 임산물 채취, 양식원 및 기타 관련 종사원	
기능원 및 관련 기능 종사자	식품가공관련 종사자	정육점, 김치 및 밑반찬 제조 종사원, 기타 식품가공 종사원	
	기타 기능 관련직	섬유 · 의복, 가죽관련 기능직, 목재 · 가구 · 악기, 금속성형, 전기 · 전자 관련 기능직, 공예 및 귀금속 세공원, 배관공 등	
생산 · 제조 단순노무직	생산/제조	식료품제도, 곡물가공품 제조, 떡, 빵 및 과자류 제도, 도시락 및 식사용 조리식품 제조, 탁주 및 발효 주제조업 등	
	단순노무직	청소원 및 환경미화원, 경비원, 가사 및 육아도우미, 주차관리원 및 안내원, 재활용품수거원, 세차, 세탁, 검침, 골프장도우미, 학교 병원급식 도우미, 농어촌일손도우미, 기타 단순 종사원	
	기타	육류, 수산물 가공 및 저장, 과실 및 채소가공, 소분	

③ 참여대상

- 만 60세 이상 사업특성 적합자
- 국민기초생활 보장법에 의한 생계급여, 의료급여 수급자
- 장기요양보험 등급판정자(1~5등급)
- 정부 부처 및 지자체에서 추진 중인 일자리사업 참여자(노인 일자리 및 사회활동 지원사업 포함)

- 사업공고 : 사업 수행기관에서 지역신문, 게시판, 기관 사이트 등에 사업내용 및 참여가능 인원 등을 공고
- 참여신청 : 사업 참여를 원하는 수행기관을 방문하여 [구직신청서], [개인정보제공동의서] 등 관련서류 제출

(5) 고령자친화기업

① 사업의의 :

- 고령자 적합직종을 개발하여 기업설립을 지원함으로써 시장경쟁력과 지속성을 갖춘 노인 일자리 창출
- 기존 일자리사업의 영세성 및 재정의존성을 극복하고 사업의 규모화 및 민간의 대응 투자를 유도

② 사업내용

• 공고일 기준 이전 고령자(만 60세 이상)가 경쟁력을 가질 수 있는 적합한 직종에서 다수의 고령자를 고용(최소 30명 이상)하느느 기업을 신규 설립 가능한 법인(단체)

- 민법상 법인 · 조합, 상법상 회사 · 합자회사 및 특별법에 따라 설립된 법인 또는 비영리민간단체(복소의 민간법인으로 구성된 컨소시엄 가능)
- 직접 또는 다른 기관을 통해 지원 신청액의 70%이상 대응투자를 약정한 법인
- 「노인복지법」에 따른 노인 일자리 및 사회활동 지원사업 시장형 사업단

㉠ 노인참여 적합성 및 노인고용비율

㉡ 시장 및 수요의 지속 · 확대가능성

㉢ 일자리 및 소득창출효과

㉣ 대응투자의 규모 등

• 일반공모 심사 및 사업계획 컨설팅 및 인큐베이팅 후 최종선정

사업유형	세부유형
시장형사업단 발전형	성과가 우수한 시장형사업단이 자립하여 사업을 운영하는 형태
모기업연계형	모기업의 지원을 연계하여 사업을 운영하는 형태
시니어직능형	퇴직노인의 숙련된 기술과 전문지식을 활용하여 사업을 운영하는 형태

• 설립단계 : 시설비 등 3억원 이내 지원 및 복지부 지정

• 운영단계 : 사업의 지속가능성 확보를 위한 경영 · 교육 · 홍보 지원

(6) 시니어인턴십

① 사업의의 : 60세 이상의 노인에게 일할 기회를 제공함으로써 노인의 직업능력 강화 및 재취업기회를 촉진함과 동시에 노인에 대한 긍정적 인식의 확산을 도모하기 위한 사업

② 참여대상

- 만 60세 이상 노인을 고용할 의사가 있는 4대보험 가입사업장 중 근로자 보호규정을 준수하는 기업.
- 만 60세 이상으로 개발원 및 운영기관에서 진행하는 교육을 이수한 노인

③ 지원내용 : 인턴기간(3개월) 및 계속고용계약(6개월 이상) 체결 시 근로자 월급여의 50%를 기업에 지원(참여노인 1인당 최대 270만원) 등

구분		인턴
참여 기업	기업지원금	◆ 참여노인 1인단 최대 3개월, 약정 월급여의 50%(최대 45만원) - 훈련생의 경우, 1인당 월 30만원(최대 3개월)
	채용성과금	◆ 인턴 종료 후 계속고용계약(6개월 이상) 체결 시 최대 3개월간 월급여의 50% 추가 지원(최대 45만원)
운영 기관	위탁운영비	◆ 참여노인 1인당 최대 30만원 -훈련생의 경우, 1인당 최대 10만원
	채용성공보수	◆ 참여노인 1인당 9개월 이상 계속근로계약 시 7만원, 6개월 이상 계속근로계약 시 5만원, 3개월 이상 계속근로계약 시 3만원(훈련생만 해당)

(7) 서울시 사회공원활동사업

① 지원대상

• 만 50세 이상으로서 전문인력이 필요한 사회적 기업, 비영리단체, 공공기관 등에서 재능을 활용할 수 있는 해당 분야 경력 3년 이상의 퇴직자로서 생계보다는 사회공헌에 관심이 많은 사람

② 기타 운영기관

• (사)고령사회고용진흥원
• (사)한국비서협회
• (사)희망도레미

2 경제활동을 위한 재취업

2.1 재취업 준비과정

재취업은 노후생활을 위한 유급의 경제활동을 말하는 것으로, 노후에 희망하는 삶과 무관하지 않다. 노후에 희망하는 삶은 다음과 같이 다양한 경제활동과 관련되어 있다.

[노후에 희망하는 삶]

따라서 노후를 어떻게 살고 싶은가에 맞춰서 경제활동 방향이 정해질 수 있으며, 그에 맞춰 경제활동 준비수준이 가능하게 된다.

노년기에 일자리를 찾다 보면 일자리를 찾는데 필요한 정보를 탐색하는데 서툴고, 관계망이 좁아지다 보니 관련 정보를 쉽게 접하지 못하기도 하며, 양질의 일자리를 찾아보지만, 현실적으로 눈높이가 맞지 않아서 실망감을 갖게 되기도 한다. 그렇다 해도 이에 굴하지 않고, 더욱 노력하는 것이 중요하다. 노년기의 경제활동을 위한 프로세스는 다음과 같이 진행된다.

[노년기 경제활동 프로세스]

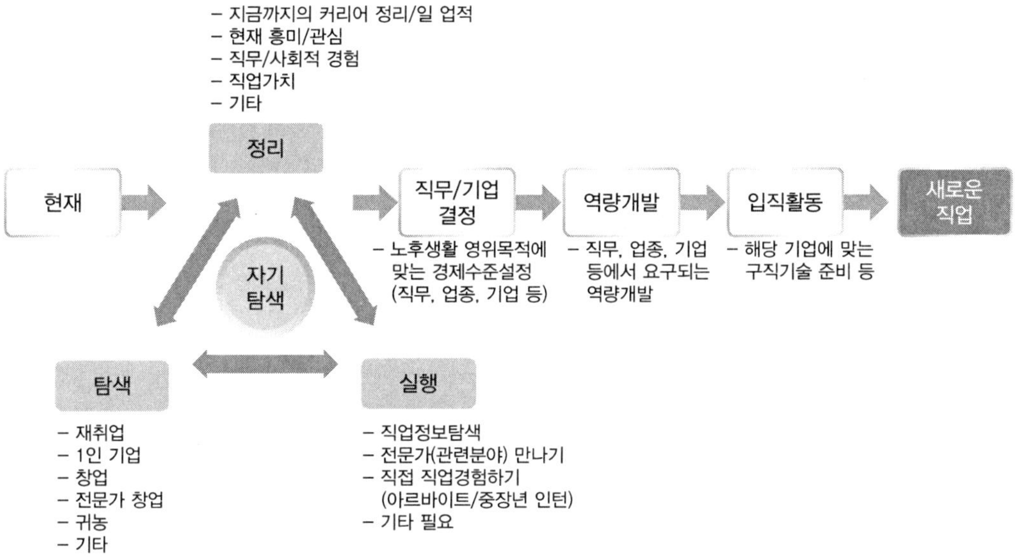

직업전환과정에서 노년기에는 경제적 · 심리적 · 신체적 변화를 겪게 된다. 이러한 변화과정에서 준비되지 않은 노후생활에 대한 미래의 불안감을 갖는 것은 당연한 것이다.

이런 상태에서 경제적 활동을 할 수 있는 재취업과정을 성공적으로 거치게 되면 새로이 시작되는 노후생활에서 활력과 행복감을 회복할 수 있겠지만, 뜻대로 되지 않고 장기 실업상태로 전락하게 되거나 어쩔 수 없이 눈높이를 낮춰 취업을 하게 되는 경우 등에는 좌절감과 분노감을 갖게 되기도 한다.

재취업 과정에서는 변화를 통해 경험하게 되는 다양한 사실을 수용할 수 있도록 자신의 감정과 행동을 철저히 관리할 수 있어야 한다. 스트레스, 실직 또는 은퇴에 따른 정서적 불안정, 자존감의 저하, 육체적 쇠락 등에 대한 자기 관리를 철저히 하는 것이 무엇보다 중요하다.

노후생활의 생계형 경제활동을 하기 위해서는 먼저 '자기탐색 및 일자리 분야 설정'이 이루어져야 하고, 다음으로는 '역량개발', 그리고 '입직활동' 등의 순으로 준비를 해나가야 한다.

2.2 자기탐색과 일자리 설정

노년기의 경제적 상황과 맞물려 불안한 마음으로 일이면 무엇이든지 관계없다고 생각하고, 남이 하는 것을 따라 재취업을 준비하는 경우가 많다. 그런 생각과 태도를 경계하고 자신이 하고자 하는 일의 분야를 구체적으로 명확히 하는 것이 가장 필요하다. 그래서 자신이 할 일을 명확히 정할 뿐만 아니라 산업 · 지역 · 회사 · 직무까지 구체적으로 정하여 접근하는 것이 바람직하다.

자기탐색 및 일자리 설정을 위해서는 다시 세부적인 4단계로 나눠서 탐색하는 것이 필요하다.

▶ 1단계 : 자기 자신에 대한 분석 및 정리

지금까지 살아온 것에 대한 종합적인 자기 분석 및 특성을 정리하는 것이다. '인적정보', '경력사항', '자기의 특성', '일자리 조건' 등과 관련해서 자신의 경력, 흥미, 적성, 보유지식, 업무성과, 스킬 등을 심층적으로 진솔하게 분석하고 정리하는 것이다.

[자기분석 항목 및 내용]

인적정보	경력사항	자기소개	희망조건
• 성명, 주소, 연락처, 사진 • 병역사항 • 신체적 특징 (몸무게, 시력, 체중 등) • 가족사항	• 핵심 역량 3~5가지 • 경력사항 : 회사, 기간, 직무, 직급 주요성과 • 학력사항 • 자격 및 외국어 • 경력 및 주요 기술력	• 성격 장·단점 • 취미, 특기 • 생활신조 • 희망 업무 및 직무, 강점 • 지원동기 및 장래 포부	• 현재 연봉 및 처우 • 희망 연봉 및 처우 • 입사 희망 시기

▶ 2단계 : 일자리 탐색

1단계에서 분석한 자기 자신의 특성 및 경쟁력을 바탕으로 자기 상황에 맞는 경제활동

분야를 탐색하는 단계이다.

일자리 관련해서 고용노동부나 보건복지부의 중장년 일자리 지원제도 또는 재취업 지원기관을 활용하는 것도 필요하다.

부처	센터명	참여대상 및 주요 서비스 내용	설치현황
고용노동부	고용센터	• 실업자 및 구직자 • 구직자에게 심층상담 및 직업진로프로그램 운영 등을 통해 맞춤형 취업알선 실시	전국 83개소
	중장년일자리 희망센터	• 직업경력 1년 이상 구직활동 고객 • 실업자의 심리적 충격완화와 성공적인 재취업 지원 • 재취업 및 창업, 생애설계 지원, 취업알선, 사회참여기회 제공 등의 종합 전직지원 서비스	전국 27개소 노사발전재단 경영자총협회 상공회의소 등
	고령자 인재은행	• 고령자 우선고용직종 위주의 취업알선 기능을 강화하여 고령자의 고용기회를 확대하고 고령인력의 효율적 활용을 위해 고령자 무료직업소개사업을 하는 민간단체를 고령자인재은행으로 지정하여 고령자 취업알선 실시	전국 53개소 YWCA 등에 위탁
보건복지부	행복노후 준비지원센터	* 전 국민 대상 노후준비서비스 제공 • 재무/건강/ 여가/대인관계 등 분야별로 적절한 노후준비를 위하여 제공하는 진단, 상담, 교육, 관계기관 연계 및 사후관리 서비스	전국 국민연금공단내 지역노후준비센터 107개소 운영
	대한노인회 취업지원센터	• 65세 이상(일자리 유형에 따라 만 60세 이상 가능) • 보건복지부 노인 일자리 전담 수행기관 • 지역사회 구직희망 노인의 취업상담/알선 등을 통하여 노인의 소득 보장 및 사회참여 기회 확대 • 구직 희망 노인의 상담/알선/취업/연계/조정/사후관리	전국 254개소
	한국노인 인력개발원	• 노인 일자리 사업 운영 • 노인 일자리 기반조성을 위한 교육사업 • 노인 일자리 정책연구 • 시니어직능클럽 운영	전국 7개소 운영

지원기관	지원내용	홈페이지
서울시고령자취업알선센터	55세 이상 취업 알선(25개소)	www.noinjob.or.kr
대한노인회취업지원센터	노인(60세)의 취업 상담 및 알선, 직업 훈련	www.k60.co.kr
한국시니어클럽협회	고령자에게 적합한 일자리 제공(114개소)	www.silberpower.or.kr
장년인재은행	50세 이상 장년층 취업 알선, 정보 제공, 직업훈련 상담	https://nambu.seoulwomanup.or.kr
서울시이모작지원센터	노년층 대상 일자리 발굴, 교육훈련	www.seoulsenior.or.kr
여성인력개발센터	경력 단절 여성 대상 취업, 창업 준비 훈련, 전직 상담(53개소)	www.vocation.or.kr
전경련 중장년일자리센터	중장년 구직자에게 취업연계 교육과 맞춤형 기업알선 등을 제공하는 프로그램	www.fki-rejob.or.kr

▶ 3단계 : 일자리 후보군에 대한 타당성 점검

일자리 관련하여 몇 가지 일자리 후보군이 찾아졌다면, 각각의 일자리 후보군에 대한 타당성을 깊이 있게 검증해 보는 단계이다.

일자리 후보군에 관한 정보를 인적 네트워크를 활용하거나 인터넷 검색 및 관련기업 홈페이지를 방문 · 조사하는 한편 금융감독원전자공시시스템(http://dart.fss.or.kr), 중소기업현황정보시스템(http://sminfo.mss.go.kr), 한국신용평가정보원 KISLINE(http://www.kisline.com) 등을 통해 심층적으로 조사하는 것도 바람직하다.

▶ 4단계 : 적합 일자리 결정

의사결정 단계로써 각각의 일자리 후보군에 대한 타당성을 바탕으로 노후생활 설계와 요구되는 경제적 수준 등을 고려하여 가장 적합한 일자리를 합리적으로 결정하는 단계이다.

○ 직무결정

재취업 과정에서 업종과 직무에 대한 선택지는 다양하다. 다양한 선택 과정에서 재취업 가능한 직무와 업종에 대한 전망과 고용정보를 바탕으로 선정하는 것이 필요하다.

일반적으로 재취업 과정은 자신의 보유지식과 경력, 적성과 흥미 등 1단계에서 분석한 자기의 현재 조건을 최대한 반영하고, 향후 성장가능성이 높은 분야의 직종을 선택하는 것이 바람직하다. 다음과 같이 동일직무의 동일업종을 중심에서 점차 다른 직무의 다른 업계로 고려되는 것이 일반적이다.

[직종 및 업계의 고려순서]

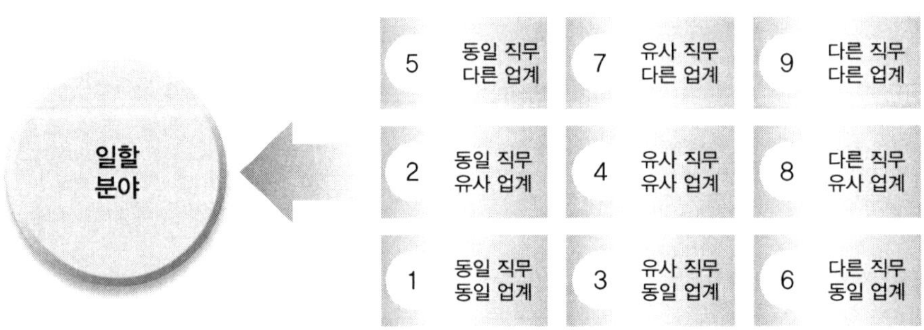

○ 기업결정

재취업 대상 기업정보를 수집하고 분석하는 것이 무엇보다 필요하다.
수집할 자료 항목은 대략 다음과 같다.

① 대상기업 관련된 자료 항목

ⓐ 기업경영보고서 개념 항

- 기업개요 : 개요 및 연혁, 주주현황, 회사 비전, 사업 영역 등
- 사업현황 : 조직도(조직현황표), 주요 사업의 이해
- 기업재무현황 : 재무제표분석(대차대조표, 손익계산서, 현금흐름표), 주요 재무 지표(수익성, 안정성, 자산운용효율성, 성장성 등)

ⓑ 기업정보항목 선정 및 자료수집

- 업종별 조직현황 파악하기

  업종별 조직구성

  ㉠ 제조업 : 기획팀, 총무팀, 회계팀, 구매팀, 영업팀, 고객관리팀, 생산관리팀 등

  ㉡ 유통업 : 총무팀, 회계팀, 물류팀, 배송팀, 물품관리팀, 시스템관리 등

  ㉢ 서비스업 : 총무팀, 회계팀, 인사팀, 고객만족팀, 서비스품질관리팀, 영업팀, 기획팀, 시스템관리팀, 온라인관리팀 등

  ㉣ 프랜차이즈업 : 기획팀, 총무팀, 기업고객관리팀, 상품개발팀, 물류관리팀, 고객관리(CS)팀, 상권개발팀, 점포개발 및 관리팀, 마케팅 팀 등

  ㉤ 온라인사업 : 기획팀, 서비스개발팀, 운영관리팀, 디자인팀, 프로그램개발팀, 영업팀, 고객관리(CS)팀 등

  ㉥ 건설업 : 기획팀, 총무팀, 회계팀, 구매팀, 영업팀 등

ⓒ 경영환경별 자료수집

- 수익성
- 안정성
- 성장성
- 기업적 특성에 따른 향후 장래성, 또는 성장성 등에 대한 자료 수집

ⓓ 조직문화에 대한 자료 수집

조직문화는 개인의 가치관과 관련되어 있어 기업을 선택하는데 중요한 요인이 된다. 조직문화의 유형별 특징은 다음과 같이 정리된다.

▶ 집단문화 : 집단문화는 현실에 대해 낮은 확실성을 지각하고 즉각적인 반응이 불필요한 패턴에서 나타나는 유형이다. 인간적인 협력관계(human affiliation)라는 전제에서 출발하며, 구성원들의 동기를 유발하여 상호간의 신뢰감과 화목, 집단의식을 강조하는 반면에 환경변화에 있어서는 비교적 소극적인 경향을 보인다. 집단문화는 조직의 유연성과 내부의 체제 유지에 가치를 두고 있으며, 이 문화에서는 조직구성원의 참여와 몰입이 조직효과성에 중요한 영향을 미친다. 따라서 집단문화는 구성원들의 신뢰감, 친밀감, 인간적 유대감, 인간적 배려를 우선시하는 업무 수행 방식을 지향한다.

▶ 개발문화 : 개발문화는 현실에 대해 낮은 확실성을 지각하고 즉각적인 패턴을 나타낼 수 있는 문화이다. 변화(change)라는 전제에서 출발하며, 구성원 상호간의 협력을 통하여 동기를 유발하고 능력을 최대한 발휘하며, 외부환경에 대하여 적극적으로 대응해 나가는 특징을 지닌다. 따라서 새로운 아이디어의 개발 및 개방적 상호작용, 모험과 도전, 신속하고 융통성있는 업무처리와 같은 특성이 비교적 강하게 나타난다. 유연성과 변화가 강조되며, 성장, 창조성, 외부환경의 적응이 강조된다.

▶ 위계문화 : 위계문화는 높은 확실성과 즉각적인 반응이 불필요하다고 지각한 상황유형에서 나타난다. 안정성(stability)이라는 전제에서 출발하며, 구성원들이 공식조직과 절차에 의한 안전하고 확실한 업무처리, 조직의 장기적인 존속을 위한 운영의 지속성을 강조한다. 또한 환경변화에 적극적으로 대처하기보다는 현상유지에 더 많은 노력을 기울인다. 따라서 위계문화에서는 명확한 공식절차와 규정, 관습화된 업무처리, 직권과 서열의식과 같은 특성이 비교적 강하게 나타난다. 조직내부의 능률, 통일성, 조정, 평가를 강조하며 고도로 일상적이고 표준화된 활동을 수행하며 고도의 복잡성, 공식화, 집권화, 관료제 등의 구조적 특성을 갖고 있다.

▶ 합리문화 : 합리문화는 현실에 대해 높은 확실성을 지각하고 즉각적인 반응패턴을

나타낼 수 있는 문화이다. 목표달성(achievement)이라는 전제에서 출발하며, 체계적이고 능률적인 조직관리를 강조하면서 환경변화에 적극적으로 대처해 나가는 특징을 갖고 있다. 따라서 목표설정과 계획수립, 능률적인 과업달성, 실적위주의 업무관리와 같은 특성이 비교적 강하게 나타난다. 생산성, 성과, 목적달성 등을 강조하며, 리더는 지시적이고 목표지향적이다.

[조직문화 유형별 특성][45)]

구 분		집단문화	개발문화	위계문화	합리문화
Kimberly & Quinn(1984)의 분류	동의	친화	이념	규율	계약
	동기부여	애착	성장	안정	경쟁
	리더십	관심, 후원적	혁신적, 위험감수	보수적, 신중	지시적, 목표지향적
	의사결정	참여적, 지원적	적응, 외적 합법성	문서, 책임	생산성, 효율성
	중심가치	참여적, 지원적	성장, 자원획득	안정, 통제	생산성, 효율성
	조직형태	Clan, Z형 조직	Matrix 조직, 유기적 조직	관료조직, 계급조직	시장, A형 조직
Quinn & McGrath (1985)의 분류	조직목적	집단의 유지	다양한 목적	규정의 집행	목표의 추구
	업적기준	응집성, 사기	외부의지지, 성장, 자원획득	안정성, 통제, 규칙	생산성, 능률, 상위자
	권위소재	구성원 자격	카리스마	기술적 지식	능력
	권력기반	비공식적인 지위	가치	사실분석	단호한 선언
	의사결정	합의	직관적 통찰력	보수적	지시적
	리더십	관심, 지원적	창의적, 모험지향적	신중한 스타일	목표지향적
	추종	합의과정 참여	가치에의 몰입	감시와 통제	계약적 동의
	성원의 평가	관계의 질	노력의 열성도	공식적 기준	유형적 산출
	동기	친교	성장	안전	성취
Dension & Spreitzer (1991)의 분류	주 관심	인간관계, 유연성, 내부조직	유연성, 변화, 외부환경	내부효과성, 통일성, 조정, 일치, 평가	생산성, 성과, 목적달성, 성취
	가치관	집단보존, 친밀감, 신뢰, 참여, 귀속의식	환경적응, 창조성, 성장, 자원획득	내부조직의 논리, 안정성 강조, 규칙 실행	잘 규정된 목표의 추구와 달성
	동기부여	애착, 집단 응집성, 멤버십	성장, 자극, 창조성, 다양성	안전, 질서, 규율, 규칙	경쟁, 미리 결정된 목표의 성공적 달성
	리더십	참여적, 사려깊음, 지원적, 팀웍을 통한 상호작용	기업가적, 이상적, 위험감수, 미래의 비전 발전	보수적, 기술적 문제에 관심	지시적, 목표지향적, 도구적, 기능적
	조직 유효성	인간 잠재력 발전, 구성원의 몰입	성장, 새 시장 개발, 자원획득	통제, 안전성, 효과성	계획, 생산성, 효과성

45) 강흥구(2001). 조직문화가 의료사회사업서비스의 질에 미치는 영향에 관한 연구. 연세대학교 사회복지학과 박사논문. p. 16에서 재구성.

또한 기업경영정보를 분석하기 위해서는 기업을 둘러싼 외부환경의 변화에도 주의를 기울여야 한다. 경우에 따라서는 네트워킹을 활용하여 관심 있거나 희망하는 기업체를 직·간접적으로 추가정보를 수집하고 분석하는 것도 병행하는 것이 필요하다.

2.3 역량 및 능력개발

재취업에서 가장 필요한 것은 선택한 직무와 업종, 및 기업에 대한 경쟁력 있는 역량을 갖췄느냐에 달려 있다. 자신의 보유 지식과 역량이 어떤 수준으로 활용될 수 있는지를 점검해 보고, 부족하거나 추가적으로 갖춰야 할 것들이 있다면 보완하는 일이 필요하다.

역량의 개념은 '능력'이란 뜻과 구분 없이 사용되기도 하지만, 다음과 같은 4가지 개념으로 능력과 구분된다.

① 역량은 행동이다.

보유하고 있는 지식이나 기술, 그 자체가 아니라, 내면의 동기, 가치, 태도 등이 지식이나 기술과 결합하여 나타나는 행동을 의미한다. 즉, 보유능력이 아니라 발휘능력이나 실천능력을 의미한다.

② 역량은 성과와 연계된 행동이다.

능력이 아무리 뛰어나더라도 그러한 특성이 해당 직무의 성과 창출을 위한 중요한 행동이 아니라면 해당 직무에 대한 적합한 능력을 갖추었다고 보기 어렵다.

③ 역량은 직무마다 다르다.

역량은 직무마다 다르고, 동일한 직무라 하더라도 상황이 바뀌면 요구되는 역량이 다를 수 있다.

④ 역량은 행동이기 때문에 관찰 및 측정 가능하다.

역량은 행동이기 때문에 객관적으로 측정할 수 있고, 그 측정 결과를 기반으로 피드백, 코칭, 자기 성찰 등의 방법을 통해 개발이 가능하다.

역량과 관련하여 Spencer의 '역량의 빙산 모델'(Spencer, L.M., & Spencer, S.M., 1993)에서는 역량의 5가지 유형으로 동기(motive), 특질(trait), 자기 개념(self-concept), 지식(knowledge), 그리고 기술(skill)을 꼽고 있는데, 다음과 같다.

[역량의 5가지 유형]

구분	설명
기술(skill)	특정한 신체적 혹은 정신적 과제를 수행할 수 있는 능력
지식(knowledge)	특정 분야에 대해 가지고 있는 정보
자기 개념(self-concept)	태도, 가치관 또는 자기상
특질(trait)	신체적 특성, 상황 정보에 대한 일관된 반응 성향
동기(motive)	개인이 일관되게 마음에 품고 있거나 원하는 어떤 것

(자료 : https://www.ncs.go.kr. 전직지원 상담(04), pp. 20~21에서 재구성)

역량의 5가지 유형을 참고하여 결정한 일자리에 최적합의 경쟁력을 갖춰야 한다. 희망하는 분야에서 업무적으로 또는 환경적으로 요구되는 새로운 능력을 갖춰놓아야 한다. NCS 기반 직업기초능력 10가지[46] 뿐 아니라, 다음과 같은 능력을 갖춰 놓는 것이 중요하며, 희망하는 일자리에 입사지원서를 작성할 때에 직무에 대한 역량 뿐 아니라, 이와 같은 인성적 능력을 갖춰놓았다고 자신을 어필할 수 있도록 해야 한다.

- 지도력
- 조직능력
- 기술적인 능력
- 융통성과 합리적 사고
- 관리능력
- 분석능력
- 시간활용능력
- 창의력
- 인내심

그런 다음 입직활동에 들어가는 것이 바람직하다.

46) 직업기초능력 10가지 : 의사소통능력, 수리능력, 문제해결능력, 자기개발능력, 자원관리능력, 대인관계능력, 정보능력, 기술능력, 조직이해능력, 직업윤리

2.4 재취업 성공전략

○ 장 · 단기 재취업성공전략

▶ 단기에 재취업 전망이 있을 경우

첫째, 구직처 또는 일할 분야를 구체적으로 명확히 해야 한다. 단시간 내에 재취업 목표를 명확히 하고 그에 맞는 구체적인 정보를 탐색하는 것이 바람직하다.

둘째, 경력과 적성, 흥미 등, 자신의 특성에 적합하고, 향후 성장 가능성이 높은 분야나 직종을 선택하여 정보를 수집한다. 그에 맞춰 경쟁요소를 정리한다.

셋째, 자기홍보 수단을 정교하게 개발한다. 구직처를 정했다면, 다음으로 준비해야 할 것이 자기홍보수단을 정교하게 개발하고 마케팅에 나서는 것이다. 홍보 · 마케팅은 기업뿐 아니라 개인에게도 중요하다.

넷째, 간결하고 강점과 업무능력을 부각시킨 입사지원서를 작성하고, 항상 지니고 다닌다. 구직처가 정해지고, 구인공고를 보고 입사지원서를 작성하는 것이 아니라 언제든지 제출할 수 있도록 미리 준비하는 것이 중요하다. 또한 인적 네트워크를 통해 자신이 원하는 구직처가 나오면 바로 제출할 수 있는 자세를 갖춰야 한다.

▶ 재취업 전망이 장기화될 경우

첫째, 희망 직무와 기업에 맞춰 새로운 역량을 갖추고 경험을 만들고 축적한다. 새로운 일을 찾는데 예상보다 잘 되지 않고, 오래 걸린다면 잠시 여유를 갖고 새로운 역량과 경험을 쌓기 위해서 잠시 여유를 갖고 희망하는 분야와 유사한 자원봉사, 아르바이트를 통해 직업감각을 쌓는 것이 바람직하다.

또한 시간이 길어짐에 따라 경력에 공백이 생길 수 있음으로 자원봉사 등으로 경력공백을 메우고, 경력으로 작용할 수 있도록 한다. 자원봉사 포털사이트 (https://www.1365.go.kr)를 활용하는 것도 필요하다.

둘째, 새로운 것을 배우기 위해 관련되는 다양한 교육프로그램에 참가한다. 중 · 장년 재취업이나 재교육을 위한 프로그램을 참가를 통해 새로운 지식과 인맥을 구축하고, 새로운 기회를 모색한다. 평생교육기관이나 폴리텍대학 등 관련교육기관에서 실시하는 직업기술교육 등에 참가하는 것도 바람직하다.

셋째, 자격증을 취득함으로써 재취업이나 창업의 기회를 만드는 것도 좋다. 대한상공회의소자격평가사업단(http://license.korcham.net)이나 산업인력공단 Q-net(http://www.q-net.or.kr) 그리고 소상공인시장진흥공단(http://www.semas.or.kr) 등을 활용하는 것도 필요하다.

넷째, 정신적 · 신체적 건강을 유지한다. 재취업이 길어지면서 서서히 지치고 자신감을 잃어버릴 수 있다. 그래서 구직활동 또는 구직처를 확보하기 위한 행동 스케쥴을 만들고 스케쥴에 맞춰 구직활동에 집중하는 것이 좋다. 필요할 경우 일정 기한을 정하여 경력을 개발하는 시간을 갖는 것도 바람직하다.

또한 혼자서 정신적으로 스트레스를 덜 받고, 신체적으로 안정을 유지할 수 있는 방안을 확보하고 혼자 고립되지 않도록 한다. 개인차는 있겠으나 정신적 안정을 유지하고, 스트레스 해소를 위한 방법과 신체적으로 건강을 유지하기 위한 운동법을 갖는다.

다섯째, 체계적인 인맥관리를 한다. 광범위한 네트워킹을 통해 재취업 실마리를 찾을 수 있도록 하고, 가급적이면 재취업에 도움을 줄 사람들과 네트워킹을 넓혀나간다. 그리고 지속적인 관계유지를 위한 접촉방법을 찾아 실행한다.

재취업성공을 위한 구인정보를 수집하기 위해서는 공식적 · 비공식적인 정보탐색과정이 동시에 진행되어야 한다. 고용정보와 관련된 채용경로를 조사해 보면 공공 · 민간 인터넷 사이트 등을 이용하는 경우도 있고, 개별적인 인적 네트워크를 통해 진행되는 경우도 있다. 따라서 다양한 방식으로 구인정보탐색이 고려되어야 한다.

[중소·중견기업의 중장년 채용경로]

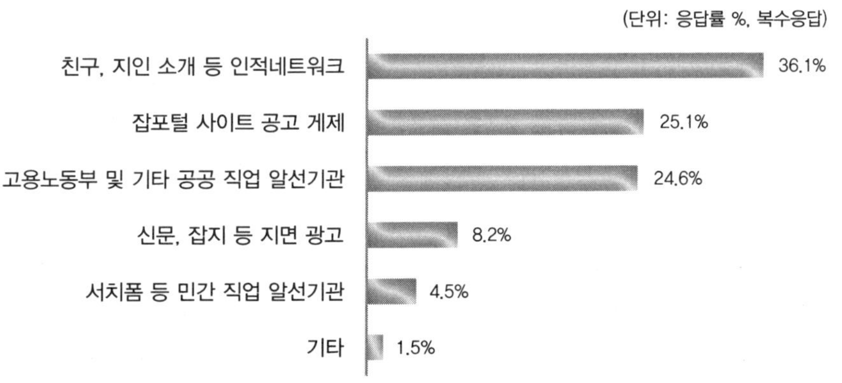

(자료 : 전국경제인연합(2016), 중소중견기업의 채용계획 및 중장년 채용인식 실태조사. p. 8에서 재인용)

○ 채용방식의 이해

현재 채용방식에는 소위 '스펙 중심의 채용방식'이 있고, 실무중심의 'NCS 기반 능력중심채용 방식'이 있다. 지원하는 기업에서 어떤 채용방식으로 진행되는지에 대한 정보를 탐색하여 구직준비도 그에 맞춰 진행해야 한다.

스펙중심의 채용방식(기존채용방식)은 입사지원서인 '이력서'와 '자기소개서'를 제출하고, 구직서류가 서류전형에서 통과되면 통과된 자에 한해서 직접적인 평가인 '면접' 전형단계를 진행하고, 최종 합격자를 선발하게 되는 과정이다.

NCS 기반 채용방식으로 인재를 선발하고자 하는 기업에서는 NCS 기반 채용공고를 최소 채용일로부터 3개월~ 1년 전에 사전 공고하고, 직무수행능력 중심으로 입사지원서 및 직업기초능력 및 직무수행능력을 평가하고, 면접 전형단계를 거쳐 최종 합격자를 선발하게 된다. 따라서 스펙중심이나 NCS기반 채용방식으로 진행되거나 스펙중심의 채용방식과 NCS 기반 채용방식이 혼합된 채용방식으로 진행되는 경우도 있다.

[중소·중견기업의 중장년 채용경로]

항목	기존채용방식	NCS 기반 채용방식
채용공고	행정직 ○명, 기술직 ○명 단순정보 제공	채용분야별 필요한 직무능력 사전 공개 (모집 직무별 '직무설명자료' 첨부)
평가요소	각 회사의 인재상, 공유가치 등에서 도출한 기준으로 평가 및 선발	직업기초능력, 직무수행능력, 그리고 기업의 인재요구에 맞춰 평가 및 선발
제출전형	• 이력서 • 자기소개서	• NCS 기반 입사지원서 • NCS 기반 직무능력소개서 (경험 및 경력 기술서)
채용 및 선발도구	• 이력서 • 자기소개서 • 인성/적성 검사(필기전형) • 비구조화 면접(역량면접/인성면접 등)	• NCS 기반 서류전형 → 입사지원서, 직무능력소개서, 자기소개서 • NCS 기반 직무능력 필기전형 → 직업기초능력평가, 직무수행능력평가 • 구조화된 NCS 기반 면접전형 → 직업기초능력 면접 → 직무수행능력 면접

따라서 지원하고자 하는 기업의 채용프로세스를 사전에 정확히 파악하는 것이 필요하고, 기업의 채용프로세스에 맞춰 취업기술을 충분히 익히고 준비 및 연습하여 임하는 것이 중요하다. 취업기술과 관련하여 관련 프로그램에 참여하거나, 노동부고용지원센터나 채용박람회 등에서 부가적인 서비스를 제공하고 있으므로 이를 적극 활용하는 것도 필요하다.

Worksheet

[자신의 SWOT 분석(희망업무 기준)]

S(강점): 자신이 남보다 뛰어난 강점	W(약점): 자신의 취약점
O(기회): 외부적으로 기회가 되는 요소	T(위기): 외부적으로 열악한 요수

S(강점): 자신이 남보다 뛰어난 강점	W(약점): 자신의 취약점
O(기회): 외부적으로 기회가 되는 요소	**T(위기): 외부적으로 열악한 요수**

※노후 경제활동을 하기 위해서는 자신의 현재 상태를 정확히 검토하고, 진단하여 희망하는 직무분야에 대한 자신의 강점은 무엇이고, 약점은 무엇인지를 분석하는 것이 필요하다. 또한 주변상황인 외부적 조건에서는 자신의 약점을 커버할 수 있는 기회를 확인하고, 가장 위협적인 요소가 무엇인지를 구체적으로 검토하는 것이 중요하다. 자신의 내·외부 환경분석을 통해 자신의 직무적 강점을 최대로 어필하고, 약점을 보완할 수 있는 전략을 찾아야 하는 것이 중요하다.

Worksheet

1. 노후에 '자원봉사', '사회공헌일자리', '생계형 경제활동' 중에서 어떤 일자리를 원하는지 생각해보자.

2. 희망하는 일자리에 대해서 구체적·실제적으로 준비를 해왔는가? 해왔다면 무엇을 어떻게 해왔는지 간략하게 정리해보자.

3. 입직기술(이력서, 자기소개서, 면접)관련 '경력직 중심의 실제적 입직서류'를 작성해보면서 채용하는 담당자 입장에서 자신의 경쟁력 수준을 체크해보자.
(※입직서류 양식은 '기존양식'과 'NCS 기반 입사서류 양식'이 있으며 경력직의 경우는 경력중심으로 작성)

Worksheet

[노후생활 종합정리]

노후생활 5년 후 '자신이 어떻게 살고 있을 것인가?'에 대해서 다음 7가지 질문을 생각해보고 자가 피드백(Self feedback)를 해보자.

질문	나의 대답(간략한 생각 적기)
1. 내 삶에서 성공이란 어떤 의미인가?	
2. 나에게 의미있는 삶이란 어떤 것인가?	
3. 실제로 의미있게 잘 살고 있는가?	
4. 어째서 그런 삶을 사는 것인가?	
5. 이렇게 살다 죽으면 어떨 것 같은가?	
6. 의미있게 사는데 장애물은 없는가?	
7. 5년 후 오늘 자신의 모습을 얼마나 구체적으로 묘사해 낼 수 있는가?	

준고령자와 고령자 우선고용 직종

고용노동부가 「고용상 연령차별금지 및 고령자고용촉진에 관한 법률」 제15조제1항의 규정에 따라 고용정책심의회 심의를 거쳐 준고령자와 고령자를 우선고용하여야 할 직종을 다음과 같이 선정하였다(고용노동부 고시 제2018-12호). 직무선정에 참고하는 것도 도움이 된다.

연번	직업명	주요 업무 및 예시 직업
1	기타사무원	• 사무내용이 특정되지 않은 사무업무 수행 (예시) 자료편집사무원, 도서정리원, 대서사무원, 속기사 등
2	기타 의료복지 관련 서비스 종사원	• 수의사, 치료사 등의 업무를 보조하거나 기타 의료기관에서 의료복지 서비스를 수행 - 거동이 불편한 환자를 돕고, 청소 및 장비 등을 세척 · 소독 - 소독기구 등을 사용해 의료기구 및 물품을 소독 · 살균 (예시) 노인, 아동, 장애인 복지시설 종사원 등
3	직업상담사 및 취업 알선원	• 구직자나 이 · 전직 희망자를 대상으로 일자리 소개 및 상담 등의 업무를 수행 - 구인 · 구직상담, 창업상담, 경력개발상담, 직업적응상담, 직업전환상담, 은퇴 후 상담 등 각종 직업 관련 상담 업무를 수행 - 구직자나 이직 희망자를 대상으로 적성, 흥미검사 등을 실시하여 구직자의 적성과 흥미에 알맞은 직업 정보를 제공하고, 청소년, 여성, 준·고령자, 실업자 등을 위한 직업지도 프로그램을 개발하고 운영 (예시) 직업상담사, 취업알선원, 경력상담컨설턴트, 전직지원컨설턴트 등
4	육아시설 도우미 (보육교사 포함)	• 아동 보육시설에서 보육교사의 업무 또는 업무를 지원하거나 아이돌봄 서비스 수행 또는 그 지원 - 개인가정 육아도우미가 아닌, 보육시설에서 아동의 보육 (예시) 육아도우미, 시설보조 보육교사(가정 외 보육시설 보육 보조) 등
5	큐레이터 및 문화재 보존원	• 도서관, 박물관 등에서 소장품과 관련된 학술적인 연구를 하거나, 소장품을 체계적으로 정리하고 보존 - 큐레이터는 소장품에 대한 학술적인 연구 및 소장품의 전시, 교육 관련 업무 - 문화재보존원은 문화재의 손실원인을 규명하고 이에 적합한 보존 처리, 파손된 부위를 복원하거나 소장품에 대한 예술사적인 단서를 분석 (예시) 큐레이터, 도자기복원 기술자, 문화재 보존원, 문화재 수리원, 문화재 수리기술자, 문화재 수리기능자 등

6	내선전공	• 주택 · 공장 · 빌딩 등에 전기를 공급하기 위하여 옥내 전선관, 배선 또는 등기구류 설비를 건물내부에 시공하거나 보수 (전기제어장치나 전기기기 설치 · 정비 포함) (예시) 전기 외선원, 전기작업 보조원, 전선설치 보조원, 옥내 전기원, 전기 내선원, 건물보수 전기원, 건물보선 전기원, 전기고장 수리원, 전기발전기 설치원, 변압기 설치원, 전기 제어장치 설치원, 전기기구 정비원, 전기 배선원 등
7	배관세정원 및 방역원	• 가스관 등의 배관을 소독 · 청소하거나, 지역 위생관리를 위한 방역업무 - 배관세정원은 가스관, 통풍관, 집진관 등의 연결관 내의 그을음, 먼지 및 퇴적물을 각종 화약품 등을 사용하여 소독 · 청소 - 방역원은 구충, 병충해 등의 방역 등 위생관리 (예시) 배관세정원, 건물소독원, 건물 물탱크 청결원, 통풍관 청결원, 건물외벽 청결원, 수족관 청결원, 방역원, 구충 및 병충해 박멸원 등
8	재활용 처리 및 소각로 조작원	• 재활용관련 장치 및 쓰레기와 기타 폐기물을 소각하는 소각로를 조작 - 중앙통제장치를 통하여 쓰레기와 기타 폐기물 소각로를 조작 (예시) 재활용관련 장치 조작원 등
9	조림 · 영림 및 벌목원	• 영림, 산림보존 및 개발에 필요한 업무 수행 - 조림 · 영림원은 수목을 조성하고 보호 - 벌목원은 벌목 및 제재 등을 비롯해, 벌목지에서 통나무를 다듬고 운송 (예시) 조림원, 영림원, 벌목원, 기타 임업기능원 등
10	간병인	• 병원, 요양소, 관련기관 등에서 환자를 돌봄 - 거동이 불편한 환자를 목욕시키고 옷을 갈아입히며, 병실을 청소 - 의사 또는 간호사의 지시에 따라 환자를 돌보고, 치료내용 및 소모 시간을 기록 - 음식을 준비하여 환자에게 먹이고 음 · 식료 공급 및 배설상태를 기록 ※ 간병인을 제외한 의료행위를 보조하는 직종의 경우는 '기타 의료복지 관련 서비스 종사원'으로 분류되며 우선고용직종에 해당하지 않음
11	여행 및 관광통역 안내원	• 여행안내 및 관광통역 안내 서비스로 각종 여행상의 편의를 제공 - 여행안내원은 국내 · 외를 여행하는 개인 또는 단체에 교통기관, 숙박시설, 관광객 이용시설 및 편의시설의 이용에 대하여 안내하는 등 여행편의를 제공하며, 관광지 및 관광상품을 설명하거나 여행을 안내 - 국내를 여행하는 외국인 (개인 또는 단체)에게 외국어를 사용하여 관광지 및 관광 대상물을 설명하거나 여행을 안내 (예시) 국내여행 안내원, 관광 안내원, 관광 통역 안내원, 문화재 안내원 등
12	자재관리 사무원 (창고관리원 등)	• 경영에 필요한 각종 자재를 구입하거나, 창고 등의 자재 관리시설의 재고를 유지 - 제품생산에 필요한 각종 자재의 내역과 용도를 조사 - 필요자재의 재고관리 및 자재가 적재적소에 적정량이 공급되도록 제반사항을 관리 (예시) 구매 사무원(구매관리), 외주 관리원, 자재보관 사무원, 자재기록 사무원, 자재 사무원(자재관리), 자재 수불원, 자재수급 계획원, 자재공급 사무원, 자재 검수원, 창고관리 사무원, 창고 관리원, 검량원, 검수원 등
13	안내 · 접수사무원 및 전화 교환원	• 고객이나 방문객을 안내하고 각종 정보를 제공, 사내 수신 전화를 연결하거나 전화번호 등을 안내 - 고객이나 방문객을 안내하고 각종 정보를 제공하며 그들의 요청을 접수 - 구내 · 외부의 전화통화를 연결하고 고객의 질문에 응답, 전화번호를 안내하는 등 공공 및 사설 전화교환기를 조작 (예시) 병원 접수원, 시설예약 접수원, 전화접수 사무원, 가스접수 사무원, 분실물 접수원, 방송안내 사무원, 방송 안내원(열차, 비행기, 시설, 미아, 병원 등), 박물관 안내원, 고장접수 안내원, 프런트데스크 담당원, 시설소개 안내원, 견학담당 안내원, 공항시설 안내원, 전화 교환원, 전화번호 안내원, 가입접수 안내원 등

14	고객 상담 및 모니터 요원	• 방문 및 전화상고객의 각종 민원 업무를 처리 - 방문고객 및 상담전화로 걸려오는 각종 민원사항에 응대하고 창구의 자료 및 이용안내문 배치 등에 관련된 사무업무를 수행 - 각종 상품 및 서비스의 신규신청, 전·출입, 명의변경, 해지, 요금조정 및 증명서 발급에 관한 청구서를 접수 - 특정한 분야의 활동이나 결과를 모니터하거나 방송 등을 시·청취하여 의견이나 소감을 제출 (예시) 전화 상담원, 방문고객 상담원, 콜센터 상담원, 모니터요원 등
15	통계관련 사무원	• 통계적 기록을 작성하고, 조사계획에 의거한 설문지로 응답자 면접 및 설문조사를 실시 (예시) 통계자료집계 사무원, 통계조사 사무원, 인구 조사원, 설문 조사원, 시장 조사원 , 교통량조사원, 실태조사원, 여론조사원 등
16	전산 자료 입력원 및 사무 보조원	• 데이터를 전산에 입력하거나, 문서 및 자료를 단순 입력하고 업로드. 기관 및 부서 내의 관련 사무를 보조 - 사무직원의 업무를 지원하며 문서정리 및 수발, 자료집계, 자료복사 등 사무기록의 유지와 관련된 일반적인 업무를 수행하거나, 기록물, 출판물, 문서, 시청각자료 및 기타 도서관 자료를 단순 기록, 분류, 정리 - 각종 자료를 컴퓨터에 입력하고 자료의 오류를 심사, 수정하며 고객의 의뢰에 의해 행정기록을 대신해주는 업무를 수행 (예시) 명세표 입력원, 전산 입력원, 단순자료 입력원, 데이터 입력원, 매출자료 입력원, 인사기록 사무원, 자료 입력원, 정보 검색원, 일반사무 보조원, 홈페이지자료 입력원 등
17	직업훈련 및 문화·사회교육 강사	• 특정 전문 분야의 교과이론 및 실기를 교육 - 직원들을 대상으로 직무능력 습득을 위한 교육 및 훈련 - 지역주민들을 대상으로 문화 및 사회 관련 교육을 위한 강연 - 기술 및 기능 등 업무 수행에 필요한 작업 기술 등을 교육 훈련 (예시) 기술 및 기능계강사, 예능강사, 교육연수기관강사, 기업체 직무훈련강사, 교육훈련강사 등
18	사회복지사	• 사회복지학 전문지식을 이용해 복지문제 진단 평가 및 지원 - 현대사회에서 발생하고 있는 청소년, 노인, 여성, 가족, 장애인 등 다양한 사회적, 개인적 문제를 겪는 사람들에게 사회복지학 및 사회과학의 전문 지식을 이용하여 문제를 진단·평가함으로써 문제해결을 돕고 지원 (예시) 사회복지사(교정담당, 학교, 의료, 산업, 기업, 아동복지시설, 사회복지관 등), 사회복지 전문요원, 정신보건 사회복지사, 사회복지 상담원, 사회복지자원봉사 관리자 등
19	상담 전문가 및 청소년 지도사	• 사람들의 정서적 행동적 증상을 상담하고 문제해결을 지원 - 상담전문가로서 사람들의 심리, 성격, 가족문제 등 정서적 행동적 증상에 대해 상담기법이나 상담프로그램, 검사 도구를 이용하여 문제 해결을 돕고 지원하는 업무를 수행 - 청소년 지도사로서 정신적, 신체적 과도기의 청소년을 지도 (예시) 상담심리 전문가, 상담 심리사, 상담가, 상담 교사, 청소년 상담원, 청소년 지도사 등
20	기타 사회복지관련 종사원	• 기타 사회복지시설에서 성인, 아동 등을 대상으로 생활지도 및 사회복지 서비스 제공 - 교정시설, 의료, 산업체, 기업, 아동복지시설, 사회복지관 등의 사회복지시설에서 생활지도 및 교육을 지도 (예시) 생활지도원 및 보조원 등
21	사서 및 기록물관리사	• 도서관에서 도서를 분류, 정리, 보관하거나 기록보관소의 자료 수집 및 보관 등의 업무를 수행 - 사서는 도서관에서 이용자의 편의를 위해 서적, 정기간행물, 시청각자료 등을 수집하고 일정한 기준에 따라 분류, 정리, 보관하는 업무를 수행 - 기록물관리사는 기록보관소나 자료실 등의 중요한 문서, 기록물 및 제작물 등에 관한 자료를 수집, 보관하는 업무를 수행 (예시) 사서, 기록물 보관원, 기록물관리사, 아키비스트, 문서 보관원 등

22	버스 및 관용차 운전원	• 기관 등의 버스, 업무차량, 임원차량 등을 운전 (예시) 업무차량 운전원, 임원차량 운전원, 기관버스 운전원 등
23	상점판매원 및 상품대여원	• 상점에서 상품 판매을 판매하거나 상품의 대여 업무를 수행 (예시) 매점판매원, 특산물판매원, 제품대여원 등
24	매장계산원 및 요금정산원	• 제품 및 서비스 판매장소에서 금액을 계산하고 수령 (예시) 계산원, 카운터, 캐셔, 요금정산원 등
25	매표원 및 복권 판매원	• 입장표 및 복권을 발행하고 금액을 계산 - 극장, 공원 및 유원지 등의 매표소에서 고객에게 입장표를 발행하고 금액 계산 - 버스 및 지하철 승차권, 복권, 마권을 판매하는 직무도 포함 (예시) 복권 판매원, 기차표 판매원, 마권 발매원, 버스 매표원, 지하철 매표원 등
26	청소원	• 건물, 다중이용시설 등에서 청소 및 청결 유지 (예시) 사무실 청소원, 공공건물 청소원, 오피스텔 청소원, 기관차 청소원, 선박 청소원, 비행기 청소원, 버스 청소원, 병원 청소원 등
27	경비원	• 건물을 관리하며 불법침입과 도난 방지를 위해 가옥 및 기타 재산 등을 감시 · 경비 (예시) 청사경비원, 학교경비원, 건물경비원, 병원경비원, 빌딩경비원, 빌딩시설경비원, 빌딩보안원, 공장경비원, 공사현장경비원, 공원순찰원, 공원안전요원, 공원관리인, 공원질서요원 등
28	환경 미화원 및 재활용품 수거원	• 건물, 야적장, 거리 및 기타 공공장소에서 쓰레기를 수거하거나 청결하게 유지하며 재활용품을 수거 (예시) 쓰레기 수거원, 쓰레기 청소부, 거리 미화원, 거리 미화원, 공원 청소원, 공원 청소원, 재활용품 수거원 (※ 주로 지방자치단체에 소속되거나 지시를 받아, 시가지의 청소나 쓰레기의 수거 등을 담당. 쓰레기 수거의 일환으로 이루어지는 재활용품의 수거도 해당. 건물이나 운송장비 내부 청소 업무 수행자는 '청소원'으로 분류)
29	계기검침원 및 가스점검원	• 계량기의 상태를 확인하고 기록 (예시) 계기검침원(가스, 수도, 전기 등), 가스안전 점검원, 전기안전 점검원 등
30	주차 관리원 및 안내원	• 공공 주차시설의 운용, 관리, 안내 업무를 수행 (예시)주차관리원, 주차장 관리원 주차장 안내원 등
31	검표원	• 공원, 공연장, 운동 경기장, 유원지, 전시장 등에서 입장객의 표를 확인하고 입장시키는 업무를 수행 (예시) 고속버스검표원, 통행료검표원, 승차권검표원, 놀이공원검표원 등
32	조리사 및 주방보조원	• 음식 조리 및 조리사 감독 ·교육, 각종 조리보조 - 조리사는 조리사 자격증을 소지하고 조리 업무를 전담 - 주방보조원은 조리장이나 조리사의 지시에 따라 조리 보조 업무를 수행 (예시) 조리사, 주방장, 조리사조보원, 주방보조원, 식재료세척원, 학교급식 보조원 등
33	건축수리 및 보수원(건물영선원)	• 기타 건축마감관련 기능 종사원으로, 건물을 보수하는 작업을 수행 (예시) 건물 보수원, 조립 건축물 보수원, 건물 수리원 등
34	냉 · 난방 관련 설비 조작원	• 보일러를 조작하거나 건물 냉방관련 기기를 조작 - 주기관 및 보조기관에 증기를 공급하는 보일러를 조작하거나 건물 냉방관련 기기를 조작 - 보일러 등 냉 ·난방관련 설비를 조작 시 점검 및 정비도 병행하는 경우에는 본 직종으로 분류하지만, 설치나 정비를 전문으로 하는 경우는 설치 및 정비원으로 우선고용직종에 해당하지 않음 (예시) 보일러 조작원, 증기발생 보일러 조작원, 선박보일러 조작원, 증기기관차 보일러 조작원, 냉각장치 조작원, 냉동기 조작원, 냉장시스템 조작원, 난방장치 조작원, 환기장치 조작원 등

35	전기 및 전자 설비조작원	• 건물, 공장 및 기타 전기 · 전자 설비를 조작, 유지, 보수 - 전기설비를 유지, 보수하고, 전기시설에 관한 보안관리 업무를 수행 - 전기 장비 제조와 관련된 각종 기기를 조작 (예시) 건물전기설비 조작원, 건물전기시설 관리원, 전기기계 관리원, 전기기계설비 조작원, 전기시설관리 조작원, 공장전기 설비 조작원, 공장전기기계 설비조작원, 공장변전실 관리원, 전기시설 조작원, 전자설비 조작원, 건물전기 관리원, 전기설비 관리원, 병원전기 관리원 등
36	보건위생 및 환경 검사원	• 위생 및 환경 관련 불만 조사, 음식점 등의 위생 및 공해관리, 위험물처리 등 검사 - 위생 및 환경과 관련된 불만을 조사하고 음식점, 식품가공업체, 호텔, 지역 상수시스템 및 기타 작업장의 위생, 공해관리, 위험물처리에 대하여 정부규정에 맞는지 검사 - 환경시설물을 평가하고 식수나 용수를 정기적으로 채취, 검사하며 대기오염원의 정기적 측정, 쓰레기 및 폐기물의 효율적 처리를 관리 (예시) 보건위생 검사원, 환경 관리원, 환경 검사원, 식품위생 감시원 등 (※방역업체, 음식점 등에서 위생상태의 적정성 등을 검사하여 관련 법규에 어긋나지 않도록 지도하는 자는 '위생사'로 분류된다.)
37	상 · 하수도 처리 장치 조작원	• 물 정화장치, 공기 및 가스압축기, 펌프장치, 환기장치와 같은 여러 가지 형태의 장비를 조작 (예시) 물펌프장 조작원, 용수 여과장치 조작원, 냉각용수기 조작원, 용수 정화장치 조작원, 댐수문 운전원, 염소투입기 조작원, 하수처리장치 조작원, 용수처리기 조작원, 펌프장 조작원(석유 및 천연가스 제외), 저수지 운전원 등
38	제조관련 단순종사원	• 건설을 제외한 기계, 재료, 화학, 섬유, 전기, 전자, 식품제품 생산 업무에 단순 반복작업을 담당하거나 보조업무를 수행. 또한 제품을 분류하고 구성품을 간단히 수동으로 조립 - 원재료 및 제품 운송, 적재, 하역, 분류, 확인 및 무게 측정 - 컨베이어, 분쇄기, 톱 및 가공 기계 등에 원료를 공급 - 제품을 분류하고 구성품을 간단히 조립 - 작업장 및 설비를 청소 - 숙달된 근로자들을 보조 (예시) 상표부착원, 부품 및 제품 단순분류원, 수작업라벨부착원, 수동 포장원, 권선공, 단순 조립원, 수공 코일 권선원 등
39	조경원	• 가로나 공원, 건물주변 정원을 관리 - 장비나 나무를 운반하고 나무를 식재할 구멍을 파는 등의 업무 수행 (예시) 조경사, 조경원 (※조경할 대지의 주변 환경을 고려하여 조경을 계획 · 설계하는 직종은 '조경 기술자'에 해당하며 우선고용직종에 해당하지 않음)
40	농림어업관련 종사원	• 여러 가지 농사일을 수행하거나, 임업 및 어업 관련 단순 업무를 수행 (예시) 산림감시원, 산림보호원, 산림병충해감시원, 육림보조원, 숲가꾸기원, 임업인부, 화훼/육묘/버섯/담배 관련 종사원 등

- KB금융지주경영연구소(2012) : KB노후준비지수로 살펴본 한국인 노후준비 실태.
- KB금융지주경영연구소(2014) : KB노후준비지수로 살펴본 한국인 노후준비 실태.
- 강은나 외(2015) : 『은퇴전환기 중고령자의 일·여가 현황과 여가증진방안 연구』. 한국보건사회연구원.
- 강흥구(2001) : 『조직문화가 의료사회사업서비스의 질에 미치는 영향에 관한 연구』. 연세대학교 대학원 박사논문.
- 고용노동부 고시 제2018-12호 : 『준고령자·고령자를 우선고용 직종』
- 곽한병·이미혜(2005) : 『여가 · 레크레이션』. 서울: 대왕사.
- 국가암정보센터(http://www.cancer.go.kr).
- 국가직무능력표준 NCS 학습모듈(2016) : 『생애설계컨설팅 06』.
- 국가직무능력표준 (http://www.ncs.go.kr) : 『전직지원 상담(04)』.
- 국민건강보험공단 사이버민원센터(http://minwon.nhis.or.kr)
- 국민건강보험공단(2017) : 『사업장업무편람』
- 국민건강보험공단(2018) : 『일반건강검진 안내』
- 국민건강보험공단(http://www.nhis.or.kr).
- 국민연금공단 내연금 사이트(http://csa.nps.or.kr/self/decrepitude.do)
- 국민연금공단(2018) : 『노후준비서비스 제공자 교육과정(건강 · 대인관계)』.
- 국민연금공단(2018) : 『노후준비서비스 제공자 교육과정(노후준비총론)』.
- 국민연금공단(2018) : 『노후준비서비스 제공자 교육과정(여가 · 경력관리 · 주거설계)』.
- 국민연금공단(2018) : 『노후준비서비스 제공자 교육과정(재무설계)』.
- 국민연금공단(2018) : 『노후준비서비스 제공자 소집교육과정(이론)』.
- 국민은행(2012) : 『KB노후준비지수로 살펴본 한국인 노후준비 실태』. KB금융지주경영연구소 골든라이프 연구센터.
- 국회예산장책처(2017) : 『인구구조 변화와 사회안전망 정책 분석Ⅱ』.
- 국회예산정책처(2015) : 『2016년도 예산안 및 국가재정운용계획 분석』.
- 김미향(2007) : '고령화 사회 여가 패러다임 변화에 따른 스포츠의 역할'. 『한국여가레크리에이션학회지』. 제31권 제3호(통권36호) pp.181~192.
- 김상욱(2010). 『노인의 여가생활만족도 영향 요인에 관한연구』. 청주대학교 대학원 박사학위논문.
- 김성연(1999). 『도시 노인의 여가생활만족도에 관한 연구』. 숙명여자대학교대학원 석사학위논문.
- 김준(2018) : 『노인여가력(餘暇歷)이 여가생활만족도에 미치는 영향』. 강릉원주대학교 대학원 박사학위논문
- 뉴시즈(NEWSIS)인터넷 기사(2018.8.22.) : 『작년 출생아수 35.8만명 '역대 최소'...합계출산율 OECD '꼴찌'』.
- 메트라이프(2013) : 『2차 년도 베이비부머 및 예비노인 연구보고서』.
- 문화체육관광부(2010) : 『국민여가활동조사』.
- 문화체육관광부(2011) : 『국민여가활동조사』.

- 문화체육관광부(2014) : 『국민여가활동조사』.
- 문화체육관광부(2016) : 『국민여가활동조사』.
- 미래에셋은퇴연구소(2015) : 『은퇴 후 '110,000'시간』
- 미래에셋은퇴연구소(2016) : 『4대 관계망을 통해 본 은퇴 후 인간관계의 특징』.
- 미래에셋은퇴연구소(2018) : 『5가지 키워드로 본 5060세대의 가족과 삶』.
- 박경란 · 이영숙(2001) : 『대학생이 갖고 있는 노인에 대한 고정관념 분석』.
- 박상철 · 최성재 · 곽충실(2009) : 『한국형 노후생활설계 교육프로그램 개발 연구』.
- 박은초(2005) : 『사티어의 성장 의사소통 이론과 그 적용에 관한 연구』. 이화여자대학교 대학원 석사학위논문.
- 보건복지부 중앙치매센터 : 『대한민국 치매현황 2017』.
- 보건복지부(2012) : 『노후준비지표 소개 및 해설』
- 보건복지부(2017) : 『2017년도 노인실태조사』.
- 보건복지부(2017) : 『나에게 힘이 되는 치매 가이드북』.
- 보건복지부 중앙노인보호전문기관(2018) : 『2017 노인학대 현황보고서 가이드북』.
- 보건복지부(2018) : 『나에게 힘이 되는 치매 가이드북』.
- 보건복지부(2018) : 『노인복지시설 현황』(2017.12.31.현재)
- 보건사회연구(2018) : '저출산과 모멘텀 그리고 한국의 미래 인구변동', 『Health and Social Welfare Review』.
- 보험연구권(2016) : 『고령화와 노후준비』.
- 삼성생명 은퇴연구소(2013) : '연령대별 생애설계 교육의 필요성', 『2013 보험관련 연합학술대회』.
- 삼성생명 은퇴연구소(2016) : 『은퇴자들의 여가새활 실태』.
- 삼성생명 은퇴연구소(2016) : 『한국인의 은퇴준비』.
- 삼성생명 은퇴연구소(2017) : 『스마트라이프 디자인』. 미래의 창』.
- 삼성생명 은퇴연구소(2018) : 『삼성생명 은퇴준비지수』
- 서병숙 · 김수현(1999) : 『대학생의 노인에 대한 이미지 연구』.
- 성현출(2006) : 『복지시설 거주노인들의 여가활동 참여에 따른 여가만족 정도가 생활 만족에 미치는 영향』. 조선대 학교 대학원 박사학위논문.
- 아주대학교의료원(http://www.ajoumc.or.kr)
- 안계일(2008) : 『노인의 여가활동과 여가만족 및 성공적 노화의 관계』. 경기대학교대학원 박사학위논문.
- 우재룡 · 송양민(2014) : 『100세 시대 은퇴 대사전』. 21세기북스.
- 우재현(2006) : 『교류분석(TA) 프로그램』. 정암서원.
- 이은철(2017) : 『프롤로그』. 도서출판 행복에너지.
- 이현주(2003) : 『노인여가활동과 중장년기 여가경험의 관계 연구』. 세종대학교 대학원 석사학위논문
- 장경영(2013) : 『연령대별 생애설계교육의 필요성』. 삼성생명 은퇴연구소, 보험관리 연합학술대회.
- 재단법인 교직원생애복지재단(2005) : 『Second Life Map』.
- 전경련중소기업협력센터(2014) : 『중장년 재취업 인식조사 보고』.
- 전국경제인연합(2016) : 『중소중견기업의 채용계획 및 중장년 채용인식 실태조사』.
- 조명환 · 김희진 · 최정순(2010) : 『여가탐구생활』. 백산출판사.
- 조재숙(2005) : 『고령화 사회의 노인여가 활성화 방안에 관한 연구』. 상명대학교 대학원 박사학위논문.
- 중앙노인보호전문기관(2018) : 『2107 노인학대 현황보고서』
- 중앙자살예방센터(http://www.spckorea.or.kr).
- 지은정(2013) : 『고령화사회 보편적 · 균형적 노후설계서비스 활성화 방안』. 한국노인인력개발원.
- 최성재 외(2012) : 『모든 세대가 함께하는 고령화사회: 선진국의 경험과 한국의 정책방향』. 서울대학교 출판문화원.

◈ 최성재·장인협(2008) : 『노인복지학』. 서울대학교출판부.
◈ 최승아(2002) : 『조직문화와 사회복지사의 임파워먼트에 대한 연구』. 연세대학교 대학원 석사학위논문
◈ 최영실(2005) : 『융의 심리유형론의 관점에서 본 사티어 의사소통 유형 이론의 재고찰』. 이화여자대학교 석사학위논문.
◈ 충청북도지역사회서비스지원단(2014) : 『실버라이프 케어 서비스 매뉴얼 개발 연구』.
◈ 통계청 : 『2017년 인구동향조사 출생·사망통계 잠정 결과』
◈ 통계청(2014) : 『국민여가활동조사』.
◈ 통계청(2016) : 『고령자 통계』.
◈ 통계청(2016) : 『국민여가활동조사』.
◈ 통계청(2016) : 『사망원인 통계』.
◈ 통계청(2016) : 『장래인구추계:2015~2065)』.
◈ 통계청(2017) : 『출생통계인생』.
◈ 통계청(2018) : 『장래인구추계 자료』.
◈ 폴 D.티거, 바바라 배런-티커/백영미·최석순 역(2007) : 『나에게 꼭 맞는 직업을 찾는 책』. ㈜황금가지.
◈ 한국보건사회연구원(2005) : 『2004년 전국 노인생활실태 및 복지요구조사』.
◈ 한국보건사회연구원(2011) : 『노인실태조사』.
◈ 한국보건사회연구원(2017) : 『2017년도 노인실태조사』.
◈ 한국표준협회(2017)a : 『성공적인 은퇴를 위한 생애설계(경력/변화/네트워크)』. ㈜박문각.
◈ 한국표준협회(2017)b : 『성공적인 은퇴를 위한 생애설계(재무/건강/여가관리)』. ㈜박문각.
◈ 행복가정경제연구소(2015) : 『2014년 6월~2015년 9월. 대기업 임직원 2001명 대상 조사자료』.
◈ 허원제(2015) : 『인구감소와 경제시스템 위기』. 한국경제연구원.
◈ 황은희(2015) : 『중장년 퇴직 이후 재취업 길라잡이』. 전국경제인연합회 중장년일자리희망센터.
◈ John R. Kelly(1972) : Work and Leisure: A Simplified Paradigm. 『Journal of Leisure Research』,4(Winter).
◈ John R. Kelly(1972), 『Work and Leisure: A Simplified Paradigm.』
◈ Neulinger, J.(1974). The Psychology of Leisure, Springfield, Ⅲ.: Charles C. Thomas.

저자 이은철

학력

충남대학교 일반대학원 문학박사
한국기술교육대학교 HRD전문대학원 박사 과정 수료

주요 활동

現 단국대학교 교양교육대학 초빙강사
現 국민연금공단 노후준비 전문 강사
現 한국기술교육대학교 능력개발교육원 외래강사
現 한국고용정보원 고용서비스 품질관리 심사평가위원
現 ㈜중앙경제 HR 교육원 전문위원
現 (사)활기찬 인생 2막 교육위원
現 휴먼파워컨설팅 협동조합 HRD 총괄 전무이사
現 대학(교) 및 기업 등 전문강사 · 컨설턴트로 활동

주요 활동 분야

◈ HRD 부문, Consulting, Coaching, Counseling, 분야
- NCS 직업기초능력 분야. NCS 기반 및 기존 입사지원, 자기소개서, 면접 등
- 진로심리상담, 진로 · 취업부문, 경력개발, 생애설계 및 인생설계, 전직 · 이직, 노후준비
- 평생교육, 갈등 · 변화관리, 리더십 등

◈ 긍정심리학 분야

◈ 인문 · 언어학분야
- 문장 · 언어구조 · 언어자질 · 언어치유 등
- 의사소통/커뮤니케이션/대화법, 대인관계, 글쓰기, 말하기, 토론, 논술(인문학 분야) 등

◈ 기타(관련분야 고객의 요청에 의한 카운슬링, 컨설팅 및 강의)

주요 저서

- 취업문 빗장열기(진로분야, 2005)
- 튀는 인재의 이력서와 자기소개서(진로분야, 2006)
- 튀는 인재의 구직 매뉴얼(진로분야, 2006)
- 취업 짱 직업 (북한이탈주민 및 다문화인 취업길잡이, 2016)
- 청년일자리 직통직방(職通職方)(진로분야, 2016)
- 프롤로그(삶에 대한 자기계발 분야, 2017)

내일이 더 행복한 노후준비+

발　　행　2018년 11월 30일
저　　자　이 은 철
발 행 인　조 승 옥
발 행 처　도서출판 사람과 경영

주　　소　경기도 고양시 일산서구 대화1로 70
등　　록　2010년 6월 7일 / 제 2010-000069호
전　　화　070) 4255-1095
팩　　스　031) 922-1095
I S B N　978-89-98581-38-1

정　　가　15,000원